法鼓山年鑑

2018

◆方丈和尚對 2018 年的祝福

「平安無事」最快樂

阿彌陀佛，果東向大家拜年，祝福平安快樂，萬事如意。

2017 年已經過去了，這一年，我們每個人所努力耕耘的成果，不會憑空消失，而將成為我們邁向新年堅實的基礎。已經擁有的基礎，要珍惜、感恩，卻不必執著或者惋惜。迎接新年最好的心態則是歸零。「零」是活在當下、重新開始，「零」也象徵清淨圓滿的智慧。因此我們講：「活在當下，佛在當下。」若能一念清淨，便在一念之間體驗到圓滿的智慧，便在一念之中置身於淨土。祝願 2018 年，人人都能在平安快樂之中成長，在自安安人之中精進。

身安心安，漸進成長

從佛法來講，心安就有平安，無事是最快樂的事。無事，並非無聊、懈怠、無所事事，而是心中沒有牽掛、處世無礙的自在心境。不過，要能有這種心境，是需要透過練習體驗的。因此，2018 年法鼓山提出「平安無事」為年度主題，並以「止惡行善，心安平安；觀世自在，無事無礙」作為實踐方針，邀請社會大眾共同來體驗平安無事的真義。

平安，有個人的平安、家庭的平安、環境的平安，以及超越於個人與環境的究竟平安。平安的基礎是從個人做起，我們的意念、言語及行為，除了不自害害人、不自擾擾人；更要進一步保護自他、利人利己。策勵我們身心清淨、精進，不受誘惑、汙染，這就是止惡行善的積極功能。

智慧觀照，普門示現

心安平安是調心的工夫，從收心、攝心到放心，保持內心的平靜與明淨，使我們不受外在環境變化而起情緒的波動，進而成為安定環境的中流砥柱。

觀世自在、無事無礙，則是智慧的觀照，心無所求而能設身處地為他人著想，給予適當協助，也就沒有捨不得與放不下的人事物；並且學習觀世音菩薩普門示現的精神，不畏苦難而能救苦救難。假使一天之中有一次這樣的體驗，就有一次的成長；如果每天都有這樣的成長，不僅自己能夠感受平安無事的自在，與我們互動的家人、職場、環境或是社會大眾，也會愈來愈安樂。

法鼓山 2018 年以「平安無事」作為對社會的祝福，方丈和尚與大眾共勉：「止惡行善，心安平安；觀世自在，無事無礙」。

提放自如，不留痕跡

佛法看待一切現象，不講主觀與客觀，而是彼此互為因緣的互動關係。恩師法鼓山創辦人聖嚴師父告訴我們，從個人的提昇到促進整體環境的安樂，一直到「無事於心、無心於事」的平安，有五個層次：第一是身體放鬆，第二是心量放寬，第三是煩惱放下，第四是把個人的責任範圍放大，第五是把目標與方向放遠。

這五個步驟，看起來是不斷地放、放、放，其實是要放下自我中心的利害得失；放下之後，則要提起願心。隨時想到自己與所有的人是生命共同體，乃至於承擔一切眾生的平安快樂，這就是初發菩提心。提得起是慈悲，放得下是智慧。經常練習提起放下、放下再提起，心中不留情緒、情感執著的痕跡，只有契機契理的慈悲智慧，那才是真正的平安無事。

希望新的一年平安快樂，還是要從心開始，以身作則。若能盡責負責，大事小事，都是好事；若能修福修慧，大事小事，都是佛事；若能提放自如，大事小事，根本沒事。

祝福大家：心安最平安，無事最快樂，阿彌陀佛。

編輯體例

一、本年鑑輯錄法鼓山西元 2018 年 1 月至 12 月間之記事。

二、正文分為三部，第一部為綜觀篇，含括法鼓山方丈和尚（果東法師、果暉法師）、法鼓山僧團、法鼓山體系組織概述，俾使讀者對 2018 年的法鼓山體系運作有立即性、全面性且宏觀的認識。第二部為實踐篇，即法鼓山理念的具體實現，以三大教育架構，放眼國際，分為大普化、大關懷、大學院、國際弘化。各單元首先以總論宏觀論述這一年來主要事件之象徵意義及影響，再依事件發生時序以「記事報導」呈現內容，對於特別重大的事件則另闢篇幅做深入「特別報導」。第三部為全年度「大事記」，依事件發生時間順序記錄，便於查詢。

三、同一類型的活動若於不同時間舉辦多場時，於「記事報導」處合併敘述，並依第一場時間排列報導順序。但於「大事記」中則不合併，依各場舉辦日期時間分別記載。

四、內文中年、月、日一律以阿拉伯數字書寫，如：2018 年 5 月 8 日。其餘人數、金額等數值皆以國字書寫。

五、人物稱呼：聖嚴法師皆稱聖嚴師父。其他法師若為監院或監院以上職務，則一律先職銜後法名，如方丈和尚果東法師、僧團副住持果品法師。一般人員敘述，若有職銜則省略先生、小姐，如法鼓山社會大學校長曾濟群。

六、法鼓山各事業體單位名稱，部分因名稱過長，只在全書第一次出現時以全名稱呼，其餘以簡稱代替，詳如下：

法鼓山世界佛教教育園區簡稱「法鼓山園區」、「法鼓山總本山」

中華佛教文化館簡稱「文化館」

法鼓山社會福利慈善事業基金會（法鼓山慈善基金會）簡稱「慈基會」

法鼓文理學院簡稱「文理學院」

中華佛學研究所簡稱「中華佛研所」

法鼓山僧伽大學簡稱「僧大」

法鼓山社會大學簡稱「法鼓山社大」

法鼓山人文社會基金會簡稱「人基會」

聖嚴教育基金會簡稱「聖基會」

護法會北投辦事處簡稱「北投辦事處」

七、檢索方法：本年鑑使用方法主要有四種：

其一：了解法鼓山弘化運作的整體概況。請進入綜觀篇。

自〈法鼓山方丈和尚〉、〈僧團〉、〈法鼓山體系組織〉各篇專文，深入法鼓山弘化事業的精神理念、指導核心，及整體組織概況。

其二：依事件分類，檢索相關報導。

請進入實踐篇。事件分為四類，包括大普化教育、大關懷教育、大學院教育，及國際弘化，可於各類之首〈總論〉一文，了解該類事件的全年整體意義說明；並於「記事報導」依事件發生時間，檢索相關報導。

各事件的分類原則大致如下：

・大普化教育：

凡運用佛教修行與現代文化，所舉辦的相關修行弘化、教育成長活動。

例如：禪坐、念佛、法會、朝山、誦戒、讀經等修行弘化，佛學課程、演講、講座、讀書會、成長營、禪修營、教師營、兒童營、人才培育等佛法普及、教育成長，對談、展覽、音樂會、文化出版與推廣等相關活動，以及僧團禮祖、剃度，心六倫運動，法鼓山在臺灣所舉辦的國際性普化、青年活動等。

・大關懷教育：

凡對於社會大眾、信眾之間的相互關懷，急難救助以及心靈環保、禮儀環保、自然環保、生活環保等相關活動。

例如：關懷感恩分享會、悅眾成長營、正副會團長與轄召、召委聯席會議等信眾關懷教育，佛化祝壽、佛化婚禮、佛化奠祭、助念關懷、心靈環保博覽會等社會關懷教育，以及海內外慈善救助、災難救援關懷，國際關懷生命獎等。

・大學院教育：

凡為造就高層次的研究、教學、弘法及專業服務人才之教育單位，所舉辦的相關活動。

例如：中華佛學研究所、法鼓文理學院、法鼓山僧伽大學等所舉辦的活動，包括國際學術研討會、成長營、禪修，以及聖嚴教育基金會主辦的「聖嚴思想國際學術研討會」等。

・國際弘化：

凡由法鼓山海外分院道場、據點等，所主辦的相關弘化活動、所參與的國際性活動；以及法鼓山於海外所舉辦的弘化活動等。

例如：美國東初禪寺、象岡道場、洛杉磯道場，加拿大溫哥華道場，以及海

外弘化據點，包括各國護法會，以及各聯絡處及聯絡點等。各地所舉辦、參與的各項活動，包括各項禪修、念佛、法會及演講、慰訪關懷等。

另有聖嚴教育基金會與美國哥倫比亞大學共同設立的「聖嚴漢傳佛學講座教授」，海外人士至法鼓山拜訪，海外學術單位至法鼓山園區參學等。

其三：依事件發生時間順序，檢索事件內容綱要。請進入大事記。

其四：檢索法會、禪修、讀書會等相關資料統計或圖表。

請進入附錄，依事件類別查詢所需資料。

例如：大普化教育單位所舉辦的法會、禪修、佛學課程之場次統計，主要出版品概況，以及國際會議參與情形、聖嚴師父相關主要學術研究論文一覽等。

※ 使用範例：

範例1：查詢事件「第十二屆大悲心水陸法會」

　　　　方法1：進入實踐篇→大普化教育→於11月25日→可查得該事件相關報導

　　　　方法2：進入大事記→於11月25日→可查得該事件內容綱要

範例2：查詢單位「法鼓文理學院」

　　　　進入綜觀篇→〈法鼓山體系組織〉一文→於教育體系中，可查得該單位2018年的整體運作概況

範例3：查詢「法鼓山2018年各地主要法會統計」

　　　　進入附錄→法鼓山2018年各地主要法會統計

目錄

50 實踐篇

355 大事記

453 附錄

綜觀

承先啟後　法水長流

法鼓山僧團
繼起有人　迎向多變未來

法鼓山體系組織
法鼓山體系組織概況

承先啟後　法水長流

　　佛法之於人間，如靜水流深，潤澤萬物。在全球佛教同源而分流的江河景貌中，二十一世紀的法鼓山，正以「心靈環保」為核心，透過大學院、大普化、大關懷教育，以及國際弘化的推展，接力流布這條淨化眾生心行的法水長河。

　　6月26日，於法鼓山園區召開的第八屆「全球僧團大會」中，通過敦聘長期奉獻於大學院教育的果暉法師接任第六任方丈；並於9月2日舉辦「第六任方丈接任大典」，身負四大弘化層面領航員的方丈和尚果東法師，圓滿十二年任期，由果暉法師正式接下方丈執事。

　　接任大典上，卸下重任的果東法師表示，退位不是退休，將全力護持方丈和尚。新任方丈果暉法師則推崇退居方丈在任期間，無私、無我，凝聚四眾齊心和合；而對自身新加諸的身分，矢志精勤奉獻，成就大眾，以延續弘揚漢傳禪佛教永住於世為任務。展現出法鼓山教團鴻雁共行的團隊力量，同心朝向目的地，穩健前行。

　　果東法師與果暉法師，均是聖嚴師父座下披剃的第一代僧眾，對師父創建法鼓山的悲願心，不僅體嘗深刻，並為親身參與和接受三大教育養成的法門龍象。在前後任方丈願力承擔的2018年，法鼓山僧俗四眾共同推動的三大教育及國際弘化，益見深廣。以下即簡述果東法師及果暉法師任重道遠的年度弘化記事。

傳承：和合四眾，飲水思源

　　佛教的傳承，以當代佛教團體而言，一是制度延續，一是理念與教法的承繼。任內持續推動教團組織章程更臻完備，方丈和尚果東法師對團體四眾的核心勉勵，尤重於道心滋長。

　　1月底，於僧團辭歲禮祖，延續聖嚴師父影片開示的三種成長：素質、道心與佛法知見成長，方丈和尚與現場兩百多位僧眾及學僧共勉：心存感恩報恩、飲水思源，無論面遇各種順逆境緣，均是策勵道心增上的善知識。2月，為緬懷聖嚴師父圓寂九週年舉行的法鼓傳燈法會，期勉以責任心通達慈悲心，將對師父的感恩，轉化為報三寶恩、國家

恩、眾生恩的具體行動，成為提升自己、安定社會的力量。

在大學院教育場合，包括法鼓文理學院4月校慶系列活動、6月畢結業典禮，和7月僧大畢業典禮，方丈和尚寄語涵養於心靈環保校園的新生代，從了解緣「起」開始，學習「承」擔、「轉」化淨化、與眾和「合」，提起願力，成就眾生。

一貫的叮嚀，同見於護法

4月29日，方丈和尚果東法師（右二）與作家吳若權（左二）、公益青年沈芯菱（左一）對談「不同世代‧相同的『賴』——追尋網路社群時代中的一隅自在」。

及專職體系關懷場合。1月下旬舉行的護法總會歲末感恩分享會，方丈和尚以年度主題「平安無事」，勉勵眾人從止惡行善做起，時時觀照起心動念，修正心行，開啟清淨佛性。3月，於榮譽董事會新春祝福，提醒大眾居安思危，把握生命做有意義的事；並以花蓮震災為例，面對天災人禍，只要沉著冷靜，就有轉機。

而在7月，任內最後一場為專職舉行的精神講話，方丈和尚期勉，在眾人成就的團體，每人扮演的角色與立場或許有別，當理解、善解多元的意見表達，但求盡心盡力，不爭你我多少，以耐心、毅力持續溝通，成就修行。

關懷：奉獻利他，契理契機

十二年來，方丈和尚果東法師以其關懷到位及歡喜和合的大家長行誼，對內帶領團體向心凝聚，共同成長；對外則代表團體與各界廣結善緣，尤以獨具韻腳的〈安心祝福語〉，成為普化接引的關懷特色。

例如3月，受臺北市政府之邀，為各機關學校基層、中階管理人員舉行「平安無事」講座，勉勵公職人員「盡心盡力，隨緣努力；轉化壓力，成為助力」。月底，為臺中榮民總醫院志願服務工作隊分享「從服務中再生力量——抱願，不抱怨」，以「珍惜因緣，創造良機；奉獻利他，契理契機」作勉，令在場聽眾耳目一新，實則亦為任職方丈的心得體味。

近年為關懷之便，始接觸社群軟體的方丈和尚，4月於臺南成功大學成功廳，與作家吳若權、公益青年沈芯菱對談「不同世代‧相同的『賴』——追尋網路社群時代中的一隅自在」，分享指出：「網路社群是工具，一切唯心所造」，傳送與接收訊息，都要有智慧，學習不受他人影響。而在5月，於臺北國父紀念館中山公園廣場舉辦的「心靈環

9月2日，第六任方丈接任大典中，果暉法師在三寶佛前、全球佛子見證下宣誓就任方丈一職，將奉獻自己，成就大眾，以延續弘揚漢傳禪佛教永住於世為己任。

保家庭日」，則以聯合國國際家庭日年度主題「家庭與包容的社會」，籲請大眾以家庭為核心，從體驗禪法練習超越對立、衝突，便能為自己、家庭和全世界帶來幸福與平安。

此外，迎接2019年《人生》雜誌創刊七十年，6月底於臺北集思臺大會議中心舉辦的「世界佛教村」座談會，邀請東西方僧團代表、佛教文化工作者，以及學者對談，近六百人與會。方丈和尚致詞時，引用聖嚴師父對佛教未來的看法，籲請從歷史源流和義理來釐清開合的現象，回歸佛陀本懷，契理契機地普及佛法，共同開創世界佛教村的新局面。

弘化：心安平安，無事無礙

方丈和尚關懷三大教育，海內、海外，並無二致。年度海外行腳，除了前往北美東初禪寺、溫哥華道場、舊金山道場，接連主持兩場菩薩戒會之外；東南亞則至香港、泰國、新加坡及澳洲關懷；並前往中國大陸巡禮祖庭。

巧妙融合年度主題「平安無事」，從4月香港「平安的保障」，6月舊金山道場「心安最平安，無事最快樂」、溫哥華道場「點亮光明心燈，普照平安人生」，至7月行腳東南亞，方丈和尚在在提示：「平安，是內心不被現象或情緒牽動；無事，是待人處世心無罣礙。」期許大眾以禪的觀念與方法，逐次將身體放鬆、心量放寬、煩惱放下，而把承擔責任的範圍放大、目標與方向放遠，體驗真正平安的保障。

7月首訪澳洲，於雪梨科技大學（University of Technology Sydney, UTS）主持「福慧平安」講座，則以自身經歷剴切分享，勉勵大眾凡事正面解讀，逆向思考，並帶著大眾一起念〈安心祝福語〉，現場氣氛活潑生動。

教育：心法傳承，培養人才

為照護大眾身心道場，忙得快樂、累得歡喜的果東法師，至9月2日圓滿其階段性任務，正式將十二年前，由聖嚴師父交付方丈的《法鼓山僧團組織章程》、《創辦人之指導方針》，以及象徵時時提起戒定慧、息滅一百零八種煩惱的一〇八顆念珠等三項信

物，轉交新任方丈果暉法師，儀典莊嚴隆重。

「退居方丈任內，已將關懷工作做得很好，我於教育體系較多經歷，未來將著力於四眾養成教育。」新任方丈果暉法師接任後受訪指出，佛教人才，有上上人才和中上人才之屬。上上人才，端賴自我養成；正規學習機制則可培養中上人才，進而成為上上人才，因為「教育就是機會」。

方丈和尚果暉法師詮釋的教育機會，兼具主客觀條件。如9月4日於法鼓山園區，會見南印度色拉昧佛學院前任住持昂旺糾顛仁波切一行，分享法鼓山重視禪宗強調的生活日用，從僧伽大學至畢業領執，從行住坐臥到待人處世，均是出家人終身學習、奉獻的場域。9月9日主持剃度典禮，期勉求度者及求受行同沙彌（尼）戒的行者，依循聖嚴師父與僧團的理念，效法古德「寧向西天一步死，不向東土一步生」的魄力，菩提道上誓不退轉。

9月中旬，人基會舉辦的「2018國際關懷生命獎」頒獎典禮暨感恩音樂會，現場近八百位來賓觀禮，數萬人次透過網路直播共襄盛會。方丈和尚致詞感謝每位獲獎者，既是社會關懷的實踐者，也是信心與願心兼具的指標。月底，出席中區法行會年會，提出「成長自己，須一門深入；接引大眾，須廣學多聞」，寄許各自影響一方的護法居士。10月，於北投農禪寺舉行的新勸募會員授證典禮，則以基本佛法知見「因果分明」及「因緣性空」，勸請眾人福慧雙修，行善不計功德。

同於10月，受邀出席於中國大陸福建浦田舉辦的第五屆「世界佛教論壇」，兼為開幕式發表演說，直指世界和平與社會和諧的究竟根本，須從每個人的內心淨化做起。11月下旬，於南臺科技大學主持「人生的有效期限」講座，則以「發現」、「管理」、「創造」、「思考」及「信仰」的五種能力，勉勵青年學子拓展無限的潛能。

由此探尋方丈和尚果暉法師所言「教育就是機會」，與發菩提心、知見和信心，密不可分。再連結為整體佛教培養人才的大學院教育、接引大眾體驗佛法的大普化教育、實踐社會服務的大關懷教育，個人與團體共同成長，必能為個人、家庭及社會帶來無限的希望。

結語

聖嚴師父曾勉勵：「方丈的責任是傳承法鼓山的法脈、法統，對內領眾焚修，攝眾、和眾、安眾；對外代表法鼓山清淨團體，接引大眾，淨化社會。」第五任方丈果東法師與第六任方丈果暉法師，前者善於接引與關懷，後者著力教育和修行，正是深廣相輔，相信不僅是法鼓山教團成長新頁，亦能穩健推展如來家業，為人間佛教的法水長流，帶來新氣象。

法鼓山僧團

繼起有人　迎向多變未來

　　「繼承祖師遺志，弘揚佛法，以利益眾生的行動，持續成就清淨、精進的僧團。」秉承著創辦人聖嚴師父的教誨，2018年僧團延續各面向的弘化步履，在三大教育、國際弘化上，都開展了新氣象。

　　6月底，僧團召開第八屆全球僧團大會，通過敦聘果暉法師為第六任方丈；僧團都監、副都監、監院等綱領執事，本年亦由不同年齡層的僧眾接下重任，體現「鴻雁共行」——群雁輪流擔任領頭雁，結隊飛行、互相扶持的傳承與願力。

　　因應驟變、不安的世界，同時亦以承續師願之志，僧團除赴印度朝聖、承續佛法源流，同時與國際接軌，前往北美參訪佛教僧團，並與來臺的西方僧眾進行交流，了解佛教在全球發展的現況和未來，期使漢傳佛教更融入西方社會，普利全球大眾。

　　現從法務推廣、僧眾培育、道場建設、國際參與等面向，綜述僧團2018年弘化概況。

法務推廣

　　在佛學教育、禪修推廣、法會共修、社會關懷等各項現有的法務上，本年僧團持續推行，並進一步深化和開展。佛學教育方面，普化中心開辦的快樂學佛人、法鼓長青班，聖嚴書院福田班、佛學班等，除於國內持續增班，海外的泰國、新加坡等護法會，皆為首度開班；而與護法總會共同開辦的「經典共修」課程，也從北部擴及中南部各辦事處及共修處，引領民眾從讀誦經典入手，修學佛法。

　　為迎接高齡社會到來，2018年僧團法師於各地的弘講，特別結合了佛法的生死觀念和醫護專業，包括臺北安和分院於1至2月舉辦三場「從《楞嚴經》談禪的生死觀」、7至10月舉行「佛法與醫學」系列講座，由僧團法師及專業人士主講，提供大眾安定身心的正確方法；新竹精舍於7至9月間的「經典與生死」系列講座，介紹佛經中的生死觀，引導民眾運用佛法智慧，面對切身的生死問題。

　　禪修推廣方面，禪修中心與海內外各道場，持續開辦初級禪訓班，舉辦入門、基礎、初中高階等各類禪修，其中美國舊金山、馬來西亞道場，分別首度舉辦默照禪五及

禪七；法鼓山園區則第二度舉辦默照禪四十九，帶領禪眾深入禪法的修行。此外，水月禪跑、Fun鬆一日禪、兒童心靈環保體驗營、青年卓越禪修營與社青禪修營等，均以活潑多元的形式，接引不同年齡、不同社群人士學習安全的禪法。5月，結合佛誕節和母親節的「心靈環保家庭日」，引導六千多人闔家體驗隨時可保持專注、清楚、放鬆的動中禪法，共同以清淨心建設人間淨土。

另一方面，為讓民眾認識禪法的修學次第、法脈源流，包括僧團副住持果暉法師5月於香港道場講授「安般禪法」、「默照禪修行原理」及主持工作坊，7月於高雄紫雲寺講說「次第禪觀」；9月，普化中心副都監果毅法師於馬來西亞道場主講「從法鼓山禪修談漢傳禪法」，介紹禪宗史的整體面貌。

於大型法會共修相關活動上，2月聖嚴師父圓寂九週年，全球各分院道場的僧眾，帶領信眾藉由傳燈法會、禪修、分享會等，感念師恩、傳續師願；3月，總本山舉行第二十三屆傳授在家菩薩戒，北美地區則於5月分別在美國象岡道場、洛杉磯道場展開，海內外共一千三百多位戒子圓滿受持三聚十善十無盡戒；全球信眾年度共修勝會——大悲心水陸法會，於11月底啟建第十二屆，三十五萬人次跨時空同步精進。

社會關懷方面，從2月花蓮震災、5月桃園平鎮工廠火災、10月臺鐵普悠瑪翻車事故，方丈和尚、僧團法師於第一時間率同義工前往祝福往生者，關懷受難者及其家屬，傳送心安平安的力量。而為推廣大事關懷的觀念及做法，僧團法師於地區展開悅眾巡迴關懷，進行「大事關懷暨助念法器教學」，海外包括馬來西亞、舊金山等道場，也舉辦大事關懷生命教育課程、大事關懷分享會等，幫助大眾正向面對死亡、處理死亡，實踐自利利他的佛法精神。

僧眾培育

於培育僧眾的推展上，除了僧伽大學持續辦學招生；9月，為一位求度學僧剃度、十六位學僧授行同沙彌（尼）戒；11月果幸法師、常華法師等至美國那洛巴大學（Naropa University）觀摩和旁聽課程，並參與宗教學術年會，了解美國培育佛教宗教師的方式、當代社會對宗教的觀點和看法，從中借鏡學習。

承繼長老大德續佛慧命的精神，2018年僧團於北投文化館舉辦「老僧命‧新生命」座談會，邀請廣慈長老、智一長老，以及李九鴻、李志夫、方甯書教授，從東初師公與焦山佛學院談起，分享焦山教育精神及寺院管理經驗；也邀請聖嚴師父留日好友、日本立正大學三友健容教授主講「法華一乘思想的原點」，分享大乘菩薩道的修行精神。

凝聚修行道心，充足為眾生奉獻的能量，僧團6月舉辦的結夏安居，共有兩百多位僧眾齊聚園區禪堂，以禪七、禪十四精進修行，並於共識營中聆聽聖嚴師父影音開示，重溫師父對法鼓山道統、出家人學習次第的提醒。10月起，與護法總會規畫六梯次的印度

朝聖行,由僧眾帶領信眾循著師父的腳步,巡禮佛陀弘法的足跡,感念佛陀和師父說法度眾的悲心願行。

道場建設

2018年海內外新增兩處道場,在國內,位於科技城的新竹精舍,5月初舉行落成啟用大典,緊接著展開各項共修及弘化活動,接引當地的科技人、學生、民眾學習禪修,親近佛法智慧,展現弘化新氣象。此外,2016年落成啟用的蘭陽精舍,因應地區弘化及關懷上的需求,本年改制為「蘭陽分院」,弘法活動益加蓬勃,為蘭陽平原注入更多建設人間淨土的動能。

於海外,由於加拿大溫哥華道場空間不敷使用,加上雙語活動需求殷切,乃於市中心增設都市禪中心,規畫每週三日的禪坐共修,同時開辦初級禪訓班、舉辦佛法講座,增益當地英語人士學習漢傳禪法的便利性。

國際參與及弘化

本年僧團在國際間的活動,頻繁而熱絡,除了方丈和尚果東法師於4至8月,先後於香港、美國舊金山、加拿大溫哥華、澳洲、馬來西亞、新加坡等亞洲和北美地區弘法關懷,海外各分支道場亦持續展開各項禪修、法會、講座等弘法活動;同時也透過座談會、講座的舉辦,以及受邀出席國際活動、指導禪修、演講等,了解佛教在西方社會的

僧團引領團體修行的力量,凝聚僧眾邁向共同的目標與願心。

發展，與不同傳承的僧團交流，同時分享心靈環保的觀念、漢傳佛法的智慧，為整體人類與環境的和諧，貢獻一份力量。

6月底，迎接將於2019年創刊70年的《人生》雜誌，舉辦「世界佛教村」座談會，邀請東西方僧團代表、佛教文化工作者和學者進行對談，分享佛教與禪法在東西方社會中，面對驟變時代的因應與回應，期能實踐聖嚴師父的期許，從宏觀的角度釐清佛教的開合現象，進而回歸佛陀本懷，契理契機普及佛法。

8至11月，「法鼓講堂」線上課程展開的世界佛教系列講座中，邀請前美國舊金山禪中心（San Francisco Zen Center）住持雷‧安德生（Reb Anderson）、舍衛精舍（Sravasti Abbey）住持圖丹‧卻准（Thubten Chodron）擔任主講，開啟東西方佛教的多元觀察視野。10月，邀請師父西方法子查可‧安德列塞維克（Žarko Andričević）、雷‧安德生對談「禪法在西方的轉化與挑戰」，學習以開放的心，看待東西方宗教文化的互動變化。

國際交流方面，如參加於美國進行的「戒律研習營」（Living Vinaya in the West）、馬來西亞南傳佛教總會首辦的「2018佛教領袖高峰會」、紀念911事件的「為愛濟糧」（911 Meal Packing）活動，以及參與於印度舉辦的「2018生物多樣性國際研討會」（2018 International Biodiversity Congress）、中國大陸「世界佛教論壇」等，皆增進與不同佛教傳承、不同宗教與領域的理解，彼此建立友誼，開展利益世人的共同使命。

循著聖嚴師父在國際間弘揚漢傳禪法的足跡，僧團法師們代代繼起，合力共行師願，讓漢傳佛教利益現代人。禪修中心副都監果醒法師應俄羅斯莫斯科無極門武術學校（Wujimen Martial Arts School）禪修會之邀，前往指導禪七、禪一及進行專題講座，介紹默照、話頭、念佛等禪修方法，承續師父俄羅斯弘法的法緣；美國象岡道場住持果元法師於墨西哥帶領話頭禪七。而受波蘭禪宗協會（The Chan Buddhist Union of Poland）邀請，由師父法子繼程法師及僧團果元法師等，至該國指導禪四十九，則深化漢傳禪法在波蘭的發展。傳燈院監院常襄法師、常震法師、演正法師等，也前往印尼，帶領禪七、禪三、初級禪訓班及禪法講座等，引領大眾領略禪法的清涼。

結語

「我發願：盡形壽修學佛法、護持佛法、弘揚佛法、廣度眾生，為我們這個娑婆世界，成就人間淨土而努力。」本年大悲心水陸法會送聖時，方丈和尚果暉法師帶領全體僧眾、近七千位信眾和義工同心發願；回顧2018年，法鼓山在三大教育及國際弘化各領域蓬勃開展法務，正體現了四眾弟子繼承師志、共行菩薩道的願心，

僧眾內修外弘、精進不懈，合力肩負佛法永續的重任，心繫眾生對佛法的需要，迎向多變的未來世界，更堅定邁開弘揚漢傳佛教的前進步伐。

法鼓山體系組織概況

　　2018年，法鼓山體系組織以「心靈環保組織 —— 二十一世紀的修行型組織」為行動綱領，推展法鼓山的理念、三大教育、四種環保、漢傳禪佛教等「四大堅持」；同時，結合教團內外各項資源，應時而生、順勢而為，積極落實體系組織的總體策略及目標：深化教育關懷、淨化世界風氣、強化心靈環保，建設人間淨土。

　　以下分別就運作、發展、教育、支援四大體系，於2018年的主要工作及活動內容，進行重點概述。

一、運作體系

　　運作體系包括園區中心、全球寺院、護法總會三部分，立足臺灣，接軌國際，回應時代脈動，開創跨越時空、多元弘法新面貌，於全球弘傳漢傳禪佛教，遍灑佛法甘露。

（一）園區中心

　　2005年開山的法鼓山世界佛教教育園區，簡稱園區中心，下有弘化院、百丈院。全年修行、弘化、教育及關懷工作不輟，弘化院舉辦的大型活動，包括除夕撞鐘及新春系列活動、傳燈法會、在家菩薩戒會、朝山浴佛、及大悲心水陸法會等，皆有逾千至上萬民眾共同參與、成就。大眾也透過於園區舉行的兒童營、佛化聯合祝壽、歲末關懷等活動，體驗佛法安定人心的力量。

　　園區觀音道場、禪悅境教的特色，備受肯定，本年來自海內外各宗教、學術、文化、政府等機關團體，有逾二十萬人次交流、參訪，如1月俄羅斯莫斯科無極門武術學校（Wujimen Martial Arts School）禪修會八位禪眾前來尋根；2月、4月耕莘文教院臺北利氏學社神職人員、泰國法身寺比丘、近住優婆塞、優婆夷，交流宗教文化。

　　7月，國際扶輪社於園區為來自歐美、東南亞等十五個國家的青年舉辦宗教體驗營；9月，加勒比海友邦聖克里斯多福及尼維斯（Federation of Saint Christopher and Nevis）資深部長艾默里（Vance Amory）伉儷前來參訪，並體驗漢傳禪法的攝心與放鬆。

　　百丈院除維護園區管理、營運，以及食、衣、住、行之事務，2018年4月及9月並進

行兩次清洗祈願觀音池，民眾及義工以洗石、曬石、洗水池等作務，學習出坡禪的心法與內涵。

（二）全球寺院

法鼓山於海內外的弘化據點，依地域分有國內各分寺院，以及歐美區、亞太區、大中華區等當地寺院及護法會。

於臺灣，有十三處分寺院：北投中華佛教文化館、農禪寺、雲來寺、臺北安和分院、三峽天南寺、蘭陽分院、桃園齋明寺、臺中寶雲寺、南投德華寺、臺南分院、臺南雲集寺、高雄紫雲寺、臺東信行寺；兩處別苑：桃園齋明別苑、臺中寶雲別苑；四處精舍：臺北中山精舍、基隆精舍、高雄三民精舍、新竹精舍。其中，新竹精舍於5月落成啟用，承載聖嚴師父度眾宏願，提供新竹地區大眾更寬敞的修行空間，也將心靈環保的理念普傳風城。

歐美區，在北美部分有五處道場：美國紐約東初禪寺、象岡道場，加州洛杉磯道場、舊金山道場，及加拿大溫哥華道場；一處精舍：美國麻薩諸塞州波士頓普賢講堂；八個分會：美國紐約州、新澤西州、伊利諾州芝加哥、加州洛杉磯、加州舊金山、華盛頓州西雅圖，與加拿大溫哥華、安省多倫多；另設有十處聯絡處、九個聯絡點。歐洲則有盧森堡、英國倫敦聯絡處，以及里茲聯絡點。

亞太區設有馬來西亞道場，另有泰國、新加坡護法會，及澳洲雪梨、墨爾本分會。大中華區則有香港道場。

1.國內各分寺院

國內各分寺院為普及佛法對人心的淨化，全年弘化活動不斷，具體實踐在法會、禪修、文化、教育及關懷工作的推動上，除定期的念佛、禪坐共修，也結合現代文化、時代潮流，推動講座、營隊、課程、禪藝生活等活動，接引大眾在學佛路上歡喜同行。

法會方面，包含新春普佛、元宵燃燈供佛、清明報恩、梁皇寶懺、浴佛、中元地藏法會等，另有例行舉辦的大悲懺、藥師、菩薩戒誦戒會及每週的念佛共修等，其中4、8月分別於臺中分院、農禪寺啟建的梁皇寶懺法會，各有近八千、逾三萬六千人次參加。在元旦新年、春節、元宵、端午、中秋等節日，分寺院並以寓教於樂的闔家體驗活動，包括點

水陸法會是法鼓山規模最大的共修法會。圖為法華壇於法華鐘樓繞鐘。

燈、敲鐘，以及吃湯圓、素粽與月餅，帶動信眾回寺院團圓，領受佛法的祝福。

此外，2018年各地分院亦廣開經典共修課程，包括農禪寺、紫雲寺、齋明別苑開設《六祖壇經》，齋明寺、新竹精舍《金剛經》等，共修內容包括靜坐與誦經，並聆聽聖嚴師父的影音開示，引導大眾於日常生活中，活用經典的智慧。

在禪修教育推廣上，除了例行的禪坐共修，也廣開初級禪訓班、禪一、禪二、戶外禪等活動，配合快節奏的現代都會步調，多處分院並開辦初級、中級禪訓密集班，契機契理接引忙碌的上班族群學習禪修的安定與放鬆。曾獲內政部遴選「宗教樂活體驗行程」的臺東信行寺禪悅四日營，於1、3與9月，展開三梯次，結合休閒與修行課程，學員感受人與大自然的連結，體會沉澱與內省的法喜。

佛學課程方面，包括安和分院《楞嚴經》、《法華經》，臺南分院《觀心銘》，紫雲寺《六祖壇經》，中山精舍《華嚴經》、《金剛經》、《心經》等，期許學員深入經藏，踏實修行。此外，安和分院《教觀綱宗》、寶雲寺《法華三昧懺儀》講座及研修營，皆由弘化發展專案召集人果慨法師指導學員從實修中體會經句意涵。

涵融佛法、禪法、生活、文化、藝術、教育於一體的多元教育成長活動，本年也於各分支道場展開，安和分院多場「佛法與醫學」講座，邀請醫界人士提供專業照護知識之外，也安排僧團法師傳遞佛法的安心之道；新竹精舍「經典與生死」系列講座，認識《楞嚴經》、《如來藏經》、《地藏經》、《阿彌陀經》等六部經典的生命實相，學習以佛法面對生死的智慧。

延伸關懷觸角，臺南分院4月舉辦「心靈環保＆生命對談」，由方丈和尚果東法師與作家吳若權、公益青年沈芯菱，共同探討如何善用網路增進人際關係的和諧與信賴；齋明別苑「心光講堂」、紫雲寺「法鼓青年開講」系列講座，啟發青年開展生命熱忱，在實踐夢想中成長自己、成就他人。雲來寺、寶雲寺、蘭陽分院的「兒童故事花園」、中山精舍「童趣花園」，藉由閱讀繪本及趣味課程，讓菩提種子向下扎根與萌芽；寶雲寺、雲集寺的「兒童讀經班」，以及臺南分院「親子讀經班」，則陶冶孩童性情，培育良善品格。

另一方面，農禪寺3月首次舉辦「青年Fun心輕旅行」，11月再度舉辦「水月禪跑」，接引年輕世代及運動愛好者走入寺院與禪門，體驗禪法的安定與放鬆。

新竹精舍「經典與生死」系列講座，引導大眾學習以佛法面對生死。

2.歐美區

承持漢傳禪風，海外分支道場舉辦的各式活動，皆契入當地社會、世代的需求，讓不同文化與宗教信仰的族群，認識並學習佛法的慈悲與智慧。美國法鼓山佛教協會（Dharma Drum Mountain Buddhist Association, DDMBA）參與舉辦兩場「氣候變遷的內在面向」（Inner Dimensions of Climate Change）會議，分別於2、10月在泰國及賽普勒斯共和國展開，由副住持果祥法師、常濟法師帶領，共近七十位全球青年、生態學家參與交流討論；12月，常濟法師並受邀參加聯合國氣候變化綱要公約（United Nations Framework Convention on Climate Change, UNFCCC）召開的「第二十四次締約方會議」（COP24），與全球近兩百個國家代表，就落實「巴黎氣候協定」達成共識。

（1）道場部分

歐美弘法起點與中心的美國紐約東初禪寺，例行共修包括念佛、禪坐，及週日法會與講經、中英文禪訓班、一日禪、電影禪等活動。大型的節慶法會，包括2月新春普佛、4月清明報恩、5月浴佛法會，各有逾百人參加；7月於象岡道場啟建梁皇寶懺暨三時繫念法會，由住持果元法師主法，祈願擴建工程順利、世界平安。

行之有年的週日佛學講座，2018年有《地藏經》、《圓覺經》、《佛說八大人覺經》、〈觀心銘〉等經典，引導大眾領略經典要義；並有禪修法門的介紹，如果乘法師講「默照」、常浩法師講「話頭」，提供修行的指引。

禪修活動方面，每月的英文禪一，除由常住法師帶領，並邀請聖嚴師父西方弟子哈利．米勒（Harry Miller）、李世娟（Rebecca Li）等帶領；並舉辦兩場都市禪修，如9月禪三、12月念佛禪七，便於上班族隨喜參加，同沾法露。

此外，6月舉行禪修教理研習營，由禪修中心副都監果醒法師帶領研討《楞嚴經》，剖析從真起妄，反妄歸真，引導學員體會心念的生與滅。

東初禪寺本年9月受邀出席紀念美國911「為愛濟糧」祈福活動，常齋法師並帶領祝禱，以身心放鬆之法，將清淨的「無念」，迴向世界。

位於紐約上州的象岡道場，以推廣禪修為主，2018年的禪修活動，包括六場禪一、一場禪三、一場禪五、一場禪七與五場禪九，以及七場三日、一場九日禪修營，多由常住法師帶領，亦邀請多位聖嚴師父西方法子指導，包括賽門．查

新春期間，果元法師於東初禪寺進行講座，以禪法為大眾祝福。

爾得（Simon Child）帶領5月的默照禪九與10月的禪五；查可‧安德列塞維克（Žarko Andriević）帶領6月的禪九；吉伯‧古帝亞茲（Gilbert Gutierrez）帶領10月的九日禪修營，並介紹歷代禪師的修行風範。以各類不同的法門，引導禪眾精進修行。

另一方面，5月北美東岸第八屆在家菩薩戒戒會於象岡道場舉行，信眾堅定學佛、護法的信念；9月舉辦親子禪修營，近一百一十位親子帶著禪心共學專注與放鬆。

美國西岸洛杉磯道場於2018年的法務推廣上，除例行念佛、禪坐共修之外，也不定期舉辦初級、中級禪訓班、禪一、戶外禪等，接引初機。10月舉辦初階禪七，常源法師指導近五十位禪眾體驗連續精進的禪修課程；11月邀請吉伯‧古帝亞茲帶領英文禪三，讓西方眾也能聞法無礙。

5月，於道場舉行的美國西岸第二屆在家菩薩戒會，由方丈和尚果東法師、象岡道場住持果元法師、禪修中心副都監果醒法師擔任菩薩法師，共有一百一十五位戒子圓滿受戒。而為推廣菩薩戒，1月起即展開「菩薩初心‧菩薩行」系列說明會，包括專題講座、工作坊與茶會，不僅讓更多人認識法鼓山推廣菩薩戒的精神，也深入地區關懷信眾、了解在地文化及民眾需求。

於舊金山道場，1月展開的系列弘法活動，包括果醒法師《華嚴心詮》佛學講座、禪二；演柱法師、演無法師法器培訓、禪坐共修、讀書會等。3月，舉行《金剛經》佛學講座、大事關懷生命教育課程；其中的生命教育課程，包括大事關懷七項服務、演練追思祝福時的儀式，也進行助念法器梵唄教學，提昇悅眾執掌法器的熟悉度。

5月的浴佛法會由監院常惺法師帶領，同時舉辦園遊會、禪修體驗、禪藝作品展示、感恩奉茶等；6月，方丈和尚果東法師前來關懷，講演「心安最平安，無事最快樂」，期勉大眾在奉獻中，利人利己、成就修行。7月常澹法師講《八大人覺經》，以自我書寫、小組討論、大堂分享等方式，引領四十多位學員體驗八大覺知與覺悟。

舊金山道場舉辦禪一，邀請聖嚴師父法子吉伯‧古帝亞茲指導。

10月首度舉辦默照禪五，邀請查可‧安德列塞維克帶領體驗無法之法，不僅包含理論的闡釋，也針對禪眾在禪期間的情境做回應。

加拿大溫哥華道場2018年的定期共修活動，包括每週安排念佛、禪坐、法器練習、合唱團練唱、鼓藝練習等，每月也舉行大悲懺法會、菩薩戒誦戒會、法青活動等。而為接引年輕世代和西方人士，在溫哥華西區成立的「都市禪中心」於3

月正式運作，每週有三日的禪坐共修。

本年有多項弘法活動，皆以雙語進行，如2月「幸福滿滿迎新春」、5月浴佛法會，內容包括禪坐經行、鼓隊表演、音樂欣賞，以及中國結、手工藝、燈籠製作等，邀請社區民眾和第二、三代的年輕移民，

溫哥華道場《小止觀》佛學講座，由常啟法師主講。

經由節慶活動認識中華文化，並學習將動靜皆宜的禪法，融入生活中。

禪修活動，包括禪一、禪三、戶外禪等；兩場精進禪修，3月的精進禪七、10月的默照禪七，分別邀請美國佛羅里達州立大學（Florida State University）宗教學系副教授俞永峯、查可·安德列塞維克指導掌握觀念與方法，讓修行更得力。

同時，也舉辦多場佛學課程與講座，3月俞永峯老師講《維摩詰經》；7至8月常啟法師介紹《小止觀》；9月邀請卡加利大學（University of Calgary）宗教系副教授韋聞笛（Wendi Adamek）解析《涅槃經》。12月舉辦首屆聖嚴書院佛學班結業典禮，常惠法師期勉藉由「聞、思、修」安立自己的心，也造福他人；典禮中並頒發全勤獎及作業精進獎，共有一百多位學員參加。

另一方面，溫哥華道場亦積極與當地學校、社區交流，3月西門菲沙大學（Simon Fraser University）宗教學系師生、9月參與加拿大英屬哥倫比亞大學（University of British Columbia, UBC）佛教研討會的學者參訪道場，皆由監院常悟法師帶領體驗禪修、學佛行儀。

8月起，常惠法師於菲沙河谷（Fraser Valley）社區隔週週三的佛學講座中，介紹般若思想，並選讀《般若經》，帶領學員領略無我的生活智慧。

位於美國東岸的波士頓普賢講堂，以每週定期的禪坐、念佛及梵唄共修，以及不定期初級禪訓班、禪一、佛一等，廣泛接引東、西方大眾。佛學課程方面，本年主要由副寺常玄法師主講《華嚴經》，介紹華嚴境界在生活中的應用與實踐，說明拓廣心量，攝受外境不分別好壞，就能體會事事無礙的精神。

位於美國紐約的法鼓出版社，2018年持續每季定期出版英文《禪雜誌》（Chan Magazine），期能接引西方眾修學漢傳禪法。

（2）各分會

因應各地文化背景及信眾需求，各分會皆安排有禪坐、念佛、讀書會、佛學課程等定期共修課程，僧團法師也不定期前往弘法關懷，帶領法會、禪修或是佛學講座，與海

多倫多分會2018年首辦念佛禪七，由常浩法師、常修法師等帶領信眾體驗念佛法門的殊勝。

外信眾分享普潤人心的法益。共同的法會活動則有2月的新春祈福、緬懷聖嚴師父恩澤與教誨的傳燈法會，3月清明報恩、5月浴佛、8月中元地藏法會等。

北美護法會方面，新澤西州分會、芝加哥分會主要禪修活動為半日禪，新州分會2018年另有多場經典要義講座，果醒法師講《六祖壇經‧無相頌》、聖嚴師父著作《華嚴心詮》，常齋法師導讀《參禪法要》，演本法師導讀《圓覺經》；以及吉伯‧古帝亞茲主講「追隨祖師的腳步」（Following in the Steps of the Ancient Chan Masters），勉勵大眾珍惜學佛因緣，精進修學。

西雅圖分會於2月由果乘法師主講「默照禪」，4月常浩法師分享「梵唄與修行」，5月常灌法師講「菩薩戒」，8月演道法師講析《慈悲三昧水懺》，9月常統法師講「觀音法門」，12月溫哥華道場監院常悟法師介紹《心經》心要，皆帶領學員認識漢傳禪佛教豐富的內涵。

分會並於8月首度舉辦慈悲三昧水懺法會，由舊金山道場監院常惺法師領眾虔誠懺悔，勉眾懺得己心淨，得證佛本心。

塔拉哈西分會成員多數為西方眾，例行活動為每週的禪坐共修，另不定期舉辦禪修指引、工作坊，本年並舉辦禪二、禪三與禪五各一場，以及兩場禪七；其中，10月的禪二由常悟法師擔任總護，法師開示讓心不生妄想妄念，生活就能清淨自在。

加拿大多倫多分會全年舉辦多場「高僧行誼」講座，介紹玄奘大師、鳩摩羅什、蕅益大師、虛雲老和尚、弘一大師、太虛大師等祖師大德的風範與修行體證。8月，常源法師帶領念佛禪一，並主講「茶話佛法」，說明茶禪一味，分別心、傲慢心喫茶，粗茶實難下嚥；感恩心、恭敬心喫茶，即飲楊枝甘露。

10月首度舉辦念佛禪七，由常浩法師擔任總護，以起、立、坐、跑、拜交替進行念佛，體驗繫念佛號的攝心。

另一方面，象岡道場住持果元法師4月至聖路易弘法，帶領英文禪修、三場佛法講座，分享如何在生活中長養菩提心，強調不與妄念互動，返妄歸真，身心就能安定。

於歐洲，應波蘭禪宗協會（The Chan Buddhist Union of Poland）之邀，聖嚴師父法子繼程法師7至9月於華沙主持禪四十九，果元法師為西方眾小參，推廣師父的教法；禪

期圓滿，果元法師、常護法師轉往盧森堡、英國弘法，播撒漢傳禪法的種子。

3.亞太區

由於印尼禪坐會（Chan Indonesia）負責人阿格斯（Agus Santoso）向聖嚴師父學禪的因緣，2018年8月多位僧團法師受邀前往指導禪修，常襄法師、演定法師於棉蘭禪坐會帶領初級禪訓班及禪三，常震法師、演正法師前往西爪哇省、萬丹省等地，展開禪七、助理監香培訓、禪法講座等，深耕漢傳禪法的推廣。

（1）馬來西亞道場

2018年的馬來西亞道場，定期共修活動包括中英文禪坐、念佛、合唱團練唱、菩薩戒誦戒會，另有禪修、法會、佛學課程等；其中，大型法會為8月的慈悲三昧水懺法會，為熱惱的人心注入清涼法喜，有近三百人次參加。

本年的禪修活動，包括舒活禪、禪一與禪七；其中9月的默照禪七，為道場首度舉辦，由普化中心副都監果毅法師自臺灣前往帶領，並分享聖嚴師父影音開示宏智正覺禪師的〈坐禪箴〉，指導禪眾實證修行。

佛學課程上，1至3月常藻法師導讀聖嚴師父著作《心的經典》，課程重點在於以提問來啟發獨立思考、自發研讀、報告，並且引導學員回歸經典，體會與實踐佛法；《學佛五講》佛學課程，由常施法師等講授，建立學佛正知見。

10月福田班結業典禮，演祥法師期許學員建立正確義工心態，並以義工服務來實踐所學，體驗知福、惜福、培福與種福，共有一百五十人參加。

多項分齡成長課程，1至4月的「法青工作坊」，引領學員以佛法找到生命意義；11月的法青生活營，由常迪法師帶領近七十位學員，展開自我探索和保護自然生態之旅。而以「心六倫」、「心五四」為核心的「兒童生命教育課程」，則於3月起進行，帶領小朋友啟發生命，學習愛護環境、關懷他人；同時亦為父母開辦成長工作坊，讓親子共同成長。

2018年道場並與其他佛教團體及大學合作，推廣漢傳禪佛教，1月應邀出席當地正信佛友會「菩提心，解脫行」講談會，由常藻法師分享生命的體驗及出家後的經歷。2月參加「神學院參訪與交流活動」，並以法鼓山為例，介紹大學院教育的辦學理念、發展與挑戰；也

馬來西亞道場「兒童生命教育課程」，親子共學共長。

受邀於雙威大學（Sunway University）佛學會的義工培訓課程中，指導托水缽、禪坐。

4月於全國大專佛青協調委員會（Intervarsity Young Buddhist Coordinating Council, IYBCC）舉辦的傳承營中，分享在承擔中學習成長，在奉獻中落實佛法。

雪梨分會舉辦新春聯誼，常續法師與悅眾團聚，彼此感恩。

8月，道場禪修義工應當地太平佛教會之邀，於全國教師佛學研修班中，帶領法鼓八式動禪、托水缽及經行等動禪，學習將散亂心轉為專心，時時放鬆、放下身心。

（2）各地護法會、分會

亞太區有新加坡、泰國兩處護法會，及澳洲雪梨、墨爾本分會。

新加坡護法會於1月首辦「大事關懷培訓課程」，由常健法師講說大事關懷的緣起及意義。6月護法會正式承租新會所，隨即展開全面運作，引領信眾共擊大法鼓；7月起首度開辦「福田班」，共有一百一十二位學員學習實踐萬行菩薩精神。

8月初，方丈和尚果東法師前來關懷，並主持祈福法會暨皈依典禮，期勉大眾繼往開來，接引更多人學佛護法；月底舉辦中元彌陀佛三，引領大眾以感恩的心，將清淨念佛功德，迴向歷代祖先及眾生。

9月起舉辦慈悲三昧水懺培訓課程，由演柱法師解說懺文，並進行法器培訓等；10月首辦水懺法會，由常空法師主法，也開示拜懺的法益。

泰國護法會於1月舉辦「來迎觀音法座祈福法會」，適逢方丈和尚果東法師於泰國弘法，出席關懷並祝福；駐泰代表童振源於17日參訪護法會，期許增加交流，接引更多臺商及泰國民眾學習佛法與禪修。

7月，「快樂學佛人」課程首度於泰國開辦，四十四位學員在系列課程中，歡喜踏上學佛之路。

大洋洲的澳洲雪梨分會首先於2月舉辦新春感恩聯誼，常續法師出席關懷，感恩義工的護持與奉獻。暑假期間，方丈和尚東南亞、澳洲弘法行程，7月中旬於分會展開，包括公開講座、皈依典禮，也參與法青戶外禪，勉勵青年們隨時調適，保持心的平衡。

12月，雪梨大學（University of Sydney）「聖嚴法師漢傳佛教講座」（Master Sheng Yen Lecture in Chinese Buddhism），邀請加拿大英屬哥倫比亞大學亞洲研究學系教授陳金華，以「帝國、貿易與宗教——則天治下（655-705）的佛教」為題，進行專題演

講，解析佛教文化對武周唐帝國擴張的重要性。

墨爾本分會2018年主要舉辦多場佛學講座，包括「菩提心」、「達摩會說話」、「佛學學佛」等，由常續法師主講，釐清學佛觀念、修正佛學知見。

4.大中華區

大中華區主要為香港道場，設有九龍、港島兩會址，定期共修包括念佛、禪坐、大悲懺法會、菩薩戒誦戒會，以及《人生》雜誌讀書會等；年度的新春普佛法會、浴佛法會、中元報恩「都市地藏週」共修等大型活動，皆有逾五百人參加。

在禪修活動上，全年舉辦多場初級禪訓班與禪一，活絡當地習禪風氣。7月「青年五日禪」、「五日禪修營」，分別於中文大學、香港大學舉行，學員學習以禪修轉念；11月於基督教女青年會梁紹榮度假村舉辦禪三、精進禪五，禪五邀請繼程法師擔任主七和尚，法師開示架構完整、方法詳盡，引領學員在念起、覺遲的過程中，體會禪法的幽微。

經教研讀課程方面，主要由監院常展法師詳釋《心經》、《金剛經》的經義與意涵；10月起，果興法師講「菩薩戒的修行次第」，講說菩薩戒與菩薩道的修行次第。

本年，僧團法師也陸續前來弘講、關懷，2月副住持果暉法師弘講安般禪法、帶領工作坊，以三學的次第、禪定的次第、解脫的次第、小乘禪的次第、次第禪觀 —— 安般禪法，講解禪宗無次第的意義，說明安般禪法的受用；6月果醒法師以講座、工作坊，引導學員體會楞嚴空義。

9月，舉辦「《法華經》與改變的力量」佛學講座，由果慨法師以及帶領悅眾成長營、懺法研習營等，提醒學員在日常生活中練習身心放鬆與覺照等禪修方法，智慧自然升起。

香港道場2018年舉辦多場禪藝課程與活動，1至6月的「如來寶藏 —— 佛教藝術」系列課程，除了八場講座，並有兩場經變圖臨摹工作坊，藉由繪畫藝術認識佛法。10月「聞聲．觀音」禪藝工作坊，邀請繼程法師進行兩場講座，分享「以禪入於一切」的思維；工作坊由唐鼓演奏家張藝生、頌缽演奏家曾文通，常展法師及常霖法師帶領，透過聆聽鼓聲缽音、經行及靜坐等體驗，接引大眾由藝入禪，活出自在生活。

果暉法師於香港道場弘講安般禪法，詳述發展歷程。

（三）護法總會

護法總會包括護法會團、關懷院、青年發展院及服務處。由僧俗四眾協力護持成就的護法體系，對內，以共修、讀書會、研習營、成長營等活動的舉辦，凝聚會眾共學成長；對外，期勉四眾從心出發，由內而外，推己及人擴大到對社會的整體關懷，共同促進人間的平安快樂。

1.護法會團

護法會團轄下有會團本部、各會團及各地辦事處、共修處，2018年持續展開人才培訓、內部關懷、地區活化等活動，為實踐法鼓山的理念，注入護法動力。

（1）會團本部

護法總會大型年度活動首推1月的「邁向2018平安無事 —— 歲末感恩分享會」，全球十一個分支地點同步展開，僧團法師、海內外共九千多位信眾，彼此互道祝福，在菩薩道上共願同行；3月，「正副會團長、正副轄召、召委聯席會議」於寶雲寺舉辦，近兩百位悅眾就會務討論交流；「勸募鼓手關懷營」於4至7月期間，在全臺展開四場，引領新進勸募會員學習運用佛法，在法鼓山大家庭安住身心。

10月的「新勸募會員授證」，行列中可見不少年輕人身影，共有一百五十三位新勸募會員齊聚農禪寺，成為勸募生力軍；12月，為全臺三百多位新任悅眾舉辦授證，凝聚護法弘法的願力。

地區人才培訓課程方面，於北部地區舉辦「樂活悅曲人才培訓課程」，以輕鬆活潑的佛曲帶動唱，接引大眾體驗學佛的歡喜；於中、南部開辦攝錄影班，透過現代影音媒體，推廣法鼓山弘化活動。

10月起展開六梯次的印度朝聖行，則由僧團法師帶領資深勸募會員，循著聖嚴師父的足跡，巡禮佛陀聖跡，感恩佛陀、緬懷師恩，延續學佛護法的初心。

（2）各會團

護法總會各會團主要由在家居士組成，現有法行會、法緣會、榮譽董事會、社會菁英禪修營共修會、教師聯誼會、禪坐會、義工團、合唱團、念佛會、助念團等，彼此支援，成就道業。

2018年各會團均舉辦多元成長活動，提昇會眾智能，精進成長。包括法行

印度朝聖行中，法師帶領信眾唱誦佛號，踏實虔敬地右繞正覺大塔。

會全年舉辦十一次例會，並由僧團法師講說佛法義理與安心之道，中區分會進行六場「萬壑度盡遺松聲——尋找當世維摩詰」人文講座，邀請粉彩畫家楊雪梅講述聖嚴師父投入社會關懷的行誼，期勉大眾建立以利他的菩提心為生命方向。

教聯會舉辦教學研習營，期在校園推動心靈環保教學，讓師生關係更和諧。

榮董會本年以禪悅營、分支道場參學活動為重點工作，堅定修行與奉獻的願心；也於海內外舉辦多場關懷聯誼會，期許代代相續護法因緣。教聯會除於寒、暑假期間展開的禪七，另有五場心靈環保一日營、一場自我成長營及兩場聯誼會，為教育的初心充電；全年並舉辦三場教學研習營，分享品格教育結合心靈環保的理念，在校園播下良善種子。合唱團則於3至5月期間，展開全臺巡迴關懷，由常獻法師帶領本部團悅眾，前往七處地區合唱團，以音聲交流傳頌法喜。

在法鼓山各項活動中均可看見身影的義工團，除支援體系活動，全年開辦兩梯次新進團員培訓課程，9、10月另舉辦接待進階、悅眾成長課程；一年一度「水陸法會義工總培訓課程」於11月展開，由果慨法師、常雲法師等授課，分享萬行菩薩的精神。12月年度感恩聯誼會中，常獻法師期勉會眾，以「奉獻自己，成就大眾」的精神，「盡心、盡力、盡可能學習」的心態，在消融自我中學習成長。

念佛會除定期的念佛共修，3月舉行悅眾年度聯誼、4月有兩場精進佛一、5月及10月各舉辦一場佛二，9月舉辦引禮初階培訓，近八十位學員學習提昇修行層面，接引大眾安心念佛。助念團於雲來寺設有大事關懷服務中心，提供佛事相關的各項諮詢，以莊嚴佛事落實心靈環保。

法青會各地分會則不定期開辦禪味鈔經、梵唄、禪坐等課程，接引青年學習各種修行方法。本年「生活有覺招」持續於農禪寺進行，藉由不同主題的討論，活用佛法，覺照生活；於德貴學苑進行的初階梵唄課程，則以音聲修持，傳達佛法教義與祝福。

（3）各地辦事處、共修處

2018年，全臺共有四十一處辦事處、十二處共修處，主要功能在於提供行政辦公、信眾共修聯誼，同時透過佛學課程、讀書會、生活禪藝等活動，接引大眾修學佛法；另一方面，也提供人力支援，共同成就頒發獎助學金、聯合祝壽、歲末關懷等工作。

在體系組織的資源共享方面，3月起與普化中心合辦經典共修課程，於三重、內湖、

中正萬華、新莊、中永和、林口、豐原、員林、花蓮等辦事處,及土城、虎尾、樹林共修處,接引大眾以讀誦方式親近《金剛經》、《心經》。7月,與青年院於新店、松山、中永和、中正萬華、文山、內湖、新莊、海山、淡水等辦事處,共同協辦兒童營,帶領學童親近佛法、學習成長。

桃園辦事處關懷長者,分享佛法的溫暖。

地區各別活動上,中正萬華辦事處3月於新址法鼓德貴學苑舉行灑淨啟用後,7月起由常廣法師主講「頑石點頭」系列講座,針對修行過程中的問題,為義工解惑;9月起的佛學課程,由常一法師導讀《金剛經》,引導從日常生活實踐面,貼近般若空慧。

新店辦事處6至9月展開八堂「做自己人生的GPS」講座,由辦事處資深悅眾及法青合力承擔成就,透過課程的深度啟發,延伸到課外的活絡交流,落實世代傳承;淡水辦事處7月與區公所合辦社區成長講座,邀請電視節目《點燈》製作人張光斗以「斗室有光」為題,分享受人點滴恩惠的經歷。桃園辦事處每週舉辦樂齡關懷活動,邀請獨居長者、資深義工於辦事處共修、用齋,分享、交流佛法。

豐原辦事處於3、4月舉辦勸募會員、大事關懷成長營,7至9月舉辦「《法的療癒》導讀」系列講座,每場均有逾百人參加。南投辦事處6月起設置「心靈環保故事屋」,重現聖嚴師父於南投的關懷足跡,重現佛法鼓舞人心的感動。

2.關懷院

關懷院著力推動以心靈環保為核心的生命教育、臨終關懷、佛化奠祭、環保自然葬等,2018年舉辦四場地區悅眾巡迴關懷,展開「大事關懷暨助念梵唄法器教學」,由監院常學法師、常健法師、常甯法師等帶領,解開生死迷思與恐懼,進一步以歡喜心、感恩心面對死亡。

6月,關懷院應臺北市政府民政局暨所屬殯葬管理處之邀,協助為六名無名主居士辦理聯合祭奠,由法師及近七十位助念團成員誦經追思祝福。

另一方面,法鼓山推廣的「潔葬、簡葬、節葬」環保自然葬法,廣獲各界認同,香港天主教慈善團體「香港明愛」安老服務部職員以及義工於4月來臺參訪「新北市金山環保生命園區」,實地觀摩了解植存環保葬,希望借鏡法鼓山的經驗,讓香港人認識環保自然葬的理念,體現生命的意義與內涵。

3.青年發展院

致力於接引十八至三十五歲青年認識、了解佛法與禪修的青年院，各項活動力求多元豐富。於禪修及營隊活動上，包括青年卓越禪修營、法青二日營、社青禪修營等，皆由法師帶領青年學員，運用禪法放鬆身心、對治妄念，活出卓越人生。4月，青年院與澳門佛教青年中心合辦「澳門悅眾培訓

青年卓越禪修營中，學員以一顆安定心泡茶品茶，品嘗一杯清淨禪味。

營」，於法鼓文理學院展開，由演戒法師帶領三十六位悅眾傾聽內心，與自我對話。

生命關懷、兒少教育方面，如「悟吧！二日營」、「生命關懷工作坊」，課程結合臨終關懷與佛教的生死觀，帶領青年認識生死，探索從生到死的實相。全年協助分支道場、各地辦事處帶領兒童半日營隊，並於10月舉辦「《只有大海知道》電影欣賞暨座談會」，邀請導演崔永徽帶領賞析，透過問答探討偏鄉教育、隔代教養、族群間文化認同等議題。

在義工服務面向，配合支援體系各項活動，包括5月心靈環保家庭日、11月水陸法會等，也定期至新北市養護院展開樂齡關懷，以念佛、藝文表演陪伴長者，在服務、奉獻中學習成長；10月，以「把心打開，勇氣出發」為主題的義工成長營，各地法青悅眾交流成長，重回初心、發願行願。

二、發展體系

發展體系包括普化中心、禪修中心、文化中心及相關基金會（慈基會、人基會、聖基會），除了運用傳統佛教各種修行活動，以佛法安頓人心、提昇人品，同時結合現代科技及文化，賦予教育功能，致力發展各項修行、教育、文化與關懷事業。

（一）普化中心

普化中心其下有信眾教育院、弘化發展專案，以佛法為本，整合研發適應社會局勢、結合科技與潮流的課程或活動，創新多元弘法新風貌。

1.信眾教育院

信眾教育院秉承「普及信眾佛法教育」的使命，持續整合豐碩學習資源，研發推廣各式佛學課程，及培訓讀書會帶領人，與大眾分享漢傳禪佛教、聖嚴師父的教法。

在聖嚴書院普化教育的推廣上，系統介紹佛法知見、漢傳佛教內涵及法鼓山理念的佛

長者在長青班課程中，學習新知，展現樂齡活力。

學班、禪學班及福田班，2018年持續於海內外展開解門、行門並重的課程，福田班新開十五個班次，帶領近兩千位義工開展自利利人的服務奉獻生涯；佛學班新開十四班，總計七十八班，逾六千位學員參加；禪學班一班。佛學班於5月及7月，分別在寶雲寺及農禪寺舉辦聯合結業典禮，共有近一千一百位學員完成三年學習。

而接引大眾掌握學佛入門和次第的「快樂學佛人」系列課程，於全臺，以及海外加拿大溫哥華、馬來西亞、香港道場與泰國辦事處，共進行二十二梯次，近三千人參加。專為六十歲以上長者開辦的「法鼓長青班」系列課程，本年共計展開四十六個班次，逾四千位長者學員學習新知、活化思維，建立積極有活力的生活態度。

持續每週三於農禪寺展開的「法鼓講堂」佛學課程，同時在「法鼓山心靈環保學習網」進行線上直播，提供全球學員上網聽講，並參與課程討論，2018年課程包括《維摩詰經》、《無量壽經》兩部經典，以及《小止觀》、〈參同契〉、〈寶鏡三昧歌〉、〈觀心銘〉等主題，帶領學員認識經藏、禪法義理，學習佛法在生活上的應用。8月起，另展開「世界佛教系列」特別講座，開啟東西方佛教的多元觀察視野。

心靈環保讀書會方面，2018年海內外共有一百五十二處，其中於國內有一百四十五處；而為培育心靈環保讀書會帶領人，10月於農禪寺舉行心靈環保讀書會共學活動帶領人基礎培訓課程，內容包括聖嚴師父的思想與寫作、讀書會心要、有效讀書四層次等，有近一百二十位學員參加，為讀書會注入新能量。

在數位學習推廣上，「心靈環保學習網」除線上直播「法鼓講堂」佛學課程，並整合運用實體與數位課程，同時提供行動裝置服務，至2018年底，累積課程數逾三百門，會員人數近三萬人。

2.弘化發展專案

弘化發展專案秉持聖嚴師父清淨、簡約、環保的指示，落實在水陸推廣研究、梵唄統一、傳戒等專案上，引領新世紀弘法風潮。「第二十三屆在家菩薩戒」於3月分兩梯次在園區舉行，有近一千兩百位戒子圓滿正授，共行菩薩道。

11月，「第十二屆大悲心水陸法會」於園區啟建，包含萬行壇，共有十二個壇場，親至壇場，或參與全球四十六處網路連線共修者，共三十五萬人次，雲端祈福有七十五萬筆。佛法與共修的力量，無遠弗屆地串連全球的祝福與願力。

弘化發展專案召集人果慨法師10月受邀參加於中國大陸福建舉辦的「世界佛教論壇」，以「從雲端祈福實踐心靈環保」為題，分享法鼓山將傳統法會走入現代，逐步符合四環理念的過程，及創新改革「雲端祈福」的建置經驗。

（二）禪修中心

禪修中心其下設有禪堂（選佛場）、傳燈院，除舉辦各項禪修活動，並研發推廣系統化、層次化的禪修課程，協助現代人透過禪修放鬆身心，開發自心智慧與慈悲。

1. 禪堂

禪堂統籌辦理各項精進禪修活動，2018年共舉辦二十二場，包含初階禪七、中階禪七、精進禪七，以及念佛、默照、話頭等進階法門，內容如下：

類別	初階禪七	中英禪七	精進禪七	中階禪七	念佛禪七	默照禪七	話頭禪七	默照禪三十	話頭禪四十九
場次	10	1	1	3	2	1	2	1	1

初階禪七於2至12月間舉辦十場，四場於信行寺展開、三場於天南寺進行，方便地區禪眾就近參加；精進禪七、中英禪七於1、9月舉行，分別邀請聖嚴師父法子繼程法師及查可‧安德列塞維克帶領，禪期中，繼程法師完整介紹數息、念佛、默照、話頭禪法，方法細膩且貼近禪眾需要。

本年並舉辦多場進階禪修，如3月及10月念佛禪七、3月默照禪七、5月及12月的話頭禪七，接引禪眾以相應的法門，精進修行。

另一方面，禪堂本年舉辦兩梯次長期禪修，4月話頭禪三十、7月默照禪四十九，為方便禪眾參與，禪期有禪七、禪十四，全程參與各有五十一人、四十二人，禪眾每日早晚聆聽聖嚴師父的開示影音，不僅體驗法喜禪悅的身心清明，也增強修行的信心，以及利他的願心。

11月的法器悅眾培訓，由監院常乘法師帶領分組演練，一百多位學員培養團隊默契，期許能早日承擔悅眾之責。

2. 傳燈院

以推廣各項禪修方法、理念及活動為主要任務的傳燈院，全年度在例行禪修活動上，首先為接引初機，於天南寺、雲來寺共舉辦十一場初級禪訓班；另外，包括二日營與密集班、四場Fun鬆一日禪、八場禪一，全年有近兩千人次參加。三場精進二，分別在園區、三義DIY心靈環保教育中心進行；「中級1禪訓班」全年開辦五場，帶領三百多位學員做好進入禪七精進修行前的準備。

其他活動，2月於法鼓山園區，舉辦「醫護舒活二日營」，由監院常願法師帶領近五十位醫護人員練習覺察自我、放鬆身心與放下壓力，重拾助人的力量和信心；5月為慶

祝母親節暨佛誕節，於臺北國父紀念館中山公園廣場舉辦「心靈環保家庭日」活動，逾六千位民眾透過生活禪的體驗，體驗安定放鬆。

另外，為培養禪修師資及種子人才，於三義DIY心靈環保教育中心展開的培訓課程，包括坐姿動禪學長、立姿動禪學長、中級1禪訓班輔導學長、地區助理

5月「心靈環保家庭日」，法師帶領大眾體驗坐姿動禪。

監香等；7月於德貴學苑舉辦初級禪訓班輔導學長評析培訓，並安排悅眾分享心法與威儀；10月的悅眾成長營，則培育禪修義工服務與成長並進，共同為推廣禪修而努力。

企業禪修方面，除派遣師資至企業內指導課程，如新北市中和地政事務所、慈暉文教基金會、將傑集團，亦於天南寺為鬍鬚張股份有限公司、小草書屋舉辦禪修、寺院生活體驗營，學習放鬆身心的法門。

教材研發、理念推廣上，本年完成兩支「生活禪動畫」影片，將關鍵的禪法練習與深度的知見，融入日用生活中。10月，與文理學院人文社會學群合辦座談會，邀請查可・安德列塞維克、前舊金山禪中心住持雷・安德生（Reb Anderson）對談，分享禪法在西方的轉化與挑戰。

國際禪坐會（International Meditation Group, IMG），除了每週六例行共修，全年共舉辦四場禪一，接引在臺外籍人士體驗漢傳禪修方法。

（三）文化中心

文化中心為法鼓山主要文化出版、推廣單位，透過書籍出版、影視製作、文宣編製、文史保存展覽等多元管道，為現代人提供全方位的心靈資糧。其下設有文化出版處、營運推廣處、史料處。其中，文化出版處下有叢書、雜誌、文宣編製、影視製作及產品開發部；營運推廣處下有整合行銷、通路業務及物流服務部；史料處下有文史資料、數位典藏、文物典藏及展覽組。對外出版單位為法鼓文化。

2018年叢書部共出版三十二項新品，包含新書三十一種、桌曆一種。新書部分包括十五本聖嚴師父著作：《平安無事：止惡行善，心安平安；觀世自在，無事無礙。》、《幸福告別：聖嚴法師談生死關懷》、《法鼓山的方向：創建》、《法鼓山的方向：理念》；新改版的《聖嚴法師學思歷程》、《拈花微笑》、《神通與人通——宗教人生》、《禪的世界》、《抱疾遊高峰》、《律制生活》；大字版的《福慧自在——金剛經生活》、《聖嚴法師教觀音法門》、《生死皆自在》、《佛法綱要——

四聖諦、六波羅蜜、四弘誓願講記》；簡體版《心的經典 —— 心經新釋》。

《平安無事》為法鼓山年度主題書，精選聖嚴師父著作中關於四感的開示，做為人際相處的指引，共創自助助人、自利利他的祥和社會。《幸福告別 —— 聖嚴法師談生死關懷》選編師父著作中關於生死的開示，希望能夠藉由佛法引領讀者坦然面對生死，活出自在人生。

為呈現聖嚴師父對於法鼓山發展的定位和方向，《法鼓全集》新編小組整編師父歷年的開示及文章，編輯為六冊六大主題：理念、創建、弘化、關懷、護法鼓手、萬行菩薩，總書名定為《法鼓山的方向》，12月首先出版《法鼓山的方向：理念》及《法鼓山的方向：創建》，前者收錄法鼓山核心思想，包括理念、共識、使命與願景；後者介紹法鼓山創建緣起與歷程，解說參學、導覽及教育興學、分支道場。

4月、11月，出版繼程法師《默照365》、《禪悟之道》，前者收錄三百六十五則「默照禪心法」，一日一默照，每天給自己一分鐘的「自我療癒」，學習活在當下；後者為法師指導僧眾禪修的開示，除基礎禪法、話頭禪法，特別釐清常見的禪修迷思，指引正確的悟道關鍵與方法。

《法的療癒 —— 佛陀教我的10堂生死課》、《如來寶藏 —— 聖嚴法師的如來藏思想研究》分別於3月、6月出版。前者為杜正民教授病後，凝視生死，投入《雜阿含經》病相應群經研究，深刻探索佛陀對生死、病苦、醫療的教導，以身試法的親身體驗記錄；後者為常慧法師編輯、杜正民教授研究如來藏與聖嚴師父思想的智慧結晶分享，也是人間淨土的實踐藍圖。

6月出版秦就的《禪味細道 —— 日本東北・北陸祕境佛寺之旅》，介紹日本東北、北陸二十所佛寺的寺院歷史、典故，穿插日本俳聖松尾芭蕉的優美俳句，讓讀者能更體會各寺院的禪味情境。

《大好年 —— 2019年法鼓山桌曆》於10月發行，精選二十七幅師父書法，在充滿禪意的一筆一畫間，體驗師父的智慧法語與平安祝福。12月出版兒童繪本《禮物》，作者常燈法師傳達生命是一份禮物，生、老、病、死，都是珍貴的人生體驗。

佛學研究相關著作，包括李治華《楞嚴經心詮》、許洋主《唯識關鍵字》、廖肇亨《倒吹無孔笛 —— 明清佛教文化研究論集》，以及《無盡燈 —— 漢傳佛教青年學者論壇論文集》、《聖嚴研究第十輯》、《聖嚴研究第十一輯》等會議論文集，展現佛學研究的豐碩成果，也為佛法的現代應用，提供更多元的可能性。

雜誌部2018年出版十二期《法鼓》雜誌（337～348）、十二期《人生》雜誌（413～424）。其中，《人生》雜誌全年專題，包括契合現代生活的經典智慧，有1月號（413期）「迴向　大悲心起樂分享」、3月號（415期）「人生，路上書 —— 共讀《遊行經》」、10月號（422期）「翻轉思惟《維摩詰經》」；運用佛法智慧來面對生

老病死、生命無常,學習放下,得以善生善終,如2月號(414期)「平安湯・無事茶」、5月號(417期)「Deadline之前 好好告別」、8月號(420期)「聖嚴法師教幸福告別」、12月號(424期)「拔苦予樂的菩薩行者」;從佛教文化著眼,分享正信佛教徒生活方式,培養莊嚴身口意三儀的專題,則有4月號(416期)「威儀好好」、6月號(418期)「好說 好

法鼓文化出版多種書籍及《法鼓》雜誌、《人生》雜誌,以文化傳播弘揚佛法。

好說」、7月號(419期)「覺悟過生活」、9月號(421期)「懂孤獨,不寂寞」、11月(423期)「帶著禪心去運動」。

專欄方面,接續日本佛寺文化的「東亞佛寺之旅」,2018年增闢「韓國佛寺之美」,由旅韓學者陳明華從史地文化、佛教藝術、常民習俗等不同面向,介紹韓國佛教;因應高齡社會的社區長照趨勢,以及養生觀念,「北海安寧物語」,深入新北市北海岸地區,關懷獨居、居家療護的長者,從陪伴中學習生命的意義;「人生戲中戲」從戲劇反映真實人生,不斷從中學習此生的功課;「雙味好料理」由主廚洪蓮華擔綱示範一物兩吃,不僅為餐桌菜色增添風景,更善用食材不浪費。

另,「人生導師」連載聖嚴師父的人生智慧開示、「佛學新視界」由惠敏法師介紹佛法跨領域研究、繼程法師的書畫雙璧及佛法珠玉「爾然禪話・壇經」,以及生活六度類專欄「一種觀看」、「清心自在」、「電影不散場」(電影與人生),皆引導讀者用心過生活,生活處處都是禪機。

2018年各期《法鼓》,詳實記載法鼓山教團的重要大事,包括第十一屆大悲心水陸法會(337期)、新竹精舍落成啟用,地區悅眾學佛護法與籌建道場的精進歷程(342期)、《人生》雜誌2018「世界佛教村」座談會(343期)、果暉法師接任第六任方丈和尚(343、346期)、第七屆漢傳佛教與聖嚴思想國際學術研討會擴大舉辦(344期)、聖基會於國際間獎掖漢傳佛教研究十二年有成(345期)、關懷臺鐵普悠瑪事故受難者等(347期)、護法信眾展開印度聖跡巡禮(348期)等。

國際弘化方面,東初禪寺常住法師參與美國舍衛精舍西方戒律研習營(339期)、美國法鼓山佛教協會出席IDCC氣候變遷的內在面向 —— 亞洲/太平洋及中東青年生態學家研討會(339、348期)、方丈和尚果東法師至香港、中國大陸弘化(341期)、東初禪寺及洛杉磯道場監院法師代表拜會教宗(346期)、新任方丈果暉法師出席中國第五屆世界佛教論壇(348期)、副住持果祥法師出席印度「生物多樣性國際研討會」

（348期）等，顯示法鼓山教團與國際間的交流持續多元開展，並積極參與。

有關禪修活動的重點報導，包括莫斯科無極門禪修會組成尋根團，來訪總本山與北部分院，領受漢傳禪佛教的豐富內涵與修行法門（338期）、副住持果醒法師4月底5月初前往莫斯科帶領禪七（342期、343期）、果元法師於墨西哥、盧森堡、英國等地弘化不輟（344、347期），以及西方法子吉伯‧古帝亞茲訪臺交流禪法（344期）、繼程法師受邀波蘭主持禪四十九（345期）、查可‧安德列塞維克來臺主持中英禪七，並與舊金山禪中心前任住持雷‧安德生（Reb Anderson）對談「禪法在西方的轉化與挑戰」（347期），累積護法弘法的力量，匯聚成漢傳佛教在國際上弘化的無限動力。

《護法》季刊2018年發行第13至16期。這一年，法鼓山護法總會邁入了四十年的新里程。頭版「護法心聞」於第13期報導2017年12月15日的「正副會團長、轄召、召委成長營」，第14期分享邁入護法第五個十年之際，護法總會持續展開的地區活化、人才培訓、內部關懷等弘化新氣象；第15期報導「勸募鼓手關懷成長營」活動；第16期，適逢新舊任方丈和尚交接，護法總會正副總會長及地區悅眾鼓手，分享參與接任大典的觀禮心得與對新任方丈的期待與祝福，並發願繼續護持教團，共同為推動法鼓山的理念，弘揚漢傳禪佛教而努力。

二、三版「專題特寫」，分別邀請全臺各地護法超過二十年的資深悅眾，分享最初得遇聖嚴師父的因緣，與自我成長、自利利他的生命故事。「方丈和尚關懷」、「護法總會關懷」專欄也呼應專題主題，勉勵鼓手們不忘初心，共同在正法門中勇往直前，學佛護法不退轉。四版「處處好讚」專欄，介紹員林、內湖、新竹、屏東四個辦事處，將佛法帶入社區，接引在地民眾的種種善巧方便。

因應地區發展與活化，自第13期起連載「地區發展Q&A」專欄，由總會服務處監院常應法師針對地區發展新方向，分享具體做法，如兒童半日營、經典共修等實例，讓資源共享、不同的護法世代得以互相補位，並傳承經驗，永續發展。

《金山有情》季刊2018年出版第63至66期，為金山、萬里、石門、三芝等區的自然、人文鄉土風情，留下紀錄。一版「本期焦點」，聚焦北海岸當季重要事件，如北海岸四區推動友善農耕體驗有成，找回人與土地的緊密連結，一起邁向共好的未來（64期「友善農耕 種出共好未來」、66期「食農體驗田園趴」）；而三芝的共榮、安康社區，經過十二年的努力，更獲得金牌農村的殊榮，編輯團隊實地深入田邊、鄉間，採訪農友與社區營造工作者（65期「以農共榮安康 我家是金牌農村」），看見農村社區為四種環保所投注的心力。

二、三版「專題特寫」，深度報導北海岸的自然文史軌跡，包括63期「打開理髮廳時空膠囊」採訪老牌理髮廳、理髮師傅；64期「用心體驗北海岸」，由僧團法師示範，運用禪修心法在北海岸的山海之間，享受走路禪、放鬆騎單車，分享法鼓山最珍貴

的法寶——禪修；65期「綠保標章農場　生態奇遇記」看見農友友善環境、保育臺灣葉鼻蝠、臺灣藍鵲的用心；66期「來自星星的消息　秋遊觀星趣」邀請觀星達人，實地走訪北海岸觀星勝地觀察星象，認識秋冬季節的星座、觀星入門工具等。

四版「北海鄉情」，介紹社區居民的樂活生活及法鼓山園區、社大相關資訊，邀請鄉親參與課程、體驗修行活動。

文宣編製部受體系各單位委託製作文宣、結緣品，2018年主要出版品包括《2017法鼓山年鑑》、法鼓山《行事曆》等，以及《知福惜福有幸福》、《樂在工作好禪修》、《今生與師父有約》等五本中、英文結緣書籍。而廣受歡迎的《大智慧過生活》校園版套書，全臺有近一百八十所學校提出申請，總發行量近七萬冊。

影視製作部於2018年自製影片，包括《新竹精舍簡介》、《法鼓山的禪法》、《2018關懷生命獎》、《世界佛教村座談會》，《第六任方丈和尚接任大典》等二十餘部；教學類影片，共完成《方丈和尚精神講話之師父開示》四集、《中華禪法鼓宗法脈傳承》、《繼起有人》等三十八則影片的字幕製作；另有四則《東初老人的故事》動畫。

以開發涵容心靈環保理念的各式用品、飾品、修行用品為主的商品開發部，2018年共開發五十三項新品，包括不鏽鋼保溫杯、悉達多水壺、大悲心包袋、主題年用品吊飾文具、心靈環保服飾、修行用經架、佛像復刻等，廣與社會大眾分享禪修與環保在日常生活的實用，友善地球環境。

史料部於2月新春在農禪寺安排「農禪寺歷史」、「一花開五葉六祖惠能」特展，另有齋明別苑「平安無事，心安平安」、南投辦事處「心靈環保，處處平安」等展覽，分享法鼓山相關發展歷程與對社會的祝福。

（四）相關基金會

慈基會、人基會、聖基會，為法鼓山深耕大關懷、大普化、大學院三大教育理念的重要推手。

1.慈基會

慈基會落實大關懷教育的目標，以人間化的佛法，普遍而平等的關懷社會大眾，2018年在各項例行關懷活動上，106年度全臺歲末關懷於2月中圓滿，結合社會各界資源，有近三千戶家庭在寒冬中感受佛法與人情溫暖；5月及8月起展開端午、中秋關懷，攜帶應景素粽、月餅前往關懷家庭表達祝福外，慰訪義工並分別至各地社福機關、安養機構，與院民歡度佳節，共計關懷近一千八百戶家庭；第三十二、三十三期「百年樹人獎助學金」，全年共嘉惠兩千六百多位學子。

災難救助上，1月花蓮強震、10月臺鐵普悠瑪列車出軌翻覆事故，慈基會皆於第一時間啟動救災機制，由法師及義工展開關懷及援助，包括提供佛珠、祈福卡、大悲水、健康諮詢等服務；海內外各地分寺院也設立消災及超薦牌位，官方臉書及全球資訊網

亦展開「持咒祈福」，傳送安定的力量。8月，臺灣南部因強降雨造成水患災情，除緊急提供臺南安南區、嘉義東石鄉西崙村救援物資，義工並協助清理家園、校園，四眾合力還原安心的居家及就學環境。

另一方面，轉達各界關懷，慈基會協助臺南崑山國小教學大樓補強工程、新北市金山區磺溪橋復建工程，亦於2月、5月舉辦啟用典禮，圓滿社會大眾的期許。

慈基會安排百年樹人獎助學金學子參與淨灘，以行動回饋社會。

為落實對學童的關懷，慈基會於大臺北北投、文山、新莊，以及新竹、臺中等五區辦理學習輔導，陪伴孩童快樂成長、用心學習。7月捐助宜蘭縣南澳鄉社區巡迴中型巴士，守護鄉親行的安全；並於信行寺、雲來寺分別舉辦兒童營，共有八十多位學童在多元活動中，認識自然環保、學習感恩。9月首度於苗栗縣獅潭鄉，邀請社工督導謝云洋講授親子溝通技巧，分享以「愛」與「關懷」營造和諧的親子關係。

教育訓練是慈基會的重點工作項目，2018年的教育訓練課程，包括七場慰訪教育關懷訓練；三場慰訪進階課程，有近三百位義工學習以「同理心」進行關懷與互動。12月底首度於天南寺舉辦義工舒活二日營，六十六位學員沉澱身心，學習運用禪法，為慰訪加分。本年度也配合臺北、新北，以及宜蘭縣政府，共參與十八場公部門災害防救演習，建立整體的救災步調，適切地投入救助工作。

2. 人基會

以推動「關懷生命」和「心六倫」理念為使命的人基會，首先於1至12月，與教育廣播電臺合作製播《幸福密碼》節目，透過與各界賢達的訪談，分享、傳遞幸福；呼應「平安無事」主題年，每月舉辦心靈講座，1月進行首場，全年11場，邀請各領域專家學者，分享無事無礙，平安自在的安心之道。

「關懷生命」專案方面，2018年每月於德貴學苑舉辦「關懷生命專線」線上督導課程，由兼具心理諮商與佛法學養的常法法師指導，提昇接線工作的品質；10月起開辦義工培訓課程，協助面臨生命低潮者，尋得心靈安定的力量與方法，重新活出生命的價值與意義。

第七屆「國際關懷生命獎」頒獎典禮於9月舉行，典禮以「感恩音樂會」的方式呈現，獲獎者均是長期推動尊重、珍惜生命，與活出生命價值的個人或團體，為社會樹立正面價值與楷模。

在「心六倫」的推展上，「心六倫宣講團」於2018年，透過宣講、活動、體驗等活潑多元的方式深耕，於校園，包括1至9月，受邀前往臺南敏惠醫護專科學校，與師生分享心靈環保的日常運用，六場活動共有一千三百多人次參加。8月，再度應臺南市大灣高中之邀，於該校新生訓練課程中為新生授課，課程內容將心六倫理念與學校校訓結合，建立對學校的向心力與認同。

心劇團「2018轉動幸福《花花的幸福種子》」校園巡演，啟發轉動幸福的正向力量。

結合校園倫理與自然倫理，本年持續於中、小學推廣香草課程，包括臺南市竹橋國中、龍潭國小、大同國小、東陽國小等四所學校、七個班級，透過觀察植物的生長、榮枯，引導學童讓孩子從做中學、學中覺，懂得向生命學習，感恩大地。

而人基會所屬的心劇團，全年兩梯次的「幸福體驗親子營」，推廣親子共學，感受心六倫的幸福力量。另外，「2018轉動幸福《花花的幸福種子》」校園巡演活動，10月起於彰化縣、雲林縣、臺南市和臺東縣共十五所小學舉行，並安排生根活動、幸福茶會，與師生及家長交流分享，啟發轉動幸福的正向力量。

於企業，人基會8至10月開辦「心藍海策略——企業社會責任」系列課程，以「創新・創心」為主題，結合佛法與管理學，邀請學者、企業主及心六倫宣講團講師群，分享以心靈環保提昇企業倫理與社會責任。11月應喬越實業有限公司之邀，於園區舉辦「企業心幸福體驗營」，包括禪修、茶禪、心靈環保理念與運用，打造幸福企業。

3.聖基會

聖基會於2018年，持續以具廣度、深度的多元管道，戮力推廣聖嚴師父思想與理念，以及漢傳禪佛教深化與普化，重點工作包括舉辦學術研討會、講座及出版相關結緣品。年度重點工作為6月舉辦「第七屆漢傳佛教與聖嚴思想國際學術研討會」，以「敘事、傳播與現代社會」為主題，共有臺灣、美國、英國、加拿大與中國大陸等地，一百二十多位專家學者與會，發表六十五篇論文，並有三場專題演講、三場論壇，以跨界對話，帶領漢傳佛教與聖嚴師父思想研究新思潮；也在開幕儀式中，成立「聖嚴漢傳佛教研究中心」，以研究和國際學界接軌、和當代社會脈動連結。

12月開辦「談書時光」，首場邀請中央研究院文哲所研究員廖肇亨，與僧大副院長果幸法師、聖基會執行長楊蓓解讀《聖嚴法師教默照禪》，引導讀者深入默照禪法。

8月，聖基會製作的《代先生的奇幻旅程》動畫，於國家通訊傳播委員會「適齡兒少電視節目」評選中，榮獲「十歲以上適齡兒少電視節目」標章，顯見以動畫形式探討死亡、生命的議題，獲社會大眾肯定。

聖基會本年持續舉辦「兒童生活教育寫畫創作」活動，不僅國內回響熱烈，海外美國西雅圖等地區，也參與踴躍；12 月於臺灣舉辦的五場頒獎典禮，分別於農禪寺、紫雲寺、寶雲寺、信行寺及齋明別苑展開，鼓勵學童透過繪畫、文字與書法創作，分享觀看《自在神童3D 動畫》影片的心得或生活經驗，將佛法的觀念與方法深植於心。

美國哥倫比亞大學（Columbia University）教務長約翰‧寇茲華斯（John H. Coatsworth）率同工學院資深執行副院長張世富、大學發展高級副總裁保羅基南（Paul Keenan）、全球倡議高級主任愛德華‧陳－里札多（Edward Chan-Lizardo）一行，於8月來訪，感謝聖基會於該校設立漢傳佛教講座教授，培育學術人才。

三、教育體系

教育體系包括法鼓文理學院、中華佛學研究所、僧伽大學、法鼓山社會大學及三學研修院，透過學校、推廣、社區教育的落實，及學術研討、講座、研習營、工作坊等活動的舉辦，培養跨領域學科素養、關懷生命、奉獻社會的各項專業人才。

（一）法鼓文理學院

以關懷奉獻、博學雅健為辦學方針的法鼓文理學院，設有佛教學系學、碩、博士班，與人文社會學群之生命教育、社區再造、社會企業與創新、環境與發展等四個碩士學位學程，2018年持續透過學校教育、學術研討、國際交流以及跨領域的交流合作等多元管道，建構自主且融和的書苑學習環境，培養跨領域學科素養、弘法服務、奉獻社會的專業領導人才。

在學校教育方面，除各系所的專業學習，為新生開設的必修學分「心靈環保講座」，2018年以「心靈環保專論」、「高齡社會之在地照顧與社區關懷」兩大主軸進行，包括十一場演講及兩場綜合討論，協助新生規畫與心靈環保有關的學習與研究計畫，也提供佛學、人文社會科學跨領域交流學習平台。

學術交流與研討上，1月與政治大學社會科學院合辦「2018人文關懷與社會實踐暨世界公益學論壇」，近六十位兩岸及海外學者、社企實業家，就「社會價值與社會影響力」、「公益慈善與第三部門」、「社會企業與社會創新」等三項主題，進行論文發表、評論與經驗分享；與加拿大英屬哥倫比亞大學（University of British Columbia, UBC）等學術單位共同舉辦的「佛教與東亞文化國際寒期研修班暨禪學國際研討會」，則以研討會、研修課及青年論壇，多重視角探索禪學與敦煌學。12月，舉辦第九屆「數位典藏與數位人文國際研討會」（International Conference of Digital Archives and Digital Humanities, DADH），專家學者匯集探討人工智慧技術的應用與突破。

另一方面，校長惠敏法師於4月上旬受邀前往美國密西根大學（University of Michigan）講授「禪

惠敏法師（前排右二）參與於阿根廷舉行的《雜阿含》國際研討會，促進東西方學術交流與合作。

與腦科學」，並進行公開演講，介紹臺灣安寧緩和療護的特色；6月出席德國「佛教與當代社會的對話」（Buddhism in Dialogue with Contemporary Societies）會議，進行跨宗教及宗派的對話；10月參與於阿根廷舉行的《雜阿含》國際研討會，近二十位國際學者發表研究成果，增進中西方學術交流與合作。副教授鄧偉仁亦於3月參加印度普那大學（University of Pune）舉辦的「國際佛教辭典工作坊」，分享巴利語佛教文獻的解讀與學習。

為拓展師生國際視野與研究面向，全年邀請各領域專家學者展開多場專題講座，包括美國法界佛教大學（Dharma Realm Buddhist University, DRBU）佛教學系教授馬丁‧范赫文（Martin Verhoeven）講授「弘化的再活化——佛法是什麼？我們如何教導？」、加州大學伯克萊分校（The University of California, Berkeley）東亞語言文化暨佛學研究中心講座教授羅伯特‧謝爾夫（Robert Sharf）反思「西方正念禪修是佛教禪修嗎？為什麼這個問題重要？」、加拿大英屬哥倫比亞大學亞洲研究學系教授陳金華解析「系統與影響力——國際漢傳佛教學術社群的建構」、印度生態學者范達娜‧席娃（Vandana Shiva）分享投入農業及生態永續的心路歷程，也展望永續農業的未來。

校園活動上，1月「校園之美」大賞，除攝影之外，新增短文、短片兩項目，兩百餘件作品傳達校園的禪意風光；4月校慶系列活動，包括籃球、羽球聯誼賽、園遊會、藝文表演與綜合語言競賽等，展現師生的學習成長與活力。佛教學系也於4月舉辦研究生論文發表會，共有印度、漢傳、藏傳三組、九篇論文發表；6月舉行畢結業典禮，八十一位畢結業生穿著袈裟、海青，由師長搭上菩薩衣、傳菩薩行燈，發願實踐菩薩行。

倡導終身學習，法鼓文理學院推廣教育中心開辦快樂生活、佛法教理、佛學語言、佛教應用等四大類、兩期近三十門課程，提供大眾研修佛學、親近佛法的管道；9月起於園區開辦首屆「樂齡大學」，規畫禪與佛法、生命教育、養生等多元課程，不僅因應高齡化學習，也接引長者活出樂齡人生。

此外，也持續透過課程、工作坊、營隊等各式活動，將學習資源、研究成果，回饋社

會，包括3至10月期間，舉辦「人文社會」、「佛教史」、「佛教教理」、「禪文化」共六場的研修體驗營，推動行門研修與終身教育；6月邀請繼程法師主講「修行與自我轉化」，以學佛禪修為例，說明自我轉化的過程；與東華大學合辦「臺灣里山倡議夥伴關係網絡」（Taiwan Partnership for the Satoyama Initiative, TPSI），藉由實務工作者的交流，分享農業生產兼顧生物多樣性的保育經驗。7月舉辦「生命美學研習營」，引導高中生透過禪坐、茶禪等課程，學習放鬆身心。

2018年多位文理學院教師，於寶雲寺、紫雲寺進行的「法鼓文理講堂」擔綱主講，引導大眾認識博學雅健的生活實踐，提昇人文關懷。

（二）中華佛學研究所

致力於推動臺灣佛學研究與國際接軌的中華佛學研究所，9月舉辦「2018漢傳佛教青年學者論壇」，十八位青年學者共享學術社群經驗，交流在研究中運用新文獻、研究方法與視野的成果，並有十位國內外文史哲、宗教系所教授參與講評。12月，出版《日本佛教的基礎 —— 日本I》、《中華佛學研究》第十九期。

所長果鏡法師於4月應中國大陸杭州徑山禪宗文化研究院之邀，前往講學，以「從禪與禪生活，從心靈環保到人間淨土」、「明末清初禪門之『茶話』」，分享禪文化的生活智慧。

中華電子佛典協會（Chinese Buddhist Electronic Text Association, CBETA）亦於4月舉辦「二十週年電子佛典成果發表會」，會中發表佛典隨身碟，便於大眾即時使用查詢。

（三）僧伽大學

僧伽大學培養德學兼備、解行並重，具有高尚宗教情操，並能帶動社會淨化僧才，學制有佛學、禪學兩系。一年一度的生命自覺營，於1月舉辦第十五屆，共有一百五十七位來自海內外的學員，體驗短期出家的清淨生活、覺醒生命的價值；而2018年有十位男眾、六位女眾新生入學。

課綱方面，除了解門、行門課程，3至5月間安排見習慰訪系列活動，學習以傾聽、同理來關懷；10月及12月，參與新北市金山環保社團淨灘活動，為環境保護盡心力。同時不定期舉辦戶外教學，包括4月從農禪寺行腳至法鼓山園區，讓多數未曾親炙聖嚴師父的學僧，體驗僧命傳承的歷程。

而為開拓學僧國際視野，3及11月各舉辦一場「世界公民工作坊」，由投入國際弘化事務多年的果禪法師、常濟法師授課，帶領以「深信因果」面對人類活動對地球的影響，以「發大誓願度脫眾生」創造善行，讓行動與修行產生連結。4月，舉辦第十屆講經交流會，以佛教經典為主題，分享法義與學習成果。

5月的「畢業製作暨禪修專題發表」，十一位學僧運用多元媒材，展現統合、溝通等

關懷眾生的能力；畢結業僧領執培訓課程，於7月舉行，由多位戒長法師授課，引導學僧了解執事倫理，學習在領職過程中，消融自我，堅固道心。9月剃度大典，共有一位法同沙彌尼、十位行同沙彌、六位行同沙彌尼披剃，展開新僧命。

十四位僧大畢結業僧圓滿學校學習，踏上報恩僧涯。

11月，僧大副院長果幸法師等前往美國，參訪那洛巴大學（Naropa University），實際體驗美國佛教高等教育的課程設計和開展，交流宗教師培育的教學訓練。

在體系活動協辦上，3至5月與法青會聯合開辦「自覺工作坊」，由常啟法師、常悅法師等帶領，八次課程以漢傳禪法為核心，《八大人覺經》為脈絡，藉由各項互動體驗、影片啟發、小組討論及課後自我觀察記錄，開展「自覺」、「覺他」、「覺行圓滿」的學習歷程。

（四）法鼓山社會大學

帶領與地方鄉親成為生命共同體，提供終身學習管道的法鼓山社會大學，設有金山、新莊及北投三校區，2018年共開辦近百門生活技能、心靈成長、語文學習、藝術陶冶、自然環保、樂齡等課程，學員逾六千人次，從學童、主婦、上班族到長者，大小朋友都在多元學習中，讓心靈更富足。

為關懷新住民的關懷，本年特開辦拼貼文創、甜點烘焙、修改衣物等實用課程，充實生活技能；同時舉辦「築夢踏實‧耕您有約」系列活動，包括茶會、創意素料理比賽，近二十位新住民媽媽以家鄉味會友，增進文化交流與情感支持。

除多元課程的開辦，也結合社會資源，深耕地方。3至6月，於三校區及德貴學苑、新北市萬里國小等地，舉辦「終身學習‧豐富人生系列講座」，包括生死關懷、桌遊、影片欣賞、讀書會等，廣邀民眾加入終身學習的行列；4月於萬里國小舉行「自然環保友善農耕市集」，邀請北海岸近二十個以無農藥、友善農耕的在地農園參與，包括小農市集、講座、環保手作、靜態展，共同推廣友善環境的自然農耕。

暑假期間，「福慧傳家樂佛營」於園區、雲來寺、石門自然環保戶外教室進行，老幼共學創造家的幸福味道；「兒童心靈環保體驗營」則結合「四環」在金山校區展開，讓菩提種子更加深耕與茁壯。12月，以三場「翻轉手作，實現創意」創客工作坊，鼓勵北海岸鄉親從做中學、學中做，發揮創意。

另外，3月於園區舉辦講師共識營，由校長曾濟群帶領近百位講師及義工，以參與式

教學共同交流討論、互相學習，進而提昇教學品質。11月，於文理學院舉辦悅眾成長營，以「感恩、奉獻、發願」為主題，近一百七十位悅眾、義工參加。

（五）三學研修院

三學研修院設有僧才培育院及僧眾服務院，不具學院形式，但將戒、定、慧三學落實於生活實踐中，於出家修道生活中完成三學的研修。

1月，於園區舉行僧團歲末禮祖，共有兩百多位僧團法師及僧大學僧參加。6月展開一年一度的結夏安居，包括禪七、禪十四與四日的共識營，終年於各處弘化不懈的法師們，齊聚總本山，共同精進充實，增長道情；也邀請美國加州夏斯塔寺（Shasta Abbey）住持梅安法師（Rev. Meian Elbert）於農禪寺與僧團法師進行交流，分享禪法於東、西方社會環境的實踐與弘化。

7月於文化館舉辦「老僧命‧新生命 —— 從東初師公與焦山佛學院談起」傳承與展望座談會，邀請廣慈長老、智一長老，及李九鴻、李志夫、方甯書三位教授共同與談，期勉僧眾承續焦山教育精神。8月，日本立正大學名譽教授三友健容於園區，以「法華一乘思想的原點 —— 元政《小止觀抄》序」為題，指出應以戒、定、慧為本，依法不依人，才是修行的依歸。

四、支援體系

支援體系是法鼓山主要行政服務單位，包括人力資源處、文宣處、活動處、資訊處、總務處、財會處等，配合體系組織各單位舉辦活動、運作的需求，提供整合性協助及服務。

其中，承辦體系內大型活動的活動處，全年舉辦四場祈福皈依大典，接引兩千三百多位民眾成為信佛學法敬僧的三寶弟子。10月協助全臺各地分院舉辦九場佛化聯合祝壽活動，內容包括法師關懷、祈福法會、感恩奉茶等，祝福逾兩千五百位長者。

人力資源處2018年除舉辦四場「方丈和尚精神講話」，並邀請台一國際專利商標事務所商標代理人葉雪貞介紹著作權合法使用定義與範疇，也安排LiberOffice工作表暨雲端辦公室軟體應用課程，提昇專職之職能養成。

結語

聖嚴師父曾為文期勉：「法鼓山這個團體是在時代環境的希求下，以及社會大眾的支持下，水到渠成的，這不是我聖嚴的創業，而是這個時代社會的共同資產。」秉承師父期勉，體系組織以「修行型組織」自期，實踐「奉獻我們自己，成就社會大眾」的法鼓山精神，有效整合人力及資源，以積極入世的態度，落實以禪法精神為核心的心靈環保，致力於安定人心，也為世界注入安定的力量。

實踐

大普化教育
全球視野　弘揚佛法安心之道

大關懷教育
四安實踐　究竟可靠的平安

大學院教育
跨界交流　以佛法回應當代社會

國際弘化
漢傳禪法　與世界接軌對話

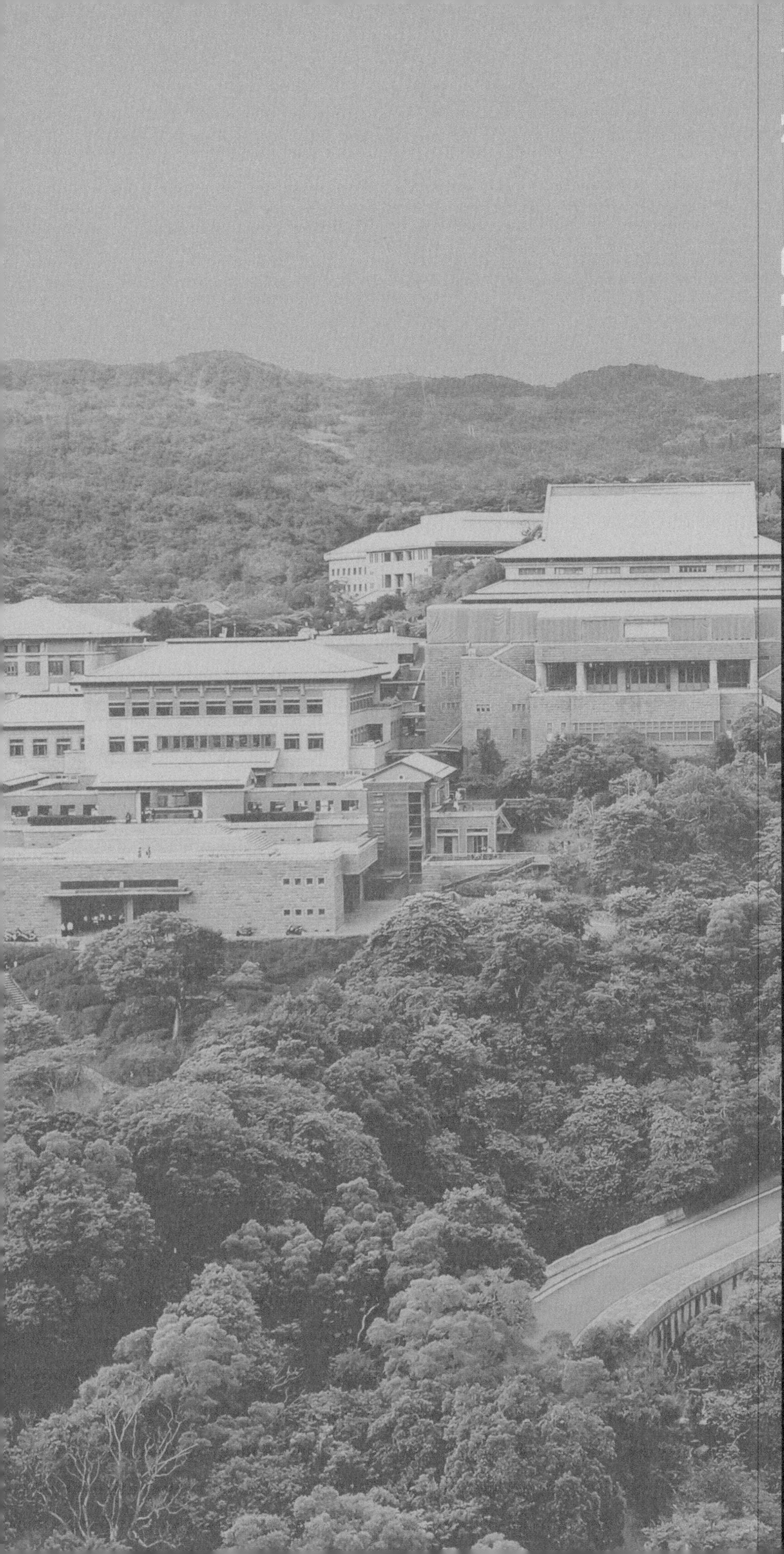

實踐

壹【大普化教育】

大普化教育是啟蒙心靈的舵手，
引領眾生從自心清淨做起，
培養學法、弘法、護法的菩薩，
敲響慈悲和智慧的法鼓，
建設人間為一片淨土。

全球視野
弘揚佛法安心之道

大普化教育於2018年，持續在各項佛法修行活動中，
賦予心靈環保的使命與功能，推廣法鼓山的理念；
在禪修、佛學教育、法會共修、文化出版等面向，
融入佛法教化與內涵，普及佛法對社會人心及風氣習俗的淨化。
同時，面對全球化的經濟、科技、種族、環保等議題，
更提供宏觀視野，引導東西方社會契入安心之道，
讓佛法潤澤眾生心田。

　　由東初老人於1949年創刊的臺灣第一份本土佛教刊物《人生》雜誌，至2018年，將邁入七十週年，因此特別舉辦「世界佛教村」系列座談及演講活動，透過東西方禪師、學者、佛教文化出版者的交流，為當代佛法的弘傳，激盪出新的思維。

　　逾六十餘年的成長軌跡中，以推動佛法生活化、佛學人性化、佛教人間化為使命的《人生》，本年更跨越宗教、地域藩籬，與世界接軌，廣化也深化佛法於世間的存在與真義。

　　另一方面，本年的大普化教育，於禪修推廣上，以次第分明的禪修地圖，接引大眾安己安人；於佛學教育上，用淺白而生活化的佛法貼近人心；於法會共修上，結合現代科技，彰顯數位弘法契理契機的時代意義；於文化出版與推廣方面，透過文字、音聲與法相會，無遠弗屆延伸法喜，更回應現代人的不同需求，廣傳利益人間的教法。

禪修推廣

　　因應緊湊、忙碌、高壓的現代生活步調，自創辦人聖嚴師父開始，法鼓山即致力將禪修教學系統化、層次化，研發適合當代的各式禪修課程，包括入門的禪修指引、初級禪訓班、Fun鬆一日禪、戶外禪；基礎禪修有中級1禪訓班、禪一、精進禪二等；進階的禪修活動，則有初階、念佛、默照、話頭等禪七，接引大眾在日常生活中體驗落實禪修，安己安人。

　　除了在禪堂及各地分支道場舉辦的各項活動，5月母親節當日，結合一年一度的浴佛節，於臺北國父紀念館廣場舉辦「心靈環保家庭日」，提倡家庭倫理心價值，並將禪修安定身心的方法、和

合自在的精神，融入各項活動中，民眾闔家參與法鼓八式動禪、走路禪、托水缽及各項闖關遊戲，體驗禪法，領略專注與放鬆的安定。

針對不同族群的特性與需求，傳燈院也積極研發教案，以更多元、活潑的形式來推廣，皆獲得廣大回響。其中，2月醫護舒活二日營，營隊內容結合初級禪訓班、禪一課程，練習收心、攝心、安心、放心，讓醫護人員在工作時能更得力；三場結合休閒與修行的「禪悅營」，除了坐禪的觀念和方法，內容著重各種動禪的學習，如走路禪、出坡禪、戶外禪等課程，帶領大眾如實體會禪修在生活中的活潑應用。

青年院全年舉辦青年卓越禪修營、社青禪修營各兩場，在放鬆體驗、電影討論、團體合作遊戲、戶外活動裡，學習身心調和與人際互動，也引導學員以禪修與佛法的觀念、方法，探索生命的方向，引領年輕世代活出卓越人生。

校園禪修推廣上，則以禪修指引與法鼓八式動禪，廣泛與全國各級教師分享外，另有禪七、心靈環保一日營，由僧團法師、資深悅眾分享禪法與生命連結的體驗、禪修的教學觀念和方法等，為教學和生活注入心靈能量。

企業禪修上，除不定期接受公私立機關團體之邀，由悅眾帶領各項禪修課程，本年另有鬍鬚張、小草書屋、喬越實業員工及主管，分別於三峽天南寺、法鼓文理學院，進行一至三日的禪法初體驗。對於沒有禪修經驗的上班族、社會青年，也開辦「智慧之鏡——生活中的覺與觀」共修課程，除禪坐、動禪，並安排觀看聖嚴師父開示影片、法師Q&A等，以輕鬆、自在的氛圍，引領初學者體驗日常生活中的起心和動念。

而為培養更多禪修種子人才及師資，亦持續開辦各類禪修課程的義工學長、輔導學長、禪坐帶領人等培訓，不僅提昇悅眾對禪修內涵的了解，也透過資深禪眾的參與，藉由學長帶領學員學習，讓傳承不斷線，共同為推廣安全、實用的禪法而努力。

佛學教育

落實生活實用，是法鼓山大普化教育的最大特色。豐富多元的佛學課程，提供大眾有次第地修學，在菩提道上安住。2018年，在佛學入門部分，包括快樂學佛人、心靈環保讀書會、法鼓長青班，集學習、健康、活力及分享等特色，分齡接引大眾、長者，以佛法觀念疏導生活中的煩惱；而結合禪修、誦經體驗的「經典共修」，本年持續在多處辦事處展開，讓佛法走入社區，廣化佛學教育的影響力。

而針對青年開辦的「佛陀非佛」初階佛學課程，帶領學員認識六度波羅蜜的內涵與應用；「生命關懷」系列課程，則引導青年進行生命意義的探索，啟動生命的價值和智慧。

聖嚴書院則涵蓋基礎與進階佛學課程，依序為福田班、佛學班及禪學班，本年有逾七千位學員參加，藉由完備的

普及教育，深入了解法鼓山的理念、佛法知見及漢傳禪佛教內涵，也學做福慧具足的萬行菩薩；其中，有一千一百多位學員完成佛學班三年的精進學習。

北區佛學班結業典禮中，學員歡喜接受法師頒發的結業證書。

整合運用數位課程與實體課程的「法鼓講堂」，2018年主題包括《維摩詰經》、《無量壽經》、〈寶鏡三昧歌〉等經藏義理；於「世界佛教系列」特別講座中，邀請美國舊金山禪中心住持雷・安德生、舍衛精舍住持圖丹・卻准兩位西方禪師，分享生命歷程與修行體悟。

另一方面，各分支道場及相關基金會舉辦的生活佛法講座，主題扣合社會脈動，提供大眾探索、成長自我，進一步學習安頓身心的管道，如蘭陽分院的「蘭陽講堂」、桃園齋明別苑「心光講堂」、高雄紫雲寺「法鼓青年開講」與人基會的「2018平安無事」心靈講座，分享社會各界人士與生命經驗相應的平安智慧；位居都會樞紐的安和分院，舉辦多場「佛法與醫學」講座，邀請法師、醫師、社工師及心理師，傳授面對壓力及老病死的安身安心之道。

為撒播下一代學佛的種子，北投雲來寺、蘭陽分院開辦「兒童故事花園」，安和分院、中山精舍「童趣班」、「童趣花園」，臺南分院也開設「親子讀經班」等課程，帶領學童落實心靈環保的應用；人基會所屬心劇團「2018轉動幸福《花花的幸福種子》」校園巡演活動，於彰化縣、雲林縣、臺南市和臺東縣共演出十五場，逾一千五百位學童、教師、家長參與轉動幸福。而廣受好評的兒童心靈環保體驗營，暑假期間以四環體驗為主軸，在全臺各地舉辦十四梯次；人基會兩梯次「幸福體驗親子營」，則邀請親子從表演藝術、遊戲勞作中，共學「心六倫」。

法會共修

作為漢傳佛教的道場，落實聖嚴師父的教誨，法鼓山的法會共修以佛法為核心本質，落實在定期舉辦的念佛、菩薩戒誦戒會、《地藏經》共修等活動，還有新春祈福、元宵供燈、清明報恩、朝山浴佛、梁皇寶懺、中元報恩、彌陀佛七等大型法會，大眾藉由誦經、禮懺、供養等儀軌，將佛法內化於生命，領略法喜。

於11月底舉辦的第十二屆大悲心水陸法會，在園區啟建十二個壇場，也藉由

網路連線共修,跨地域、無遠弗屆地串連起全球的祝福與願力,回歸佛法本質之餘,更結合傳統藝術、現代科技,讓水陸法會同時也是呈現人文、環保等多元面向的文化活動。

在各場法會中,都有青年參與共修的身影,其中,法青自2016年起,已連續三年參與水陸法會送聖供養人行列,以虔誠的願行作為供養,走上成佛之道,也邁開了承先啟後的步伐。

此外,本年共有四場祈福皈依大典,接引二千三百多位來自海內外民眾,開啟修福修慧的學佛之路;「第二十三屆在家菩薩戒」分兩梯次展開,近一千兩百位戒子圓滿正授,發願利益眾生。

文化出版與推廣

整合文字出版、影像音聲、修行用品的製作與開發,是大普化教育的另一重要範疇。2018年法鼓文化共出版三十二項新品,包括《法鼓全集》新編小組整編聖嚴師父歷年的開示及文章,編輯成書《法鼓山的方向》,12月出版《法鼓山的方向:理念》及《法鼓山的方向:創建》,完整呈現師父的核心思想,及法鼓山創建緣起與歷程。

各十二期的《人生》雜誌、《法鼓》雜誌,前者則以漢傳佛教修行結合日常生活為出版方向,專題涵蓋佛教經典、修行法門、佛教文化等,並引介國際佛教觀點與新聞,拓展讀者視野;後者詳實介紹法鼓山於全球的弘化道業,帶領讀者親近法鼓山。

除此之外,也透過網路、特展等多元管道,傳達佛法對社會議題的關懷。網路電視臺「主題影片」單元,共製播九個佛學與生活佛法主題,引導大眾在行住坐臥間履踐佛法;「農禪寺歷史」、「一花開五葉——六祖惠能」、「平安無事,心安平安」、「心靈環保,處處平安」等展覽,則引領參訪者認識法鼓山的傳承與對社會的祝福。

「聖嚴師父數位典藏小組」於6月舉辦成果發表,共有逾三萬四千筆手稿建檔數位化;《法鼓全集》已收入《聖嚴法師年譜》,並連結年譜提及的著作、事蹟,更有利於使用者了解聖嚴師父的思想軌跡。

結語

方丈和尚果暉法師在「世界佛教村」第一場「佛教於『驟變時代』的因應與回應」座談會中指出:法鼓山的核心理念是心靈環保,利他的方法是「大悲心起」,自利的方法則是「煩惱消歸自心」。面對急遽驟變的世界萬象,大普化教育推廣的修行弘化活動,使佛法精義普化人間,引領大眾從內心清淨和生活行為的改變做起,讓每個人小小的好,累積成整個社會大大的好。

在由經濟與科技主導的當代社會,大普化教育期能以宏觀的全球視野,啟蒙世人修學正信佛法,顯揚佛教不僅是安定身心的生活之道,更是引導世人回歸自心清淨的解脫之道。

● 01.01

元旦共修淨身心
安定迎心年

雲集寺舉辦跨年禪二，近百位學員以簡單、放鬆、無所求的心，跨入全新的一年。

1月1日，國內外分支單位分別展開相關共修迎接新年活動，包括念佛、禪修等，在佛法的祝福中，揭開一年的序幕。

於國內，北投農禪寺邀請大眾共修做早課，有近三百人持誦〈大悲咒〉，以清淨莊嚴、自在安定的方式，邁入新的一年；臺北安和分院則舉辦「《法華經》共修」，以誦經祈福開啟新年。臺中寶雲寺、臺南分院也分別邀請大眾到寺院做早課，共有八百多位信眾以持誦〈楞嚴咒〉迎接自心第一道曙光；其中，臺南分院早課圓滿後，並舉行佛一暨八關戒齋，監院常宗法師提醒大眾，提起生死心高聲念佛，為新年許下念念清淨，遍照光明的心願。

桃園齋明寺、臺南雲集寺、臺東信行寺，延續2017年12月31日起進行的跨年禪二及念佛禪二，禪眾以簡單放鬆無所求的心，迎接新年；高雄紫雲寺的念佛禪二，上百位學員用禪修的方法來念佛，以佛號攝受身心，一念跨越兩年，在念念都是佛號聲中，感受到平安法喜。

海外的加拿大溫哥華道場、香港道場，也分別延續跨年的禪四、慈悲三昧水懺法會，以漢傳佛教的修行方式，以清淨、安定、光明的心，為心靈除舊布新，迎接2018年。

● 01.01～08.31

網路電視台全年九部「主題影片」
大眾重溫聖嚴師父智慧法語

法鼓山網路電視台「主題影片」單元，2018年製播九個佛學與生活佛法主題，內容含括年度主題「平安無事」的闡解，並有禪修、佛學與生活佛法等，精選聖嚴師父相關的開示影片，引領閱聽大眾重溫師父的智慧法語，同時運用於日常生活中。

除了開示影片，另有延伸閱讀，提供聖嚴師父相關著作資訊、《人生》雜誌專題精選文章，大眾更能深入主題內涵；如果錯過當月「主題影片」，只要點進「歷史主題」，即可以找到製播以來的所有影片，以及延伸閱讀，隨時為心靈注入能量。

法鼓山網路電視台：http://ddmtv.ddm.org.tw

網路電視台「主題影片」，精選聖嚴師父生活佛法的智慧開示。

2018 法鼓山網路電視台精選「主題影片」一覽

月份	主題
1	歡喜掃心地——懺悔的意義與功能
2	平安無事——圓融無礙的處世智慧
3	愛情與智慧（二）——在愛中學習與成長
4	擺脫憂慮，解除壓力——讓心豁然開朗
5	三世因果——佛教的因果觀
6	佛菩薩，怎麼求？——信仰的正知見
7	老而無懼——活得泰然與自在
8	如何不怕鬼——超度功德大無邊
12	啟動願望的力量——好願在人間

● 01.05～02.01

「心願郵局」寄送新年心願和祝福
共享除夕法華鐘聲的幸福體驗

為了讓大眾共享法華鐘聲的幸福體驗，法鼓山與全聯福利中心共同舉辦「心願郵局」活動，1月5日至2月1日期間，於全聯各地門市設置心願郵局、提供心願卡，邀請民眾寫下新年心願和祝福，全聯將代為寄送至法鼓山，並於2月15日除夕撞鐘儀式中祈福，藉由一百零八響法華鐘聲，傳送心願卡的聲聲祝福。

每年歲末除夕，法鼓山於園區舉辦的除夕撞鐘祈福，廣邀各界人士參與，在和合共修的莊嚴氛圍中，大眾以恭敬虔誠的心撞鐘，傳遞佛陀慈悲的智慧法

投遞到各心願郵局的心願卡，將在除夕前送到法鼓山，藉由除夕撞鐘的一百零八響法華鐘聲獻上祝福，祈求心願實現。

音，讓一聲聲清淨悠揚的鐘聲，為世間的眾生消解過去、現在與未來的一百零八種煩惱，同時祈求諸佛菩薩加持護佑、世界和平，以祥和光明的心，迎接新的一年。

● 01.05～12.28期間

人基會與教育電台合製《幸福密碼》
社會各界賢達分享幸福體驗

人基會與教育廣播電台合作製播《幸福密碼》節目，2018年邀請社會賢達，分享生命故事及人生經歷，分季由詩人許悔之、《點燈》節目製作人張光斗、聲樂家張杏月、資深媒體工作者石怡潔擔任主持人，節目於每週五上午十時至十一時在該台各地頻道播出。

藝文界方面，環保作家廖鴻基介紹「黑潮漂流計畫」，憑藉著信念及一艘簡單的方筏，航行到島嶼以東、大洋以西，在黑潮——地球的大動脈之上，體驗並詮釋自由的生命想像；「青雨山房」負責人吳挺瑋、沈季萱伉儷，分享以文學和藝術的熱情，融入裱褙藝術創作的心路

黃家俊導演（左）分享拍片過程對生命的感知，右為主持人許悔之。

歷程；攝影工作者胡毓豪則說明攝影是一種修行，也從攝影中體悟到「減法」的攝影哲學；紀錄片工作者黃家俊表示拍攝影片開啟內在對生命的感知，也增加人生的寬度與厚度。

教育界人士，包括臺灣藝術大學傳播學院院長朱全斌，暢談各種不同工作轉換，包括電視製作人、紀錄片導演、編劇等，也豐富了人生經歷；新北市立丹鳳高中教務主任宋怡慧，分享深耕校園閱讀的經驗，說明文字所堆砌出的空間，雖是薄薄的幾張書頁，但方寸間，卻有廣大的世界。

另一方面，東元科技文教基金會副執行長蘇玉枝分享如何保留傳承原住民文化藝術；資深媒體工作者葉樹姍在「談幸福」主題中表示，找尋生命中的幸福，應該是開發自己的能力，做他人的善知識；音樂工作者趙詠華則指出運用佛法走出憂鬱，簡單、真誠的心，才是最大的財富；極品軒餐廳創辦人陳力榮分享，從點心學徒到餐飲大廚，翻轉人生的奮鬥過程。

人基會期盼藉由《幸福密碼》節目，傳遞幸福體驗，建構美善社會。

● 01.07

法鼓山社大秋季班結業
終身學習樂趣多

法鼓山社大於1月7日，在新北市新莊區農會教育中心舉辦金山、北投、新莊三校區秋季班聯合結業典禮，方丈和尚果東法師、社大校長曾濟群與新莊區區長李政勳等，到場觀禮祝福，有逾八百位師生參加。

方丈和尚致詞表示，一處社會大學，就有一處人間淨

社大聯合結業典禮中，學員穿戴自己做的衣帽、提包等服飾配件，展現學習成果。

土，處處社會大學，處處人間淨土；世界雖有許多動盪和不安，但只要人人心安，就有平安，透過潛移默化，將安定感染他人，一旦遇到社會各種衝擊，便可以不受影響，保持這一分平靜與安定。

點燈發願儀式由曾濟群校長帶領，大眾手持發光的終身學習卡，共同為新的學習之旅點亮心燈，曾校長鼓勵師生，把心的能量與熱量綻放出來，以溫暖照亮他人。

典禮中進行的各校區結業成果發表，猶如小型演唱會、文創展覽與美食博覽會，除了二胡班、古箏班、烏克麗麗樂齡班、太極拳班的表演，織品彩繪班學員以自己設計完成的服飾走秀。此外，烘焙班、咖啡班、香藥草班及品茶趣班，於現場提供茶水點心；而現場展出快樂手縫布包、壓克力彩繪與Fun鬆趣玩瓷繪、金屬線編織飾品手作、速寫入門等許多作品，令參觀民眾讚歎不已。

● 01.09　04.10　07.10　10.02

方丈和尚全年四場精神講話
果東法師、果暉法師勉眾為大眾服務

第六任方丈和尚果暉法師於精神講話中，勉眾以「法鼓山之寶」，安己安人。

2018年，方丈和尚果東法師分別在1月9日、4月10日及7月10日，於北投雲來寺對僧團法師、體系專職同仁與義工進行精神講話，全臺各分院道場同步視訊連線聆聽，每場有近三百人參加。

1月9日第一季精神講話中，方丈和尚勉勵眾人確立生命的方向，在職務上不計較權位，但求盡責，就會有成長；奉獻即是修行，安心就是成就，努力持續讓法鼓山心靈環保、淨化人心的理念，成為社會安定的力量。

第二季精神講話於4月10日進行，方丈和尚以「觀照環境，心如明鏡」及「啟動正向思維」開示，期勉大眾報恩奉獻結善緣，把個人小我融入團體大我，透過禪心與願心，讓個人的有限觀點得以開放超越，就能在成就眾人的同時成就自己。

於7月10日第三季精神講話中，方丈和尚說明法鼓山是眾人成就的團體，每人所扮演的角色與立場有別，會面臨不同角度、見解多元的境況；如果有矛盾，一定要先檢討自己，並且關懷對方，盡心盡力第一，不爭你我多少。

甫於9月接任第六任方丈和尚的果暉法師，10月2日於第四季精神講話中，分享早年出家時的農禪生活，期勉大眾將禪修、念佛與心靈環保的精神、方法運用於日常生活中，安己安人，共同建設人間淨土。

每場方丈和尚精神講話之前，均會先播放一段聖嚴師父的開示影片，主題分別為「建立生命的方向」、「慈悲智慧平安的著力點」、「承先啟後」以及

「法鼓山之寶」，讓所有專職、義工更深入認識法鼓山的理念，淨化自己的身、口、意，為社會大眾提供優質的服務。

● 01.10～11.21期間

「法鼓講堂」佛學課程全年八講
心靈環保學習網線上直播

信眾教育院於1月10日至11月21日期間，週三晚間開辦「法鼓講堂」佛學課程，以北投農禪寺為主場地，同時於「法鼓山心靈環保學習網」進行線上直播，提供全球學員上網聽講，並參與課程討論。

2018年「法鼓講堂」佛學課程，包括《維摩詰經》、

「法鼓講堂」全年八講，圖為果徹法師講「中觀的智慧」。

《無量壽經》兩部經典，以及《小止觀》、〈參同契〉、〈寶鏡三昧歌〉、〈觀心銘〉等，分別由僧團法師主講，帶領學員認識經藏義理、禪修心要，並學習佛法在生活上的應用。

參與課程的學員雖分散各地，透過無遠弗屆的網路，可直接在線上提問、溝通，及時分享與討論；另一方面，「法鼓講堂」線上Live直播的所有課程，也完整收錄於心靈環保學習網網站中，讓學佛跨越時間、空間的限制。

2018「法鼓講堂」佛學課程一覽

時間	課程名稱	授課講師
1月10至18日	憨山大師與〈觀心銘〉	常慧法師（僧團法師）
3月7至28日	寶鏡無境	果醒法師（禪修中心副都監）
4月11至25日	超越法的執著 ──《維摩詰經‧弟子品》禪解	胡健財（華梵大學中文系副教授）
5月9至30日	中觀的智慧	果徹法師（僧團法師）
7月4至25日	《無量壽經》講記	常諦法師（僧團法師）
9月5至26日	百法明門論	大常法師（僧大講師）
10月17至31日	小止觀	常啟法師（僧團法師）
11月7至21日	華嚴與止觀修習	法源法師（僧大講師）

● 01.13　01.27　02.03

安和分院三場佛法講座
果醒法師談禪的生死觀

果醒法師從《楞嚴經》談禪的生死觀，為聽眾在新的一年帶來「心」開始。

臺北安和分院於1月13日至2月3日，舉辦三場佛法講座，由禪修中心副都監果醒法師主講「從《楞嚴經》談禪的生死觀」，每場皆有近千人參加。

果醒法師首先透過《金剛經》、《六祖壇經》，引導進入《楞嚴經》的法義。解說一般人在生活中，經常和已經消失的前一念互動，以布袋戲為例，眾生的經驗世界可接觸到聲音、色相，但接觸不到掌控布袋戲的那隻「如來手」，說明《金剛經》中「若以色見我，以音聲求我，是人行邪道，不能見如來」的要義，其中「如來」指的就是空性、佛性；也援引《六祖壇經》：「何期自性，本自具足；何期自性，本無動搖；何期自性，能生萬法。」提點眾人佛性不生不滅，本自清淨。

如何找回本自清淨的佛性？法師期勉平時多觀照自己，清楚相續的念頭，但不去產生喜歡或討厭的分別，進一步練習「入流亡所」。果醒法師說明，由於一般人習慣用攀緣的心，追逐抓取外境，忘記能看、所看皆是空寂，此時最好練習放捨諸相，從中看出種種想法都是生滅法，如此不斷反覆用方法，了解一切現象都是唯心所現，就不會被現象的生滅困住，而觀世自在了。

● 01.13～12.15期間

蘭陽分院全年十二場講座
分享平安無事的生活密碼

蘭陽分院於1月13日至12月15日期間，每月舉辦一場「蘭陽講堂」系列講座，邀請專家學者，從身體、飲食、樂齡與生死關懷等面向，分享平安生活的智慧處方，有逾一千五百人次參加。

首場邀請身心科醫師楊孟達主講「平安無事的生活密碼」，指出最正確、穩當的紓壓，就是佛法教導的正向觀念，以及禪修放鬆的方法來轉化；勉勵聽眾常念阿彌陀佛，用光明清淨的正念，取代妄念與雜念，身心就能放鬆與安定，正是平安無事的生活密碼；抗癌醫師李豐在3月講座中，分享與癌細胞和平共

處的方法：調整生活作息、持續運動，凡事轉念、正面思考；5月，慈濟醫院一般醫學內科主治醫師許瑞云主講「心安平安——哈佛醫生養身養心法」，說明「心」是一切根源，許多疾病都和「心」有關，提醒大眾說好話，想好事，守護自己的心念，以祝福的心念面對人生的課題。

年逾八十的國寶廖瓊枝，分享傳承歌仔戲的樂齡生活。

7月講座，邀請臺北榮民總醫院蘇澳暨員山分院高齡醫學科主任李威儒說明對抗疾病不如對抗老化，只要吃得健康、規律運動、維持正向心態，就可以成功老化，進而創造有品質的銀髮生活；財團法人廖瓊枝歌仔戲文教基金會董事長廖瓊枝於8月「樂齡咚咚鏘！」講座中，分享對歌仔戲的感恩情與致力於傳承的樂齡生活。11月，陽明大學附設醫院加護病房主任陳秀丹說明，善生與善終，是一種普世價值，生即是死，死即是生，不要成為生命的延畢生，真心的關愛，就是讓親人有尊嚴地離開人世。

僧團寺院管理副都監常寬法師於4月講座中，分享聖嚴師父的生病觀，說明師父病得很健康，身體雖然有病痛，仍以自己的生命體現佛法；6月，蘭陽分院監院常法法師講說《心經》中蘊含的佛法心要；常持法師則於12月介紹佛法的生命觀，協助臨終者平安走過身心靈的變化與歷程，不憂不懼揮別這一世的生命。

2018 蘭陽分院「蘭陽講堂」系列講座一覽

時間	講題	主講人
1月13日	平安無事的生活密碼——身體與心靈的對話	楊孟達（身心精神科醫師）
2月3日	食在安心——談健康飲食新觀念	劉麗飛（臺灣大學名譽教授）
3月3日	與癌細胞和平共存四十年	李豐（抗癌醫師）
4月14日	美好的晚年——聖嚴法師的生病觀	常寬法師（法鼓山僧團寺院管理副都監）
5月19日	心安平安——哈佛醫生養身養心法	許瑞云（慈濟醫院一般醫學內科主治醫師）
6月2日	心的智慧——《心經》的安身、安心之道	常法法師（法鼓山蘭陽分院監院）
7月21日	老的有品質	李威儒（臺北榮民總醫院高齡醫學科主任）
8月11日	樂齡咚咚鏘！	廖瓊枝（廖瓊枝歌仔戲文教基金會董事長）
9月1日	別讓記憶說再見——失智者的預防與照顧	伊佳奇（元智大學老人福祉科技研究中心顧問）

時間	講題	主講人
10月20日	生命學習——如何面對死亡恐懼	蔡兆勳（臺大醫院家庭醫學部主任）
11月10日	用愛陪伴走完人生最後一哩路	陳秀丹（陽明大學附設院院加護病房主任）
12月15日	活得自在，走得平安——以佛法安心的臨終關懷	常持法師（法鼓山僧團法師）

● 01.14

寶雲寺《阿含經》專題講座
溫宗堃分享《阿含經》說話藝術

溫宗堃老師於寶雲寺介紹《阿含經》中佛陀的說話藝術。

臺中寶雲寺於1月14日舉辦專題講座，由法鼓文理學院助理教授溫宗堃主講「說話的藝術——《阿含經》教你怎麼說話」，介紹經中佛陀對弟子的教導，包括監院果理法師、文理學院學群長楊蓓，共有三百多人參加。

想學會說話，首先要注意什麼？溫宗堃老師表示，佛陀強調學說話最重要的，是先學會不說話，也就是默然。不說話時，可以保持覺察、清楚自己的身心狀態；不說話，讓對方有機會說話，也是表達「我和你在一起」之意，相較於說話，默然更能傳達出有力量的意涵。

溫老師說明，佛陀教導說話的原則，包括正語、愛語、實語、無諍語，而佛陀說話時，常會提醒弟子專注聆聽；溫老師叮嚀大眾，只想說話是一種貪心，默然、覺察、傾聽、理解之後，專注聆聽對方說話，就能讓溝通通暢無礙。

● 01.14　03.10　09.10　10.08　11.12

臺南分院佛學講座
常慧法師講〈觀心銘〉

臺南分院於1月14日至11月12日期間，舉辦〈觀心銘〉系列講座，由常慧法師主講，以次第分明的教學結構，闡述憨山大師的修行體證與悟境。

常慧法師引用了憨山大師的詩句講解修證的兩個層次。第一層次「省」，是一個好像知道，但是又像不知的階段，累積多次「省」才能到達第二層次的「悟」；「悟」又分為未徹底的悟和徹底的悟，前者是修心過程中經歷和體會

得到的，後者則是不再受任何外境的干擾，到達毫無煩惱心的同時，可以恆持不變的狀態。

常慧法師講〈觀心銘〉，闡述憨山大師的修行體證與悟境。

法師說明修證的次等分為「信、解、行、證」，先建立行者本具清淨自性的信心，其次令行者能理解心性本淨的樣貌，但因為眾生對身心、外境的染著，而生種種虛妄相，令心不明淨；但只要能時時運用持咒、觀心、覺知等禪修的方法，即可讓心漸漸回到任運自在、無礙無著的「虛靈寂照、具含眾妙」的作用。

常慧法師鼓勵大眾隨身攜帶〈觀心銘〉小卡，隨時誦讀，不但避免製造口業，更能將對他人或環境的叨念，轉為清涼法語，也讓教法內化成為價值觀，成為個人生命的特質，進而落實在生活中。

● 01.14～11.07期間

齋明別苑「心光講堂」全年六講
拓展聽者生命經驗與視野

桃園齋明別苑於1月14日至11月7日，週日舉辦「心光講堂」系列講座，共六場，共有一千一百多人次參加。

首場於1月14日舉行，邀請臺灣師範大學特殊教育學系副教授劉秀丹主講「幸福，好好說」，說明幸福說話心法的第一課，就是視每個人都是無價之寶，不僅要對等互動，更要主動讚美與肯定；並建議從家人開始練習說好話，因為幸福是說出來的，而聆聽是一輩子的修行。

劉秀丹老師分享幸福說話心法，現場互動熱烈。

荒野保護協會理事長李偉文於3月11日「迷路原為看花開」講座中，分享人生道路上的各種頓悟，強調大自然給予人類最好的禮物，就是提醒要活在當下；安寧緩和照護醫師朱為民則於5月6日，講述「人生最後的期末考」，介紹預立醫療決定，急救意願的表達、維生醫療的抉擇、醫療委任代理以及書寫預

立醫囑等,期勉大眾以「四它」圓滿走向生命盡頭。

下半年,新北市八仙塵爆意外倖存者黃博煒主講「截後人生」,分享復健的心路歷程,說明自己雖然肢體障礙,但人生卻可以沒有阻礙,因為真正的障礙不是環境,而是自己的心;9月「找一條回家的路」,心理師李郁琳鼓勵大眾,從家庭和解出發,再學會修復自己的人際關係,練習讓自己變得更好;11月的講座,布佬廚房負責人徐茂鑫表示「方向比速度重要」,擁有正確的人生方向,步步踏實地走,才能真正邁向光明的未來。

現場聆聽的大學生分享,六位講者從不同面向提供多元的觀點與思維,學習到不同的生命經驗與態度,啟發學習視野。

2018 齋明別苑「心光講堂」系列講座一覽

時間	講題	主講人
1月14日	幸福,好好說	劉秀丹(臺灣師範大學特殊教育學系副教授)
3月11日	迷路原為看花開	李偉文(荒野保護協會理事長)
5月6日	人生最後的期末考	朱為民(安寧緩和照護醫師)
7月8日	截後人生	黃博煒(新北市八仙塵爆意外倖存者)
9月16日	找一條回家的路	李郁琳(佳家人際智能開發心理治療所心理師)
11月4日	布佬的美味人生	徐茂鑫(布佬廚房負責人)

● 01.14～2019.06.01期間

福田班開辦十五班次義工培訓課程
學習服務奉獻的福慧人生

普化中心於1月14日至2019年6月1日期間,在北投農禪寺、臺北安和分院、桃園齋明寺與齋明別苑、臺中寶雲寺、高雄紫雲寺、內湖辦事處、板橋辦事處,與海外的加拿大溫哥華、馬來西亞、香港等三處道場、新加坡護法會,舉辦聖嚴書院「福田班」義工培訓課程,共開辦十五個班次,有近兩千人參加。

高雄地區福田班學員,於紫雲寺共學萬行菩薩精神。

「福田班」每月上課一次,共有十次課程,透過近五十門課,系統而完整地介紹法鼓山的理念、組織、運作,以及禪修、法會、念佛等修行法門,並安排

學員前往各分支道場觀摩或參與共修，帶領學員認識並實踐法鼓山理念，奠定學佛基礎。

　　課程設計結合義工的實際作業，不僅上課期間必須輪流出坡，協助齋清與善後，課後也要參與各會團活動，進而在奉獻服務的過程中，讓生命更有深度和廣度。

● 01.18　03.05　04.09　05.14　08.27　09.12

心六倫宣講團校園推廣心六倫
敏惠醫專分享心靈環保

　　1月18日至9月12日，人基會心六倫校園宣講團受邀前往臺南市柳營區敏惠醫護專科學校推廣心六倫，六場活動共有一千三百多位師生、行政人員參加。

　　1月18日的講座，以「環保還寶、還寶環保——以大地觀喚醒心靈環保愛地球」

心六倫校園宣講團於臺南敏惠醫護專科學校分享心靈環保。

為主題，講師指出，雖然地球生病了，但人類是地球上最大的危機，如果不學習改變，滅絕的將是人類，只有人心轉變才可能改善環境；並帶領誦念「大地觀」，藉著對大地昇起感恩、感謝之心，讓「心靈」環保起來，進而改變周遭的人及環境。

　　3月5日以「幸福路上的戰爭與和平」為主題，分兩梯次與一年級學生分享推動性別平權的重要性，講師指導學生畫下生命的快樂與悲傷軸線，引領思考幸福的定義、幸福中的戰爭煩惱、和平與善的循環，進一步認識心五四及心六倫的內涵。另一方面，也藉由遊戲互動、手語教學，提問愛是什麼？談戀愛的考驗？如何好聚好散？提醒學子運用四它、四感、四要、四安、四福，處理情感的挫折與困境。

　　由於回響熱烈，4月9日、5月14日，心六倫校園宣講團隊種子教師再次受邀前往宣講，主題分別是「有我無毒——已毒不回礙一生」、「非藥青春——拒絕濫用藥物，輕鬆揭開幸福密碼」，以影片、短劇等形式，分享珍惜生命，拒絕毒品的觀念與方法。

　　8月27日以及9月12日，則針對住宿的新生、高年級學生，分別以「戀愛

ING」、「戀愛酸鹹甜」為題，揭示兩性平等、相互尊重的相處之道，提醒開花結果是自然現象，開花而不結果也是正常，期勉學子以「因緣觀」面對人際關係，心平氣和地待人處事。

● 01.25～27

安和分院、中山精舍寒假兒童營
學童歡樂學習正向能量

中山精舍兒童營中，小學員練習禪鼓，體驗動禪的專注與安定。

臺北安和分院、中山精舍分別於1月25至26日、25至27日舉辦寒假兒童心靈環保體驗營，由教聯會師資帶領，透過各種互動課程，引導學童快樂學習，培養正向能量，共有一百六十多人參加。

營隊皆以活潑的禪修體驗為主軸，包括放鬆、經行、禪鼓等，從專注當下的安定感中，學習獲得快樂與自信。安和分院並結合繪畫、戲劇、音樂、舞蹈、DIY等元素，寓教於樂，讓學童在遊戲互動中，深入認識法鼓山推動的四種環保。

中山精舍的活動，除安排學佛行儀、基礎禪坐、禪鼓之外，還規畫充滿年味的禪藝活動，包括拼布筆筒、蠟筆創意畫、紅包禪繞畫，學習知福、惜福與感恩；27日並前往宜蘭進行戶外教學，學習友善大地、愛護自然，為保衛地球盡一份心力。

● 01.25～12.25期間

長青班2018年開辦四十四班次
長者迎接樂齡生活

專為六十歲以上長者開辦的「法鼓長青班」系列課程，2018年於全臺各地分院、辦事處舉行，海外的香港道場亦於3月及8月舉辦兩梯次，全年共計展開四十四班次，共有三千多人參加。

長青班以八堂課為一梯次，採隔週上課方式，每次上課三小時，課程集學習、健康、活力、分享等特色，內容包括動禪保健、語言學習、新知分享、肢

體展演，並安排戶外教學；也規畫各類人文、醫學、科技新知等講座。學員學習新知、活化思維，也相互激盪腦力、分享創意，建立積極而有活力的樂齡心生活。

長青班沒有結業式，是「活到老、學到老」的終身學習，陪伴長者在快樂學習中，連結時代脈絡，歡喜領受人生的黃金時代。

長者在長青班快樂學習，歡喜展現學習成果。

● 01.27～28

高雄冬季「我們‧行」青年營
引領青年發揮零的力量

高雄紫雲寺於1月27至28日舉辦冬季青年營，以「我們‧行」為主題，由常住法師們帶領體驗湖邊經行、寺院早晚課、法鼓八式動禪等，青年院監院常炬法師到場關懷，共有八十人參加。

首日晚間並進行「法鼓青年開講」，邀請表演工作者柯有倫、藝術工作者蔡旻霓，與護法總會副都監常遠法師分享「零的力量」，常遠法師鼓勵青年，妥協不是放棄，是靜待適當的因緣到來；自我要小、心無所求，就能無畏無懼。

青年學員針對關心的社會議題，分組創意激盪，期以行動解決難題。

28日的「行夢者工作坊」，邀請分別在社區營造、友善大地、偏鄉教育、食農教育、藝術下鄉五大領域默默耕耘社會關懷的甘玲華、許慶貴等六位代表，帶領學員相互激盪，最後進行夢想擂台，針對關心的社會議題，在沒有標準答案的發想中，分享最有創意又可行的方案，以行動解決難題。

有就讀音樂系的大學生表示，原本不確定是否要繼續學習音樂，在與學員交流後，了解到在人生每個階段都會迷惘，而經驗交流可以讓自己成長；也有在醫院實習的小隊輔分享，「行夢者工作坊」高度的開放性與多元性，集結年輕世代最關心的議題，並將各領域青年代表請來現場協助「引夢」，與學員面對面交流，獲得很大的共鳴。

● 01.27～02.03

教師寒假禪七天南寺舉行
為教學和生活注入安定力量

教師寒假禪七中，學員於戶外經行，體驗動禪的安定。

教聯會於1月27日至2月3日，在三峽天南寺舉辦寒假教師禪七，由常正法師等擔任總護，有近一百位教師參加，並有學員遠從新加坡而來。

由於學員均有兩次以上精進禪二的經驗，禪七期間主要觀看聖嚴師父開示默照禪法的影片，進一步認識放鬆身心、精進修行的方法。常正法師鼓勵以休假的心情、度假的態度，來體驗身心放鬆、安住當下的禪修生活。學員藉由法師循序漸進的引導，及小參法師的指點迷津，練習時時不管妄念，回到方法，逐步調整身心。

來自新加坡的中學教師分享，禪期儘管天氣嚴寒，但藉由「照」的工夫，清楚覺照環境與身心的狀況；藉由「默」的工夫，讓心不隨外境而起煩惱心，隨時保持安定；回到教學工作後，更要時刻安心，在校園播下心靈環保的種子。

● 01.27～11.03期間

紫雲寺「法鼓青年開講」全年五講
開發內心的光明智慧

高雄紫雲寺於1月27日至11月3日期間，舉辦「法鼓青年開講」系列講座，共五場。首場邀請表演工作者柯有倫、藝術工作者蔡旻霓，與護法總會副都監常遠法師進行對談，分享「零的力量」。

柯有倫表示，創作靈感就像是鍊心，每天持之以恆練習，就可以看到成果，也以聖嚴師父創辦法鼓山為例，就像是不可能的任務，學習師父的精神，去面對工作上的挑戰跟困難；蔡旻霓認為，表演藝術與宗教對於現實人間的關懷，是一致的；常遠法師則鼓勵青年，妥協不是放棄，只是暫時放下，並靜待因緣到來，「聖嚴師父總是提醒弟子，做任何事情，要隨時回到初發心」，法師指出，自我要小、心無所求，就能無畏無懼。

圖文藝術、攝影工作者蔣涵坪、許紘捷，則分別於7月、9月分享創作的心路歷程，蔣涵坪說明，只要確信自己正走在實踐夢想的道路上，即使步伐緩慢，也會提昇生命的意義；許紘捷引用聖嚴師父所言「踏實地走一步路，勝過說一百句空洞的漂亮話」，期勉青年朋友時

首場「法鼓青年開講」中，蔡旻霓、常遠法師、柯有倫（依序右起）鼓勵青年發揮零的力量。

時回到初發心，成為生命的原動力。

11月的講座，邀請馬來西亞音樂創作人黃慧音回顧創作的心路歷程，以全新樂風重新編曲，演唱時或用中文、藏文，乃至印度古老的巴利文，為梵唄賦予全新的時代意義，期盼藉由樂音傳達佛菩薩的關懷與祝福。

2018 紫雲寺「法鼓青年開講」系列講座一覽

時間	講題	主講人
1月27日	零的力量	常遠法師（護法總會副都監）
		柯有倫（表演工作者）
		蔡旻霓（表演藝術工作者）
3月10日	九局下半兩好三壞	劉柏君（臺灣首位女性棒球國際主審）
5月19日	讓天真與現實共舞	黃博駿（臺灣珍古德協會根與芽計畫大使）
7月22日	藝術框架之外	蔣涵坪（藝術工作者）
9月29日	柬埔寨故事	許紘捷（攝影工作）
11月3日	我唱《地藏經》	黃慧音（音樂創作人）

● 01.27～12.15期間

農禪法青「生活有覺招」
以佛法覺照生活

1月27日至12月15日，法青會每月週六或日於北投農禪寺舉辦「生活有覺招」活動，由常提法師帶領，藉由不同主題的交流討論、禪繞畫以及動禪體驗等，覺察並體驗身心的微妙變化。

生活覺招研究是由法青所組成的團隊，每月藉由一次聚會，邀集青年朋友一起面對生活中的困境和喜悅，在傾聽與分享之中，找到屬於自己的生活「覺」

藉由交流討論，青年朋友活用佛法，覺照生活。

招。每次的主題均針對青年常有的煩惱與困惑，包括：人際關係、情感生活、壓力與失敗、工作職場等，先是聆聽聖嚴師父開示，了解佛法如何看待與回應這些問題，再透過小組討論，分享經驗、交換想法，並進一步回到自己的生命中去體驗與探索，找到解答。

許多學員分享，每次討論的主題都很受用，最特別的是，沒有標準答案，更能獨立思考，確認生命的方向。

● 01.28

「《禪思・文思》讀友會」寶雲寺舉行
單德興、林其賢、卓伯源分享閱讀法食

1月28日，法鼓文化在臺中寶雲寺舉辦「《禪思・文思》讀友會」，由文化中心副都監果賢法師主持，邀請作者單德興、《聖嚴法師年譜》編著者林其賢、中區法行會會長卓伯源與談分享，共有三百一十位讀者參加。

果賢法師表示，法鼓文化出版聖嚴師父著作、各種優良書籍，希望與大眾共享法食。身為傳遞知識的人文學者，單德興老師回應，希望用平易近人的敘事方式，引導讀者思考，例如書中介紹的墓園，就是探索生死大事之處；第一篇〈一則不完整的童年故事〉，談的則是人依靠什麼而活。

卓伯源會長引用作家余秋雨所言：「要消除煩惱，最好的方法就是閱讀。」提醒大眾少滑手機，找回閱讀的時間。林其賢老師則建議，帶著問題閱讀，更能貼近自己的需求；而參加讀書會是增加閱讀效益的方法，更鼓勵大眾看過書、消化吸收後，再整理寫下心得，收穫更大。

分享會由聖嚴書院講師郭惠芯引言，以讀者分享心得開場，有讀者表示，閱讀《禪思・文思》，重新省思了人生的方向與價值，透過作者的視野，也看到更高、更遠的世界。

果賢法師（右起）主持《禪思 文思》讀友會，林其賢、單德興、卓伯源參與分享。

01.28　05.26　08.27

法青樂齡關懷活動
在陪伴中學習成長

　　1月28日、5月26日及8月27日，法青會於新北市深坑健順養護院舉辦樂齡關懷活動，由常導法師、演謙法師帶領二十多位法青，以念佛、藝文表演等陪伴長者，傳遞祝福。

　　活動中，法青「純心樂坊」現場演奏合唱〈望春風〉等懷舊歌曲，並引導佛曲帶動唱，拍掌刺激血液循環；「花開富貴」單元，則帶領手做牡丹花，雖然

法青親近長者們，從溫馨關懷與陪伴中，學習成長。

長者雙手或眼睛不方便，但在法青陪伴下，共同完成作品。

　　關懷時，多數法青的閩南語不甚流暢，法師提醒，語言溝通只是關懷方式之一，藉由眼神、表情、肢體動作，也能傳遞溫暖。

　　許多法青分享，關懷長者活動，了解到服務學習的真義，更體會到要珍惜年輕健康的身體；也感謝家人都能平安，並且成就自己來當義工，參與這樣有意義的活動。

01.30

僧團圍爐、辭歲禮祖
互勉精進修行

　　僧團1月30日中午於法鼓山園區舉辦歲末圍爐，下午於開山紀念館辭歲禮祖。終年各自於一方弘化、精進的法師們，齊聚總本山，除了觀看聖嚴師父開示影片，也接受方丈和尚果東法師的祝福及鼓勵，共有兩百多位僧團法師及僧大學僧參加。

　　聖嚴師父在影片中開示僧團的三種成長，包括素質、道心與佛法知見的成長，提醒弟子們不忘本，因為有一

僧團在開山紀念館辭歲禮祖，方丈和尚開示勉勵，祝福大眾新的一年平安無事。

代一代師長的傳承，才讓後世弟子得以學佛、出家，因此必須發願繼承祖師遺志，弘揚佛法，以利益眾生的行動，持續成就清淨、精進的僧團。

方丈和尚延續聖嚴師父開示勉勵，提醒僧眾懷恩報恩恩相續，飲水思源源不絕，各種順逆境界、因緣，都是提醒增上的善知識，也祝福大眾新的一年平安無事。

● 01.31～12.26期間

人基會「2018平安無事心靈講座」
共創美善的人文社會

「差差」李翔拍下送信過程中遇見的人間百態，引起廣大共鳴。

1月31日至12月26日，人基會每月最後一週週三於臺北德貴學苑舉辦「2018平安無事心靈講座」，全年十一場，廣邀各領域專家分享善美的力量，共創和諧幸福的人文社會。

公共政策上，前立法委員丁守中在首場「城市競爭力」講座中，建議以提高公共運輸、加速都市更新、鼓勵青年投入創新產業，來提昇城市競爭力，營造民眾安居樂業的居住環境。

3月邀請臺灣旅遊交流協會理事長賴瑟珍主講「讓世界看見臺灣的好」，說明觀光是沒有煙囪的工業，沒有會議的外交，沒有口號的政治，沒有教室的教育，沒有文字的宣傳，強調發展觀光的重要性，不僅可帶動產業發展，提高國家競爭力的優勢地位。

生命議題方面，臺灣藝術大學傳播學院院長朱全斌於4月剖析創作《當愛比遺忘還長》、《謝謝妳跟我說再見》二書的心路歷程，說明生命的缺口，讓自己較能同理他人；耕莘醫院精神科臨床心理師簡玉坤則在6月的講座中，帶領賞析電影《念念》，說明與自己、他人和解，才能療癒傷痛。

在土地與人文關懷上，綽號「差差」的李翔，在臺南善化和安定從事郵差工作，送信過程看到世間的生老病死、社會貧富差距，甚至家庭糾紛，因此用手機拍下風景和人物；李翔表示，忠實呈現當下的畫面，有情感的投射，自會引起共鳴。

其他講座，還包括蘭陽精舍副寺常法法師主講「從心靈環保談人際關係」，

提醒人際關係最大障礙在於自我中心太強,練習把視野拉高,學習尊重、協商和利他,才能擁有和諧的人際關係;法鼓文理學院助理教授辜琮瑜分享以平常心安頓自心的「三生有幸」。

2018 人基會「平安無事心靈講座」一覽

時間	講題	主講人
1月31日	城市競爭力	丁守中(前立法委員)
3月28日	讓世界看見臺灣的好	賴瑟珍(臺灣旅遊交流協會理事長)
4月25日	當喜悅穿過悲傷	朱全斌(臺灣藝術大學傳播學院院長)
5月30日	把心拉近——聽懂你的心	洪惠風(新光醫院心臟內科主治醫師)
6月27日	看電影《念念》談生命傷痛的療癒與重生	簡玉坤(耕莘醫院精神科臨床心理師)
7月25日	從西藏談歡喜看生滅	閆建鴻(札西德樂國際旅行社總經理)
8月29日	從心靈環保談人際關係	常法法師(法鼓山蘭陽精舍副寺)
9月26日	人生的旅行——用電影看生命	黃嘉俊(電影工作者)
10月31日	鏡頭裡外的人生	李翔(郵差攝影工作者)
11月28日	談人的本性	黃石城(臺灣傳統基金會董事長)
12月26日	三生有幸——生活、生命與生死生生平安	辜琮瑜(法鼓文理學院助理教授)

● 02.03

《法的療癒》新書發表
樂讀佛陀法藥

2月3日,法鼓文化與高雄市立圖書館總館於該館合辦「《法的療癒——佛陀教我的十堂生死課》新書發表會」,法鼓文化總監果賢法師、臺中慈濟醫院預防醫學中心副主任黃軒、屏東大學中文系副教授林其賢出席座談,包括作者杜正民的夫人張雪卿、高總圖館長潘政儀等,共有一百六十多人共同聆聽佛法療癒生死的智慧。

發表會以「《阿含經》的安寧伴行守則」為主題,以追憶杜正民老師學法、護法及弘法的一生為縱軸,結合佛法的生命觀與臨終關懷,進行深度探討。果賢法師首先說明此書出版,緣起於杜老師2005年罹癌,2016年病

林其賢(左起)、黃軒、果賢法師、張雪卿、贈書者陳秀蓮、潘政儀出席《法的療癒》新書發表會。

情復發轉重，於臨終前約一年的時間，接受《人生》雜誌訪談整理發表，集結而成。

林其賢老師指出杜老師推動佛典數位化，投入建置CBETA電子佛典資料庫，對佛法傳播深具重要性；建議讀者先讀此書，延伸閱讀《阿含經》，更能了解佛陀對不同身心狀態的指導，學習為死亡預做準備。黃軒醫師從豐富的臨床見聞，分享閱讀此書彷彿面對病人，杜老師因為深入佛陀清澈法水，而能洗滌身心苦惱；也表示自己透過閱讀，反思醫生常談治療少講治癒，應回歸人本精神，以身心為整體來療癒病人。

現場並首播紀念影片，述及杜老師研究聖嚴師父如來藏思想，其「眾生皆有佛性」的核心宗旨，對人充滿鼓勵、肯定、讚歎，適合現代人學習；最後更交代用生命教育共修法會來圓滿佛事，實踐師父的教法。

● 02.03

北區法行會參訪寶雲別苑
與中區分會交流分享法喜

法行會會長王崇忠率同悅眾、北區會員等七十三人，2月3日參訪臺中寶雲別苑，與中區分會進行交流，及與中區會長卓伯源、副會長朱惠斌等分享會務推展，監院果理法師、常林法師到場關懷。

卓伯源會長首先引用王羲之《蘭亭集序》詞句「群賢畢至，少長咸集」，歡迎眾人到來；表示北區法行會會務蓬勃發展，期許擴大交流，接引中部地區大眾學佛、共修。王崇忠會長與眾人分享擔任悅眾的心得，說明悅眾讓人歡喜，減少他人的煩惱，是菩薩的慈悲；也因奉獻而減少自己的煩惱，做得歡喜，從而修福修慧，是菩薩的智慧。

果理法師期勉大眾，先入寺院找回自家寶藏，再帶著飽滿的能量，在各領域建設人間淨土。兩地悅眾也在感恩中互贈結緣禮，互勉提起承擔的願心和願力。

● 02.05～07

信行寺舉辦青年培力營
學員探索心靈、認識自我

2月5至7日，臺東信行寺舉辦青年培力營，由監院常全法師等帶領，共有二十多位學員透過交流分享，學習運用佛法認識自我、體驗自心。

「貼近自己零『劇』離」課程，由心理輔導老師林孜穎帶領，學員分組透過換位思考，扮演自己家庭的某一位家人。在演出當下，才深刻體會到家人的心情及狀態，而觀者也融入其中，感同身受，紓解了壓抑的情緒，也安定了內心。

監院常全法師帶領的經行，引導學員體驗「身在哪裡，心在哪裡；清楚放鬆，全身放鬆」，從緩慢到快速，

學員在營隊中交流分享，一同歡笑、舞動，體驗自心，認識自我。

邁開步伐只管向前，法師提醒學員，很多時候都是自己綁住了自己，若是願意放下，就能海闊天空。

培力營中，亦安排觀看聖嚴師父的開示影片，師父期勉青年，充實自我必須從反省、慚愧感恩開始，認識、肯定、成長，最後消融自我，進而利人利己。

有學員分享，學習到以「四它」來處理刻意隱瞞的生命經驗，也能心平氣和地面對周遭的人事物。

● 02.05～10

青年院舉辦冬季青年禪修營
學習以禪法活出卓越人生

青年院於2月5至10日，在三峽天南寺舉辦「冬季青年卓越禪修營」，以「重新找回心的卓越」為主題，由常導法師擔任總護，帶領近一百五十位青年、義工，透過學習、體驗、運用禪修的方法，活出卓越人生。

禪修營內容包括基礎禪修課程、心靈遊戲、托水缽、戶外禪等，在各種心靈遊戲中，學員練習探索、體驗、覺察自我，而聖嚴師父的開示影片，更是寶貴的見面禮：「要把生命留在現在」、「不管妄念，回到方法」、「放鬆身心，放下身心」，每句法語都是學員「活出卓越」的方法。

備受歡迎的「心靈工作坊」，由法

參與卓越營的青年，藉由不斷的練習、歸零，釋放心中壓力。

鼓文理學院學群長楊蓓主持,帶領學員了解孤獨、恐懼、認同、死亡,藉由自我覺察,認識自己、成長自己,最後消融自我,也是學習禪修的法益。

營隊圓滿前的大堂分享,有就讀大四的學員表示,曾經體會到禪修帶來身心沉澱的效用,放鬆、數息等方法,以及「多多練習」的禪修祕訣,更啟發持之以恆修行的決心。

常導法師表示,對未來強烈的不確定而感到不安,許多人會利用手機、社群來轉移和逃避不安與孤獨感,但無法真正解決問題,期勉學員持續運用禪法了解內心,藉由不斷地練習、不斷地歸零,才能正確做出選擇。

● 02.15～16

法鼓山園區撞鐘祈願
法華鐘響平安迎新年

方丈和尚果東法師(右四)、總統蔡英文(左四)、前總統馬英九(右三)、行政院長賴清德(左三)、國民黨主席吳敦義(右二)、首座和尚惠敏法師(左二)、內政部長葉俊榮(左一)、護法總會總會長張昌邦(右一)一同參與除夕撞鐘。

法鼓山於2月15日農曆除夕晚間至16日大年初一凌晨,在園區舉辦「除夕撞鐘祈福法會」,方丈和尚果東法師、首座和尚惠敏法師、總統蔡英文、行政院長賴清德、前總統馬英九、國民黨主席吳敦義、臺北市聯合醫院院長黃勝堅、臺大醫院金山院區院長譚慶鼎等各界來賓出席祝福,另有近五千位民眾參與撞

鐘傳心燈活動，祈願世界和平，也為花蓮震災的受災民眾祈福。

午夜十二點，一百零六至一百零八最後三響，由方丈和尚與蔡英文總統等共同撞響，接著方丈和尚與蔡英文總統一起揭開2018年法鼓山年度關懷主題「平安無事」。

方丈和尚強調，面對天災人禍、公安危險等，可運用法鼓山創辦人聖嚴師父的「四它」來面對、接受、處理、放下，並分享從個人的提昇，到促進整體環境的安樂；而「無事於心，無心於事」的平安，可分為身體放鬆、心量放寬、煩惱放下、把個人承擔的責任範圍放大、把目標與方向放遠等五個層次，也就是要人學習放下自我中心的利害得失，承擔一切眾生的平安快樂。方丈和尚進一步表示，提起是慈悲，放下是智慧，唯有契機契理的慈悲智慧，才是真正的平安無事。

蔡總統致詞表示，面對花蓮震災，各界展現了互助和團結，也感恩宗教界發揮最大的善心，並以「家宅永安」祝福臺灣；連續十二年出席撞鐘儀式的馬前總統，以「身心健康，平安幸福；百尺竿頭，更進一步」、惠敏法師則以「擊法鼓、平安健康；敲洪鐘、敬心無事」為大眾祝福。

最後，由方丈和尚帶領大眾供燈發願：「祝福人人安心、社會安定、國家安康、世界和平。」祈藉由供燈儀式，匯聚眾人的願心，傳遞象徵光明希望的心燈，凝聚成無量的光熱照耀世界，祈願世間幸福安寧。

● 02.15～24

全臺道場、分院系列活動迎新春
廣邀大眾同霑法喜過好年

法鼓山全臺各分院道場於2月15日除夕至24日大年初九，舉辦新春系列活動，包括各項祈福法會、拜懺共修，以及點燈、敲鐘與豐富多元的禪藝、展覽、園遊會等活動，廣邀大眾回道場，歡喜與諸佛菩薩、僧團法師團圓。大年初一至初三，方丈和尚果東法師並至北部各分寺院祝福參加法會及走春的民眾，與眾人共度充滿法

農禪寺行願館展出「今年，吃個不一樣的年夜飯」，小菩薩將展板上的一盤盤素食年菜，開心地貼在圓桌上。

文化館新春千佛懺法會，九十多歲的鑑心長老尼主法領眾度修。

味的新春佳節。

法鼓山園區除了在除夕舉辦撞鐘祈福法會，各殿堂於16日初一至20日初五，分別進行版畫拓印、彩繪平安袋、敬心鈔經、慧築無事球、自在奉茶等多項活動，「微笑‧禪生活館」並供應限量平安無事小春聯與祝福平安明信片，讓民眾得以體驗身心清淨，並與親友共同分享佛法的祝福。北投農禪寺「真正5夠好」新春活動，處處可見小朋友在父母陪同下，帶著四種環保集章單，前往大殿禮佛、獻供，點燈許願後，蓋下滿願章；有高齡九十五歲的長者，兒孫四代一同前來祈福，分享兒子參加初級禪訓班後，從此持續學佛並擔任義工，每年新春回農禪寺，就像回家一樣。

臺北安和分院分別於16日、18日舉辦普佛法會、大悲懺法會，由僧團副住持果燦法師主法，法師開示，真正的平安必須從個人內心做起，平安無事的智慧，就是心安定、人事和諧，才能圓融無礙；三峽天南寺融合禪修、祈福和藝文元素，在新春期間舉辦點燈供花祈福法會、以及托水缽、釣釣樂等禪修體驗活動，並邀請多位在地音樂家演奏，讓大眾在鈔經、茶禪中同享悠揚美聲。

桃園齋明寺自初一起，展開三日的慈悲三昧水懺法會，禪堂內外都有精進的信眾，以法水懺除過往的煩惱，除舊迎新；蘭陽精舍於初一舉行普佛法會，果明法師提醒大眾精進用功，讓身心安住，清淨安定。

臺南分院16日的新春普佛法會由果顯法師主法，法師說明每個人的心都是道場，護持自心道場，便能進一步護持弘法，進而莊嚴道場；16至20日，並安排五場「歡喜來結緣——與法師有約」，以茶禪方式，分別由果顯、果傳、常宗、常嗣、常因法師分享學佛心得，獲得熱烈回響。

因應年前花蓮發生大地震，高雄紫雲寺16日起的千佛懺法會主法常隨法師鼓勵大眾「學觀音、做觀音」，將誦經功德迴向受苦受難的菩薩，並期勉眾人珍惜每個善因緣，感恩所有的美好；同時間另有叩鐘祈福、親子闖關遊戲，許多民眾闔家參與，大、小朋友一起發揮腦力、手腳並用，在趣味遊戲中，練習專注的力量。

2018 全臺分院道場新春主要活動一覽

地區	地點	日期	活動名稱／內容
北部	法鼓山園區	2月15日（除夕）	除夕彌陀普佛法會、撞鐘祈福法會
		2月16至20日（初一～初五）	新春法會、禪藝體驗系列活動
	北投農禪寺	2月16至18日（初一～初三）	「真正5夠好」新春活動
	北投中華佛教文化館	2月16至18日（初一～初三）	新春千佛懺法會
	臺北安和分院	2月16日（初一）	新春普佛法會
		2月18日（初三）	新春大悲懺法會
	三峽天南寺	2月16至20日（初一～初五）	新春祈福法會、禪修體驗、鈔經、點燈系列活動
	桃園齋明寺	2月15日（除夕）	除夕禮佛大懺悔文晚課
		2月16至18日（初一～初三）	新春慈悲三昧水懺法會
		2月19至20日（初四～初五）	新春園遊會
	桃園齋明別苑	2月16日（初一）	新春普佛法會
		2月16日至20日（初一～初五）	新春禪藝體驗
		2月20日（初五）	新春大悲懺法會
	基隆精舍	2月24日（初九）	新春普佛法會
	蘭陽精舍	2月16（初一）	新春普佛法會
		2月16至18日（初一～初三）	新春茶禪
		2月18日（初三）	新春大悲懺法會
中部	臺中寶雲寺	2月15日（除夕）	除夕彌陀普佛法會
		2月16日（初一）	新春普佛法會
		2月17日（初二）	新春大悲懺法會
		2月18日（初三）	新春慈悲三昧水懺法會
	南投德華寺	2月16日（初一）	新春普佛法會
		2月18日（初三）	新春大悲懺法會
南部	臺南分院	2月16日（初一）	新春普佛法會
		2月16至20日（初一～初五）	歡喜來結緣——與法師有約、禪藝體驗
		2月18日（初三）	新春大悲懺法會
	臺南雲集寺	2月16日（初一）	新春普佛法會
		2月18日（初三）	新春大悲懺法會
	高雄紫雲寺	2月16至18日（初一～初三）	新春千佛懺法會、叩鐘祈福、親子闖關等
	三民精舍	2月19日（初四）	新春普佛法會
東部	臺東信行寺	2月15日（除夕）	除夕禮佛大懺悔文晚課
		2月16日（初一）	新春普佛法會
		2月17日（初二）	新春觀音法會
		2月18日（初三）	新春大悲懺法會

● 02.23～03.03期間

各地道場舉行燃燈供佛法會
元宵點燈處處平安

大眾於農禪寺元宵活動中，提著自製的創意小燈籠，歡慶佳節。

2月23日至3月3日期間，法鼓山各分支道場，包括臺灣北投農禪寺、基隆精舍、桃園齋明寺、南投德華寺、臺東信行寺以及海外馬來西亞道場陸續展開元宵祈福活動，以燃燈供佛法會為主，圓滿2018年的新春佳節。

2月28日晚間，農禪寺舉辦「水月慶元宵」，上千位民眾共度「平安無事」年的元宵夜，活動包括吃元宵、猜燈謎與提燈籠等，傳遞平安的祝福。現場創意小提燈製作，共有心安、平安、祈願、滿願四種款式，活動最後，眾人齊聚大殿恭誦《普門品》，許願學佛護法，增長菩提智慧。

3月1日元宵前夕，埔里德華寺舉辦燃燈供佛暨觀音法會，由副寺果弘法師帶領，法師分享「天眼第一」的阿那律尊者，前世曾為盜賊，受到點燈者的感召，決心除滅罪愆，終得開悟證果，說明只要心持善念，佛法永遠都會映照。2日元宵夜，齋明寺亦展開燃燈供佛法會，主法果舟法師分享貧女點燈，小小供燈因是發大心布施，所以功德無量，並祝願所有供燈佛弟子啟發智慧、遠離煩惱。

馬來西亞道場則於3日舉辦法會，由常施法師帶領，法師以阿闍世王點燈供養佛陀的故事，說明阿闍世王不僅成就供養之心，也成就大眾在明亮的路上前往佛陀說法處聽聞佛法，期許大眾以修學佛法照亮自心，以弘揚佛法點亮他人心燈。

● 02.24

法鼓傳燈法會感念師恩
同心實踐菩薩道

聖嚴師父圓寂九週年，法鼓山園區、北投農禪寺、臺北安和分院、三峽天南寺、桃園齋明寺、齋明別苑、臺中寶雲寺、南投德華寺、臺南分院、雲集寺、高雄紫雲寺、臺東信行寺，以及基隆精舍、蘭陽精舍等，於2月24日同步舉辦

「大悲心起 願願相續——法鼓傳燈法會」，方丈和尚果東法師於主現場法鼓山園區，透過視訊連線對大眾開示，並主持傳燈儀式，有近六千一百位信眾同心誓願以傳揚法鼓山理念、實踐菩薩行願，來報答師恩。

法會上，播出聖嚴師父的開示影音，「何謂安心？如何安心？」師父說明自我中心、隨境浮動、貪瞋、驕慢、嫉妒、疑慮等等，都是煩惱心，應該捨煩惱心而取責任心，責任心與慈悲心是相應的；將他人當成是自己要照顧、關懷的人，就是責任心，是菩薩的行為，能離煩惱而有智慧，就是懂得安心的人；

四眾弟子於法鼓山園區大殿一同傳燈，以報恩心傳承師願。

師父期勉眾人傳播佛法安心的觀念，幫助他人安定身心，便是在行菩薩道。

方丈和尚勉勵以聖嚴師父提點的責任心來點亮自心，以「如是我願」的精神，發起對眾生的悲願，將對師父的感恩，轉化為報三寶恩、國家恩、眾生恩的具體行動，把恩傳出去，願願相續、燈燈相傳，成為提昇自己、安定社會的力量。

各地法會，皆由僧團法師帶領，包括副住持果品法師於紫雲寺帶領五百多位信眾傳燈，勉勵珍惜分享佛法的好；禪修中心副都監果醒法師於臺南分院帶領念佛感恩聖嚴師父恩澤；果鏡法師在齋明寺引領大眾發願：放下自我中心利害得失，提起承擔一切眾生的平安快樂。蘭陽精舍的傳燈法會，在副寺常法法師帶領下，大眾共同長跪發願：一師一門，發揚法鼓宗風；同心同願，共創人間淨土。

在〈開山祖師讚〉、〈傳法偈〉梵唄聲中，法師為大眾點亮手中的缽燈，感念聖嚴師父教澤的同時，也再次燃起內在的心燈，照亮自己，也溫暖他人。

● 02.25

臺南分院新春禪行
果醒法師開示禪修心法

臺南分院於2月25日，在茄萣濕地公園舉辦戶外禪，由禪修中心副都監果醒法師開示禪修心法，期勉大眾將心法運用於日常生活中，以攝心的方式活動身

臺南分院禪坐會悅眾新春禪行，果醒法師開示禪修心法。

體、關懷交流、聆聽法義，有近四十位禪坐會悅眾參加。

禪行前，果醒法師提醒，行進時，將心拉回身體，放鬆身心，用最舒服的呼吸決定步伐的快慢；腦海中出現已走了幾公里，還有多遠等瞻前顧後的心念，或是擔心走不動等情緒，只會干擾身心，消耗能量；只需將心念放在每一步，由始至終只有一步。

禪行地點於茄萣濕地海堤，沿著濱海步道及沙灘自茄萣至下鯤鯓，全程約七公里，禪眾以清楚、放鬆的身心步行後，於龍崗國小活動中心進行分享。果醒法師一一回答學員們提出的實修或經典的疑問，並以電腦比喻人心，每個人的心都具有相同配備與功能，差別在習慣連結的網站不同，有的連上貪愛、有的連結瞋怒，而禪修就是改變習性，將熟悉的貪瞋癡模式，淡化為生疏模式，並將薄弱的戒定慧模式，慢慢培養為熟稔的習慣，其中的關鍵在於點滴且恆長習慣的建立。

法師以憨山大師「念起即覺，覺即照破；境來便掃，掃即放過」，說明禪修是不斷地練習讓自己終止錯誤的心識操作方法，斬斷相續心，捨棄向外攀緣、執取、分別的慣性模式；期許大眾，把握現有的因緣持續用功，認識欲樂的無常與不究竟，學習更穩定的定樂，體驗究竟極樂的解脫樂。

● 02.25～12.19期間

快樂學佛人2018年開辦二十一班次
接引大眾輕鬆踏上學佛第一步

接引社會大眾掌握學佛入門和次第的「快樂學佛人」系列課程，2月25日起於臺南分院啟動，隨後並於各地分院、辦事處，以及海外的香港、馬來西亞與泰國等地分別展開，提供新皈依弟子或對佛法有興趣的民眾就近參與，全年共有二十一個班次，有近兩千一百人參加。

「快樂學佛人」系列課程，接引大眾踏上輕鬆學佛之路。

系列課程分為三堂，內容分別是：一、認識三寶——認識皈依三寶的意義、認識法會共修；二、認識法鼓山——走入法鼓山、認識禪修；三、踏上學佛之路——認識佛學課程等，含括學佛基礎、心靈成長、如何做一個佛教徒，以及實際參與學佛行儀演練、出坡禪等。

許多學員分享表示，透過「快樂學佛人」課程，才真正對佛法、佛門行儀有了基本的認識，進而學習到佛陀的慈悲與智慧。

● 03.01～06.14期間

人基會、臺南分院推廣心六倫
用心深耕香草好朋友

人基會於3月1日至6月14日期間，於臺南市學甲區東陽國小舉辦第一梯「香草入校園」活動。一學期八次的香草課程，將心靈環保、心六倫的種子帶入校園，傳達了愛與回饋、成長與分享，更鼓勵學生樂於學習、懂得感恩。

課程安排由人基會培訓的香草教師進班分享，內容除

香草好朋友課程，學童透過記錄、陪伴植物的成長，體會生命的力量。

了認識植物的特性，扦插、換盆等植栽方式，還安排繪本故事、香草歌曲、卡片製作、採收香草、茶禪等。

6月14日最後一次課程中，以回顧影片呈現七堂課的主題意涵；在香草茶時間，學生們以真誠、恭敬、感恩的心為師長奉茶，眾人分三階段品茶，第一口回顧對孩子無怨無悔的奉獻，看著孩子和香草一起成長的幸福滋味；第二口看到孩子有機會來學習，懂得恭敬和感恩，很有福氣；第三口體會茶在口中留香回甘，知足的快樂。

為了獎勵學生的努力與用心，特別頒發「好朋友週記最佳寫作」、「最佳參與」、「最佳香草寶寶」三個獎項，全班同學並與家長一同大聲唸出「自然環保祈願文」。校長蔡淑芬感謝法鼓山開辦香草課程，營造「真善美」的校園，活化教學及多元學習；學生們分享除了學會種植香草、泡香草茶，還學到如何做環保，讓北極熊不會滅絕。

● 03.02～04　04.14～05.26期間

青年院生命關懷系列課程
帶領學員向死學生

常導法師與張寶方老師帶領學員前往生命園區巡禮，感恩這一期
生命所遇到的人事物，也祝福已結束這一期生命者，安然自在。

青年院於3月2日至5月26日期間，舉
辦生命關懷系列課程，包括營隊與工作
坊，由常導法師擔任總護，帶領學員學
習向死學生的智慧。

3月2至4日於法鼓文理學院舉行的
「悟吧！二日營」，共有七十多位學員
參加。工作坊首先邀請蓮花基金會董事
張寶方，分享在醫院擔任義工所遇到的
生命故事，提醒要好好練習說再見；生
命教育碩士學位學程主任辜琮瑜的「轉
化悲傷轉出困境」課程，引導學員了解，每個人都會遇到不同的人生課題，在
面對與處理的過程中，所有的努力都會是生命的養分。常導法師則帶領學員至
生命園區巡禮，思考生命最後的樣態，為這一期生命所遇到的人事物表達感
恩，並祝福亡者安然自在地往下一個階段邁進。

營隊中，校長惠敏法師在「善用電腦、人腦，面對煩惱」講座中，鼓勵學員
善用數位科技提昇學習效能與自我管理，克服煩惱心，養成正向習慣，開創美
好的未來；環境與發展碩士學位學程助理教授黃信勳講授的「面對困境與挑戰
的關鍵」，說明氣候變遷、糧食安全等重要議題，指出在生態保護中，無人能
置身其外。

五堂「生命關懷工作坊」，則於4月14日至5月26日，週六在臺北德貴學苑展
開，邀請張寶方老師帶領，透過課程與參訪，引領學員認識生死的種種面相，
進一步實踐對生命的關懷。

● 03.03～04　04.14　04.21

心靈環保家庭日共識營、義工培訓
用行動培福、傳遞法喜

為迎接5月於臺北國父紀念館舉辦，結合母親節、浴佛節的大型心靈環保活
動，傳燈院於3月3至4日於北投雲來寺舉辦「2018心靈環保家庭日共識營」，
由監院常襄法師、弘化院監院果悅法師、文化中心副都監果賢法師等授課，共

有三百多位來自各地區、會團的悅眾與義工參加。

果悅法師說明感恩浴佛活動結合禪修，搭配年度社會關懷主題「平安無事」，以「清楚放鬆，歡喜微笑，心安平安，無事無礙」為主軸；果賢法師帶領學員重溫聖嚴師父的開示，心靈環保與人間淨土的連結，就是傳遞「平安、幸福、健康、快樂」的法門與法喜。常襄法師則透過動禪

法青悅眾以輕快旋律，帶動學員將學佛的法喜散播出來。

心法，帶領學員實際體驗「走路禪」，從手部、面部掌握身心放鬆的步驟，學習將自身的安定喜悅分享給他人，同時也提昇自己禪修的工夫。

禪坐會、法青悅眾也分享「心靈環保家庭日」各項生活禪的規畫意涵，並帶領體驗吃飯禪，學習傳達「禪悅微食」的用意，落實少汙染、少浪費、少說話的活動精神。

4月14、21日，另舉辦兩梯次義工培訓課程，由常襄法師帶領，內容包括坐姿動禪、禪繞畫、互動遊戲等，共有三百五十多人次參加。法師鼓勵學員藉由禪修覺察身心和安定身心，將平安帶入家庭中。

有義工分享，在動態或靜態的課程中，學習到覺察身心、安定身心的方法，會將心靈環保的理念，從自身推廣至家庭與社會，讓社會更和諧。

● 03.08

方丈和尚果東法師北市府演講
分享安心妙方

方丈和尚果東法師受臺北市政府之邀，於3月8日前往市府公務人員訓練處，向各機關學校基層、中階管理人員，分享運用「平安無事」的佛法觀念，妥善處理繁忙的公務和人際互動，共有一百多人出席聽講。

方丈和尚首先引用聖嚴師父的法語，「人生的目的是來受報、還願，生命的意義在於學習和奉獻。」點出人生的終極目標；每個人都須安於倫理，扮演好自己在家庭、職場、社會上的角色。由於人人都有無明煩惱習氣，容易生起得失心，壓力產生時，可以以修行轉化壓力，成為助力。方丈和尚以自身領執過程為例，分享在師父開導下，學會正面解讀、逆向思考，了解「身體放鬆、心量放寬、煩惱放下、把個人承擔的範圍放大、把目標方向放遠」，才能放下自我中心的利害得失，承擔眾生的平安和快樂，依此來修行，便能修福修慧。

在工作或生活中,當被批評、誤解等種種境界來臨時,方丈和尚建議「以四安提昇人品、以四要安定人心、以四它解決困境、以四感與人相處,以四福來增進福祉」的「心五四」,以及念佛安心等方法,說明當心靈提昇後,就不會輕易為外境所轉,而能生起慈悲和智慧,找到圓滿處理的方法。

方丈和尚果東法師應臺北市政府邀請,分享以「平安無事」佛法觀念,以轉化壓力。

● 03.08

社大舉辦講師共識營
共勉提昇教學品質

法鼓山社大3月8日於法鼓山園區舉辦講師共識營,由校長曾濟群帶領,有近一百位金山、北投、新莊三校區講師及義工參加。

共識營中,曾濟群校長介紹心靈環保的內涵,說明聖嚴師父指示設立法鼓山社會大學,希望藉由社會大學以教育來做關懷,讓「關懷中有教育,教育中有關懷」,進而推動「提昇人的品質,建設人間淨土」;曾校長並以「應無所住而生其心」,與講師共勉,學習菩薩將無分別的態度、有教無類的精神運用於教學中,以參與式教學與學員共同討論、互相學習,進而提昇教學品質。

下午的「佛前答客問」,以短劇方式介紹法鼓山相關網站,以及安頓身心的資訊和管道;「邁向人生心風景」由心六倫宣講團講師以影片欣賞和互動方式,引導講師反思和討論教學的意義,鼓勵以關懷、欣賞的心態面對學員,建立和諧美善的師生關係與教學效益。

社大講師透過共識營,更進一步地認識心靈環保理念,共同推動法鼓山的普化教育。

有講師分享,參與共識營,對心靈環保理念有進一步的認識與了解,也更有信心推動法鼓山的普化教育,建構學習型社區。

● 03.08～11　03.15～18

菩薩戒兩梯次園區舉行
逾千人發願成佛道

法鼓山第二十三屆傳授在家菩薩戒戒會於3月8至11日、15至18日分兩梯次在園區舉行，來自全臺各地、中國大陸、香港、澳門、比利時、英國、馬來西亞、新加坡、澳洲等地區，共有一千一百六十七人圓滿正受菩薩戒，其中男眾兩百二十九位、女眾九百三十八位。

經過三日的演禮、說戒、拜懺，於11日及18日正授典禮上，擔任菩薩法師的方丈和尚果東法師、首座和尚惠敏法師、副住持果暉法師，引領求戒戒子依次受四不壞信、三聚淨戒、十善戒及十無盡戒，恭敬搭上繡有佛像及法鼓山徽的菩薩衣。

方丈和尚果東法師，向眾人恭喜「生日快樂」，並說明「生」是透過不斷地演練、修練，將無明煩惱習性，由熟轉生、轉淡而清淨，期勉新戒子學習海納百川，在奉獻中運用佛法成長自己、利益他人；首座和尚惠敏法師希望戒子們學習將困難的部分，轉換成好的留給別人，形成善的循環；副住持果暉法師則以菩薩行要歷經三大阿僧祇劫才能成就佛道，鼓勵眾人難行能行，解脫自己的煩惱，也要助他人解脫煩惱，這便是修菩薩行的可貴之處。

有戒子分享，在最後懺摩時，至誠懇切，身心有如重生般，期許自己改變過去不良習性，以戒為師，不再隨業流轉；也有來自桃園的戒子，發願護持明年的菩薩戒期，並將菩薩戒的精神，落實在日常生活中。

新戒子於正授典禮中，恭敬搭上菩薩衣，發願行菩薩道。

● 03.09～10.14期間

禪文化研修中心六場研修營
推廣並深化終身學習的體驗

為推廣並深化終身學習的體驗，3月9日至10月14日期間，法鼓文理學院禪文化研修中心舉辦六場研修體驗營，包括兩場人文社會、兩場佛教史，以及佛教教理、禪文化各一場，由文理學院師資授課，共有兩百一十多人次參加。

「禪文化研修」體驗營中，果鏡法師帶領體驗茶禪。

「人社研修」分別於3月9至11日、10月12至14日展開，由辜琮瑜、張志堯、陳定銘、張長義四位主任，分別帶領探討心靈環保在生命教育、社區再造、社會企業與創新、環境與發展等四面向的落實與應用。其中，辜琮瑜主任以工作坊的形式，引領討論生命教育的內涵，說明生命教育的理論與實務，從自我觀照與省思出發，落實人文關懷及社會實踐能力，終極目標是體悟生活智慧，創發生命價值。

5月11至13日、9月28至30日進行的「佛教史研修」，由莊國彬、鄧偉仁、蘇南望傑、洪振洲老師分別講授印度、漢傳、西藏與佛學資訊，四位老師學養豐厚，教學活潑生動，學員在法喜洋溢中，一窺佛教於異時空、異文化下開展出的不同面貌。

「佛教教理研修」於6月1至3日舉行，副校長蔡伯郎，及陳英善、藍吉富、施凱華等師資帶領學員初探唯識、華嚴、般若、天台等佛教教理，豐富的課程內容、深入淺出的講述，引領建立學員學佛的正知見。

8月10至12日進行的「禪文化研修」，內容包括茶禪、禪詩、禪心靈、禪畫等，果鏡法師帶領的茶禪體驗，以慢活的步調熟悉茶具，學習奉茶品茗，靜心淺嘗茶禪一味的安定；中央研究院中國文哲研究所研究員廖肇亨講授「禪詩」，從隱元隆琦、石頭希遷、憨山德清等祖師的詩作，領會修行當一門深入，一窺禪門智慧。「禪心靈」課程中，張雅雯老師引導學員，以銅線綁住鹽塊做成吊飾，以及先由他人畫下第一筆，自己再完成彩繪石頭，從中覺照起心動念；李璧苑老師教授「禪畫」，引領學員認識禪畫的淵源和特色，下筆時隨緣而為，不比較、不給定義，體會淡然自在的禪悅。

有學員表示，歡喜有緣深入認識佛教與禪文化的內涵，期待未來有更多學習體驗的機會。

● 03.10

尤俠分享讓心歸位
學佛愈來愈快樂

高雄紫雲寺於3月10日舉辦專題講座，邀請插畫家尤俠主講「只是讓心歸位」，分享以佛法調伏自我的心路歷程，共有一百多位聽眾參與聆聽。

尤俠介紹近期所繪的《參禪參纏》四格漫畫，分享在創作時，正是人生低潮時期，但也因此在生活中，實際體驗並運用佛法，從而產生堅定信心；提醒大眾，面對境界時，如果只是以自己的習性而非智慧來處理，同樣的狀況只會不斷重複出現，甚至變得更難解決。

尤俠畫了一幅「生氣的人」，分享掌握自己的心，才不會陷入情緒輪迴。

尤俠以形狀比喻人的特質：四方形如石頭，容易產生我執；三角形猶如金字塔，專注於自我的成就，容易產生我慢；柱子形對於使命與責任感太執著，遇到變化容易跟自己過不去；橢圓形知道自己形狀的缺點，進而調整。尤俠表示，清楚知道自己是誰，從而調整成圓形，進化如同空氣，做任何事沒有自己、對象與事件，成為六道眾生的服務員，將本分昇華為天職。

講座最後，尤俠現場畫了一幅「生氣的人」，分享生氣的人會引起旁人生氣，不斷陷入生氣輪迴，唯有掌握自己的心，不隨大腦的劇情起舞，用智慧處理事，對佛法堅定信心，學佛才會愈來愈快樂。

● 03.10　03.24

寶雲寺梁皇寶懺講座
果慨法師鼓勵拜懺利人利己

臺中寶雲寺於3月10及24日舉辦清明報恩法會前行活動，由弘化專案召集人果慨法師主講「淨心‧淨行‧淨土」，共一千一百多人次參加。

講座中，果慨法師回歸聖嚴師父對法會的期許，是藉由個人的淨化，進而帶動社會的淨化，目的正是為了「提昇人的品質，建設人間淨土。」法師說明，法鼓山的法會，具備禪修觀念和以法相會的兩項特質，是重視解行並重的修行

果慨法師於講座中鼓勵大眾做前行功課，以清淨的身心來參加法會，讓修行更得力。

活動，而梁皇寶懺法會是懺悔法門，悔是觀察過去，懺是發願未來，透過法會懺儀，口誦懺文、以恭敬心拜佛，清淨自己的身口意三業。果慨法師強調，人

都會做錯事，重點是做錯了之後，能夠懺悔過往，發願未來不再造新業，因此，懺悔是光明而有力量的事。

法師鼓勵大眾參與法會前先做前行功課，除了聆聽前行講座，了解正確的修行觀念，也可依前行功課記錄表，每天閱讀《梁皇寶懺》經文、禮拜〈八十八佛大懺悔文〉或持誦「南無阿彌陀佛」聖號三千聲，以清淨的身、口、意來參與法會，修行才會得力。

● 03.11～11.18期間

五場「法鼓文理講堂」寶雲寺舉行
提昇人文關懷的視野

為提昇大眾人文關懷的視野，3月11日至11月18日期間，臺中寶雲寺週日舉辦五場「法鼓文理講堂」，有近一千人次參加。

人文社會學群副教授楊蓓在首場講座中，主講「走過生命，淬煉慈悲與智慧」，融合專業學養與自身經驗，分享返觀自照，發掘生命之美。楊蓓老師引用當代存在主義心理學家歐文·亞隆（Irvin D. Yalom）針對種種現代人的茫然，所提出死亡焦慮、孤獨、意義、自由等四個觀點，提醒眾人，人生每個階段就像爬山，走過每一階段，應能體會：自己是如何活著？如何經歷每一階段？藉由省思過去，進而在既有的體驗上，創造獨特的生命之美。

佛教學系副教授莊國彬於5月27日，主講「生命誠可貴，佛法價更高」，分享佛陀本生故事中，度己度人的波羅蜜，帶領大眾思考布施的層次：從主動布施、養成習慣布施，乃至建立布施的SOP；莊老師強調，無須探討本生故事的真實性，讀了故事，願意從心改變，故事就與生命產生了連結，成為啟發走上成佛之道的波羅蜜。

陳定銘教授分享結合心靈環保的社會企業。

7月22日，人文社會學群教授陳定銘主講「當社會企業遇上心靈環保」，介紹以關懷公益為使命、創造社會價值的社會企業，營造「心」企業，就是實踐心靈環保精神，運用自利利他的心靈環保經濟學，以少欲智慧、利他慈悲，便能帶給眾人最大的幸福。

佛教學系助理教授王昱鈞於10月28日主講「走入AI遇見聖嚴法師」，由法鼓文化編輯總監果賢法師主持，法師首先說明

《法鼓全集》電子化的進展，計畫將聖嚴師父的各種珍貴資料，完整保留在虛擬世界中，讓後人也能在網路上與師父的法身相遇；王昱鈞老師介紹人工智慧（AI）發展史，說明因應AI發展，可能產生新一波工業革命，但人心多變、主觀紛歧，AI也無法全面控制與滿足需求。果賢法師最後提醒，唯有人類具備記憶、梵行、精進的能力，得以修行，運用AI整合資訊為知識，讓人們吸收後轉成智慧，開發內心，提昇法身慧命。

11月18日的講座，則由社區再造碩士學位學程助理教授李婷潔主講「永續發展與社區『新』價值」，說明透過社區再造，進而實踐永續精神。

● 03.18

中正萬華辦事處喬遷啟用
接引都會區大眾親近佛法

3月18日，護法會中正萬華辦事處於新址臺北德貴學苑舉行灑淨啟用儀式，由護法總會副都監常遠法師主法，總會長張昌邦、人基會祕書長李伸一及北三、北四轄區的正、副轄召等，觀禮祝福，有近五百五十人參加。

中正萬華辦事處灑淨啟用，常遠法師擔任主法，期勉成為都會區的共修場所。

法會圓滿後，首先播放聖嚴師父的開示影片，師父提醒眾人以「入如來家」、「被如來衣」、「坐如來座」三件事來學做觀音；也勉勵只要齊心協力，就如同觀音菩薩的千手千眼，能夠廣度眾生，自己也能離苦得樂。

常遠法師於開示祝福時，進一步鼓勵悅眾從家人開始接引，辦事處的共修、青年院、人基會的活動，皆能成為老中青三代學佛的入門磚；張昌邦總會長則感恩僧團與中正萬華區悅眾的成就，更期許善用辦事處的地利與資源來接引大眾。

藉由影片回顧，眾人再次走過辦事處成立至今的歷程，現任召委卓櫻麗除邀請歷任正副召委上台，接受大眾的感謝；並表示會舉辦兒童營、經典共修、大事關懷課程等活動，深耕地區，為社會帶來祥和。

● 03.18～05.20期間

清明法會海內外信眾共修報恩
念佛禮懺表達孝親祈福

　　法鼓山全球分支道場於3月18日至5月20日期間，分別舉辦清明報恩法會，大眾透過念佛、拜懺、誦經等共修，為現世親友消災祈福，為過往六親眷屬及怨親債主超薦，並迴向十方法界眾生，脫離苦趣，共有逾萬人次參加。

　　臺灣各地舉辦的法會，以《地藏經》共修、地藏法會、慈悲三昧水懺法會為主，其中，臺南雲集寺3月23至30日舉辦地藏法會，並首度於圓滿日舉辦《地藏懺》法會，監院常宗法師表示，除了誦經超薦先亡，也透過誦經拜懺清淨身心契入佛法，鼓勵大眾發起與地藏菩薩相應的廣大願力，接引眾生入佛知見，一同精進。

　　3月25日至4月8日期間，臺北安和分院、桃園齋明別苑、臺北中山精舍、臺南分院、高雄紫雲寺、臺東信行寺等，先後啟建清明報恩地藏法會。每場地藏法會上，大眾跟隨主法及悅眾法師，誠心恭誦《地藏經》，願眾生也能前來聽聞佛法，獲得法益。其中，於紫雲寺主法的僧團副住持果燦法師鼓勵眾人知慚愧、常懺悔，把握當下共修的因緣，自安安人，精進不退轉，進而成為安定世界的一股力量。

　　4月1至7日，北投農禪寺清明報恩佛七期間，信眾以放鬆的心情、歸零的身心，體驗一句佛號用到底的清淨莊嚴，從一早聆聽師父影片開示，接著念佛、繞佛、止靜、拜佛，一直到晚上的拜懺、大迴向，修行功課緊湊；桃園齋明寺則於4月4至7日，舉行佛三暨八關戒齋，眾人無不珍惜因緣，一心精進用功。

　　臺中寶雲寺於4月1日起，啟建為期七天的梁皇寶懺法會，大眾跟隨主法常源

寶雲寺梁皇寶懺法會最後一天，眾人於瑜伽焰口法會上，誠心召請眾生來受甘露法食，脫離苦趣。

法師引領，誠心懺悔、禮佛、發願、迴向；最後一天瑜伽焰口法會，禪修中心副都監果醒法師領眾誠心召請各類眾生，承三寶之力來受甘露法食。法會期間，僧團副住持果暉法師親往關懷，臺中市長林佳龍也到場為市民祈福。

海外方面，美國東初禪寺4月7日上午舉行清明報恩地藏法會，下午進行地藏懺，大眾至誠懇切地誦經與禮懺，將修行功德迴向給累劫父母，以及一切眾生，祈願眾生離苦得樂；加拿大溫哥華道場於4月7至8日舉辦地藏法會，壇場上精進用功的信眾，以及各組內外護義工，皆以安定的身心凝聚共修力量。

於亞洲，泰國護法會於3月25日首度舉辦清明報恩地藏法會，由常空法師及常應法師、常學法師擔任主法及悅眾法師；馬來西亞道場的清明報恩地藏法會於4月1日進行，共有一百三十九位信眾參與，監香常施法師勉勵大眾學習地藏王菩薩利他的精神，與眾生結善緣。

2018 法鼓山全球清明法會活動一覽

地區		主辦單位（活動地點）	時間	活動內容
臺灣	北部	北投農禪寺	3月31日至4月7日	清明報恩佛七
		北投文化館	3月25日至5月20日	清明報恩《地藏經》共修
		臺北安和分院	3月25日至4月7日	清明報恩地藏法會
		桃園齋明寺	4月4至7日	清明報恩佛三暨八關戒齋
		桃園齋明別苑	4月7至8日	清明報恩地藏法會
		臺北中山精舍	4月1至7日	清明報恩地藏法會
	中部	臺中寶雲寺	3月31日至4月7日	清明報恩梁皇寶懺法會
	南部	臺南分院	3月31日至4月7日	清明報恩地藏法會
		臺南雲集寺	3月23至30日	清明報恩地藏法會
		高雄紫雲寺	3月25至31日	清明報恩地藏法會
			4月1日	清明報恩慈悲三昧水懺法會
	東部	臺東信行寺	3月29日至4月1日	清明報恩地藏法會
海外	北美	美國東初禪寺	4月7日	清明報恩地藏法會、清明報恩地藏懺法會
		美國洛杉磯道場	4月1日	清明報恩佛一
		美國舊金山道場	3月31日至4月1日	清明報恩佛二
		美國普賢講堂	4月1日	清明報恩地藏法會
		美國新澤西州分會	3月24日	清明報恩慈悲三昧水懺法會
		美國芝加哥分會	4月7日	清明報恩地藏法會
		加拿大溫哥華道場	4月7至8日	清明報恩地藏法會
	亞洲	馬來西亞道場	4月1日	清明報恩地藏法會
		馬來西亞怡保共修處	3月18日	清明報恩彌陀法會
		香港道場（九龍會址）	3月18日	清明報恩佛一
		泰國護法會	3月25日	清明報恩地藏法會

● 03.18　09.30

紫雲寺萬行菩薩成長營
學習在執事中安定自心

謝云洋老師帶領學員體驗不同位置的覺受。

高雄紫雲寺於3月18日、9月30日舉辦萬行菩薩成長營，由悅眾謝云洋授課，監院常參法師到場關懷，鼓勵大眾在擔任義工的過程中，實踐佛法，兩場成長營共有近兩百位學員學習以佛法調整心念，在執事中安頓自己。

上半年的成長營以「期待」與「位置」為主軸，上午的「期待」課程，引導學員體驗「自己對別人」、「別人對自己」兩種期待的落差，並透過觀看影片與討論，分享外境現前時的轉念過程。

下午「位置」的課程，則帶領學員體驗「由上往下、由下往上」、「坐著平視」、「站著平視」等不同位置的覺受。謝云洋說明，在團體中無論身處哪個位置、是領導者或是被領導者，都須扮演好自己的角色，只要有願心願力，以慈悲無我的心，便能利人利己；在團體中能配合領導，並為他人設想，以尊重的態度處理眾人事務者，就是「好的領導人」。

9月30日的課程，謝云洋分享如何在服務過程中，自我認識、自我肯定、與自我消融，提醒學員，處處皆道場，時時可修行，消融自我的同時，也獲得了成長。

有義工分享，成長營內容活潑充實，更能了解與凝聚團隊的共識，掌握明確的方向與目標，適時調整心境，全力護持與奉獻。

● 03.22～05.24期間

青年院舉辦認識戒律課程
踏出持戒生活第一步

青年院於3月22日至5月24日，週四於臺北德貴學苑開辦七堂「認識戒律」課程，由演謙法師等授課，內容以聖嚴師父的著作《戒律學綱要》為核心，從佛陀制戒的因緣談起，深入戒學對佛弟子的重要性，並介紹日常生活中如何持戒、犯戒之後如何重獲清淨，有近四十位青年學員參加。

第一堂課，演謙法師帶領青年學員認識戒律，了解佛陀制戒是為了讓正法、梵行久住，讓眾生從煩惱中解脫，並說明戒定慧三學的關係，修學要由戒生定，進而由定發慧，因此戒是定慧的根本基石。

法師也分享師父在《聖者的故事》中提到的六位比丘，由於比丘們示現了種種不適切的行為，佛陀因而制定戒律。法師進一步說明多數人可能覺得六位比丘行儀不正，但也因比丘們的種種行為，促成佛陀制戒的因緣，讓正法於佛陀涅槃後持續傳承。

有學員表示，對制戒的佛陀、示現的六位比丘，心生感恩，更珍惜得來不易的佛法，而戒律能保持佛弟子內心的清淨，提醒生活的依歸，於菩薩道上安全前行。

● 03.23～25

農禪寺首辦 Temple Stay
青年體驗寺院輕旅行

為接引年輕世代認識寺院、親近佛法，北投農禪寺於3月23至25日，首次舉辦「青年Fun心輕旅行」活動，由常提法師擔任總護，有近四十位青年齊聚農禪寺水月道場，體驗寺院生活。

法師用平易近人的語言、輕鬆活潑的方式，帶領學員體驗梵唄、鈔經、早晚課、水月池畔夜語、供燈，以及法鼓八式動禪、禪坐、慢步經行、托水缽等活動，並解說「法喜」、「禪悅」、「持戒」、「戒定慧」等佛教語彙的意義。

寺院輕旅行活動中，學員們跟著法師的示範，練習執掌法器，體驗清淨的梵唄修行。

25日的茶禪中，學員們分享兩日半的體驗，有多年前皈依卻首次參加寺院活動的學員表示，當法師引導執掌法器時，配合大眾的音聲，清淨和雅的梵唄，讓她感受到不可思議的力量與感動，因此發願下次要來護持當義工；也有就讀研究所的學員分享，因為求學壓力大，容易緊張焦慮、自我困擾，從法師「沒有過不去的事，只有過不去的心。」一席話，學習到心境最好能像慢步經行一樣，調整到與環境和合，就能豁然開朗。

常提法師強調，寺院會隨著時代而改變樣貌，但是所傳遞的佛法智慧不會改變，期盼年輕人善用寺院，讓自己的生命變得更好。

● 03.24　06.09　10.13

紫雲寺三場「法鼓文理講堂」
認識博雅教育的生活實踐

楊蓓老師勉勵大眾成為人間行者，既成長自己，也成就他人。

3月24日至10月13日，高雄紫雲寺週六舉辦三場「法鼓文理講堂」，由法鼓文理學院教師群主講，引導大眾認識博學雅健的生活實踐，共有八百多人次參加。

首場由生命教育碩士學位學程主任辜琮瑜主講「四它過重關」，辜老師討論「人」和「角色」兩個面向的問題，說明每個人都可能是某情境的主角，卻是另一情境的配角，若能覺察內心的想法及感受，對於與自己相左的人、事、物，抱持開放的心胸來欣賞和接納，就能享有喜悅與平和，而聖嚴師父的「四它」：面對它、接受它、處理它、放下它，正可解決生活中的困境。

副校長蔡伯郎在6月9日「唯識的教理與止觀修行」講座中，講述唯識學派的起源，並舉《如來藏經》真金像喻說明如來藏，金像自始至終本質沒有改變，只是被穢布包裹不得彰顯，如同人人本具的佛性，只因被客塵無明所染汙而覆蓋了自性清淨心，而修行就是用各種方法去掉客塵，照見本性。

10月13日，人文社會學群副教授楊蓓主講「佛教徒與人間行者」，以學佛及心理諮商的深厚學養，分享對生命的反省與體悟。楊蓓老師定義人間行者為「在紅塵中致力於自心淨土的修行，並關懷人間」，在經歷自我認識、自我肯定、自我成長及自我消融的階段後，能自覺覺他、自利利他；勉勵大眾成為「紅塵中的人間行者」，讓生命獨立而有溫度，飽滿而有覺醒，成長自己，成就他人。

● 03.28

長江商學院參訪農禪寺
體驗水月道場境教

中國大陸北京長江商學院六十位學員，於3月28日參訪北投農禪寺，透過影片與禪修課程，認識佛教與禪宗文化。

一行人由參學導覽員帶領，體驗靜坐觀呼吸、觀身受法、立姿禪、吃飯禪、戶外禪、托水缽等活動。在動與靜穿插的活動中，引導學員感知身與心的清楚與放鬆，體驗「身在哪裡，心在哪裡，清楚放鬆，全身放鬆」的心法。

有學員分享，如能將禪法應用在繁忙的生活與工作中，身心可以更愉快，工作更有效率。

長江商學院一行學員參訪農禪寺，於水月池畔經行。

● 03.31

方丈和尚臺中榮總演講
分享奉獻無所求

3月31日，方丈和尚果東法師應邀至臺中榮民總醫院，與該院志願服務工作隊分享「從服務中再生力量——抱願，不抱怨」，共有五百多人到場聽講，嘉義榮總志工隊也同步視訊連線。

「奉獻即是修行，安心即是成就。」方丈和尚引用創辦人聖嚴師父的法語，說明義工都是帶著善心而來，抱持感恩心，珍惜當下的因緣，以過程為目的，以現在為全部，時時讓自己歸零，從心出發，才有提昇的著力點。方丈和尚也分享，協助病患時，除了傾聽與同理心，如能用禪修的方法讓身體放鬆，當自己的身心溝通無礙，所關懷的對象也會平安。

方丈和尚提到，做義工服務，就是無所求，如果有所求，也是為眾生求；並提醒，投入或奉獻也需要契理契機、恰到好處，服務他人要保持覺照的心，不以放大鏡看他人的缺點，要檢視的是自己的煩惱和習氣，而不是得失的心。

針對該如何看待延續生命的醫療與生命尊嚴無法兼顧的問題，方丈和尚表示，所有醫療措施的背後，都有其專業考量，站在義工的立場，須尊重醫護人員的處理，以及病人、家屬的意願，協助之餘，還可以最大的善念祝福。

方丈和尚果東法師應臺中榮總之邀，與該院志願服務工作隊分享奉獻的精神。

● 04.01～04

方丈和尚中國大陸訪祖庭
關懷聖嚴師父俗眷

方丈和尚果東法師勉勵焦山佛學院學僧，須從個人的提昇，進而促進整體環境的安樂。

4月1至4日，方丈和尚果東法師赴中國大陸探訪祖庭，包括江蘇狼山廣教寺、焦山定慧寺與焦山佛學院、蘇州寒山寺等，並關懷聖嚴師父俗家親眷，法源、法脈、法親的因緣延續，超越時空，歷久彌新。

拜會定慧寺現任方丈心澄和尚時，方丈和尚受邀向焦山佛學院學僧講話。方丈和尚以因緣無常，須珍惜學佛出家的殊勝因緣，勉勵學僧們要從個人提昇做起，分享「凡夫人生：不知無常，執取生苦；自覺人生：活在當下，佛在當下；菩薩人生：不畏苦難，救苦救難」，並進一步促進整體環境的安樂，方法是聖嚴師父開示的「平安五層次」：首先將身體放鬆、心量放寬、煩惱放下，進而把個人的責任範圍放大，並致力於把目標與方向放遠，如此便能逐漸達到「無事於心、無心於事」的境界。

焦山佛學院由定慧寺住持智光老和尚創始於1934年，師公東初老人曾任院長，並創辦佛學月刊《中流》，歷經戰火，於1948年停辦。2017年9月，重建的焦山佛學院招收首批三十六位學僧。

焦山佛學院日前請回東初老人的相關著作和光碟，以及聖嚴師父的《法鼓全集》，讓兩岸同飲法乳，法脈傳承不絕。

● 04.03～07　09.21～24

青年院舉辦社青禪修營
為人生儲值心靈富足

青年院於4月3日至7日、9月21日至24日，於法鼓文理學院舉辦社青禪修營，以禪修練習放鬆身心、清楚覺察，學習對治妄念，為人生儲值心靈富足，分別由常導法師、演柔法師帶領，兩梯次共有一百二十多位青年學員參加。

禪修課程從基礎調身開始，引導體驗禪坐、經行與鈔經，學員從緊繃、疲累和散亂中，逐漸轉為柔軟、放鬆且專注。演柔法師說明，練習全身放鬆，就是在用方法，放鬆後呼吸自然會出現，根本無須刻意找尋；只要清楚知道各部位

的細微變化，就是體驗活在當下，學習做心的主人。

營隊並安排文理學院校長惠敏法師，講授「禪修、習性與腦科學」，法師從腦科學的角度，分享養成刷牙、微笑、運動、吃對、睡好的生活習慣，勉勵學員回到日常生活，還是要繼續用功，練習禪修方法；生命教育碩士學程主任辜琮瑜帶領的生命教育工作坊，則引導學

社青禪修營以各種放鬆身心的活動和基礎禪修練習，引導學員學做心的主人。

員真誠面對、整理自己的內心，整理心的過程，就像是沾過清潔劑的海綿，洗完一次還是會擠出泡泡，必須經歷不斷的洗滌，才會清淨。

有學員分享，藉由各種放鬆身心的活動和基礎禪修練習，包括法華鐘樓做早課、戶外聽溪用藥石、睡前鈔經等，心慢慢沉澱，重新認識到不一樣的自己。

● 04.08～05.27期間

安和分院春季佛學講座
果慨法師講高僧思想與行誼

安和分院於4月8日至5月27日，週日舉辦春季佛學講座，由弘化發展專案總召集人果慨法師主講「遇見高僧・遇見自己」，介紹多位高僧事蹟，概覽佛教的教史、教理，引導大眾契入高僧們的修行脈絡，如法修行，每堂均有近千人參加。

首堂課中，果慨法師講述佛陀從出生到辭親出家、悟道、弘化的生命足跡，在人間示現成佛的生命歷程，說明佛陀的教導，以及遊化人間的悲願行誼，讓後世菩薩道的學習有無上的啟發；第二堂課，介紹譯經大師鳩摩羅什翻譯的經典、講學活動，對中國文化思想史的重大貢獻，而在鳩摩羅什譯經的基礎上，也形成了諸多佛教宗派。

第三堂以鳩摩羅什大師所翻譯的重要經典《法華經》為主軸，法師指出，《法華經》揭櫫了佛陀出世的本懷，是引導眾生進入唯一佛乘，相信一切眾生皆可成佛；植基於《法華經》的實證體悟，智顗大師創立了中國第一個宗派「天台宗」，果慨法師於第四堂課，從時代背景、家族成員、修行體驗、早期生活、出家開悟、弘法入山、創天台宗，以及初探何謂五時八教，帶領學員循跡天台宗開山祖師續佛慧命的歷程。

5月6日第五堂課，果慨法師以《教觀綱宗》解說整體佛法的概要與脈絡，叮

囑學員，修學佛法除了具備正
知見，還要清楚明白念佛、打
坐等，都是修行的方法，而不
是目的，學佛重要的是發菩提
心，不忍眾生苦的慈悲心，才
是成佛的資糧。

第六、七堂課，藉由智者大
師、蕅益大師以及聖嚴師父對
《教觀綱宗》的判、編、著，
說明佛教在漢地發展過程中的
演變，也介紹太虛大師致力於

「遇見高僧‧遇見自己」的講座中，果慨法師介紹高僧的
事蹟，概覽佛教的教史、教理，引導大眾契入高僧們的修
行脈絡。

佛教改革的努力，讓當今佛教得以展現適應現代人的風貌。

課程圓滿之際，果慨法師以太虛大師謙說自己是凡夫學菩薩發心、修菩薩
行，也印證了菩薩從空入假的悲心，期勉大眾，雖無緣親近，但可努力實踐太
虛大師的悲願。

● 04.13～15

臺南青年二日營雲集寺展開
從「心」開始再出發

法青會於4月13至15日，於臺南雲集寺舉辦「臺南青年二日營」，由常導法
師帶領，透過各項活潑、開放的活動，引導青年親近佛法，有近五十人參加。

二日營內容包括坐禪、動禪體驗、闖關遊戲等。學員在闖關遊戲中，藉由歡
樂輕鬆的活動，學習覺察起心動念、放下自我，培養團隊合作的精神。

近五十位青年齊聚雲集寺，學習從心開始，發揮生命的價值。

14日「身體裡的天氣」
工作坊，由法鼓文理學院
生命教育學程主任辜琮瑜
剖析覺察情緒的意義，情
緒不會只有一個片面的樣
貌，而是不斷變化，也帶
領學員體驗覺察情緒的起
伏變化，不再壓抑，而是
了解，進而轉化，與情緒
和平共存。

「創客精神當時行」專題講座，於15日進行，邀請成功大學資訊工程學系教授蘇文鈺主講，分享以程式語言，協助偏鄉孩子與世界連線的心路歷程，期勉青年不要因短視的目標，而忘了長遠的方向。

有學員分享，感受到營隊中發自內心的善良與助人的熱忱，提醒自己也要從心出發，發揮生命的價值。

● 04.14～22期間　09.15～23期間

祈願觀音池出坡禪
洗石洗心得清淨

4月14至22日、9月15至23日，百丈院每週六、日進行清洗法鼓山園區祈願觀音池，包括洗石、曬石、刷池壁、擦池底、鋪石等作業，每日有逾六十位民眾以及義工參與。

開始清洗前，禪修中心副都監果醒法師深入淺出地開示十二因緣與心念的關連，並引導從相片和本身的差別觀察中，體悟「心」的功能、妙用，無有限量；監院常貴法師提醒，隨時不忘運用

祈願觀音池出坡禪，洗石洗心兩清淨。

三種修行方法：一是「身在哪裡，心在哪裡；清楚放鬆，全身放鬆」的禪修方法；二是念佛：身心放鬆，每句佛號，清清楚楚；三是懺悔法門：水，譬喻洗滌罪障，為自己無始以來所造諸惡業，在諸佛、菩薩前求懺悔。

來自不同背景、年齡大小不一的義工們一起出坡，沒有吵雜喧嘩，各司其職、合作無間地完成所分配的工作。來自基隆帶著兒子一起出坡的父親分享，洗石頭就像在洗心，每顆石頭方圓稜角都不一樣，就如同眾生有著萬千面向，也都有煩惱需要清洗，而以清淨整潔的祈願觀音池供養大眾，就是一種布施。

● 04.14　08.14　10.13

教聯會三場心靈環保教學研習營
創造校園幸福學

教聯會於4月14日及10月13日，在臺北德貴學苑舉辦「心靈環保教學研習營」，分享心靈環保兒童生活教育教案的教學經驗，創造校園幸福學，有近八

研習營分享心靈環保兒童生活教育教案的教學經驗，期許在學生心中種下良善種子。圖為在紫雲寺進行的場次。

十位現職教師參加。

研習營邀請臺北醫學大學臨床醫學研究所教授張育嘉，以「心靈環保的理念與方法」為主題，深入淺出講述心靈環保的理念與精神，也分享如何在教學工作上，運用心靈環保的方法，落實在教學上，在學生心中種下良善的種子。

「教學實務與交流」單元，安排多位實際運用心靈環保兒童生活教育教案的老師分享經驗，並分組討論。其中，有新北市國小老師，以黑面琵鷺的棲息生存為例子，透過活潑生動的遊戲、剪紙，展演如何在教學過程中，引導學生認識保護自然環境的迫切與重要性；也有國中老師分享處理學生問題時，著重於孩子情緒「被看到，被尊重」以及「成就他人」而得以適時抒發，問題也隨之迎刃而解。

於南部地區，8月14日，教聯會在高雄紫雲寺舉辦南部地區教學研習營，期以善巧方便，在校園推廣心靈環保。

● 04.15

社大友善農耕自然市集
關懷心靈護大地

社大舉辦友善農耕自然市集，推廣自然農耕。

4月15日，法鼓山社大於新北市萬里區萬里國小舉辦「自然環保友善農耕市集」，推廣友善環境的自然農耕，邀請北海岸金山、三芝、石門、萬里地區的農友共同參與，為友善大地盡心力。

活動包括小農市集、講座、環保手作、靜態展等。兩場講座，分別由僧團副住持果祥法師分享「心靈環保自然農法」，指出以自然方式進行農耕，不僅可吃到最天然健康的食物，更可復育土地、保護動、植物，讓大地眾生和諧共存，食安和環保問題也都能獲得改善；弘化發展專案召集人果慨法師也以「活好、病好、走好」為題，引領大眾思考在人生的生老病死過程中，如何發願找到生命的方向，讓生命朝向良善的方向前行。

活動中，社大心靈環保農法實務班、種子盆栽班學員帶來親耕作物，師生手作韓式泡菜煎餅、西谷米素丸、蘿蔔糕等，示範蔬食料理；並集結北海岸地區近二十個以無農藥、友善農耕的在地農園共同參與，農友們帶來當季蔬菜、紅心地瓜、稻米、糙米、有機茶、手作麵包等多種農產品，推廣「食農教育」的重要；靜態展覽則以圖文方式，呈現社大十五年來的活動及學習成果，邀請鄉親學習心靈環保與自然環保的行列。

● 04.15 06.02

齋明寺、桃園市立圖書館合辦講座
推廣閱讀風氣　提昇美學素養

桃園市立圖書館大溪分館為推廣閱讀，與齋明寺合辦兩場人文美學講座，由法鼓文化編輯總監果賢法師主講，每場都有近兩百位民眾參加。

4月15日第一場講題「掘知與覺己」，果賢法師由外在知識的閱讀，談到閱讀人與事，進而閱讀自己的心，運用觀因緣的角度，拓展生命的廣度與深度。

第二場「禪的美學之門」講座，於6月2日進行，法師指出，詩詞、武藝、書畫，乃至茶禪、插花禪、攝影禪，生活中禪無處不在，而禪是什麼？果賢法師說明禪源於梵語「禪那」的音譯，具有靜慮、定的意涵，有禪悟經驗的人，所看到的世界是和諧、穩定、清淨的。

法師鼓勵眾人學習禪修，解決生活上的困擾與身心的苦惱，當生命變得簡單、自由自在，自然體現了禪的美學精神。

● 04.15 10.07

校園禪跑政大舉行
跑出安定與放鬆

4月15日，北投農禪寺於政治大學舉辦全臺首場「校園禪跑」，共有四十多位政大師生、校友、國際學生及社區民眾，學習體驗結合禪修心法的跑步方法。

當天上午，禪跑教練王仁宏首先解說禪跑心法，引導學員認識「三心」：提起自在心、專注心，放下比較心，接著開始禪走暖身、練習法鼓八式動禪，之後學員依有無路跑經驗分組，先在田徑場上禪跑團練，接著沿環山道禪跑、禪走上山。即使面對陡坡，學員專注呼吸及腳下跨出的每一步，體驗以放鬆的身心跑動，不去比較、沒有競爭，很快便抵達校園最高處。

政大禪跑首次舉辦，跑者放鬆跑步，體驗禪法。

參加過十公里路跑的學生表示，禪跑方法讓身心較為放鬆，不會想著跑很快，就只是單純地享受跑步；也有學生分享藉由身心的連結，可以更認識自己，不必和他人比快，而是把注意力從外在拉回自己身上，傾聽身體的聲音，了解自己當下的狀態，反而能夠發揮更好的表現。

這場校園禪跑由政大新生書院邀請農禪寺以「水月禪跑」理念共同合作，新生書院總導師蔡炎龍表示，學生面臨學業壓力，情緒容易緊繃，希望透過平常就能練習的方法，時時刻刻放鬆身心。

由於回響熱烈，普化中心與政治大學、臺北大學、臺北科技大學、體育大學、龍華科技大學，另於10月7日舉辦「五校聯合大學禪跑」，各校師生、校友、社區民眾，在政大校園，練習禪法帶進跑步、走路中，並透過吃飯禪、經行、觀身受法與托水缽，體驗身心專注、清楚、放鬆的覺受。

● 04.21～22

人基會南區香草教師培訓
向植物學智慧

4月21至22日，人基會於臺南雲集寺舉辦香草教師培訓課程，由常諦法師、臺灣大學農藝系名譽教授劉麗飛等授課，共有四十一位教師參加。

課堂上，常諦法師詢問學員：「隨著歲月的流逝，您是長大還是變老？」其關鍵在於是否願敞開心胸、虛心學習。法師分享「上帝要我牽著蝸牛去散步」的故事，無論蝸牛如何努力、主人翁再怎麼生氣，蝸牛還是走不快，當靜下心來看著周遭美景，才覺察到原來是蝸牛牽著自己去散步；提醒學員，當學生跟

劉麗飛教授提醒學員，多關注植物、善待植物，學習植物的智慧，就能體會萬物都在說法。

不上學習時，需要調整的是為人師而不是孩子的心態，如此才能成長。

劉麗飛教授以「向植物學習」為題，分享當植物遇到生命威脅時，會將所有養分集中給種子；遇到逆境時，就會提早開花，學習植物的智慧，就能體會萬物都在說法。

來自高雄的學員表示，理解到生命與自然現象都是因緣所成，毋須執著香草長得好不好，只要用心體驗，過程就是一種學習。

● 04.21～05.26期間

《法的療癒》導讀圓滿
共學以終為始的生死關切

4月21日至5月26日，法鼓文化週六於臺中寶雲寺舉辦《法的療癒——佛陀教我的10堂生死課》導讀課程，共四堂，由文化中心副都監果賢法師主持，邀請屏東大學中文系副教授林其賢主講，分享以終為始的生死關切，每堂有近四百人參加。

首堂「佛教的生死視野」，林其賢老師介紹佛教的人生觀和宇

林其賢老師介紹佛教的人生觀和宇宙觀，分享以終為始的生死關切。

宙觀，從「苦、集、滅、道」來說明世界存在的本質、眾生如何輪迴、生命價值何在，以及生死如何超越；生命要有目標，終極目標就是成佛。第二堂「疼痛與四念處修習」，林老師提到《雜阿含經》中，佛陀為給孤獨長者、生病的比丘說法，聞法者因而證果；也將四念處「身、受、心、法」的修行方法，對應聖嚴師父的「四它」，以及「放鬆身心、體驗身心、統一身心、放下身心」的心靈環保方法，引導學員以四它和四念處的座標位置，觀察身心狀況，強調不自欺、不欺人，清楚體驗、不帶批判，看到真實的自我，才有真實的進步。

在「SOAP與苦集滅道」課程中，林老師則依《法的療癒》書中所說的S（主觀病症）、O（客觀檢驗）、A（診斷評估）、P（對治方法），對照病苦果、病集因、病滅果、病道因，從惑、業、苦的輪迴來看，眾生都是不斷起惑煩惱、造業與受苦報。

有學員分享，林其賢老師以「知其人、論其世、讀其書」的導讀方式，不僅學習到杜正民教授以病為師、以法為藥的生死智慧，也對佛法更有信心。

● 04.21　04.28　05.06　09.29

2018四場祈福皈依大典
三千多位民眾開啟修學佛法新生命

4月21、28日及5月6日，法鼓山分別於北投農禪寺、臺中寶雲寺、高雄紫雲寺舉行祈福皈依大典，共有二千三百多位來自海內外各地的民眾，由方丈和尚

僧團法師們於寶雲寺大殿，為新皈依弟子掛戴佛牌，祝福眾人走上學佛修行、利己利人的菩薩道。

果東法師親授三皈五戒，在僧團法師們掛戴佛牌、觀禮親友們的祝福下，成為三寶弟子，走上學佛修行、利己利人的菩薩道。

方丈和尚開示祝福時，說明皈依三寶，讓生命有依靠，持五戒，讓生活有了規範及保護；期勉新皈依弟子學習六度菩薩行，端正行為舉止，觀照起心動念，斷掉無明煩惱習氣、消融自我中心，一點一滴練習，來圓滿人格品質；並叮嚀新皈依弟子，常回法鼓山的道場，讓學佛的人生更平安、健康、自在。

9月29日於法鼓山園區舉辦的皈依大典，新任方丈和尚果暉法師開示，三皈五戒是信佛要件，一如入學註冊。大典中，果暉法師引領眾人一同懺悔發願、皈依受戒，期勉依據佛陀流傳的佛法、祖師大德的經驗，學習轉無明為智慧、轉業為解脫、轉苦為樂；並以「念觀音，保平安、增福慧；求觀音，千處求、千處應；學觀音，耳根圓、觀自在；做觀音，起大悲、度眾生」和大眾共勉學觀音、做觀音。

有來自桃園民眾分享，正式「註冊」為學佛人後，期望積極參與法鼓山的課程及活動，學習正知正見的佛法；也有來自英國的新皈依弟子表示，發願努力學習中文，以聽聞更多的佛法。

為推廣正信及生活化的佛法，法鼓山2018年除於臺灣舉辦四場大型祈福皈依大典，並於全球各分院道場分別舉辦地區性的皈依活動，總計全年有三千多位民眾，把握難得因緣皈依三寶，開啟學佛新生命。

● 04.22

寶雲寺專題演講
周鍊、溫杏儀分享攝影中的禪

臺中寶雲寺於4月22日舉辦專題講座，邀請照明設計師周鍊、禪繞畫認證教師溫杏儀，分享「攝影中的禪」，共有一百多人參加。

擔任法鼓山園區及寶雲寺照明顧問的周鍊，分享欣賞照片時，可以用「見剛思柔、見粗思細、見淺思深、見強思弱」等角度去感受，例如：鐵的剛強與光

影的柔，讓人了解沒有百分之百的剛；從水景倒影的照片中，雖然倒影散亂，卻也讓人思惟到本性不散。

將禪繞畫結合放鬆和靜坐、教導大眾體驗生活禪的溫杏儀，分享攝影就是靜心觀看，相同的事物以不同角度觀察，就會看見遠近、光影、動靜等差別，只要不帶批評、敞開心胸，就能看到更多、更廣；溫杏儀表示，攝影中的禪是內在體驗，處處都存在，如同聖嚴師父所說「心安就有平安」，是當下全然接受的內心自在。

周鍊（左）與同修溫杏儀（右）於寶雲寺分享攝影心得。

早年在美國東初禪寺與聖嚴師父結緣的周鍊、溫杏儀，退休後前往中國大陸雲南做義工，帶領孩子們靜坐，並以相機拍下所見所聞；透過攝影的捨與得，不僅與生活呼應，進一步由不斷生滅的無常畫面中，領略到佛法意涵。

● 04.22

臺南分院舉辦義工培訓工作坊
將關懷化為菩薩行

臺南分院於4月22日舉辦「義工培訓──心關係工作坊」，由慈基會副祕書長常隨法師帶領，並邀請心理諮商師蔣素娥授課，透過助人專業的課程，以及分組實際演練，將助人的熱忱化為自利利他的菩薩行，共有一百八十人參加。

常隨法師在「予樂拔苦相約建淨土」課程中，首先介紹《夜巡老師》作者水谷修巡走夜街，接引失落年輕人重回正途，說明以愛及同理心來關懷互動；也指導學員分組練習相互關懷與助念關懷，期勉學員在關懷過程中運用佛法，提昇服務的能力與安定的力量，接引更多人體驗佛法的潤澤。

下午進行「自我覺察的學習」課程，蔣素娥老師說明可以從感官、感受、大腦、肢體動作、情緒、人際、情境及靈性等八個面向來自我

常隨法師於工作坊中期勉學員在關懷過程中運用佛法，自利利他。

觀照，提醒與受助者互動最重要的關鍵，在於「不帶是非好壞、不以自我為中心的思考」，用修行的方法，回歸簡單的心，提供對方需要的陪伴與傾聽，才是義工的角色。

課程並安排悅眾分享「菩薩行儀」，強調助人關懷是先幫助自己再關懷他人，先懂得「照顧自己」，再學習觀世音菩薩聞聲救苦，打開五個感官一心一意地傾聽對方。

● 04.29

「心靈環保&生命對談」臺南展開
方丈和尚分享運用網路社群經驗與智慧

方丈和尚（右二）、吳若權（左二）、沈芯菱（左一）分享善用網路社群創造和諧人生的智慧。右一為主持人張月麗。

臺南分院4月29日於成功大學成功廳舉辦「心靈環保&生命對談」，由方丈和尚果東法師與作家吳若權、公益青年沈芯菱，對談「不同世代‧相同的『賴』——追尋網路社群時代中的一隅自在」，分享觀察網路社群所得的生活經驗與智慧，包括臺南市長李孟諺等來賓，共有一千兩百多人參加。

弘法始終兼具人文關懷的方丈和尚表示，應海外弘化、傳遞訊息所需，自2017年開始使用LINE，分享共勉的安心祝福語。方丈和尚指出，網路社群是工具，一切唯心所造，有些文字訊息即使是好意，也要看接收的對象是否契機；每個人的背景和想法不同，有人覺得被關心就是幸福，佛法說平安就是福，而平安來自心安，心安需要有正確的因果、因緣觀。

經常透過網路和讀者互動的吳若權說明，社群互動有耍賴、依賴、信賴三個層次，信賴就是學習到彼此尊重、體諒；對網路社群運用的深度和頻繁度，也反映內心的寂寞指數，而和諧、包容，更能降低網路社群中的時間、意見、期望落差等衝突。

藉用網路投身公益的沈芯菱分享，網路工具的使用就像是放大鏡，會讓善的更善，反之亦然；網路社群的使用、成癮，讓許多人缺乏耐心，難以建立深層的關係，建議慎選網路社群，建立和諧人生。

針對網路「酸民」，方丈和尚鼓勵大眾凡事正面解讀、逆向思考，學習不受他人影響，珍惜感恩每個相遇的順逆因緣，做為成就自己修福修慧的資糧。

● 04.29～05.27期間

全臺分支道場歡喜浴佛
祈願大眾清涼安樂

為感恩佛陀誕辰與母親節，4月29日至5月27日期間，法鼓山全臺各分支道場陸續舉辦浴佛法會及慶祝活動，大眾一勺香湯、一念清淨，浴小太子像，也浴出心中的佛。

北部的法鼓山園區，於5月19至20日舉辦「朝山‧浴佛‧禮觀音」，僧團法師引領共近二千位民眾，在「南無本師釋迦牟尼佛」聖號中，以堅定願心三步一拜，分別沿著臨溪、藥師古佛迴環及法華公園三步道朝山，感恩大地、佛菩薩與父母的恩澤；大殿內，則由法師帶領法會，在「浴佛偈」的梵唄聲中，大眾輕舀香湯灌沐佛陀太子像，象徵洗滌心靈塵垢，祈願自己身語意保持潔淨，祝福社會安寧詳和。

紫雲寺浴佛活動中，民眾闔家參與，一勺香湯、一念清淨，浴出心中的佛。

北投農禪寺也於5月19日舉行浴佛法會及親子活動，上千位民眾帶著家人一同來慶佛誕、沐佛恩；法會上，監院果毅法師期勉大眾藉由浴佛儀式，不僅「外浴世尊」，更能「內浴自心」，將佛陀的言行實踐於生活中，便是慶祝佛誕真正的目的。

臺中寶雲寺在13日，結合母親節展開浴佛法會，由僧團副住持果祥法師主法，七百多位民眾闔家透過禮佛、浴佛、禮觀音、品茶禪、聆聽古琴佛曲等，禮讚佛陀、感念母恩。

高雄紫雲寺的浴佛法會，於20日進行，法會前首先安排聆聽聖嚴師父影音開示「浴佛的意義」，了解浴佛是感念佛陀的教法，用佛法的智慧淨化自己。當日在大殿、祈願觀音殿前的浴佛區，民眾帶著小朋友共沐法喜；也在「鈔經祝福，傳遞幸福」活動中，在義工引導下，運用禪修心法鈔寫《延命十句觀音經》、《心經》，鈔經完成後，摺起放入御守中，至觀音像前祈福、發願和迴向，將平安的祝福帶回與家人分享。

2018 法鼓山全臺分院道場浴佛節暨母親節活動一覽

地區	主辦單位／活動地點	時間	活動名稱／內容
北部	法鼓山園區	5月19至20日	朝山・浴佛・禮觀音
	北投農禪寺	5月19日	浴佛法會
	北投文化館	4月29日	浴佛法會
	臺北安和分院	5月12日	浴佛・感恩・闔家歡
	三峽天南寺	5月12日	浴佛法會
	桃園齋明寺	5月20日	浴佛法會
	桃園齋明別苑	5月27日	浴佛法會
	基隆精舍	5月22日	浴佛法會
	蘭陽精舍	5月6日	浴佛法會
中部	臺中寶雲寺	5月13日	浴佛法會
	南投德華寺	5月20日	浴佛法會
南部	臺南分院	5月19日	浴佛法會
	臺南雲集寺	5月13日	感恩浴佛法會
	高雄紫雲寺	5月20日	浴佛法會
	高雄三民精舍	5月12日	浴佛法會
東部	臺東信行寺	5月12日	浴佛法會

● 05.05

新竹精舍啟用
開展科技城弘化新氣象

方丈和尚將「人間淨土」版畫，贈給多年來四位無償提供場地做為辦事處的護法大德。

新竹精舍於5月5日舉辦落成啟用大典，由方丈和尚果東法師主持，包括副住持果燦法師、護法總會副都監常遠法師，以及護法總會副總會長許仁壽、周文進等，共有五百多位來賓和信眾參加。

「新竹以風聞名，讓人想到聖嚴師父教導默照禪法時，所提到的『本地風光』，希望透過學習佛法和禪法，開啟自心的慈悲和智慧，看見我們的本地風光。」方丈和尚開示祝福時，說明精舍啟用主題「本

地風光，普照十方」的意涵，勉勵大眾從自我提昇做起，以凡夫身修菩薩行，感恩生命的起承轉合，深信因緣因果，隨時慚愧懺悔，便能感受時時平安無事、處處萬事如意。

現任召委楊晉銨感恩僧團的促成、當地護法信眾的護持；表示新道場將為民眾帶來更多親近三寶的機會。除了延續各項例行、共修，並將舉辦各項座談會、講座，於新竹這座繁忙的科技城，展開嶄新的弘化氣象。

新竹精舍前身為新竹辦事處，1986年聖嚴師父受邀至交通大學演講，開啟當地科技人和民眾學習禪法、護持佛法的因緣，1990年成立聯絡處，二十七年來歷經五次搬遷。典禮上，方丈和尚將「人間淨土」版畫贈與黃家文、周瑞淋、莊婕柔、黃靜嵐四位無償提供場所的護法大德，感恩眾人的發心和奉獻。

● 05.05

中區讀書會聯誼成長營
以閱讀提昇生命能量

臺中寶雲寺於5月5日，在寶雲別苑舉辦「中區讀書會聯誼成長營」，成長營以「世界咖啡館」（World Café）方式進行交流分享，並邀請《點燈》製作人張光斗帶領，果雲法師到場關懷，共有來自臺中、彰化、南投各地四十五個讀書會、近一百位帶領人參加。

中區讀書會聯誼成長營，邀請張光斗引導閱讀聖嚴師父行腳的小故事。

果雲法師關懷時，說明讀書會是「法的聚會」，鼓勵眾人讀書要先安定身心，以嚴謹態度向「法」學習，以正向能量提昇自己的品質，透過讀書會推廣師父分享佛法的願心。

曾隨行聖嚴師父到世界各地弘法的張光斗，引導閱讀《尋師身影》、《我的西遊記》等書中記錄師父行腳的小故事，聽著文章朗誦，彷彿感受師父現身說法，張光斗引師父的話：「生命的價值不是名、不是利，是對人的影響力」，勉勵學員，藉由從書中領受師父睿智的教誨，並分享給其他人。

各地讀書會的交流分享，有帶領烏日讀書會逾二十年的悅眾表示，只要想閱讀聖嚴師父的著作，讀書會就能長久經營；也有悅眾分享，以不同的讀書會形式接引家人享受閱讀的樂趣。

● 05.12

新竹精舍舉辦座談會
果慨法師、果賢法師分享承領師願

5月12日，新竹精舍舉辦
「安住——承諾的力量」座
談會，由《聖嚴法師年譜》
的編著者林其賢擔任訪談
人，弘化發展專案召集人果
慨法師、文化中心副都監果
賢法師為與談人，分享承領
師願，願願相續的弘法、護
法歷程，共有一百多人
參加。

新竹精舍舉辦座談會，果慨法師（中）、果賢法師（右）分
享安住的力量。左為訪談人林其賢老師。

座談會上，林其賢老師提問承擔聖嚴師父交付任務的挑戰與成長？以及如何
面對沒有聖嚴師父的現在及未來？果慨法師說明在承擔水陸法會的過程中，體
會到發願的不可思議處；果賢法師述及接任文化事業時，被煩惱障住，願發不
起來，但當生起懺悔心時，願自然生起。

果慨法師分享，法鼓山的「法」，精準在「用」，每個人都需要先自己啟動
「淨化」，才能落實佛法，勉眾實踐法鼓山的理念「提昇人的品質，建設人間
淨土」；果賢法師則以採訪萬行菩薩的經驗，表示當實際投入行動，會體會到
感恩，而藉由人際互動，有助於看到自己的內在，也可藉事練心。

座談會是新竹精舍在5月5日啟用後舉辦的第一場大型活動。會中首先播放
1993年時聖嚴師父於新竹關懷開示的影片，齋明寺監院果舟法師勉勵大眾，希
望精舍能秉持著師父的悲願，在大眾共同護持下，接引更多人學習佛法、實踐
佛法。

● 05.13

全民響應心靈環保家庭日
民眾闔家淨心為世界祝福

法鼓山於5月13日在臺北國父紀念館中山公園廣場舉辦「心靈環保家庭
日」，提倡家庭倫理心價值，並落實禪修安定身心的方法、和合自在的精神，
邀請大眾共度母親節與佛誕日，活動安排浴佛、鈔經、手作、遊戲闖關等，有

逾六千位民眾闔家體驗安定放鬆,淨心為家人祈願,為世界祝福。

上午九點起,民眾透過走路禪、法鼓八式動禪放鬆身心後,祈福法會正式展開,方丈和尚果東法師、法鼓文理學院校長惠敏法師、臺北市長柯文哲、民政局副局長吳坤宏、國父紀念館館長林國璋、護法總會總會長張昌邦等共同參與。

方丈和尚指出「心靈環保家庭日」的精神,是以家庭為核心,將禪法融入其中,練習超越對立衝突,進而與自然融洽共生,為自己、家庭和世界帶來平安,呼應了聯合國國際家庭日年度主題「家庭與包容性社會」;柯文哲市長也祝福大眾以禪浴心,以心浴佛,每天都能清楚放鬆、歡喜微笑,心安平安、無事無礙。

眾人在方丈和尚帶領下,以飲水思源的感恩心浴佛,並一同祈願、許願:「祈願增福增慧,世界和平人安樂。祈願消災除障,人人免難有幸福。許願廣結善緣,自利利他出苦海。許願禪心浴佛,少煩少惱滿人間。」

各項活動中,有象徵「平安無事」的無事球、代表「闔家馨旺」的輕黏土DIY、「春風禪心」香草拓印等親子手作,透過一起動手做的過程,增進親子的溫馨默契。另外,還有托水缽浴佛、生活禪遊戲、戲劇、合唱與舞動等,寓教於樂、充滿禪味的嘉年華會,讓闔家享受平安、幸福、禪悅的樂趣。

「心放在腳步上,輕鬆自然地走,不要被內在妄念、外在環境打斷……」跟隨法師引導,大眾慢步繞行,以「走路禪」練習在喧囂中自在靜心;許多民眾因行進隊伍散發出的安定氛圍而中途加入。有初次體驗的民眾表示,當聽到法師說「以清淨心讓走過的地方變成淨土」,十分感動,認為是最美好的祝福。

心靈環保家庭日當天,民眾闔家參與法鼓八式動禪、走路禪等各項體驗活動。

● 05.20～27期間　06.03～10期間

人基會舉辦「親子營」
心劇團帶領體驗幸福

幸福體驗親子營的舉辦，落實家庭倫理，增進和諧。

人基會心劇團於5月20日及27日、6月3日及10日，在臺北德貴學苑舉辦兩梯次幸福體驗親子營，以倫理的學習為主軸，引導孩童學習良善的生活禮節，培養孝順、合群、知足、感恩、共享等好品格，有近一百四十位五至七歲的幼童與家長參加。

兩天的課程，包括親子共學、分學兩部分，主題是學習專注和察覺情緒，包括戲劇欣賞、親子律動、親子教養、放鬆體驗等，藉此認識和管理情緒，讓親子一起學習正向思考、活在當下。

有位母親表示，孩子參加完活動回家，看到阿公、阿嬤情緒不好，立刻用上方法，教老菩薩要吸氣、吐氣，把所學運用到家人身上，讓家庭更和諧；許多家長肯定親子營的用心與成效，也感謝法鼓山為安定家庭奉獻力量。

● 05.27

農禪寺「農禪包粽」結善緣
闔家廣「粽」福田趣

北投農禪寺於5月27日舉辦第三屆「農禪包粽」，共有四百多位民眾組成五十六隊參加，許多親子、祖孫同組團隊，溫馨享受過節氣氛。當天所包的粽子則提供各分寺院，將祝福傳遞給更多人。

現場分為南部粽、北部粽兩區，並安排包粽達人指導。大眾捲起袖子、現學現包，合作完成指定數量，許多初次體驗包粽的親子組合，直呼有趣又好玩；參賽隊伍互相評選時，完成的粽子顆顆飽滿、形狀漂亮，每個細節都需要用心的真工夫。

首次帶著外甥參加包粽的民眾表示，包粽不僅學得技巧，所包的粽子也有助人、分享的心意，對孩子是很好的學習教育；也有民眾分享過節時，全家在農

民眾闔家參加包粽活動，在粽子達人指導下，歡喜體驗寺院過節的氣氛。

禪寺體驗包湯圓、包福袋，除了凝聚家庭的向心力，更廣結善緣。

監院果毅法師表示，農禪寺在春節、元宵、端午、中秋、跨年等節日，舉辦闔家體驗的活動，希望帶領大眾認識及傳承優美文化，也帶動信眾回寺院過節，祈願平安與吉祥。

● 06.01～25

僧團結夏安居法鼓山園區舉行
凝聚道誼　精進修行

僧團於6月1至25日，在法鼓山園區舉辦結夏安居，共有兩百多位來自海內外各分支道場的僧眾，齊聚禪堂，精進修行。

一年一度的結夏安居，包括禪七、禪十四與四日共識營；禪期中，除聆聽聖嚴師父禪修影音開示，也邀請師父法子繼程法師帶領禪十四，以永嘉大師〈證道歌〉中「直截根源佛所印」，鼓舞僧眾發起勇猛氣魄與自信。

22日起展開的共識營，僧眾聆聽聖嚴師父針對法鼓山道統、定位與目標、出家人的學習次第的開示，師父提醒，僧團優秀的執事有六個層次：「人、佛教的出家人、漢傳佛教的出家人、漢傳佛教法鼓山的出家人、現代世界漢傳佛教法鼓山的出家人、為法忘軀現代世界漢傳佛教法鼓山的出家人」，一層層深化道念的教法，帶領僧眾從微觀中見整體，在整體裡也能明察微細之處，為大眾做出更好的奉獻。

共識營並安排四場講座、一場工作坊。包括邀請滾石音樂國際公司董事長段鍾沂分享「夢、愛與勇氣」，開啟實踐理想的序幕；《聖嚴法師年譜》編著者林其賢老師，從「洞見──走進歷史、創造歷史」的角度，分享聖嚴師父的人間行履。

共識營中，方丈和尚果東法師帶領僧眾朝山，凝聚道心。

護法總會副總會長許仁壽，則提出當代佛教團體不得不面對的「機遇與挑戰」。繼程法師也再次提點「僧命之道」，凝聚僧眾發起護持僧團發展、正法久住的菩提願心。

工作坊則由聖基會執行長楊蓓帶領，透過原生家庭長幼排行的個性特色，進行討論，藉此了解彼此的特質，更能以同理心，接受、包容自己及他人，進一步學會善用及發揮最大正面力量。

結夏安居中，僧眾提昇道心，以充沛的活力與滿滿的願力，共同迎向多變的時代，為社會注入清淨、安定的力量。

● 06.26

第八屆全球僧團大會園區召開
敦聘副住持果暉法師接任方丈

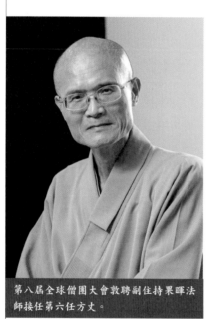

第八屆全球僧團大會敦聘副住持果暉法師接任第六任方丈。

6月26日，僧團於法鼓山園區召開第八屆全球僧團大會，通過敦聘果暉法師接任第六任方丈，秉承聖嚴師父教悔與悲願，穩健傳承推展如來家業，有近三百位僧眾與會。

「方丈是一個承擔，是奉獻服務、是創辦人及僧團賦予的任務。」方丈和尚果東法師致詞時說明，果暉法師戒臘高、資歷深，學識與經歷豐富，能掌握法鼓山的四大堅持與使命，傳承聖嚴師父的悲心大願，熱忱奉獻承擔，展現大悲願心；並推崇法師「修行精進紮實，行誼風範莊重樸實，做事認真專注確實，隨眾作息精勤踏實」，深受教團敬重。

大會通過敦聘後，果暉法師表示，自追隨聖嚴師父在北投農禪寺出家以來，師父教導影響最深的，是發菩提心，而從師父的教誨中，得到佛法的受用，所以要報三寶恩，回報眾生。

「誠如聖嚴師父所言，擔任方丈要有大悲願，不是權力的交接，而是責任的承諾。」果暉法師指出，師父弘揚中華禪法鼓宗，僧眾們在禪修上更需精進修持。「我們是一個同舟共濟的團隊，在和諧中勇往直前，幫助大眾修行，獲得佛法利益。」期盼透過每個人一起努力，影響臺灣佛教界、華人世界，乃至全世界。

法緣齊聚「世界佛教村」
國際禪師、佛教出版者分享佛法安心之道

迎接2019年創刊七十年，《人生》雜誌與法鼓文化、普化中心及聖基會於6月27日，在臺北集思臺大會議中心舉辦「世界佛教村」座談會，邀請多位東西方僧團代表、佛教文化工作者和學者展開對談，有近六百人參加。

方丈和尚果東法師致詞時，介紹1949年創刊的《人生》，面臨的正是大環境劇烈變動的不安年代；現代科技與交通發達，似乎形成世界佛教村的條件，卻也面臨多元、迷失方向的新課題。方丈

《人生》即將邁入創刊七十週年，特別舉辦「世界佛教村」座談會，邀請東西方僧團代表、佛教文化出版人士與會交流。

和尚引用聖嚴師父對佛教未來的看法，期盼眾人從宏觀的角度，將釋迦牟尼佛整體的教理和教義，從歷史源流、義理來釐清開合的現象，回歸佛陀本懷，契理契機地普及佛法，共同開創世界佛教村的新局面。

當天的兩場座談會，主題為「佛教於『驟變時代』的因應與回應」、「佛教文化的全方位發展」，第一場邀請美國索諾瑪山禪中心（Sonoma Mountain Zen Center）創辦人關寂照（Jakusho Kwong-Roshi）、夏斯塔寺（Shasta Abbey）住持梅安法師（Rev. Meian Elbert）、法國梅村（Plum Village）香港基金會執行總監法欽法師（Ven. Phap Kham）及僧團副住持果暉法師，就各自傳承展開分享。第二場邀請馬來西亞佛教青年總會宗教導師繼程法師、美國智慧出版社（Wisdom Publications）執行長丹尼爾‧艾特肯（Daniel Aitken）、《三輪》（Tricycle: the Buddhist Review）雜誌讀者開發總監山姆‧茂（Sam Mowe）、香港中文大學人間佛教研究中心主任陳劍鍠，與法鼓文化編輯總監果賢法師，從佛教文化出版如何因應世界變化等面向進行探索。

活動並邀請關寂照老師、繼程法師分別進行「佛教於『驟變時代』的因應與回應」、「佛教文化的全方位發展」主題演講。

主辦單位《人生》雜誌表示，因應瞬息萬變、人心驟變的時代，舉辦「世界佛教村」座談會，邀請來自國際的教界法師、學界賢達進行主題演講及座談，期許透過佛法交流，創新思維與弘化方式，共同擘畫未來的佛教藍圖，預見人心安定、社會淨化的「世界佛教村」。

驟變時代安心有道

《人生》世界佛教村座談會

在瞬息萬變的時代，種族衝突、極端氣候等問題日益嚴重；科技帶來便利，也帶來疑慮。東西方社會如何從佛教汲取智慧、集思廣益，擘畫未來的世界佛教藍圖？《人生》雜誌與法鼓文化於6月27日，假臺北集思臺大會議中心主辦「世界佛教村」座談會，邀請多位東、西方僧團代表、佛教文化工作者和學者展開對談，冀為驟變的時代，提供安心之道。

覺察不變　以佛法安身立命

當天進行兩場座談會、兩場主題演講。演講主題為「佛教於『驟變時代』的因應與回應」、「佛教文化的全方位發展」，分別邀請美國索諾瑪山禪中心（Sonoma Mountain Zen Center）創辦人關寂照（Jakusho Kwong Roshi）、馬來西亞佛教青年總會宗教導師繼程法師主講。

「能夠覺察到什麼是『不變』，才是真正的重要」，關寂照老師提醒，每一個人早已具足了所有本然的明淨及安定，宇宙無涯，自己就是大千世界、因陀羅網中的一顆明珠；關老師表示，每個人都在因緣法中，祖師大德教導的就是如何用一顆清明的心，來看待這變動的大千世界。

繼程法師則提及，佛教不僅是生活之道，而是生命之道；表示生死是生命重要的一環，佛教得以與世間文化、藝術相結合，找到彼此的共同點，全方位發展，讓每一個人可以在生活中各個層面，找到身心安定、入門的、解脫生死的方法。

法的弘傳　回歸自心清淨與慈悲

第一場「佛教於『驟變時代』的因應與回應」座談，關寂照老師、美國夏斯塔寺（Shasta Abbey）住持梅安法師（Rev. Meian Elbert）、梅村香港基金會執行總監法欽法師（Ven. Phap Kham）、法鼓山僧團副住持果暉法師，分享各自傳承的特色與修行理念，並就面對社會、世界的劇烈變化，佛教組織如何傳承、生根，回應時代需求又不失本質等議題，展開對談。

關老師說明，能夠覺察到什麼是「不變」，才是真正的重要；並提醒，每個人早已具足本然的明淨及安定。梅安法師認為，身處由經濟與科技主導的社會，仍應以戒定慧為根本的生活方式，才能脫離物質生活的無形制約，讓心趨向清淨與慈悲。法欽法師表示，科技無法賦予人心之間真正的連結，也無法取代人類心

靈的功能，面對科技生活的各種挑戰，最有用的法門就是落實正念。果暉法師回應，法鼓山的核心理念是心靈環保，利他的方法是「大悲心起」，自利的方法則是「煩惱消歸自心」，面對人工智慧時代，應以佛法為體，科技為用。

佛教刊物　反映趨勢回應社會

第二場座談中，美國智慧出版社（Wisdom Publications）執行長丹尼爾‧艾特肯（Daniel T. Aitken）、《三輪：佛教評論》（*Tricycle: The Buddhist Review*）讀者開發總監山姆‧茂（Sam Mowe）、香港中文大學人間佛教研究中心主任陳劍鍠，與法鼓文化編輯總監果賢法師，則從所屬團體扮演的角色，為瞬息萬變的多媒體時代，如何推廣與深化佛教文化，提出見解及因應之道。

山姆‧茂指出，將佛法帶入環保、性平、氣候變遷等議題的探討，往往受到來自佛教徒和非佛教徒讀者的熱烈回響，顯見美國社會渴望從佛法汲取智慧，以回應當前環境的變化。丹尼爾‧艾特肯說明，貪瞋癡、無明導致經濟、教育、環境的崩壞，智慧出版社的核心宗旨一直都是以佛法智慧提昇社會人心。投身佛教文化出版二十三年的法鼓文化編輯總監果賢法師認同表示，《人生》雜誌取自太虛大師的「人生佛教」理念，便是要以佛法智慧解決人的生老病死問題。

繼程法師則分享在馬來西亞的出版經驗，不以市場為考量，只為鼓勵有文采的青年繼續寫作，強調只要出版了就有機會讓人看見。陳劍鍠主任強調，今日要反思人間佛教在現代社會的積極作用，《人生》雜誌就是很好的詮釋，將佛法藝文化與文學化，展現臺灣佛教文化的高度發展與精緻度，可提供全球參考。

法的饗宴　深化佛法的現代意義

這場匯聚東西方僧團代表，佛教出版、雜誌代表，以及佛教學者的座談會，堪稱一場「法的饗宴」。1949 年，正是大環境劇烈變動的不安年代，東初老和尚看到亟需佛法的大眾，以「佛教普及，文化先行」的積極行動，創辦《人生》，邀集青年法師投入筆耕，於佛法的新生地上耕耘播種；2018 年，《人生》迎接創刊即屆七十週年，以「世界佛教村」座談會的舉辦，透過禪師的風範、出版者的使命，以及學者的宏觀，交流、激盪、創新思維佛法的智慧火花，提供全球視野，應對驟變時代，回歸自心清明，廣化也深化佛法於現在世間的意義。

與談來賓與聽眾合影，共同參與《人生》雜誌歷史性的一刻。

● 06.29

「聖嚴師父數位典藏小組」成果發表
逾三萬四千筆手稿建檔數位化

「聖嚴法師數位典藏小組」舉辦成果發表，從聖嚴師父手稿、筆記等第一手史料的爬梳中，重新發掘師父思想價值的更多可能。

6月29日，文化中心「聖嚴師父數位典藏小組」於「第七屆漢傳佛教與聖嚴思想國際學術研討會」中，舉辦成果發表，介紹手稿影像開放平台網站、年譜電子版的建置等。

數位典藏小組顧問、法鼓文理學院圖資館館長洪振洲說明，數位小組將聖嚴師父的書稿、講稿、筆記等手稿建檔數位化，資料已多達三萬四千筆。除了徵集師父的文獻資料，數位小組於2016年至日本東京立正大學，採訪師父好友三友健容、北川前肇、庵谷行亨等教授，進行口述歷史，並獲贈許多史料紀錄，包括師父於1975年請求博士論文審核報告書正本。

另一方面，《法鼓全集》已收入《聖嚴法師年譜》，並將年譜提及的著作、事蹟與全集連結，未來將朝向主題式、依時間脈絡整合的資料型網站建置，讓大眾更清楚了解聖嚴師父的思想軌跡。

● 07.02～08.18期間

2018兒童心靈環保體驗營全球展開
歡樂學習和自己、他人、環境、世界相處

7月2日至8月18日，「2018法鼓山兒童心靈環保體驗營」於全臺各分院道場、社大金山校區，以及海外的美國紐約象岡道場、加拿大溫哥華道場等地展開，以體驗心靈環保為主軸，並結合地區特色，引導學童歡樂學習四種環保，建立良善品格，有近兩千人參加。

在臺灣，北部地區的法鼓山園區，延續去年「拯救未來」遊戲，小學員藉著扮演各國領袖，思考如何在大量資訊中下判斷、做決定，嘗試解決世界危機；「公平」是否能成為消滅他人的原因？「因果」能否做為漠視他人苦難的理由？無視全球暖化、海洋垃圾、他國內戰等，小朋友在老師引導下，了解世上每件事都與我們息息相關，建立起正確的因果觀，以及自利利他的價值觀。

臺北安和分院的小學員，在「調查日用品價格」中，到超商、超市記下牛奶、吐司等的價位、成分、產地，培養觀察力，明白使用金錢的智慧，辨別需要與想要。桃園齋明寺小學員在法師、老師及小隊輔帶領下，合力完成許多任務，包括「點心DIY」，「彩繪一座森林」則齊聚大家的力量，完成大幅彩繪作品；最後一天則以歡喜感恩的心，為受邀到場的家長奉茶。

寶雲寺兒童營中，小學員念觀音學觀音。

於臺中寶雲寺舉行的心靈環保體驗營，小學員學習禮佛、行走坐臥、吃飯等生活禮儀，並以動畫來認識「動禪的故事」；也在法師帶領下，練習法鼓八式動禪、學打坐，清楚身體每個部位的覺受，學習保持專注、放鬆、安定的身心。

臺南雲集寺兒童營，小學員體驗「心五四」，「四福——用腳飛翔的女孩」課程中，認識瑞典生命鬥士蓮娜・瑪利亞（Lena Maria）、臺灣口足畫家楊恩典，也實地練習用雙腳摺紙飛機後，了解身體殘缺的艱辛，更珍惜自己所擁有的一切。

海外美國紐約東初禪寺於象岡道場展開的親子營，成人組由監院常華法師帶領家長，認識《法華經》的教育觀，法師講述經中的七個故事，包括：善巧引導孩子走出火宅的〈三車火宅喻〉、不同階段引導孩子步步成長的〈富翁窮子喻〉等，家長從中學到佛法教育的智慧，也明白要以身作則；兒童組在法師、小隊輔帶領下展開各項運動；青少年組則學習茶禪、《心經》等。親子也在插花、瑜伽、奉茶中，共學禪修的方法與智慧。

2018年暑期兒童營隊活動，強調實際體驗與參與，課程豐富，涵蓋人文、禪修、環保體驗等，讓小朋友在快樂、輕鬆的氣氛中，種下安定身心，自利利他的心靈環保種子。

2018 法鼓山兒童心靈環保體驗營一覽

區域		活動地點（單位）	舉辦日期	梯次	參加對象
臺灣	北部	法鼓山園區	7月17至21日	共一梯次	國小高年級
		北投農禪寺	7月17至20日	共一梯次	國小中年級
		臺北安和分院	7月6至8日	共一梯次	國小中、高年級
		臺北中山精舍	7月2至4日	第一梯次	國小高年級
			7月5至7日	第二梯次	國小低、中年級

區域		活動地點（單位）	舉辦日期	梯次	參加對象
臺灣	北部	蘭陽精舍	7月6至7日	共一梯次	國小中、高年級
		桃園齋明寺	7月27至29日	共一梯次	國小中、高年級
		社大金山校區	8月4至5日	共一梯次	國小二至六年級
	中部	臺中寶雲寺	7月16至17日	第一梯次	國小高年級
			7月18至19日	第二梯次	國小中年級
	南部	臺南分院	7月14至15日	共一梯次	國小二至六年級
		臺南雲集寺	7月14至15日	共一梯次	國小二至六年級
		高雄紫雲寺	7月13至15日	共一梯次	國小中、高年級
	東部	臺東信行寺	8月1至5日	共一梯次	國小中、高年級
海外	美國	美國東初禪寺（象岡道場）	8月1至5日	共一梯次	親子營
		美國西雅圖分會	7月30至31日	共一梯次	五至十一歲學童
	加拿大	加拿大溫哥華道場	8月18日	共一梯次	五至十一歲學童

● 07.03　08.28

《如來寶藏》新書導讀會
探究聖嚴師父思想新視野

法鼓文化於寶雲寺舉行《如來寶藏》導讀，推廣聖嚴師父的思想。

法鼓文化7月3日、8月28日，分別於臺中寶雲寺、桃園齋明寺舉辦《如來寶藏──聖嚴法師的如來藏思想研究》新書導讀會，由文化中心副都監果賢法師主持，編者常慧法師主講，介紹杜正民教授研究聖嚴師父如來藏思想的成果，各有兩百多人、一百七十人參加。

果賢法師引言說明，「眾生皆有佛性」、「人人都有如來性」當中蘊涵的，是聖嚴師父所有教法的基本態度，也是實踐的基礎；法鼓山以「菩薩」稱呼每個人，正是體現如來藏的信仰和思想。

談起《如來寶藏》成書過程，常慧法師表示緣於2016年10月，病中的杜教授希望以其發表的論文為基礎，重新架構整理聖嚴師父的如來藏思想，並以學術著作的形式出版，盼能帶動學術界投入研究，繼續推展師父的思想。

常慧法師從佛教史出發，帶領眾人如實理解印度佛教、大乘佛教、中國禪宗的發展，以及印順長老的判攝、聖嚴師父的回應；印順長老以為中國禪宗的衰

微，與如來藏思想有關，而長老所認為的是「大我如來藏」。杜正民教授梳理師父四個時期的學思歷程，呈現出師父將「大我如來藏」導向「無我如來藏」，佛性無我，回歸佛教的根本原則，不僅是中華禪法鼓宗的立宗精神，也是未來串連所有宗教、彼此融貫的根基。

● 07.04～09.24

社大「三門淡墨」成果展
展出速寫入門班學員學習成果

7月4日至9月24日，法鼓山社大首度於臺大醫院金山分院舉辦「三門淡墨」速寫入門班聯合成果展，4日並於臺大醫院金山分院舉行啟展茶會，包括僧團副住持果暉法師、社大校長曾濟群、金山分院院長譚慶鼎都到場祝福。

果暉法師致詞時，感謝金山分院照顧鄉親與法鼓山僧眾身體健康，同時鼓勵民眾參加法鼓山社大課程，透過各種學

社大「三門淡墨」成果展，展出速寫入門班學員學習成果。

習來增進心靈健康。現場安排有古箏班、快樂歌唱班的現場演出，以及咖啡班和烘焙班製作的飲品和點心，與大眾分享學習成果。

「三門淡墨」成果展展出金山、新莊、北投校區近六十位學員的七十五幅作品，包括金山師生所繪的法鼓山園區三門與法鼓鐘樓，以及新莊、北投師生所繪的三峽天南寺牌樓和北投農禪寺入慈悲門，以及學員在課程中畫下的各種作品，展現學員從速寫入門，進而接觸法鼓山的學習過程。

有速寫班老師表示，學員們十分重視這次展覽，文宣設計、作品準備、展場布置等籌備工作，不假他人；也有學員分享，看到民眾觀展時讚歎作品，就是最大的鼓勵。

● 07.06～10　07.14～21

教聯會舉辦成長營、禪修活動
學員重拾教育的初心

7月6日至10日、7月14至21日，教聯會於三峽天南寺分別舉辦「教師心靈環保自我成長營」、「教師禪七」，由僧團法師、法鼓文理學院師資分享佛法和生

禪七期間，教師學員學習放慢腳步、認識自我、化解煩惱，重拾教育的初心。

命連結的體驗、佛法的教學觀念和方法等，為教育的初心充電，各有一百多人、近一百人參加。

成長營由文化中心副都監果賢法師、文理學院副教授楊蓓、助理教授辜琮瑜等，帶領學員討論品格教學的困境與解決之道。學員也藉由朝暮課誦、拜佛，以及禪坐、經行，在單純又清淨的環境中，讓心安定下來，並更深入地覺察自己，再分組腦力激盪，將觀察、體會到的心得，以繪圖和演練，化為與學生分享「感恩、感謝、感化、感動」的教學方案。

14日起進行的禪七，由常慧法師帶領，每日觀看聖嚴師父開示影片，協助學員解決禪修的疑惑；並安排或靜或動的課程，引導學員學習放慢腳步、認識自我、化解煩惱，重拾教育的初心。

有學員表示，透過法師及講師人生智慧的分享，了解到感恩、感謝、感化、感動的生命階段實踐，更學習到在過程中實踐「四它」的方法。

● 07.07

聖嚴書院佛學班北區聯合結業典禮
七百多位學員圓滿三年精進學習

普化中心於7月7日，在北投農禪寺舉行「聖嚴書院佛學班北區聯合結業典禮」，共有農禪、安和、中山、新莊等七個班級，七百一十一位學員圓滿三年學業，副都監果毅法師、信眾教育院監院常用法師，以及溫天河、戴良義、胡國富等十多位講師，都到場為學員們頒發證書、勉勵與祝福。

果毅法師叮嚀學員，學佛之後能轉化多少，仍須靠自心的鍛鍊，提醒佛法的學習，活的佛法在於每天的起心動念，以及如何落實在日常生活中，才能對自己的生命有幫助；代表講師致詞的胡國富老師，引述《阿含經》經文與佛陀教誡「自依止，法依止，不餘依止」，鼓勵學員依循「親近善士，聽聞正法，如理思惟，法隨法行」持續修行，仰靠自己的力量實踐所學。

典禮上，學員透過班呼和節目，展現對所學的體會。新莊班「法鼓鼓手代代相傳」，以連綿鼓聲象徵菩薩行者的願願相續；雙和班「貧賤醜女懷輪王喻」短劇，展現對「眾生皆有佛性」的信心；中山班「菩薩滿人間」藉由話劇形

式，呈現心靈環保在生活中的應用；農禪甲班與安和乙班以〈佛陀（師父）牽著我的手〉、〈我為你祝福〉等帶動唱，表達學佛的法喜。

雙和班以短劇表演，展現對「眾生皆有佛性」的信心。

許多學員分享，身為主管，上過「菩薩戒」課程並受戒後，當下屬犯錯時，原以為不出惡口即可，但聽到法師說明「十無盡戒」，了解調伏自心才是根本，因此發露懺悔，練習以慈悲智慧對待他人；也有八十三歲長者表示，雖然學佛時間晚，但三年來懂得以善語待人，和家人的感情更和諧，發願把握此生學佛的善緣，持續精進不懈。

● 07.07

行願館感恩成長營
學員汲取行願法寶

7月7日，法鼓文化於臺中寶雲寺舉辦「行願館感恩成長營」，由編輯總監果賢法師講授「在行願館修行與成長的義工心態」，並由各部門專職分享書籍、產品的製作理念與發想過程，共有一百零六位來自桃園、新竹、臺中、臺南、高雄等地專職及義工參加。

果賢法師期勉學員「以願為導，以行踐願」，依循普賢菩薩十大願的精神，把握三項原則：一、推廣不推銷：行願館並非

「行願館感恩成長營」中，果賢法師分享擔任義工的修行與成長。

為了營利，核心目的是推廣佛法；二、結緣不攀緣：隨時隨地笑臉迎人，以感恩、祝福、迴向的心與人結緣；三、分享不妄想：行願館是讀者自在尋寶的空間，需收攝身、口、意三儀，不為分享而分享。

由叢書部副主編張晴分享的「編輯創意想像與系列概念」，說明編輯上的創意，源於相信「人人都是未來佛、作家、讀者」的信心，以及「沒有人想，正需要人想的事，我來吧！」的願力；產品開發部經理陳巧縷介紹「產品開發理念與文創設計概念」，介紹服務義工、環保日常、禪意生活與經典復刻等四大

類產品,以及每項產品開發過程中,對環保理念的堅持,而日常中的購買行為,除了是社會經濟的運作基礎,也是消費者表達意見的方式,透過「認識好產品、購買好產品、好好用產品」,也是改變社會的一種力量。

雜誌部特約編輯陳玫娟介紹「《人生》專題及生活佛法」,講述1949年創刊的《人生》雜誌,是臺灣佛教歷史最久的雜誌,也是與生活息息相關的刊物,在創刊人東初老人、復刊人聖嚴師父的期許下,編輯群透過《人生》每月專題,以不同面向的主題,與讀者分享切合日用的佛法觀念和方法。

寶雲寺監院果理法師關懷時表示,行願館是法寶區,行願館的專職和義工,就是法鼓山和聖嚴師父的「封面」,期勉學員藉由擔任「封面」角色,接引讀者進入慈悲智慧的佛法大海。

● 07.07～08.25

法鼓山園區禪四十九圓滿
禪眾精進體驗無法之法

默照禪四十九禪期中,禪眾以經行放鬆身心。

7月7日至8月25日,法鼓山於園區舉辦默照禪四十九,由禪堂監院常乘法師擔任總護,為方便禪眾作息,禪期分兩梯次的禪七、禪十四、禪二十一,參與禪眾有來自臺灣、美國、加拿大、中國大陸、香港、新加坡、馬來西亞、越南、澳洲、盧森堡等地,每一梯次皆有八十多人共修,其中有三十五人圓滿四十九日的精進修行。

禪期中,聖嚴師父影音開示以「放捨諸相、休息萬事、身心一如、動靜無間」四句偈為核心主軸,說法內容包括長蘆宗賾的〈坐禪儀〉、宏智正覺的〈默照銘〉、〈坐禪箴〉等,禪法觀念與方法完整而具次第性;並以各種例子、比喻,說明用默照待人處事的智慧原則,引導禪眾了解「智慧不是知識,不是學問,也不是經驗,而是無我的態度」。

由於禪堂進行木作修繕工程,默照四十九移到法華書苑(原居士寮)舉辦。2001年聖嚴師父回臺第一次主持默照禪四十九,即在居士寮,當年也曾參加的禪眾表示,在相同的地點,聽著同樣的師父影音開示內容,宛如靈山勝會猶在的時空交錯,感受到師父法身常存,不曾離開;有全程參與的舊金山信眾分享,一年三百六十五天的百分之十三,都沐浴在佛光中,不僅體驗到法喜禪悅和身心清明,也大大增強了修行的信心,以及利他的願心。

● 07.14～15

社大「福慧傳家樂佛營」
三代同堂共創家的幸福

　　7月14至15日，法鼓山社大舉辦「福慧傳家樂佛營」，活動於北投雲來寺、法鼓山園區、新北市石門自然環保戶外教室進行，共有二十九組家庭、近一百位祖孫三代參加。

　　營隊透過繪本故事、闖關遊戲、自然探索、農耕體驗、親子料理等，以寓教於樂、老幼共學的方式，培養孩童體貼關懷、敬愛尊長，並從自然環保的生態體驗中，學習知福惜福與感恩。其中，

福慧傳家樂佛營中，親子一起製作飯糰，共創家的幸福。

於石門自然環保戶外教室展開的農耕體驗，三代學習關於採茶、菜園的知識，以及從揹西瓜、播種玉米的關卡中，體會早期的農耕生活。

　　有帶著女兒參加的家長分享，鮮少有與孩子共同學習、成長的機會，營隊中教導孩子與長輩相處的禮儀，也能一起親近土地，收穫豐盛；也有長者表示，無論在「彩繪T恤」中以童心畫下孫子與自己的笑容，在「幸福的臉」中用海苔在飯糰上組合出孫子酷炫的髮型，或是創意桌遊、組裝積木、泡迷迭香氣泡飲，活動「真正促趣味」。

● 07.14～09.29期間

新竹精舍「經典與生死」系列講座
大眾學習以佛法面對生死

　　7月14日至9月29日，新竹精舍隔週週六舉辦「經典與生死」系列講座，由僧團法師介紹佛教經典中的生死觀，引導大眾學習運用佛法智慧面對生死，將人生苦海轉為智慧法海，每場均有兩百多人參加。

　　首場講題「《楞嚴經》的生死禪觀」，禪修中心副都監果醒法師分享自己的禪修體驗歷程，並以《楞嚴經》中「真心」與「妄心」的概念，說明一般人面對生命種種現象，往往除境不除心、轉境不轉心，而生起種種煩惱；透過禪修，用禪法轉心、轉念，學習去除能所的對立，淡化對我、我所的執著，清楚問題是自心造作，便能自在面對生命與生死。常慧法師於「《如來藏經》看生

命平等觀」講座中，介紹佛陀在《如來藏經》中的九種譬喻，說明眾生皆有佛性如來之藏，雖然被煩惱覆蓋迷失，而如來之藏常住不變。

常慧法師介紹《如來藏經》的平等觀。

8月，文化中心副都監果賢法師講「《心經》的生死超越」，說明《心經》只有兩百六十字，通攝大小乘法的總綱，是大乘佛法心要，也是學佛的基礎；法師依經文解說佛教的人類觀、宇宙觀、人的三世因果觀、菩薩及佛的境界，期勉大眾勤修戒、定、慧，以般若的智慧照見五蘊皆空，最後空也不執著，契入佛的智慧。弘化發展專案召集人果慨法師則介紹《地藏經》的生死觀，期勉大眾學習地藏菩薩，實踐佛法度人度己、安樂眾生的精神。

果興法師、常隨法師則在9月的講座中，分別介紹《阿彌陀經》、《金剛經》的經典奧義，提醒唯有深刻了知生命的意義、價值與目標，才能活得平安、快樂，走得安詳、自在。

2018 新竹精舍「經典與生死」系列講座一覽

時間	講題	主講人
7月14日	《楞嚴經》的生死禪觀	果醒法師（禪修中心副都監）
7月28日	《如來藏經》看生命平等觀	常慧法師（僧團法師）
8月11日	《心經》的生死超越	果賢法師（文化中心副都監）
8月25日	《地藏經》與生命學習	果慨法師（弘化發展專案召集人）
9月15日	《阿彌陀經》的終極關懷	果興法師（僧團法師）
9月29日	《金剛經》之即非理論與生死超越	常隨法師（慈基會副祕書長）

● 07.16

傳續焦山教育精神
教界長老齊聚座談

7月16日，僧團三學院於北投中華文化館舉辦「老僧命‧新生命——從東初師公與焦山佛學院談起」傳承與展望座談會，邀請廣慈長老、智一長老，以及李九鴻、李志夫、方甯書三位教授，分享焦山教育精神，包括僧團副住持果暉法師，共有五十多位僧眾參加。

與會耆老均與東初老和尚、焦山佛學院有深厚的法緣，廣慈長老分享當年焦山是「叢林學校化」，東初老和尚教學嚴格，因此人才多、分布廣，期盼法鼓山僧團在既有基礎上，延續前人的努力，為教育改革而奉獻；智一長老諄諄勉勵與會法師，勤修戒定慧，息滅貪瞋癡，要以《華嚴經》的「十

僧團邀請教界長老齊聚座談，反思前人足跡，生起效法護持聖教的情操。

地」，做為一生修學的方向。李九鴻教授強調佛教的希望寄託在年輕一代，佛教的發展生存需要改革，不能墨守成規，但前人的思想精華、傳統儀式，仍須同時傳承下去。

情誼深厚的方甯書、李志夫兩位教授，彼此藉由學佛護法的趣談典故，講述東初老和尚、聖嚴師父的弘法風範。方教授說當年在老和尚座下皈依時，不了解有供養、禮謝等規矩，老和尚不但免去俗套，反而還送紅包給他，待人大方，自身卻相當節儉；李教授則是帶領僧團法師，重溫當年與聖嚴師父一起推動佛教大學院教育的艱辛。

果暉法師表示，佛教著重承先啟後、繼往開來，感謝長老大德們傳承焦山辦學、寺院管理的歷史軌跡，讓僧團獲得法乳滋養，僧團也當為弘揚漢傳佛教，為法忘軀，將東初師公、聖嚴師父的理念發揚光大。

● 07.20～22

齋明別苑心靈環保體驗國中營
在禪修中探索自我

桃園齋明別苑於7月20至22日，舉辦「心靈環保國中營」，由副寺常雲法師等帶領，共有六十位國中生參加。

營隊內容包括禪坐練習，以及吃飯禪、托水鉢等生活禪，在動態中學習禪修心法，也在靜態中探索自己的內在，除了引導學員在生活中隨時運用禪法安定身心，也在課程中融入團隊合作、建立自信，以及彼此尊重的觀念。

「都市叢林探險」由學員主導，共同統籌、規畫、溝通與協調，發揮各自專長，團隊合作完成各項關卡任務。學員表示，平常生活中很少有機會獨立思考與主導，經過營隊活動後，發現團結力量大，若能善用溝通與協調技巧，讓團

國中營中，團隊凝聚向心力，協力前進。

隊同心協力地朝著共同的目標前進，每個人都能獲得成就感。

營隊圓滿日特別邀請學員家長出席「心靈茶會」，以五感覺知方式引導，澄心喝蓮花茶，家長分享了苦甘的茶味猶如養子的過程，辛苦卻會回甘；臺灣師範大學特殊教育系副教授劉秀丹傳授幸福好好說的心法，分享以欣賞、讚美、感恩的心與孩子相處。

結業式由常雲法師為大眾一一點亮手中的燈，於佛前供燈許願，祈願讓善不斷地傳遞下去。

● 07.21

中區禪坐會義工聯誼成長營
陳武雄分享八式動禪的緣起與推廣

臺中寶雲寺7月21日於寶雲別苑舉辦「中區禪坐會義工聯誼成長營」，並邀請前農業委員會主任委員陳武雄主講「活在當下與身體有約——談法鼓八式動禪的緣起」，監院果理法師到場關懷，共有八十多位悅眾參加。

陳武雄說明法鼓八式動禪融入聖嚴師父所教的心法「身在哪裡，心在哪裡，清楚放鬆，全身放鬆」，而四念處是八式動禪的法理基礎，藉由觀身受的練習，培養安定力和覺察力，從局部到全身、從片刻到綿密，做到清楚、放鬆，如同默照的止觀雙運；師父也期勉除了自己受用，還要發起菩提心推廣。自2002年起展開八式動禪的研發及推廣，日前已培訓了一千多位動禪學長，在各地分享動禪的安定與放鬆。

分組討論中，學員分享如何接引大眾參與禪修。

午齋時，眾人專注放鬆體會吃飯禪；午休後，由果雲法師帶領慢步經行，接著進行「禪茶一味」，邀請茶藝老師江麗滿演示「茶禪定，以茶入詩」，引導學員於請茶、品茶之間，鼻聞茶香、舌品茶味，體會與茶合一、清淨無我的自性。

成長營也安排學員分組討論，如何接引民眾參與禪修。有悅眾表示，在社區帶領三個八式動禪團體、兩個讀書會，先以

「身法」動禪改善健康，再以「心法」帶領讀書會，兼顧方法與觀念的推廣，廣與大眾分享法益。

● 07.27

淡水辦事處社區成長講座
張光斗講「斗室有光」

7月27日，淡水辦事處與淡水區公所於市民聯合服務中心大禮堂，共同舉辦社區成長講座，邀請電視節目《點燈》製作人張光斗以「斗室有光」為題，分享受人點滴恩惠的經歷，有近兩百五十人參加。

張光斗細數生命中的感動：小時候家窮、母親管很嚴，但始終教他要「感恩」；聯考時，受到一名素昧平生的教官幫助，往後每年一定去探望教官；二十四年前，有感於人們爭相比較、汲汲營營，於是製作《點燈》節目。

原本沒有宗教信仰，感動於聖嚴師父每每絕處逢生的人生，《點燈》第二集便播出師父的故事。「就像在黑夜裡，有人為你點了一盞燈。」張光斗感恩師父以及生命中的恩人，也提醒大眾，要感恩曾幫助自己的人。

淡水區區長巫宗仁致詞時，表示歡喜能與法鼓山合作，藉由張光斗的分享，充實心能量，點亮心光，更照亮周遭的人。

● 07.28

果暉法師講「次第禪觀」
勉勵大眾覺察心念、回到方法

高雄紫雲寺於7月28日舉辦專題講座，由僧團副住持果暉法師主講「次第禪觀——以安般法門為主」，有近四百人參加。

果暉法師援引聖嚴師父所言：「禪法本身無次第，修行的過程則是有次第的。」詳實解說三學的次第、禪定的次第、解脫的次第，以及小乘禪的次第等，說明學佛修行要以戒定慧為根本，次第禪法即由持戒，而習定，進而發慧，而漢傳佛教著重「道在平

果暉法師紫雲寺講「次第禪觀」，期勉大眾覺察心念、回到方法。

常日用中」，也就是在行住坐臥間，心同時具有定與慧的功能，雖然有念頭，但是不受環境影響、波動，是定慧不二、即定即慧的定。

講座中，法師並傳授數息觀的觀念與方法，由身體放鬆、覺察呼吸、數息練習，一層一層地循序漸進。正確的數息方式，是在呼氣之後，才數一個數字，吸氣時保持覺照，不數數字，由一到十為一個循環；數息時，若遇昏沉或妄念紛飛，以致數目數掉或是數過頭，不必懊惱，只要回到方法，重新開始由一數起，保持時時刻刻覺察心念、回到方法。

果暉法師期勉大眾修學五停心，平息、淨化心的妄念狀態，讓心念集中、達正定，進而開發智慧，踏上解脫生死輪迴的要道。

● 07.28～29

安和分院「佛法與醫學」講座
學習以佛法面對老病疾苦

7月28至29日，臺北安和分院舉辦「佛法與醫學」講座，邀請臺北仁濟醫院院長李龍騰、臺北市聯合醫院松德院區精神科醫師湯華聖、新莊仁濟醫院副院長莊曄媺、社工室主任陳穎叡、臨床心理師楊靖芸等，與慈基會副祕書長常隨法師、常慧法師，進行演說，傳遞正確的身心照護觀念與方法，有近一千人次參加。

講座進行前，監院果旭法師說明，近年因為人口老化、失智症等銀髮族議題備受社會關注，聖嚴法師曾言活得快樂、病得健康、老得有希望、死得有尊嚴，期盼大眾透過佛法學習轉念，活出不一樣的精采人生。

兩天的講座，包括李龍騰院長談「面對疾病」、莊曄媺副院長講「從心理學與佛法談罹病時的安心策略」、陳穎叡主任分享「第三人生」等，為大眾介紹如何規畫退休人生、面臨老病應有的心理準備，以及處理年老罹患的常見疾病。

常慧法師鼓勵聽眾依師父教導的「平安的五層次」，先從個人做起，與自己溝通無礙後，循序漸進，最後達到隨緣應化、任運自如，在這樣的狀態下，世間任何事是有，但不起瞋愛，該怎麼

常慧法師（左）、湯華盛醫師（中）分別從佛法與醫學的角度，分享安心到心安之道。

處理，就怎麼處理，心中無罣礙，才是最究竟的平安。

常隨法師引用《金剛經》中「一切有為法，如夢幻泡影」，引導大眾了解世間一切都是因緣所生法，老病死亦然，並分享照顧罹癌父親的心路歷程，引導父親誦經、念佛、打坐，最後皈依三寶，圓滿這一期生命。法師建議眾人發好願，願力可抵過業力；不能接受的事情，練習用平常心看待，生命自然轉化出另一番美麗風貌。

最後，果旭法師提醒面臨生命中的衝擊，可以透過做義工來做情境的移轉，發菩提心來奉獻，享受美好的晚年。

● 08.03～09

「2018夏季青年卓越營」文理學院展開
引導青年開發生命內在力量

8月3至9日，青年院於法鼓文理學院舉辦夏季青年卓越禪修營，由常導法師擔任總護，共有一百二十五位來自印尼、新加坡、馬來西亞、中國大陸、香港及臺灣的青年學員參加。

禪修營內容包括基礎禪修課程、心靈遊戲、托水缽、茶禪等，在各種心靈遊戲中，學員練習探索、體驗、覺察自我，也從聖嚴師父的開示影片中，啟發要把生命留在現在、不管妄念回到方法、放鬆身心放下身心的方法，同時接納自己，開發生命內在力量。

青年學員在「無盡燈之夜」中，點亮心燈。

由文理學院副教授楊蓓主持的心靈工作坊，結合佛學與心理學，針對年輕人在意的人際關係進行探討，楊蓓老師直指每個人都孤獨，藉由活動讓學員們面對自己的孤獨，感受與人交會時的溫暖，克服磨合的尷尬，進而以珍惜彼此相契帶來的平靜，與相互支持的力量。演柔法師帶領的「四它工作坊」，則以四它做為學員們面對未來人生一切順逆境的心法與祝福。

8日的「無盡燈之夜」，學員們接受傳燈後，彼此交換手中的燈，並互道感謝，眾人皆小心翼翼地將心燈護在手中，期許學習能夠延續到未來。

學員於9日大堂QA中，熱烈討論自殺、安樂死、新興宗教、身心不調、憂鬱症等問題，常導法師以聖嚴師父的開示及佛法觀點提供思考方向，並祝福學員以更開放、更自由的心，勇敢接受自己的不完美，也以信心、勇氣去面對未來的每一個挑戰。

● 08.03～09.09期間

中元報恩法會各地展開
慎終追遠為世界祈福消災

舊金山道場舉辦三昧水懺法會,帶領大眾體會共修懺法的力量。

農曆七月是佛教提倡孝道、祈求平安的吉祥月,自8月3日至9月9日期間,法鼓山海內外分院道場陸續舉辦中元報恩祈福法會,共有逾萬人次參加。

各地共修以《地藏經》、地藏法會為主,於臺灣,包括北投中華佛教文化館、臺北安和分院、桃園齋明寺、齋明別苑、臺中寶雲寺、南投德華寺、臺南分院、雲集寺、高雄紫雲寺、中山精舍、基隆精舍、蘭陽精舍、新竹精舍,及海外美國東初禪寺、洛杉磯道場、加拿大溫哥華道場、香港道場,先後舉辦中元報恩地藏法會及《地藏經》共修,除了超薦先亡眷屬,更共同為世界祈求消災免難,人人平安幸福。

北投農禪寺於8月12日起啟建梁皇寶懺法會,由僧大男眾部副院長常寬法師主法,首日即有近八千位民眾虔誠拜懺,18日圓滿日的瑜伽焰口法會,大眾跟隨金剛上師,普利十方法界一切眾生;法會全程網路直播,法喜無遠弗屆,有近三萬六千人次參加。

「都攝六根,淨念相繼」,時時繫念阿彌陀佛洪名,與彌陀相應,並超薦亡靈往生西方極樂世界,永離茫茫業海與輪迴之苦。齋明寺、臺南分院、紫雲寺、臺東信行寺,另舉行三時繫念法會,紫雲寺主法法師常隨法師開示,除了邀請有緣眾生一同來聽聞佛法,更要生起「人身難得,佛法難聞,明師難遇」的難得稀有心,把握因緣精進學佛修持。

臺南分院、信行寺,美國舊金山道場、馬來西亞道場、泰國護法會等處,則相繼舉辦慈悲三昧水懺法會,大眾以感恩的心,將清淨拜懺的功德,迴向歷代祖先及所有眾生。

而為了協助大眾參加法會時更加攝心得力,臺南分院、舊金山道場、香港道場、洛杉磯道場等處,更舉行《慈悲三昧水懺》、《三時繫念》、《地藏經》等經典、懺法的前行講座,引導大眾深入法義,精進共修。

有民眾表示,以往受到民間信仰影響,認為農曆七月就是妖魔鬼怪走入凡間,爭搶祭拜供品的日子,在聽經聞法之後,解開內心的疑惑,除了對眾生生起慈悲心,更加深了對佛法的信心。

2018 法鼓山全球中元系列法會一覽

區域		主辦單位（地點）	時間	內容
臺灣	北部	北投中華佛教文化館	8月3日至5日	中元報恩地藏法會
			8月6日至9月9日	中元報恩《地藏經》共修
		北投農禪寺	8月12至18日	梁皇寶懺法會
		臺北安和分院	8月26日至9月8日	中元報恩地藏法會
		桃園齋明寺	8月20至26日	中元報恩地藏法會
		桃園齋明別苑	8月18至19日	中元報恩地藏法會
		蘭陽精舍	8月26日	中元報恩地藏法會
		臺北中山精舍	8月19至26日	中元報恩地藏法會
		基隆精舍	8月19至26日	中元報恩《地藏經》共修
		新竹精舍	8月19日	中元報恩地藏法會
	中部	臺中寶雲寺	8月17至19日	中元報恩地藏法會
		南投德華寺	8月26日	中元報恩地藏法會
	南部	臺南分院	8月12至19日	中元報恩地藏法會
			8月25日（臺南二中）	中元報恩慈悲三昧水懺法會
			8月26日（臺南二中）	中元報恩三時繫念法會
		臺南雲集寺	8月5至12日	中元報恩地藏法會
		高雄紫雲寺	8月19至25日	中元報恩地藏法會
			8月26日	中元報恩三時繫念法會
	東部	臺東信行寺	8月16至18日	中元報恩慈悲三昧水懺法會
			8月19日	中元報恩三時繫念法會
海外	北美	美國東初禪寺	8月18日	中元報恩地藏法會、中元報恩地藏懺法會
		美國洛杉磯道場	8月25至26日	中元報恩地藏法會
		美國舊金山道場	8月3至5日	中元報恩慈悲三昧水懺法會
		美國普賢講堂	8月5日	中元報恩地藏法會
		加拿大溫哥華道場	8月25日	中元報恩地藏法會
			8月26日	中元報恩慈悲三昧水懺
		加拿大多倫多分會	8月19日	中元報恩地藏法會
	亞洲	馬來西亞道場	8月4至5日	中元報恩慈悲三昧水懺法會
		香港道場	8月12至18日	中元報恩地藏法會
		新加坡護法會	8月24至26日	中元彌陀佛三
		泰國護法會	8月12日	中元報恩慈悲三昧水懺法會

● 08.03～10.19期間

人基會開辦「心藍海策略」課程
以心靈環保提昇企業倫理與社會責任

張善政強調有創意的企業文化及制度，才有可能培養出創意人才，說明如何從有感領導、塑造永續企業的創新文化。

8月3日至10月19日期間，人基會每月週五於臺北德貴學苑開辦「心藍海策略——企業社會責任」系列課程，主題是「創新‧創心」，以心靈環保提昇企業倫理與社會責任，共有三百多人次參加。

首場於8月3日進行，邀請國家生技醫療產業策進會會長張善政、「心六倫宣講團」團長林知美主講。張善政會長從有感領導、塑造永續企業的創新文化切入，介紹國際知名企業谷歌（Google）、亞馬遜（Amazon）以彈性制度，培養員工自發的責任感與創新力，肯定有創意的企業文化及制度，才有可能培養出創意人才。

林知美團長講述「『創心』——從倫理到永續的管理心法」，領導者藉由新（心）的管理六力：情緒力（抗壓力）、安定力、專注力、洞察力、創新力、合一力，提昇心的高度、寬度與深度，更能帶領組織從上到下安己安人、利己利人，共同建構一個多贏共好的「幸福企業」。

奧美廣告大中華區的執行長莊淑芬董事長於9月21日主講「企業價值創新——多變時代，擁抱千禧」，依據全球趨勢與大數據資料分析，介紹千禧世代的特質，由於生長在快速變動及不穩定的時局下，重視意義及嚮往精神生活；反對權威，關心社會議題，支持社會公益；在意真實及誠實；想法與行動零時差；近四成感到孤單，喜歡組小圈圈；生活中時時展現自己，且不只有單一面向。並提出行銷千禧世代的十個真相洞察、九個行動建議，藉由了解與同理，跨越世代鴻溝，甚至相互交流合作，讓社會因尊重、信任，邁向多元和諧。

前全聯福利中心總裁徐重仁在10月課程中，分享人生轉折、企業經營理念、創新思考脈絡與打造成功幸福企業的寶貴經驗；「心六倫」宣講團副團長陳昆榮講述處於激烈競爭又多變的時代，企業領導人需具有全方位的視野與創新思維領導力，才能帶領企業創造永續競爭力，而「心五四」、「心六倫」與禪修的觀念與方法導入企業經營，能增進企業整體幸福感與競爭力，提昇企業對倫理的自覺、共創永續價值。

2018 人基會「心藍海策略」系列課程

日期	講題	主講人
8月3日	重視企業倫理與創新永續的管理思維	張善政（國家生技醫療產業策進會會長）
	「創心」——從倫理到永續的管理心法	林知美（人基會「心六倫」宣講團團長）
9月21日	企業價值創新——多變時代，擁抱千禧	莊淑芬（奧美集團大中華區副董事長）
10月19日	人生70、流通40之我思、我看、我感	徐重仁（前全聯福利中心總裁）
	幸福企業密碼	陳昆榮（人基會「心六倫」宣講團副團長）

● 08.07

聖基會《代先生的奇幻旅程》動畫
獲國家通訊傳播委員會兒少節目標章

聖基會製作的《代先生的奇幻旅程》動畫，於國家通訊傳播委員會「適齡兒少電視節目」評選中，榮獲「十歲以上適齡兒少電視節目」標章，頒獎典禮8月7日於臺大集思會議中心舉行，由編劇陳明凱、播放動畫的中華電信MOD靖天電視台副總經理王玉如代表受獎。

《代先生的奇幻旅程》動畫，獲適齡兒少節目標章。

負責評選的臺灣媒體觀察教育基金會表示，《代先生的奇幻旅程》透過主角代先生的旅程，闡述人生道理，寓意深遠。

聖基會表示，此系列動畫已製作二十集，期望代先生的每則故事，能幫助孩子們體會生命。歡迎家長透過網路陪子女一起收看，一同成長。

● 08.09～10

心六倫陪伴新生入學
種子教師大灣高中宣講

8月9至10日，人基會心六倫宣講團應臺南市大灣高中之邀，於該校新生訓練中為新生授課，共有兩百四十多位學生參加。

大灣高中新生在團康遊戲中，建立團隊默契。

宣講團種子教師除帶領團康遊戲、禪坐及托水缽，並以四場連結學校校訓「誠實、簡樸、恆毅、致遠」的演講，分享心五四、心六倫、心靈環保的意涵，例如校訓「誠實」，講師提醒學子，面臨選擇是否誠實的困境時，運用四它，是領略誠實的安心法門；「簡樸」課程從消費現象（一窩蜂、吃到飽、快時尚）引領思考認識四要；「恆毅」課程，則設計時光膠囊活動，約定畢業前開啟，一起見證目標是否完成；「致遠」課程鼓勵同學，正向樂觀思考，勇敢發願，有願必成。

大灣高中校長楊力鈞表示，期望建立學生對學校的認同感及向心力，並深植善的循環，讓美善循環從教育扎根。

● 08.09　08.13

教師學員聯誼分享
增進持續共修的力量

教師們於成長營中，體驗身體的鬆緊變化，練習平衡身心。

8月9、13日教聯會分別於三峽天南寺、高雄紫雲寺舉辦「成長營與禪七學員聯誼會」，由常獻法師及悅眾帶領，南北兩地共有九十多位學員參加。

透過先前共修活動的照片及回顧，學員一起重溫學習到的四感、禪修心法及要領。常獻法師也引導體驗呼吸吐納間，更深層的身心放鬆及和諧，進一步提醒生活中要「慈悲待人、智慧處事」，避免造成煩惱的起源。

「時光寶盒」活動中，2017年參與成長營的學員收到一封當時寫給自己的信，再次閱覽，彷彿同時與過去、未來的自己對話；而本年首次參加的學員，則把握當下機會，提筆寫下給未來自己的一封信，為一年後的自己，種下一顆願望種子。

成長營並安排小組討論與大堂分享，學員針對如何「開啟心中寶藏」、「持續參與」、「凝聚延續學習」等三項問題表達看法。有學員分享，心中寶藏就是心靈環保的安定力量，指引自己隨時接受變化，並自在地掌握人生方向；也有學員表示，彼此的勉勵分享，在學佛路上助益很大。

● 08.15～16

校園靜心研習營文理學院舉行
共好共學清楚放鬆

8月15至16日，法鼓山於文理學院舉辦「校園靜心——動中清楚放鬆教師研習營」，由果界法師、悅眾陳武雄帶領，有近一百位各級學校教師參加。

營隊藉由融入動禪心法的靜心課程，以接受當下、正面思考、時時感恩、找到方法四大面

各級學校教師在研習營中，體驗放鬆。

向為主軸，結合生活禪的放鬆體驗，引導學員掌握安定身心的原則與方法。

課程中，陳武雄帶領學員以簡單的方式體驗禪法，從身體的動作，清楚身體的變化，從而把心安定下來；也分享在校園帶領靜心，學生將動禪心法的觀念，運用於日常生活中，進而產生正面助益的經驗。

果界法師也鼓勵老師們以靜心的方法安定身心，師生關係就能避免對立，也在同儕關係產生良善的循環，營造出共好共學的校園氛圍，成為帶動家庭、社會正向力量的種子。

有三年前即帶領學生體驗靜心的高中教師表示，研習營是一趟溫故知新的旅程，不僅重新審視自己，彌補觀念、方法的不足，也從他人分享中，得到新助益。

● 08.23～11.23期間

法鼓講堂「世界佛教系列」特別講座展開
開啟東西方佛教的多元觀察視野

安德生分享表示，自己的工作就是學習觀音菩薩，聆聽與回應他人的需求。

普化中心於北投農禪寺進行的「法鼓講堂」課程，在8月23日至11月23日期間，展開世界佛教系列特別講座，其中「修行、弘化、學術的出家路——東西方佛教的多元觀察」主題，分別由法鼓文理學院助理教授常諗法師、僧大女眾部副院長果幸法師主講，分享在美國求學、研究的學思歷程。

果幸法師述及在美求學十二年的研修歷程，表示佛教各個傳承在美國的發展，如韓國、越南佛教，多數還是以該國移民為主要信眾；日本禪修接引許多西方人，但有些道場卻因未持守戒律，發生醜聞而關閉；藏傳佛教明確的修學次第、口譯人才眾多、培養博士生於大學授課，並且致力翻譯佛法書籍，因此成長快速，也接引了不少華人移民，值得借鏡；而聖嚴師父於哥倫比亞大學設立美國第一個漢傳佛教講座教授，極具先見之明。

於2016年前往哈佛大學（Harvard University）神學院擔任訪問學者及客座助理教授的常諗法師，觀察到美國佛教的多元性，漸有對禪修以外的佛教教理產生學習興趣的趨勢。法師指出，因應不同文化、背景需求提供佛法，是必須學習的重點，也體認到必須提起悲願心、開放的心，放下預設，尊重並接受異文化，才能有所學習。

另一方面，10月8日邀請曾任美國舊金山禪中心（San Francisco Zen Center）住持的雷・安德生（Ven. Reb Anderson）主講「禪的修行與我」（Zen, Practice, and Me），說明禪是「我不是只是我，我也是你；禪並不是我自己一個人、你自己一個人，而是我們彼此相遇、彼此對待。」禪是持續的變化，特別是在與眾生的關係和互動之中；11月23日「亂世中慈悲的力量」（The Power Compassion in a Troubled World）講座，邀請美國華盛頓州舍衛精舍

（Sravasti Abbey）住持圖丹・卻准（Ven. Thubten Chodron）主講，法師以實際、犀利而風趣的說法風格，勉勵大眾運用佛法的慈悲與智慧，以安定的身心，面對紛雜的世局、擾攘的人事。

有聽講者表示，四位法師豐實的學術背景、出家修行與弘化等三個面向，開啟了東西方佛教的多元觀察視野。

2018「法鼓講堂世界佛教系列特別講座」一覽

時間	主題	主講人
8月23日	我的哈佛兩年——東西方宗教的交流與對話	常諗法師（法鼓文理學院助理教授）
8月30日	我的美國十年1——不一樣的修學與修行	果幸法師（僧大女眾部副院長）
9月13日	我的美國十年2——看見佛教的多元面貌	果幸法師（僧大女眾部副院長）
9月27日	我的美國十年3——曹洞宗宏智正覺禪師研究	果幸法師（僧大女眾部副院長）
10月8日	禪的修行與我	雷・安德生（美國舊金山禪中心前住持）
10月18日	禪在當代美國	常諗法師（法鼓文理學院助理教授）
11月1日	佛教中的現代女性——佛教比丘尼研戒	常諗法師（法鼓文理學院助理教授）
11月23日	亂世中慈悲的力量	圖丹・卻准（美國華盛頓州舍衛精舍住持）

● 09.01

寶雲寺舉辦悅眾培訓課程
學習在奉獻中成就菩薩行

9月1日，臺中寶雲寺舉辦悅眾培訓課程，邀請屏東大學中文系副教授林其賢、資深悅眾陳若玲授課，內容包括生活中活用佛法、建設性的溝通，監院果理法師到場關懷，共有一百二十多位義工參加。

林其賢老師在「生活中活用佛法」課程中，說明以「正見」為福業、慧業的指引方向，正見的核心是「因果」，而「因」的工夫造就「果」的境界；鼓勵大眾從長養善根，生起「信、精進、念、定、

悅眾陳若玲講授溝通技巧，也帶領學員分組演練。

慧」五力，從百法中的一十種善心，找到與自己相應的切入，再以「觀、照、提」的方法，持續精進用功，便能漸次增善，成長自己，成就他人。

陳若玲老師以四攝法中的「同事、愛語」為基礎，講授成長式的雙向溝通技巧，包括：做自我觀察記錄、以「四它」來處理情緒、同理心替對方設想，還要積極傾聽，做到「七到」：眼到、手到、口到、聲到、心到、手到、腳到，對方才會人到；也帶領學員分組，模擬悅眾、大眾、觀察員的角色，進行溝通演練。

果理法師關懷時，提醒當義工，不僅是學習，也是調整自己的知見，勉勵學員透過每次的聞思修，不斷地長養慈悲和智慧；法師並頒發「寶雲學習護照」，包括福慧善緣、福慧精進、福業深耕、福慧深耕、特別奉獻等五個獎項，對義工的奉獻及精進，表達感恩與肯定。

● 09.01起

文理學院開辦樂齡大學
迎接終身學習

法鼓文理學院開辦「樂齡大學」，依長者需求規畫課程，鼓勵長者保有學習的興趣。

9月1日起，法鼓文理學院推廣教育中心開辦首屆「樂齡大學」，每週一、三或六上課，由文理學院師資群授課，首屆有十五位新生，透過多元的終身學習內容，保持精神與活力，享受自在歡喜的樂齡生活。

課程規畫依長者需求，包括有「禪柔正念瑜伽」、「黃金歲月的生命關懷」、「佛典中的養生觀」等，結合禪與佛法、生命教育、養生、手作、法律知識，並推動「代間課程」，鼓勵學員旁聽文理學院各項課程，更可以參加學校社團，和年輕人互動，促進世代交流。

校長惠敏法師表示，高齡化學習是社會的需要，也是世界趨勢，長者學員因為閱歷豐富，更能珍惜再次入學的機會。有學員分享，過去以工作和孩子為重心，如今深感人生須「升級」，因此重返校園，再度深入學習；有七十五歲、也是最年長的學生表示，過往沒機緣上大學，感恩樂齡大學開課，一圓年輕時的夢想。

● 09.02

法鼓山第六任方丈接任大典園區舉行
果暉法師領航教團穩健前行

法鼓山第六任方丈接任大典，9月2日於法鼓山園區大殿舉行。在法鼓文理學院校長暨僧團首座和尚惠敏法師的監交下，新任方丈果暉法師從退居方丈果東法師手中承接三大信物，宣誓接任。共有三千多位來自海內外的僧俗四眾到場祝福，並有一萬多人次的全球信眾於網路直播中同步觀禮。

新任方丈果暉法師誓願承擔方丈職責，護持常住，弘揚漢傳禪佛教。

諸山長老、教界賢達，包括照淨寺住持廣慈長老、中國佛教會名譽理事長淨良長老、佛光山住持心保和尚、中台禪寺副住持見穎法師、見濤法師、靈鷲山當家法師常存法師，以及聖嚴師父的日本友人桐谷征一、方丈和尚果暉法師的博士指導教授三友健容等，也蒞臨祝賀。

接任大典中，退居方丈果東法師將十二年前從聖嚴師父手中接下的信物：《法鼓山僧團組織章程》、《創辦人之指導方針》，以及象徵時時提起戒定慧、息滅一百零八種煩惱的一百零八顆念珠一串，交付新任方丈果暉法師。退居方丈表示，雖然卸任執事，但仍背負如來家業的重大任務，因此對於新任方丈的指示，將全力以赴。

典禮中播放聖嚴師父《繼起有人》開示影片，師父說明方丈的責任是傳承法鼓山的法脈、法統，對內領眾焚修，攝眾、和眾、安眾；對外代表法鼓山清淨團體，接引大眾，淨化社會。新任方丈果暉法師致詞時，感恩師父的無盡恩澤、僧俗大德提攜成就，更感佩退居方丈以無私的廣大心，凝聚僧俗四眾。自期竭盡全力地奉獻學習。

監交和尚惠敏法師闡述典禮意涵「鴻雁共行」，表示「雁鳥以V字形結隊飛行，比單飛更具飛升力；雁群輪流擔任領頭鴻雁，彼此以叫聲激勵，互相照顧扶持。」凝聚全場溫馨團結的氣氛。

承先啓後 鴻雁共行

法鼓山第六任方丈接任大典

9月2日於法鼓山園區大殿所舉辦的「法鼓山第六任方丈接任大典」,備受各界矚目,這是自創辦人聖嚴師父於2009年捨報後,首度舉辦的方丈交接典禮。

由聖嚴師父親自選任的第二任方丈果東法師,已圓滿四任十二年的任期,並在今年6月底經全球僧團大會通過,敦聘果暉法師接任第六任方丈,也是法鼓山教團第三位方丈。從新方丈人選、產生方式,以及在接任大典中所宣示及傳達的主題、內容,皆代表著法鼓山以理念領導的教團特質,團隊和合接續運作的新時代意義。

確立以理念領導教團的特質

第六任方丈接任大典,以「承先啟後」為主題,以「鴻雁共行」為意涵。「承先啟後」意指方丈傳承為「接任」而非「接位」,乃是師兄弟之間的任務交接與責任承擔,而非傳統上師父傳位給弟子;並以「監交和尚」代替「送位和尚」,也有別於傳統的晉山、陞座典禮。確立了法鼓山是以「理念領導」而非「個人領導」的團體,也表徵方丈和尚接任,法脈綿延,不僅是執事的交接,更是承先啟後,持續推動「以心靈環保為核心,弘揚漢傳禪佛教,透過三大教育,達到世界淨化」的不變使命。

典禮並以「鴻雁共行」為喻,「孔雀雖有色嚴身,不如鴻雁能遠飛。」藉由雁群齊飛的群體智慧,強調理想團隊合作的意義。這也呼應了十二年前,聖嚴師父勉勵新任方丈及僧俗四眾時所說:「我們不要說新方丈是法鼓山的唯一接班人,而要認知我的下一代乃至每一代的每一位成員,都是我們法鼓山的接班人。我們是共同體的僧團,是依眾靠眾,是共同分擔工作、分擔權責。」

法鼓山是社會共同的資產

典禮中,眾人重溫聖嚴法師於2006年的開示:「我們不要隨俗說:『創業維艱,守成不易。』那不夠正確,因為我們法鼓山這個團體,是在時代環境的希求下,以及社會大眾的支持下,水到渠成的,這不是我聖嚴的創業,而是這個時代社會的共同資產。」

因此,新舊任方丈交接的信物中,包括《法鼓山僧團組織章程》、《法鼓山創辦人之指導方針》、一百零八顆念珠,勉勵方丈和尚,領眾梵修,勤修戒定慧、

惠敏法師（中）擔任監交和尚，新任方丈果暉法師（左）從退居方丈果東法師（右）手中，承接組織章程等信物，象徵法脈綿延，後繼有人。

滅除貪瞋癡等一百零八種煩惱，藉以攝眾、和眾、安眾。

三大信物標示著和合清淨、安心修道、正法久住、弘法利生之首要，不僅是對於個人、團體名聞利養的防微杜漸，更將僧團之機能及正法久住之利益，推向淨化人心、淨化社會、成就眾生之最高目標，並為不同時代提供佛法的服務。

僧俗四眾皆是接班人

聖嚴師父留日同學、新任方丈果暉法師的博士論文指導教授三友健容教授觀察，聖嚴師父穩重安定，果暉法師認真嚴謹，期許新任方丈如觀世音菩薩般，以寬大慈悲的心胸，秉持眾生平等的精神，凝聚四眾弟子。自美來臺參與大典的師父西方法子吉伯·古帝亞茲（Gilbert Gutierrez），十二年前也參與接位大典，對法鼓山即將展開新的一頁，深具信心；表示師父留給後世珍貴的寶藏，同時也留下了重責大任，期許法鼓山堅守師父禪法的核心，並以多元的方法，讓佛法傳遞到西方、全世界各地。

聖嚴師父曾交代：「僧俗四眾弟子之間，沒有產業、財務及權力、名位之意見可爭，但有悲智、和敬及四種環保的教育功能可期。」在這場佛道接力中，凡是認同佛法、認同法鼓山理念的每一位成員，都是教團的共同體、接班人，而方丈則如同領航員，凝聚著四眾弟子，依法、依律、依規制，和樂、精進、清淨，穩健前行！

● 09.07～08　09.09

2018剃度大典園區舉行
求度出家功德勝

副住持果祥法師擔任執剃阿闍黎，為求度者披剃。

僧團於9月9日地藏菩薩誕辰日，在法鼓山園區大殿舉行剃度典禮，由方丈和尚果暉法師擔任得戒和尚，副住持果品法師任教授阿闍黎、副住持果祥法師任執剃阿闍黎，為一位求度者行者披剃，同時有十六位行者求受行同沙彌（尼）戒，有近一百六十人出席觀禮祝福。

方丈和尚果暉法師期勉依循聖嚴師父與僧團的理念，效法古德「寧向西天一步死，不向東土一步生」的魄力，菩提道上誓不退轉；並解說「剃髮染衣」，提醒出家修行要放下世間的五欲、過去擁有的名利等，從出家第一天開始，就要用修學的觀念、修行的方法，慢慢熏習度化自己。

果品法師分享出家前聖嚴師父贈與的三句話：第一，對師父、僧團要有絕對的信心；第二，當有煩惱矛盾時，首先想到是自己的問題；第三，將煩惱消歸自心；勉勵新戒法師、沙彌行者，遇到問題、煩惱時，以僧大校訓「悲、智、和、敬」的精神自我省察。

9日剃度大典前，僧大先於7至8日於園區祈願觀音殿舉辦剃度大悲懺法會，邀請俗家親眷及社會大眾以法會共修，祝福新戒沙彌、沙彌尼。

● 09.08

紫雲寺《金剛經》佛學講座
常隨法師講般若智慧

紫雲寺9月8日舉辦佛學講座，由慈善基金會副祕書長常隨法師以「從心開始讀《金剛經》」為題，帶領大眾誦經，並詮釋經文，提醒大眾在日常中體驗佛陀教法，共有三百多人參加。

以現代、實用的主題為架構，法師以易解的語彙講說經文奧義，重現佛世僧眾「不忙、無緊、空慮、非疏」的生活，對比今人的「忙碌、緊張、焦慮、疏離」，並帶入三世二重因果與十二因緣。講座中，法師從心性的如鏡顯相與不

變，以及心相的流轉變化與無自性，說明三心的不可得，並進一步闡述悟入緣起性空後，才是「見山還是山，見水還是水」的無心。

常隨法師以聖嚴師父的末後說偈「無事忙中老，空裡有哭笑，本來沒有我，生死皆可拋」，勉勵眾人發成佛願心，學習現觀當下，體悟凡所有相皆是虛妄，當身心與方法融合，與般若智慧相應，生命將得以轉化超越，淨土自然湧現。

常隨法師引導大眾對般若經典的「不、無、空、非」有深一層的領會，更體認到佛法在生活中的妙用。

● 09.16～12.23期間

蘭陽分院自然農法實務班
以禪的農法保護大地

蘭陽分院於9月16日至12月23日，週日舉辦「心靈環保自然農法實務班」，由副住持果祥法師與社大講師謝美玲共同授課，並帶領學員實際耕作，共有三十多位學員學習自然農法，與大地共生共榮。

果祥法師說明，自然農法是禪的農法，基本精神來自佛教的緣起思想，保護整個食物鏈完整存在，才是與佛法相應的農法。法師受到日

蘭陽分院「心靈環保自然農法實務班」，除課堂講授，也分組實際耕作。

本深入禪法的農學家福岡正信啟發，認為以不除草、不耕作、不用藥、不施肥為原則，回歸自然，單純、節約、省力，才是未來農業的唯一出路。

謝美玲則分享，「碳農業」（Carbon Farming）或許是改善氣候變遷一個簡易的解決之道。堆肥的目的，是餵養土壤中的微生物，在地底分解有機質，幫助作物生長；注意堆肥的碳氮比，營造適合微生物生存的環境，讓自然生態發揮作用。

蘭陽地區有許多致力於生態、環境保育的友善農夫，蘭陽分院期許課程讓更多人關注、投入土地、生態的議題，也是自然環保、心靈環保具體的實踐。

● 09.18

全度長老示寂
方丈和尚果暉法師親往致意

臺北市光泉寺住持全度長老於9月18日安詳示寂,享壽八十七歲。當日下午,方丈和尚果暉法師代表法鼓山,前往醫院念佛關懷,恭送長老最後一程。

全度長老與法鼓山結緣極深,現在法鼓山園區的部分用地,即是當年長老無條件捐出自己的持份,並接引促成。聖嚴師父曾盛讚全度長老,為真正開山第一人。

方丈和尚緬懷表示,全度長老讓法鼓山擁有根據地,得以建設道場,興辦教育;亦長年護持法鼓山,受僧團邀約於大悲心水陸法會華嚴壇擔任閱經法師、在法鼓山社會大學教授太極拳,為正法住持無私奉獻。

● 09.22～24

各地分院慶中秋
大眾共享團圓禪味

天南寺中秋普門晚會中,以南管禪唱《普門品》。

9月22至24日,北投農禪寺、三峽天南寺、蘭陽分院、臺東信行寺及桃園齋明別苑,分別舉辦充滿禪悅法喜的中秋晚會活動,藉由祈福法會、讀誦經典、佛前供燈、茶禪、佛曲合唱、藝文表演等,在佛號聲中,度過充滿禪味的團圓佳節。

天南寺別開生面的「中秋普門晚會」於22日舉行,共有一千二百多人參與,活動包括靜心鈔經、體驗遊戲,還有天南禪鼓隊、法鼓山合唱團等演出。在法師領眾恭誦《普門品》後,邀請南管藝術家王心心帶領心心南管樂坊與北四轄區三十六位法鼓山義工,以南管禪唱的藝術表演,演唱〈普門品〉。最後在聖嚴師父影音開示月光禪,都監常遠法師引導禪坐中,大眾度過禪味濃濃的中秋佳節。

23日,農禪寺舉辦「農禪水月過中秋」中秋活動,除了創意手作、帶動唱等,並舉辦燃燈供佛法會,監院果毅法師分享,在佛法的大家庭中,應以諸佛

菩薩為學習典範，使心相應於智慧，期盼眾人在法上團圓相聚。莊嚴攝受的誦經後，大眾捧燈環繞水月池，蜿蜒的祈福隊伍經行水月池畔，在「觀音菩薩」聖號聲中沉澱身心。

蘭陽分院亦於同日舉辦中秋晚會，內容包括小廚師創意活動、健康操、佛曲歌唱大擂台等。佛曲歌唱大擂台中場穿插「成佛進化論」遊戲，大眾在潛移默化中學習佛法。最後，監院常法法師領眾至佛前供燈祈福，有近兩百人參加。

24日齋明別苑的「平安無事中秋ㄩㄝˋ」感恩晚會，內容包括佛曲演出、學佛分享、茶禪等，有近三百位民眾共賞禪月、聞禪樂、享禪悅。

● 09.22～10.27期間

佛法與醫學系列講座安和分院舉辦
身心自在面對老病苦

迎接高齡化時代，臺北安和分院於9月22日至10月27日，週六舉辦佛法與醫學系列講座，共四場，邀請醫界人士及僧團法師提供專業照護知識與佛法的安心之道，每場皆有兩百多人參加。

有關失智症的認識及醫療照護，遠東聯合診所身心科醫師吳佳璇說明失智的情緒行為處理，提點面對家中的長輩，要多關心憂鬱（Depression）、譫妄（Delirium）、失智（Dementia）等3D問題，一旦判定失智失能，家屬應有面對的勇氣，尋求資源協助，透過社會資源構築全方位的照護網；亞東醫院神經內科醫師甄瑞興表示，想要逆轉發生認知功能障礙，唯有改變生活方式，包括定期運動、腦部訓練、參與社交活動及良好飲食習慣，才能改善認知功能。

文化中心副都監果賢法師強調，沒有必要擔心失智老化，只管眼前當下，努力培福廣結善緣，學佛是從安心到淨心的過程，人生沒有絕對順利，一切的煩惱來自自我中心，生活中要練習當個面帶笑容的「笑長」以及什麼都好的「好總長」；遠離「三不」，不當經常說「不」的「不長」，不當意見很多的「意長」，不當焦慮的「警長」，人人都可以歡喜迎接歡喜自在的銀髮生活。常隨法師則以聖嚴師父為例，說明老年生命是可以昇華與向上的。

10月27日最後一場講座，律師陳

「佛法與醫學」系列講座中，陳政峰律師從法律的觀點，建議失智症家屬應具備的法律知識。

政峰講說面對失智症患者，家屬應有的法律知識，避免法律糾紛；法鼓文理學院副教授楊蓓老師也以自身專業及經歷分享生命的價值與尊嚴，期許大眾，在日常生活中，時時觀照無常、體驗無常，有了無常的生命觀，就會在生命的歷程中，看見生命的光明與希望。

2018 安和分院「佛法與醫學」系列講座一覽

時間	主題	主講人
9月22日	照護失智症家屬的反思	鍾明秋（法鼓山人基會董事）
	身心自在的樂齡生活	果賢法師（法鼓山文化中心副都監）
10月6日	失智症的情緒行為問題及處理	吳佳璇（遠東聯合診所身心科醫師）
	宗教信仰為生命注入新力量	果賢法師（法鼓山文化中心副都監）
10月13日	理解失智症，迎向健康老化	甄瑞興（亞東醫院神經內科醫師）
	老得智慧又健康	常隨法師（法鼓山慈基會副祕書長）
10月27日	發揮價值，活出尊嚴	楊蓓（法鼓文理學院社會人文學群副教授）
	從法律層面保護病患及家屬	陳政峰（律師）

● 09.23　09.30　11.04

臺南分院《楞嚴經》講座
果醒法師講無我、緣起性空的要義

果醒法師於臺南分院講授楞嚴奧義。

9月23、30日及11月4日，臺南分院舉辦「《楞嚴經》與我的修行體驗」講座，由禪修中心副都監果醒法師主講，分享研習《楞嚴經》及以話頭參禪的心得，三場講座有近七百人次參加。

果醒法師以波浪與海水為喻，波浪來來去去，代表了現象的生滅，自性就如同海水，不因外相而改變它的本質；而鏡子會映照出各種外相，但外相消失後鏡子還是鏡子，不會有所增減。法師說明，具有見聞覺知功能的心，本質永遠在定的狀態，是無所住、照而不動，無形無相、不生不滅，是凡夫的妄想把客塵煩惱當做是「我」，不斷地認物為我，以致產生種種無明痛苦。

法師詮釋三項修行的基本知見：心中的媽媽不是媽媽、前念碰不到後念、我

是什麼，提醒禪修者「心極安定，不被外境影響」是必須克服的頑空、無明關之一。有別於傳統依據經典解說義理的模式，果醒法師以白話、直接，引用個人修行的實例，解說凡聖心性殊途，佛性本源同歸的道理，頻以話頭禪逼拶的力度出問題，聽眾回應後再適時點破凡夫心的盲點，以禪師觀點解答，用心引導進入實修，體驗心念的生滅。

許多學員表示，果醒法師分享了許多禪修義理與生活運用，希望活用學習到的禪修智慧，幫助化解煩惱，清楚生命的中心。

● 09.29～12.15期間

安和分院《教觀綱宗》研習講座
學員深入佛法學修正行

9月29日至12月15日，臺北安和分院每月週六開辦《教觀綱宗》講座，由弘化發展專案召集人果慨法師講授，臺北中山精舍透過連線聽講，有近一千一百位學員共同研習。

首堂課程，方丈和尚果暉法師親臨開示，說明有了天台的理論，漢傳佛教更有次第，讓修行可以解行並重，如同聖嚴師父所言「實用為先、利他為重」；祝福學員都能圓滿四次課程，將方法落實在生活中。安和分院監院果旭法師也說明課程目的：「佛學深厚的人，可以藉此做總複習；基礎尚淺的人，可以清楚未來修行的方向。」

果慨法師分享，蕅益大師是佛教大通家，他藉天台宗將佛法全部匯整進來，

果慨法師鼓勵學員共修共學，並發起願心，依修行地圖為自己定錨目標，努力前進。

《教觀綱宗》的「教」，指的是佛所說的話；「觀」則是禪宗的觀，現前一念心。教觀即綱宗，教觀無別、體用無二。

「現代人的『苦行』，就是要能耐得住煩。」果慨法師勉勵大眾，課程中提綱挈領講述綱要，是「見林」的教學方式；學員回家後每天按照講義進度，研讀《教觀綱宗》原文及聖嚴師父的《天台心鑰——教觀綱宗貫註》，則是「見樹」的學習，透過「見林見樹」的共修共學，將艱澀難懂的《教觀綱宗》由生入熟，將天台做為輔助工具，回到禪門的觀照練習，才能讓佛法落實在日常生活中。

● 10.01　10.02～11.01期間

人基會心劇團「轉動幸福」校園巡演
以四福啟發學童心視野

心劇團圓形劇場讓表演者和觀眾互動零距離，體驗即興表演藝術旅程。

人基會心劇團於10月2日至11月1日，在彰化縣、雲林縣、臺南市和臺東縣共十五所小學，展開「2018轉動幸福《花花的幸福種子》」校園巡演。《花花的幸福種子》透過小女孩花花的異想旅程，開啟一趟生命冒險，劇情融入「四福」觀念，開展學童的學習與心靈視野。舞台設計特以圓形劇場，讓台上表演者與台下觀眾零距離互動，引導觀者更能融入劇情，體驗「看戲、作戲、演戲」的即興表演藝術旅程。

除了表演，同時為學子辦理「生根活動」，透過互動遊戲，引導學習認識情緒，改善人際與家庭關係；並邀請老師與家長參與「幸福茶會」，針對改善孩童的情緒問題，交流分享。

巡演前的10月1日，心劇團於臺南分院舉辦巡演活動啟動儀式，人基會副祕書長許薰瑩到場關懷，包括臺南市崑山國小校長余孟和、龍山國小校長方建良、大同國小校長黃佳麟、東陽國小校長蔡淑芬等，到場祝福，肯定心劇團的巡演引導學童建立起勇氣、愛和希望的價值觀。監院常宗法師表示，心劇團的演出令人感動而期待，「四福」的觀念是建立祥和社會的基礎，不只小朋友需要，大人也應一起學習。

2018 心劇團「轉動幸福」校園巡演一覽

縣市	時間	地點
彰化縣	10月2至3日	大城鄉大城國小
	10月4至5日	大城鄉永光國小
	10月8至9日	大城鄉西港國小
	10月11至12日	大城鄉頂庄國小
	10月18至19日	大城鄉潭墘國小
臺東縣	10月5至6日	臺東市光明國小
	10月7至8日	臺東市豐里國小
	10月12至13日	臺東市豐榮國小
	10月14至15日	延平鄉桃源國小
雲林縣	10月15日	麥寮鄉麥寮國小
	10月16至17日	褒忠鄉褒忠國小
臺南市	10月22至23日	永康區崑山國小
	10月24至25日	新營區公誠國小
	10月29至30日	七股區龍山國小
	10月31日至11月1日	永康區龍潭國小

● 10.02～2019.03.29期間

僧團、護法總會印度朝聖巡禮
緬懷佛陀、聖嚴師父教法

　　緬懷聖嚴師父教澤、感念信眾護持，僧團與護法總會自10月2日起至2018年3月29日，規畫六梯次印度朝聖行，帶領護法信眾，循著師父腳步，巡禮佛陀聖跡，共有四百多位法師及信眾參加。

　　每梯次為期十一天的朝聖行，全程聆聽聖嚴師父1989年前往印度朝聖之旅的影音開示。除親炙佛陀出生、成道、初轉法輪及入滅的四大聖跡：藍毘尼、菩提伽耶、鹿野苑，與拘尸那加外，亦踏訪佛陀說法

第一梯朝聖團員於正覺大塔旁晚課，以清淨的梵唱禮讚佛陀的成道。

的靈鷲山、竹林精舍;首次成立比丘尼僧團,以及阿難尊者舍利塔所在的毘舍離;印度佛教最高學府那爛陀大學,以及有「印度的母親」之稱的恆河。

僧團都監暨第三梯朝聖團團長常遠法師分享,佛陀行腳於恆河兩岸弘法四十多年,臨涅槃時仍在說法度眾,聖嚴師父也同樣為了讓眾生得到佛法的利益,奔波世界各地,捨報前還叮嚀著四眾弟子,宛如佛陀化身。法師期勉大眾,身為弟子,最好的報恩方式,就是修學佛法、弘揚佛法和護持佛法。

有信眾分享,跨越二千六百年的時空,與佛陀、聖弟子,以及聖嚴師父重聚;與來自不同傳承、不同國家的佛弟子,共同感恩憶念佛陀的教法;在各個聖地精進用功,體驗靈山勝會今猶未散的殊勝,四眾弟子滿是法喜與感動。

● 10.10

法青會電影講座
關懷偏鄉教育

法青會於10月10日,在臺北德貴學苑舉辦「《只有大海知道》電影欣賞暨座談會」,邀請該片導演崔永徽帶領賞析,並透過現場問答交流,探討離島及偏鄉教育、隔代教養、族群間文化認同等議題,包括常導法師,有近五十位法青參加。

崔永徽導演為了蘭嶼孩子的期待,也為了自己的初衷,堅持將影片拍攝完成,帶給青年們莫大的啟發。

《只》片是根據蘭嶼小飛魚文化展演隊的真實故事改編,呈現蘭嶼的世外桃源風光,也反映蘭嶼學童教育現況。片中小男孩對於離鄉工作的父親的思念、與祖母相依為命的情感,真摯而深邃。觀影後,法青們踴躍提出各種問題,崔導演一一解答和分享,讓大家對許多社會相關議題,有更深刻的理解與思考。

崔永徽分享,在長達六年的電影籌備過程中,每個期待落空的時候,會沮喪難過,感覺挫折,但也會開始成長,回到最單純的心,面對自己,珍惜現在,包括愛,因為在相互陪伴中,能讓我們得到力量。

常導法師表示,法鼓山所舉辦的偏鄉活動中,「陪伴」是最重要的元素,能帶給孩童溫暖與信心,面對真實現況及自心,鼓勵青年以陪伴關懷社會,要給予對方需要的,而不是自己想給的。

● 10.12～14

法青義工成長營展開
自我成長心起點

　　法青會於10月12至14日，以「把心打開，勇氣出發」為主題，於法鼓文理學院舉辦義工成長營，由僧大女眾副院長果幸法師、常格法師、文理學院生命教育學程主任辜琮瑜等授課，共有五十多人參加。

　　活動從「一個人的心旅行」開始，不說話、不結伴，學員各自感受法鼓山的境教，讓心安頓；「手作蔬食」單元，學員分工合作並交流，認識彼此、拉近

法青們在彼此合作交流中，得到鼓勵與啟發。

距離。由辜琮瑜老師帶領的「生命關懷工作坊」，引導從心情卡中深入覺察自己心的狀態，再從聖嚴師父的法語中，得到超越現狀的視野及智慧。

　　課程並安排觀看聖嚴師父的影音開示，師父期勉青年學員，爭取服務、奉獻的機會，才能夠真正地成長；藉由每一次的參與，清楚方向和目標，為社會服務。

　　14日清晨，在果幸法師、常格法師帶領下，大眾沿著步道朝禮祈願觀音殿，並供燈發願。兩位法師分享與法鼓山的因緣。果幸法師指出，現代的學佛環境迥異於傳統，以往的大德是在艱困的自然環境中體驗佛法，而現代人則須在人我互動中成就，並以自己留學時的困頓經驗為例，勉勵學員把每一步走好，每一步都是下一步的起點。

　　有現職國中教師的學員表示，個性向來求好心切，在工作中累積了高度壓力，參與法青活動及禪修後，才開始懂得放鬆、慈悲自己的重要。

● 10.20～21

讀書會帶領人培訓課程開辦
推廣共學的閱讀風氣

　　10月20至21日，普化中心於北投農禪寺舉辦心靈環保讀書會共學活動帶領人基礎培訓課程，內容包括聖嚴師父的思想與寫作、讀書會心要、有效讀書——四層次解讀法等，由副都監果毅法師、信眾教育院監院常用法師、資深讀書會

常用法師勉勵學員「讀懂一句、受用一生」，不僅讀「書」，也要讀「人」。

帶領人方隆彰帶領，共有一百二十位學員參加。

課程中，果毅法師首先介紹聖嚴師父《法鼓全集》的著作內容屬性與分類，將師父的著作分門別類，讓學員更能深切體會師父傳遞的理念；常用法師解說心靈環保讀書會的精髓與意涵，以內修外弘為目的，說明讀書會的功能不在知識的傳播，而是分享佛法的利益。

方隆彰老師則清楚解析讀書會帶領人的職責與涵養，以及實用的四層次提問，包括「熟悉與複習」、「回應與消化」、「詮釋與驗證」、「活化與深化」，並在實務演練中，引導學員提昇帶領技巧。

課堂中，學員分組閱讀聖嚴師父的短文，演練讀書會的帶領技巧，從「知道、感到、想到、悟到」的四層次提問法，循序探索對文本的感受、連結、反思及重整，進而產生新的正向學習。

大堂分享時，有學員表示，透過充實的課程及實務演練，打破既有的思考框架，也從中體驗到三人行必有我師、共學力量大無窮，發願將聖嚴師父的理念、佛法的精神，確實運用在生活中；也有學員分享，方隆彰老師以充滿活力、幽默的課程，建立「即知即行、知道多少做多少、體驗多少就奉獻多少」的帶領人信心。

● 10.21～12.08期間

人基會培訓關懷生命專線義工
以佛法協助大眾轉化身心困擾

關懷生命專線義工，藉由佛法協助民眾轉化身心困擾。

10月21日至12月8日，人基會週六或日於臺北德貴學苑、中山精舍開辦「關懷生命專線」義工第一階段培訓課程，有近六十位學員參加。

第一階段課程以「輔導知能」為主題，邀請十一位兼顧理論與實務專業素養的老師授課，從心理學、諮商理論、精神疾病、身心整合到法鼓山的核心價值，做深入闡述，建立學員正確認知，

未來對協談的求助者更能同理、尊重關懷；助人者也能心平氣和，不隨境轉。

副祕書長陳韋仲在培訓課程圓滿時勉勵學員，不要求個人的完美，而要求社會完善，清楚明白自己加入的初心本願，為共建一清涼世界而努力。有學員表示，培訓課程改變了看待事物的觀點，原來心和大腦是這樣運作，可藉由有意識的禪修觀念，讓快樂成為自己的選擇與習慣。

人基會「關懷生命專線」由受過專業訓練和佛法修持的義工做電話協談服務，旨在推動防治自殺、關懷生命，落實「提昇人的品質，建設人間淨土」理念。本期義工培訓課程將於2019年展開著重輔導技巧與實務訓練的第二、三階段課程。

● 11.02

社大「悅眾成長營」
在生活中深化心靈環保

法鼓山社大於11月2日在園區、文理學院舉辦「悅眾成長營」，以「感恩、奉獻、發願」為主題，校長曾濟群到場關懷，有近一百七十位來自四校區悅眾、義工參加。

活動首先安排參訪文理學院大願校史館、園區開山紀念館，體驗聚沙成塔、大願興學的願力，也認識聖嚴師父學佛護法的歷程。接著，以旅遊速寫、攝影禪、手縫卡套、放鬆體驗等四個組別，進行生活禪

社大悅眾成長營，發願在生活中落實心靈環保的理念。

體驗；在遠眺一百零八公尺的大願橋時，攝影老師梁庚寅鼓勵學員，學習以心去看景物，不被鏡頭左右，以靜定感受萬物美好，以感恩心發願種福、培福，就能帶來更多幸福。

營隊並安排啡嘗有趣、茶言觀色、放鬆禪及出坡禪等活動，帶領學員將雜念排除，靜心品味生活中的美味；學員也歡喜轉動抽取好願卡，從卡上的好願，彼此鼓勵發願完成。

曾濟群校長關懷時，分享「船過水無痕」，提醒義工工作是來無條件、去無要求，如來如去，就如船過水無痕；執行勤務要安定身心、順其自然，以修正自己的身心提昇善念及人格，就會發現生活皆是禪。

● 11.02～04

禪堂法器悅眾培訓課程
圓滿護持禪九十精進共修

分組演練時，學員們專心投入，維持穩定的節奏，並培養團隊默契。

為護持將於2019年首度舉辦的「禪九十」，禪堂於11月2至4日，舉辦法器悅眾培訓課程，由監院常乘法師帶領，共有一百零五人參加。

法師首先分享梵唄的意義與定課的功能，並介紹板眼、各項法器與執掌要領，示範如何用丹田發聲舉腔。課程中，不時穿插小故事分享，引導學員輕鬆體驗如何唱誦「佛所學、佛所行」，並提點其中技巧：「學習先會聽，聽清楚了，自然會唱得清楚，之後再配合法器練習。」

課程並安排分組練習，參與學員中有初次接觸法器的悅眾，也有來自法青梵唄班學員，在資深悅眾陪伴下進行演練。熱烈的學習氣氛，充分展現學員發心護持大眾精進共修的熱忱。常乘法師指出，唱誦須維持穩定節奏，演練能增進團隊的合作默契，達成和諧、莊嚴、攝心的共修效果。

大堂分享時，許多學員期許持續做定課，並相約共修練習，期能早日承擔法器悅眾之責。

● 11.02～04

人基會「企業心幸福體驗營」
心六倫團隊帶領陪伴成長

人基會應喬越實業有限公司之邀，11月2至4日於法鼓文理學院舉辦「企業心幸福體驗營」，內容包括禪修體驗、茶禪、心靈環保理念與運用，由傳燈院監院常襄法師、中華佛研所所長果鏡法師、心六倫宣講團種子教師等帶領，包括總經理楊天祥，共有二十七位員工參加。

營隊由常襄法師帶領禪修及瑜伽，講解調身、調息、調心的次第，到身心安定平衡。「禪修——心的鍛鍊及情緒管理」課程中，文理學院佛教學系主任鄧偉仁分享，經由禪修提昇心的品質，改善對事物的錯誤認知，進而採取正向行

為，可延續良性快樂；果鏡法師則引導茶禪體驗，介紹茶文化的深厚底蘊。

心六倫講師陳元保運用心理學理論及實驗，說明正、負面情緒的影響、禪修的功能，以及逆向思考的突圍；陳昆榮以「四感、四要」，引導思索「幸福企業」的關鍵及條件、領導者扮演的角色，與個人、團隊如何攜手面對逆境。

喬越員工在茶香中體驗放鬆，開啟善意循環。

小組討論及大堂分享時，學員紛紛表達，透過開放、放鬆的體驗及互動，認識同事不一樣的面向，鬆開原本僵化的關係；也發願彼此關懷，持續將幸福種子傳遞給彼此及身邊每一個人。

楊天祥總經理表示，面對高速變遷的社會需求、競爭壓力，希望公司除了營利，更是一個「幸福企業」，感恩心六倫團隊，以心靈環保、心六倫的理念，協助企業永續經營。

● 11.03

農禪寺舉辦水月禪跑
動中體驗安定自在

北投農禪寺於11月3日舉辦「水月禪跑」，近兩百位禪跑者於水月池畔，在鼓聲中展開一百零八分鐘的禪跑；大殿及禪堂內，則有三百三十多位民眾在法師的引導下，體驗禪坐及禪走。

開場時，監院果毅法師引用六祖惠能大師的「外離相為禪，內不亂為定」，做為指導方針，分享外不執著現象，不受影響；內不因感受

禪跑時，除了運用方法，道場的安定氣圍，更能讓人放鬆和自在。

或念頭而紛亂不安，才是真正的禪修精神。接著，大眾以八式動禪調身後，正式開跑。大殿同時也展開禪坐、禪走交替的共修，一動一靜，雖然形式不同，但同步收攝的安定力，則是另一種相互護持。

活動除了臺北、彰化、屏東等地的跑者，還有來自香港、美國的民眾響應。有闔家參與，父母親參加禪坐、禪走，孩子禪跑，也有同事、同學相約禪跑。

有路跑習慣的跑者表示，專注在呼吸、佛號、步伐的一致，每一步都是第一步，不管跑了多久、還剩多久，加上道場的安定氛圍，完全沒有競賽的緊迫與壓力；也有首度參加禪跑的民眾分享，跑步過程中，有時感覺好像是風景在跑，輕鬆就完成了，值得大力推廣。

● 11.04～2019.01.05期間

寶雲寺舉辦「法華三昧懺儀研習講座」
解行雙修體驗拜懺殊勝

11月4日至2019年1月5日，臺中寶雲寺週六或日舉辦「懺儀與禪觀——法華三昧懺儀研習講座」，共五場，由弘化發展專案召集人果慨法師主講，有近六百人參加。

果慨法師介紹《法華三昧懺儀》是天台宗智者大師依據經典，結合懺文編寫成的懺儀，內容包含懺罪、持戒、修定、發慧，教理觀行俱修，以天台懺儀融入默照禪修，是透過懺儀、誦經、禪觀為修行方法的解脫圓頓大乘教法，事修與理觀相融，為一切懺法的母本。

課程中，法師以天台《教觀綱宗》止觀法門的法脈源流為綱骨，進一步解析修學佛法的次第，以《般若經》為工具、《法華經》為目的，在世間假有的現象中，去體證自性空的緣起法，放下執著、提起悲願。

果慨法師以禪修的放鬆態度引導學員聽講，強調三昧修定，重要的是聽聞後思惟法義方法，在生活中練習心不被境轉；懺儀使持戒清淨，「懺」是止斷未來非，「悔」是恥心於往犯，對過去所做懺悔不再犯，解禪、解懺才能產生覺照力，願意去面對並承擔責任。當佛法與生命結合，不僅淨化自己，同時也能淨化環境。

有學員分享，透過解門與行門的修學，漸次了解法華三昧的意涵，有益日後在法會共修前，做好調伏身心、息諸外緣等前方便，進而體驗拜懺的殊勝。

「法華三昧懺儀研習講座」解行雙修，有近六百人參加。

● 11.08

社大悅眾參訪北海岸友善農場
認識食農教育

感恩學員幹部與養護義工對石門戶外教室的奉獻，法鼓山社大於11月8日，結合樂土友善發展協會，由校長曾濟群帶領二十餘位悅眾、義工，參訪北海岸友善農場，進一步了解友善大地的農業經營。

社大悅眾參訪北海岸友善農場，認識食農教育。

首站是金山三重橋的百年聚落高厝，在居民張認路導覽解說下，一窺高厝百年石砌牛棚、火山地質田園和樸實的民居，領略人文和自然之美。「遠足生態農場」則位於庚子坪地區，有三百多隻蝙蝠在此生活，秉持著環保生態理念的農場主人陳琬婷，不僅加入蝙蝠救傷義工，也詳細介紹蝙蝠生態，邀請大眾參與動物保育行列。

最後一站「萬里優遊香草花園」，是新北市中途之家，設有農耕班、餐飲班和手工藝班，協助街友學習謀生技能；農耕班以魚菜共生、蚓菜共生方式種植蔬菜和香草植物，亦開放大眾參觀或健行，是一處供人休閒的香草花園。

曾濟群校長勉勵悅眾共同推動自然環保，永續生態環境；義工表示，能夠增加對友善農業的認識和交流，收穫良多。

● 11.11

「水陸法會義工總培訓課程」園區展開
萬行菩薩體會奉獻之樂

義工團於11月11日在法鼓山園區舉辦「水陸法會義工總培訓課程」，由弘化發展專案召集人果慨法師、弘化院監院常雲法師、常諦法師等授課，分享萬行菩薩的精神，共有兩百多人參加。

常雲法師從佛法慈悲、智慧的本質，講述水陸法會的發展與特色，同時也從壇場的作息、儀式，以及聖嚴師父的人間行履、萬行菩薩的精神，說明法鼓山如何將傳統法會走入現代，逐步符合心靈、生活、禮儀及自然環保，期勉學員

不只是盡心投入法會的籌備、圓滿，還應隨時推廣大悲心。

果慨法師以「傳承與創新」為題，強調在法鼓山當義工，不只是做事，更是來修行；修行的目的就是「提昇人的品質，建設人間淨土」，而淨化自己，即是在淨化社會，因

常雲法師於「水陸法會義工總培訓課程」中，介紹大悲心水陸法會的發展與特色。

為藉著淨化，人類才能進化、演化。

常諦法師則期勉學員，在壇場做好當下該做的事，用歡喜心接受、成就他人的供養、布施，進而學習內財布施，共同發揮「為利眾生故，不畏諸苦難；若眾生離苦，自苦即安樂」的菩薩精神，就是報答師恩最好的方式。

有青年義工分享，在法國接觸漢傳禪法後，決定轉變學習跑道，進入法鼓文理學院就讀，參與數次送聖儀式演練後，體會到送聖的殊勝難逢，也警惕自己要更精進用功。

● 11.21　12.14

今能長老示寂
法鼓山四眾追思緬懷

今能長老（左）長期護持法鼓山，圖為2004年農禪寺剃度典禮中，長老應邀擔任教授阿闍梨。

臺北聖靈寺開山住持今能長老於11月21日安詳示寂，享壽九十歲。方丈和尚果暉法師、退居方丈果東法師代表法鼓山，先後前往聖靈寺念佛並關懷，向長老表達誠摯的敬意。

今能長老為臨濟正宗第四十二世，

在教界素有德望，對慈善公益不遺餘力，尤其致力於弱勢青少年關懷與救濟，常以「知恩、感恩、惜福，心存善念才會永遠快樂」期勉學人。曾任世界佛教華僧大會主席團主席、中國佛教會常務理事、中華佛教僧伽會祕書長等，是為法忘軀的人間菩薩行者。

長老從農禪寺時代，到法鼓山創建至今，一路護持，長年應邀擔任菩薩戒尊證師及剃度典禮教授阿闍梨，2006年擔任第二任方丈接位大典的送位和尚，2009年聖嚴師父入殮典禮，長老任封棺主法，主持佛事。師父捨報後，長老除擔任法鼓學校法人及中華佛學研究所董事，也持續關心法鼓山的發展與成長。

12月14日，方丈和尚果暉法師帶領僧團法師，參加於新北市妙雲寺舉行的「今能長老追思讚頌會」，感懷長老一生修學佛法、弘揚佛法的身影，以及對法鼓山的護持，現場數百位法眷、信眾、教界代表共同追思，場面肅穆莊嚴。

● 11.22
方丈和尚果暉法師南臺科大演講
分享發展精神生活五面向

方丈和尚果暉法師於11月22日應南臺科技大學之邀，於該校「通識教育大師講座」中擔任主講人，以「人生的有效期限」為題，分享如何在有限的生命中活出自我，包括該校董事長張信雄伉儷、校長盧燈茂、學術副校長賴明材等多位主管，共有兩百多位師生聽講。

方丈和尚說明，舉凡事物都有「有效期限」，生命也不例外，長或短無法控制，只有使用權，沒有所有權。如何在有限的生命中活出自我？方丈和尚認為，除了物質生活，更要拓展豐富的精神生活，包含五個面向：因「發現」的力量而有科學的生活，追求真；因「管理」的力量而有政治的生活，追求善；因「創造」的力量而有藝術的生活，啟發美；因「思考」的力量而有哲學的生活，激發智；因「信仰」的力量而有宗教的生活，仰賴正信。

面對人工智慧AI時代來臨，方丈和尚表示人須有一技之長，正當工作讓生活無虞，並舉大黃蜂為例，昆蟲都有學習、團隊分工的合作能力，期勉學子，本著「天生我才必有用」、「活到老，學到老」的精神，以佛法所謂的五力：信、進、念、定、慧，多元學習，修習禪法，以達到智慧的開發，在人生的有效期限，努力超越自我，奉獻社會，過幸福平安的人生。

盧燈茂校長分享，自己經常閱讀聖嚴師父的著作，勉勵學生也應多閱讀，因為「人生難得，佛法難聞」，將佛法的慈悲與智慧應用於日常生活中，讓生命更有意義。

● 11.25～12.02

第十二屆大悲心水陸法會園區啟建
三十五萬人次以清淨心建設淨土

送聖時，方丈和尚果暉法師（中）感恩大眾共同成就法會。

法鼓山於11月25日至12月2日，在園區啟建「第十二屆大悲心水陸法會」，共有十二個壇場。八天七夜的法會，親至壇場或參與全球四十六個分處連線共修者約三十五萬人次，雲端祈福約有七十五萬筆。

啟建當日，首次於總壇說法的首座和尚惠敏法師，即以「儀軌深廣化，生活儀軌化」勉勵大眾，若能以壇場中迎請法師的恭敬心，對待生活中的每一個人，將儀軌、佛法延伸運用至日常生活，時時恭敬、感恩，並與無常、無我、涅槃寂靜三法印相應，即能擁有清淨法喜，並以此培養大悲心。

法會期間，壇場內，大眾精進用功，透過誦經、禮懺、念佛、禪坐，也聆聽法師說法，了解經文義理，落實「解行並重」，並在拜佛、朝山、繞壇中體驗動中修行的心法；壇場外，各組義工秉持聖嚴師父的指導「盡心、盡力、盡可能學習；不勉強、不挑剔、不可能失望」，奉獻服務，共同成就法會的圓滿與殊勝。

在12月2日的送聖儀式中，大眾觀看聖嚴師父的開示影片，「人間的淨土，應該是在每一個人的家庭裡面，每一個人的生活環境裡面。人間淨土，一定是從人的內心開始。」師父揭示人間淨土的起點，乃是每個人的內心；壇場，不只在法會裡，更在生活的每個角落：「你我心清淨，處處是淨土。」

方丈和尚果暉法師亦帶領全體僧眾，與現場近七千名信眾、義工共同發願，「我發願：盡形壽修學佛法、護持佛法、弘揚佛法、廣度眾生，為我們這個娑婆世界，成就人間淨土而努力。」展現四眾佛子建設淨土的願心。

此外，青年院已連續三年帶領法青參與送聖行列，各個壇場也不乏青年參與的身影，接引青年族群體驗漢傳佛教最殊勝的法會共修，領略佛法的智慧與共修的力量。

2018 大悲心水陸法會各壇場法會內容暨前行功課

壇場	法會內容	前行功課
總壇	・依《水陸儀軌會本》行禮如儀 ・禮拜《慈悲三昧水懺》 ・誦《梵網經・心地品》卷下 ・說法	・每日禮〈五悔儀〉一遍 ・或每日持誦「南無阿彌陀佛」聖號三千遍
淨土壇	・讚佛偈、念佛、繞佛、坐念 ・拜佛、拜懺 ・《阿彌陀經》晚課 ・說法	・早晚各誦《阿彌陀經》一部 ・或每日持誦「南無阿彌陀佛」聖號三千遍 ・或每日閱讀《聖嚴法師教淨土法門》一章
藥師壇	・誦《藥師經》 ・繞壇——持誦〈藥師咒〉 ・說法	・每日誦《藥師經》一部 ・或每日持誦「南無消災延壽藥師佛」聖號三千遍 ・或每日持誦〈藥師灌頂真言〉一千零八十遍
地藏壇	・誦《地藏經》 ・禮拜《地藏懺》 ・說法	・每日誦《地藏經》一卷 ・或每日持誦「南無大願地藏王菩薩」聖號三千遍 ・或每日持誦〈滅定業真言〉一千零八十遍 ・或每日閱讀《地藏菩薩的大願法門》一篇
祈願壇	・誦《普門品》 ・禮拜《大悲懺》 ・繞壇——持誦〈大悲咒〉 ・說法	・每日持〈大悲咒〉二十一遍 ・或每日禮拜「南無大悲觀世音菩薩」一百零八拜 ・或每日持誦「南無大悲觀世音菩薩」聖號三千遍 ・或每日閱讀《聖嚴法師教觀音法門》一篇 ・或每日閱讀《觀世音菩薩普門品講記》一篇
法華壇	・誦《法華經》 ・說法 ・禮拜《法華經》經題 ・繞鐘	・每日誦《法華經》一品 ・或每日禮拜「南無靈山會上佛菩薩，南無妙法蓮華經」每句一拜，共一百零八拜 ・或每日持誦「南無靈山會上佛菩薩，南無妙法蓮華經」一千零八十遍 ・或每日閱讀《絕妙說法——法華經講要》一篇
華嚴壇	・靜閱《華嚴經》	・每日持誦〈普賢菩薩行願讚〉三遍 ・或每日持誦「南無盧舍那佛」聖號三千遍 ・或每日閱讀《普賢菩薩行願讚講記》一篇
禪壇	・誦《六祖壇經》 ・禪觀 ・說法	・每日誦《六祖壇經》一部 ・早晚各打坐三十分鐘
楞嚴壇	・誦《楞嚴經》 ・禪觀 ・說法	・早晚各打坐三十分鐘 ・或每日持誦〈楞嚴咒〉一遍
大壇	・禮拜《梁皇寶懺》 ・齋天法會 ・彌陀及普佛法會 ・說法	・每日禮拜〈八十八佛大懺悔文〉每句一拜，共一百零八拜 ・或每日持誦「南無阿彌陀佛」聖號三千遍
瑜伽焰口壇	・依《瑜伽焰口施食要集》行禮如儀 ・說法 ・三大士／五大士進行瑜伽焰口施食	・日行一善並功德迴向
萬行壇	・六度——布施、持戒、忍辱、精進、禪定、般若 ・四攝——布施、愛語、利行、同事	・每日持誦〈大悲咒〉七、十四或二十一遍 ・或每日打坐三十分鐘以上 ・或每日拜佛一百拜以上 ・或每日閱讀《修行在紅塵》第四講「《維摩經》與心靈環保」」

● 11.27　12.06

社大關懷新住民
以茶會、創意料理比賽會友

新住民姊妹組隊參賽，端出拿手家鄉料理，用素食美味彼此交流。

法鼓山社大關懷新北市北海四區新住民，舉辦「築夢踏實・耕您有約」系列活動，包括茶會、創意素料理比賽，協助融入在地生活。

11月27日與金包里新住民關懷服務站於金包里社區發展協會合辦的「新住民說夢・話茶會——作夥來開講」，邀請新住民喝茶聯誼，並教唱「甜蜜蜜」、「月亮代表我的心」等歌曲，社大校長曾濟群到場關懷，祝福新住民們「夢想成真」。

12月6日於金山區金美國小媽媽教室舉辦「新住民家鄉菜創意素料理比賽」，有七組，近二十位來自越南、印尼、中國大陸的新住民參加。比賽中有印尼慶典時的薑黃油飯搭配黑糖椰子、天貝和米餅，越南咖哩、河粉、炸春捲、涼拌青木瓜，以及來自中國安徽的辣味醋溜馬鈴薯、茄子豆角等，現場香味四溢，擺盤也充分發揮創意。

教室外的海報上，貼滿新住民朋友的參加心得：「I Love Taiwan」、「真高興認識很多新朋友」、「可以分享家鄉美食真好」，展現參加活動的喜悅。

● 12.05～2019.04.24期間

紫雲寺唯識學講座
許洋主講授唯識關鍵字

高雄紫雲寺於12月5日至2019年4月24日期間，每週三舉辦唯識學講座，邀請華嚴專宗學院教師許洋主主講「認識唯識關鍵字」，以安慧論師的《唯識三十頌釋論》為基礎，說明每種煩惱的特質、產生原因、影響及對治方法，有近兩百人參加。

許洋主老師首先表示，唯識學不難學，訣竅是從認識「唯識關鍵字」入手，由梵文原意，直接掌握思想核心，不論煩惱有多少，一眼看透。課程中，許老師介紹唯識學的由來及思想架構，是從原始佛教、部派佛教的發展而生，主軸在唯心、瑜伽、禪定修行及探討輪迴的識體等；眼耳鼻舌身意前六識是表層心

理，末那識是堅強的自我意識，阿賴耶識則是無善惡的儲存倉庫，後兩者同為深層心理。

許老師鼓勵學員，唯識雖深，多聞熏習終得成就，《大智度論》提到「五度如盲，般若為導」，六度萬行是菩薩修證佛道的階梯，般若如明燈，指引光明正確的方向，藉由認識唯識及各種煩惱的本質，將自我剛強的「識」轉成「智」，即能轉染成淨、轉凡成聖。

許洋主老師於紫雲寺說明，認識唯識關鍵字，就能理解唯識學。

12.08　12.15　12.16　12.29　12.30

聖基會兒童生活教育寫畫創作頒獎
童心童畫關懷世界

聖基會於12月8至30日期間，分別在北投農禪寺、臺中寶雲寺、臺東信行寺、高雄紫雲寺與桃園齋明別苑舉辦「107年兒童生活教育寫畫創作活動」頒獎典禮，由主任呂理勝，以及道場常住法師等擔任頒獎人，共有一千一百多位學生和家長參與。

在各地舉辦的頒獎典禮，皆融入各種寓教於樂的活動，農禪寺、齋

於農禪寺進行的頒獎活動中，舞者邀請現場學童即興演出，展現天真活潑的童趣。

明別苑安排「旅行童話」劇團串場演出，以趣味短劇、遊戲和舞蹈，帶著小朋友學習勇敢，成為助人力量；寶雲寺邀請森磊高中、信行寺邀請寶桑國小特教班、紫雲寺則由「1+1+1親子打擊樂班」與「純淨樂團」合作，以舞蹈、演奏、帶動唱等，為現場帶來歡樂氣氛。

本年共有繪畫五百六十件、作文組五百四十六件、書法組五百一十一件作品參賽，除國內地區，海外亦有美國西雅圖地區參與。擔任評審的北投國小校長翁世盟表示，本年度投稿作品件數成長，創意完整、內容多元，讚歎孩童藉由敏銳觀察，學習守護大自然、珍惜資源、生態保育等，表達對社會的關心。

● 12.09

聖基會「談書時光」對談講座
果幸法師深入默照禪法意趣

「談書時光」對談講座,由果幸法師(左起)、楊蓓執行長、廖肇亨教授共同分享。

聖基會於12月9日首次舉辦「談書時光」對談,以《聖嚴法師教默照禪》一書為主題,邀請中央研究院文哲所研究員廖肇亨主持,由僧大副院長果幸法師主講,聖基會執行長楊蓓擔任與談人,深入研讀聖嚴師父的默照禪,有近七十人參加。

果幸法師說明,聖嚴師父是首位以自身開悟體驗,詮釋宏智禪師詩偈的境界,而兩者之間最大的不同,在於師父將默照禪整理出有系統的層次。

對談中,法師從觀念、方法、態度等三面相介紹師父的默照禪,並指出此三者常常交融,既是觀念、方法,也是態度;也解析師父的默照層次,以及與「只管打坐」的不同。

楊蓓老師以參與多場聖嚴師父帶領默照七的體驗分享,師父不斷修正禪法教學,為的就是適應不同根基的現代人,所以從一開始的棒喝,到後來強調放鬆;而放鬆是無止盡的,蒲團上的事就是日常生活的事,運用在生活中,便能隨時清楚覺照,工夫成片。

廖肇亨教授綜述曹洞宗的傳承及後來的日本發展、宏智正覺的性格與禪風、其詩偈所展演的開悟境界、與文人的交流、和大慧宗杲的互動,以及當時的社會政經脈絡等,讓與會者對默照禪的流傳與演變,有寬廣深刻的了解。

● 12.11　12.16　12.20

社大創客工作坊實踐創意
引導在手作創作中獨立思考

法鼓山社大於12月11、16及20日,分別於北投、金山及新莊三校區舉辦「翻轉手做,實現創意」創客工作坊,主題分別是「想‧方‧設‧法——創意縫正方布」、「點‧線‧面——飛梭創意金屬線」、「布一樣的第二人生」,引導學員在手作創作中獨立思考,共有近百位學員參加。

第一場由拼布老師許文綉帶領，打破傳統依樣畫葫蘆教學的方式，啟發學員在作品中加入自己的創意思考，嘗試在傳統手藝加入作者專屬的靈魂，創作不一樣的拼布創客世界；第二場由編織老師阮泳家引導發想如何利用各式金屬線解決生活的需求，並教導利用圓嘴鉗、玻璃罐、鐵筷、塑膠水管等易取得的材料，運用現學的基礎技法，完成獨一無二的創作品；第三場由彩繪

社大創客工作坊中，學員藉由手作創作，啟發獨立思考。

老師曹淑女運用剪、貼、彩繪賦予新元素，利用舊衣剪下的布材做成領巾、髮帶，裁一截袖子變身為水壺袋、傘袋等，讓作品與眾不同。

校長曾濟群也在工作坊中分享「創客、創業與行銷」，表示觀念的翻轉，充滿無限可能，期盼學員觀察生活中的不便，或是未被滿足的需要，積極探索各種技能與知識應用，實踐創意的樂趣。

12.20

臺南二中社團參訪臺南分院
認識法鼓山的理念、體驗動禪

臺南二中靜心靜坐社團師生十七人，於12月20日參訪臺南分院，認識法鼓山與漢傳禪法。

一行人首先觀看《大哉斯鼓》影片，常慶法師向師生介紹法鼓山的理念，說明法鼓山的由來、現況及未來目標；也帶領動禪，體驗身在哪裡，心在哪裡，不為外境所擾的安定與放鬆。接著，常嗣法師教導正確靜坐姿勢及方法，引導從頭開始放鬆，並由禪坐會義工示範坐姿

臺南二中社團參訪臺南分院，認識法鼓山的理念。

瑜伽，進一步拉伸腿部及背部肌肉，體驗肌肉鬆緊的感覺。

交流分享時間，常慶法師播放一部短片，片中老婆婆牽著主角的手過馬路，

軟化主角冷漠的心，改變原本孤僻的性格，願意主動協助他人。法師提醒，每個人都有自己的特質來奉獻、助人。

監院常宗法師關懷時，介紹聖嚴師父的五項特質：發願、純信、努力、惜福及分享，並以師父分享佛法與他人來減少煩惱，鍥而不捨、不因環境困苦而放棄的願力，勉勵學子努力學習，進而學以致用，服務大眾。

● 12.26～2019.01.01

全球分支道場跨年迎2019
清淨身心迎光明

方丈和尚果暉法師於農禪寺跨年祈福法會上，鼓勵二千多位民眾以利他來利己，共同建設人間淨土。

2018年歲末，法鼓山海內外各分院及道場，以禪修、念佛、法會等共修方式，引導大眾沉澱身心，在佛法的祝福中，除舊迎新。

海外的美國東初禪寺，首先於12月26日至2019年元月1日聖誕新年假期，舉行念佛禪七，監院常華法師帶領東、西方信眾或安步念佛，或快步繞佛、安坐念佛，有首次參加的西方眾分享，一心繫念阿彌陀佛，不僅收攝身心，也體驗到色身的存在是藉假修真。加拿大溫哥華道場自28日起展開跨年禪五，邀請聖嚴師父西方弟子常聞（David Listen）擔任總護，禪眾練習專注、覺照、清楚、放鬆，以安定心迎新年。

29至30日，臺中寶雲寺、臺東信行寺分別舉行佛二、禪二；三百多位大臺中地區信眾隨著寺院管理女眾副都監果理法師，於莊嚴攝心的大殿中共修。香港道場亦於九龍會址舉辦慈悲三昧水懺法會，大眾虔誠拜懺，希望法水洗滌三障煩惱，僧團副住持果品法師鼓勵眾人熟記懺文，隨時觀照、隨時懺悔、經常反省，每天清理自心。

北投農禪寺於31日舉辦「2019跨年迎新在農禪」，逾兩千位民眾以持誦《金剛經》、〈叩鐘偈〉祈福跨年，監院果毅法師以「金剛智慧無敵；觀音慈悲無限」，期許藉由讀誦《金剛經》擁有無敵智慧，當心中沒有敵人的時候，外在的敵人便不存在，就能歡喜自在，慈悲無限。方丈和尚果暉法師關懷時，以年度主題「好願在人間」鼓勵眾人，透過「祈願、許願、行願、發願、還願」五步驟來提昇、奉獻自己，以利他來利己，共同建設人間淨土。

實踐

貳【大關懷教育】

從生命初始到生命終了，
以「心靈環保」出發，
落實各階段、各層面的整體關懷，
安頓身心、圓滿人生，
實現法鼓山入世化世的菩薩願行。

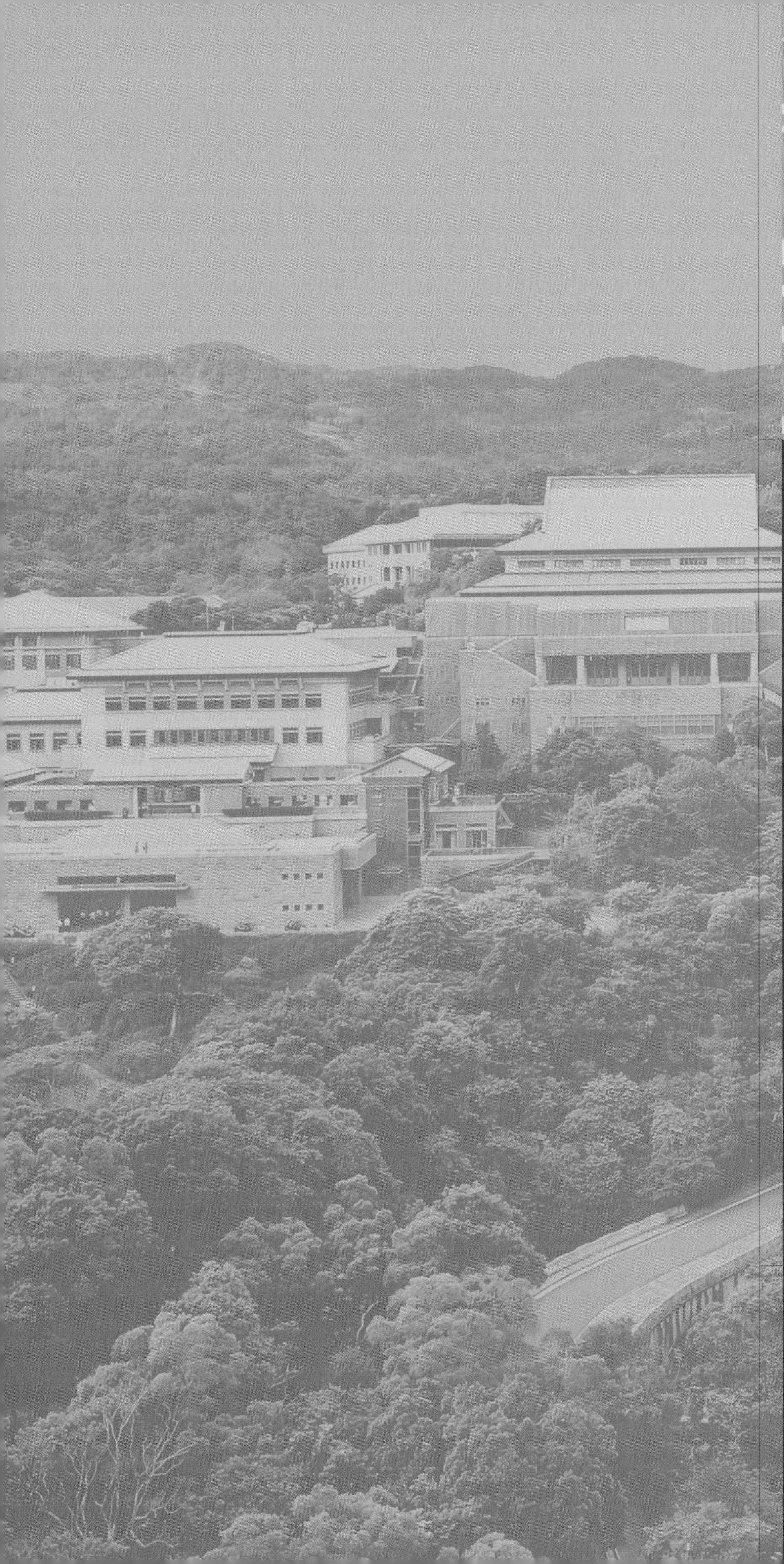

四安實踐
究竟可靠的平安

2018年，法鼓山提出「平安無事」為年度主題，
大關懷教育以深耕「四安工程」的永續相呼應，
以佛法的慈悲、智慧之光，引導大眾隨時、隨念、隨遇安心，
讓人人都能心安、身安、家安、業安，保持內心的平靜與明淨；
也持續展開地區活化、人才培訓、內部關懷等活動，
為實踐法鼓山的理念，注入源源不絕的護法動力，
期能積極實踐，為人間帶來溫暖，進而尋得真正究竟可靠的平安。

法鼓山大關懷教育的目標，是以人間化的佛法，普遍而平等的關懷社會大眾，圓滿生命各個階段的需求，可謂是僧俗四眾入世化世、菩薩願行的具體實踐。本年的大關懷教育，持續以慈悲智慧為底蘊，致力於急難救助、整體關懷、社會慈善、信眾關懷等面向，打造安心工程，引領大眾止惡行善，建設自心淨土，為社會帶來安定的力量。

急難救助 佛法關懷安頓身心

急難救助方面，於國內，從2月花蓮強震、4月桃園火災、8月南部水患、10月臺鐵普悠瑪列車出軌事故，法鼓山皆於第一時間啟動緊急救援機制，展開各項關懷工作，海內外各地分寺院也同步為受難者設立消災及超薦牌位，藉由宗教的信心和祈願方式，舉辦法會，透過大眾共修的力量，為傷亡者傳遞祝福，

為社會注入平安與光明。

其中，花蓮強震造成建物倒塌與人員傷亡等災情，慈基會祕書長果器法師即時與慰訪義工前往收容所慰訪，為民眾帶來重建生活的信心；並設置安心服務據點，由義工陪伴鈔經、持咒、念佛，抱持「生命共同體」的精神，關懷與協助受災民眾，另外也捐助門諾醫院受損復建工程，守護鄉親健康。

在桃園工業區火災造成六名消防員殉職及兩位移工罹難的次日，關懷院法師帶領地區一百多位信眾，誦念《阿彌陀經》迴向罹難者。對於南臺灣因強降雨造成的災情，法鼓山除勘災慰訪，了解受災地區需求，適時支援物資、轉達各界關懷外，僧俗四眾也全力協助清理家園與校園。

宜蘭發生臺鐵列車翻覆意外，方丈和尚果暉法師前往醫院關懷時，表示受難

者是大菩薩現身說法，接引大眾體會人間需要更多的溫暖，也勸請眾人以聖嚴師父的「四它」心法轉念，在安定中度過難關。

於海外，持續關懷中國大陸四川震災心靈重建工程，在寒、暑假期間，共舉辦九梯次「生命教育心靈環保體驗營」，營隊內容包括大地遊戲、影片心得分享、小組

2月花蓮強震，法鼓山義工協助學校圖書館傾倒圖書歸位。

討論，學員思考、體會「心靈環保」在生活中的實踐，並討論自我覺察與生命的意義，結合「心五四」的大地遊戲，除了體驗四安、四感、四要、四它、四福，也學到團隊合作與信任；另外，延續2015年尼泊爾震災的救援關懷，捐贈前譯紀念學校（Ngagyur Memorial School）學童就學和生活用品等。

慈善公益　世間有情皆有所養

慈善公益上，首先展開的是「106年度歲末關懷」系列活動，自2017年12月至2018年1月底，陸續於全臺二十一個關懷據點展開，除提供慰問金及物資，許多關懷點同步舉行祈福法會或念佛共修，引領大眾安定身心，總計關懷近三千戶家庭。5、6月的端午關懷，與10月的中秋關懷，慈基會皆結合各界資源，派遣義工前往關懷家庭慰訪，並至各地社福機關、安養機構，與院民歡度佳節，共有三千多人次感受到社會真誠的溫暖。

行之有年的百年樹人獎助學金，第三十二、三十三期共舉行逾八十場頒發活動，兩千六百多位學子受益，本年有兩位學子同時獲得「總統教育獎」殊榮。頒獎典禮以結合節慶，或淨灘、參訪活動等方式進行，藉以傳達法鼓山的教育理念和關懷，更鼓勵學子們以勇氣突破生命逆境，開啟生命無限可能。

此外，還有地區的慰訪義工定期前往關懷家庭，以及基隆市博愛之家、臺中市大雅健德安養中心、屏東縣屏安醫院護理之家、花蓮縣長春養護之家等十四所社福、安養機構，以及臺中市仁德社區、高雄市寶來與中坵等四社區，帶領藝文表演、團康遊戲與念佛、法鼓八式動禪等活動，傳遞最直接的關懷。

本年的慈善公益，還包括捐贈社團法人臺灣福氣社區關懷協會到宅檢查電子血壓計、額溫槍等健檢器材，協助社福團體關懷長者所需；而為推廣減災備災的防災理念，也協助新北市、雲林縣、南投縣政府採購住宅用照明燈具、火災

警報器，捐助弱勢家庭及獨居長者，落實住家安全。

整體關懷　信願行的社會實踐

心靈環保體驗與實踐的分享，是法鼓山關懷社會大眾的主要方式，服務對象也廣及各階層。5月，新北市金山區磺溪橋復建工程正式完工通車，2017年遭大雨沖毀的磺溪橋，在法鼓山回饋鄉梓捐贈復建經費後完成重建，搭配堤防工程與河川整治，拓寬後的橋墩符合最新防洪防震標準，為鄉里提供更便捷安全的交通設施。7月捐贈宜蘭縣南澳鄉社區巡迴巴士，搭載學生上課、長者就醫、村民外出工作，維護南澳平安行。

而在關懷生命專線的培訓上，全年開辦線上督導課程，由具心理諮商專業背景的蘭陽分院監院常法法師指導諮商技巧，並融入佛法知見，增進學員同理心及感動自他生命的能力，提昇協談工作的品質。

於校園，結合法鼓山義工、在地學校老師及大學生組成學輔團隊，開辦「兒童暨青少年學習輔導班」，為大臺北、新竹、臺中地區弱勢家庭的學童，提供關懷與課業輔導，陪伴學童學習與成長。此外，護法會多處辦事處，如新北市新店、新莊、中永和與臺北市中正萬華、松山、內湖等地區，皆舉辦「兒童半日營」；暑假期間亦舉行兒童營，藉由話劇、遊戲、唱誦等多元方式，薰習心靈環保的理念。

而為鼓勵學子服務大眾，除安排百年樹人獎助學金高中組與大專組的學子，參與社福機關慰訪、海洋淨灘等活動，2018年並補助三十二所大專院校學生服務社團，共一百零四項營隊活動，讓慈善與關懷的種子在校園扎根，引導年輕人在奉獻利他的過程中，學習成長。

另一方面，為年輕人開辦的「做自己人生的GPS」系列講座，於新北市新店和淡水兩地展開，課程主題包括幸福學、職涯發展、家庭關係、流行趨勢等，以佛法覺察自我，開創幸福光明的人生。

9月重陽節前夕至10月期間，在各地分院展開的「第二十五屆佛化聯合祝壽」，近兩千七百位長者在兒孫陪同下，歡度環保簡約、法喜充滿的祝壽活動，具體落實禮儀環保的精神，以及敬老孝親的家庭倫理。

新勸募會員於授證典禮中，發願募人募心同學佛。

對於大事關懷課程的推動，2018年關懷院於海內外，包括臺南分院、臺北中山精舍，文山、板橋、中永和辦事處，以及美國舊金山道場，與馬來西亞道場、新加坡護法會等地開辦課程，內容包括法鼓山大事關懷理念、佛事的意義、梵唄與法器練習等，透過地區參與及推廣，分享積極正向的生死觀念。

信眾關懷 精進學佛圓滿福慧

信眾關懷上，首場大型活動為護法總會於1月舉辦的「邁向2018平安無事——歲末感恩分享會」，海內外十一個地點同步展開，九千多位信眾透過連線，以各具特色的隊呼彼此祝福問候，感受法鼓山大家庭的溫暖，並再次提起願心——在承擔中成長自己、成就眾生。3月「正副會團長、正副轄召、召委聯席會議」，近兩百位悅眾感恩互勉，繼續邁向第五個護法十年。

4月起全臺舉辦四場「勸募鼓手關懷營」，由副都監常遠法師、服務處監院常應法師及多位悅眾，共同為新進鼓手充電和解惑，重新溫習法鼓山的理念，以及勸募鼓手的精神。10月及12月的新勸募會員、新任悅眾授證典禮，則深化悅眾的道心與願心，推動如來家業。

此外，為整合資源，落實關懷，3月起，護法總會與普化中心於辦事處、共修處，接力開辦「經典共修」課程，方便地區信眾以讀誦方式親近經文要義。同時，各會團及辦事處也以禪修、成長營、培訓課程、聯誼會等各式活動，帶動互相學習、共同成長。其中，員林辦事處以融合閱讀聖嚴師父著作和茶禪的心靈茶會，引導民眾在書香和茶香中輕鬆學佛互動；於義工團系列成長課程中，常獻法師多次期勉大眾，以「奉獻自己，成就大眾」的精神，在奉獻中快樂修行。

結語

本年最具指標性的盛事，是第七屆「國際關懷生命獎」頒獎典禮於9月舉辦，透過得獎者團體大願獎天主教善牧社會福利基金會、個人慈悲獎林家如、個人智慧獎劉大潭所展現的悲智大願與奉獻利他精神，為社會大眾展現正向的光明面，也是深刻的生命教材，顯現人間仍充滿愛心與希望。典禮以音樂會方式貫串，除了表彰得獎人以行動實踐生命價值的人文精神，更感恩聖嚴師父創立關懷生命獎，引領世人看見人性的無私與光明。

聖嚴師父曾為文指出：「人生在世難免遇到不平安的現實，身心平安的尋求，從內心的平安做起很重要。向心外求快樂、向環境求安全，可得到一時似是而非的平安，然而並不可靠。」2018年，大關懷教育落實年度主題揭示的「止惡行善，心安平安；觀世自在，無事無礙」實踐方針，於社會間深耕四安，化佛法為安心泉源，在從事關懷他人的行動之中，奉獻、感化、成長自己，引領大眾建設人間淨土。

● 01.05　01.12

護法總會樂活悅曲人才培訓
佛曲帶動唱樂弘法

樂活悅曲人才培訓課程中，學員學習佛法帶動唱。

護法總會於1月5日及12日，在臺北德貴學苑舉辦「樂活悅曲人才初階培訓課程」，由悅眾董麗琪帶領，共有六十五位北部地區及合唱團團員參加。

護法總會服務處監院常應法師到場關懷時，說明在長青班或分享聯誼會等活動中，加入活潑而不失莊嚴的佛曲帶動唱，在放鬆歡欣的氛圍中，引導大眾更願意打開心門學佛。

課程中，學員以「身在哪裡，心在哪裡，清楚放鬆，全身放鬆」的禪修心法，專注在每個動作上，體會身心一致的自在舒暢。12日的成果發表會上，學員分成三組，上台表演〈阿彌陀佛在心間〉、〈彩虹的微笑〉、〈安和豐富〉等曲目，並共同討論進退場的隊伍呈現，一方面訓練臨場膽識，也能相互觀摩學習。

有學員分享，佛曲帶動唱和一般舞蹈不同之處，在於心中有佛法，音聲和動作是安定和諧的，在學習過程中，對於佛曲所傳達的意涵，更有體認。

● 01.05～12.07期間

「關懷生命專線」開辦線上督導
常法法師傳授佛法關懷及諮商技巧

人基會於1月5日至12月7日期間，每月一次為關懷生命專線的義工開辦線上督導課程，由具心理諮商專業背景的蘭陽精舍副寺常法法師指導，提昇接線工作的品質。

課程由法師陪伴義工執行勤務，專線電話響起，就在一旁聆聽，待當事人下線後，即就接線過程進行討論，並指出交談時，語氣語調都要誠懇，鼓勵的話語更要堅定、正向。

對於專線義工所提出的接線困擾，常法法師分享，須從當事人的敘述中，觀照其個性特點，是否缺乏信心、無病識感，或是陷在自己不自覺設下的困境中等，然後試著貼近當事人的心，一起合作，協助當事人在自覺的前提下，自行找到方向，解決心中的困擾或不安。

常法法師鼓勵接線義工，增進同理心及感動自他生命的能力。

除了諮商技巧，法師還融入佛法知見，為義工們營造互信的團體氛圍，藉由自身或他人的生命故事分享，增進同理心及感動自他生命的能力。常法法師期勉義工，進入協談室前，必須先淨心安心，讓自己能量滿滿地接聽每通來電；每晚則要迴向有情眾生，發心做一個有願力、有實力、有親和力的「觀音」菩薩。

有義工分享，對於當下個案的情緒及情境，法師所提出的專業視角，直指人心，為協談時帶來許多突破。

● 01.07～02.10期間

106年度歲末關懷全臺展開
二十一個據點關懷近三千戶家庭

慈基會延續2017年12月9日起舉辦的106年度「法鼓山歲末關懷」系列活動，至2018年2月10日期間，全臺各地分院、護法會辦事處匯集民眾的愛心，並結合地區資源，共同關懷當地低收入戶、獨居老人、急難貧病等民眾，合計二十一個關懷據點，共關懷近三千戶家庭。

苗栗辦事處將關懷物資送到關懷戶家中，傳達最直接的祝福。

高雄紫雲寺、臺東信行寺皆於1月7日展開歲末關懷。紫雲寺於活動中舉行祈福供燈，由監院常參法師帶領，象徵領受佛法的慈悲與祝福，另安排法青活潑佛曲、非洲鼓表演與影片觀賞，傳遞「心靈環保」的理念。

於信行寺展開的關懷活動，溫馨接送慰訪的三百三十五戶關懷戶相聚。監院常全法師首先感恩各界提供的物資、年節禮金，共同成就送暖的善願；也鼓勵關懷戶以各自的宗教信仰，帶給他人關愛與祝福。有關懷戶分享，平日難得外出，以聚會方式進行關懷，從不同路線搭車到寺院團圓，更感受到歡喜。

臺南分院則於1月14日舉辦歲末關懷，由義工帶動手語表演，法青演唱佛

曲，監院常宗法師在供燈儀式中，帶領大眾祈福發願，並祝福「心安平安，無事無礙」迎新年。

另一方面，蘭陽精舍及多處辦事處更提供「關懷到家」服務，由義工直接將關懷物資送到關懷戶家中，傳達最直接的祝福。

106 年度「法鼓山歲末關懷」活動一覽

區域	時間	活動地點	活動內容	關懷地區（對象）	關懷戶數
北部	2017 年 12 月 9 日	北投農禪寺	祈福供燈、園遊會、致贈禮金與物資	臺北市、新北市關懷戶	345
	2017 年 12 月 10 日	北投文化館	祈福法會、義剪、致贈禮金與物資	臺北市、新北市關懷戶	852
	2017 年 12 月 16 日	法鼓山園區	祈福供燈、心靈饗宴、致贈禮金與物資	北海岸行政區、基隆關懷戶	156
	2017 年 12 月 23 日	桃園齋明寺	祈福供燈、藝文表演、致贈禮金與物資	桃園市、新竹地區關懷戶	264
	2018 年 1 月 15 至 30 日	宜蘭市安康托兒所	關懷送到家	宜蘭縣市關懷戶	17
	2018 年 1 月 25 日	蘭陽精舍	關懷送到家	宜蘭縣市關懷戶	22
	2018 年 1 月 29 日至 2 月 10 日	苗栗辦事處	關懷送到家	苗栗縣市關懷戶	35
中部	2017 年 12 月 23 至 24 日	南投德華寺	祈福供燈、義剪、致贈禮金與物資	南投縣魚池鄉、國姓鄉、仁愛鄉關懷戶	87
	2018 年 1 月 7 至 15 日	彰化辦事處	祈福供燈、致贈禮金與物資、關懷送到家	彰化縣市關懷戶	46
	2018 年 1 月 10 至 31 日	臺中寶雲寺	關懷送到家	臺中市關懷戶	110
	2018 年 1 月 14 至 17 日	竹山共修處	關懷送到家	南投縣竹山鎮關懷戶	70
	2018 年 1 月 17 日	南投辦事處	關懷送到家	南投縣市關懷戶	62
	2018 年 1 月 20 日	豐原辦事處	藝文表演、法鼓八式動禪、致贈物資	臺中市豐原區關懷戶	27
		東勢共修處	關懷送到家	臺中市東勢區關懷戶	61
	2018 年 1 月 28 日	員林辦事處	致贈禮金與物資	彰化縣員林市關懷戶	100
南部	2018 年 1 月 7 日	高雄紫雲寺	祈福供燈、藝文表演、致贈禮金與物資	高雄市關懷戶	182
		朴子共修處	致贈禮金與物資	嘉義縣朴子鎮關懷戶	32
		嘉義辦事處	致贈禮金與物資	嘉義縣市關懷戶	57
	2018 年 1 月 14 日	臺南分院	祈福供燈、藝文饗宴、致贈禮金與物資	臺南市關懷戶	60

區域	時間	活動地點	活動內容	關懷地區（對象）	關懷戶數
南部	2018 年 1 月 19 至 30 日	潮州辦事處	關懷送到家	屏東縣潮州鎮關懷戶	32
東部	2018 年 1 月 7 日	臺東信行寺	致贈禮金與物資	臺東縣市關懷戶	335
	2018 年 1 月 20 至 30 日	花蓮辦事處	關懷送到家	花蓮縣市關懷戶	24
合計					2,976

● 01.16

常隨法師仁濟院講「慈善救濟」
分享救濟與心靈環保

常隨法師於仁濟院分享救濟與心靈環保。

1月16日，慈基會副祕書長常隨法師應臺北仁濟院邀請，以「慈善救濟與心靈環保」為題，於該院為近四十位醫護及行政人員演講，院長戴東原也全程參與。

講座中，法師首先帶領進行「幸福人生大拍賣」，藉此反思當初選擇醫護工作的初心及使命，逐步揭示「慈善救濟・文化・修持」的內涵。

以日本「夜巡老師」水谷修改變學生的故事，常隨法師闡述佛法與慈善救濟之間的相關性，並以道濟禪師為例，說明「禪的智慧與絕對客觀」的功能與價值，而「禪」正是心靈環保的核心精神，期勉大眾時時在生活中運用禪法，邁向自利利人的幸福人生。

● 01.20

慈基會新竹區課輔班結業
以關懷和愛陪伴學童成長

1月20日，慈基會於新竹地區開辦的「兒童暨青少年學習輔導」課程，在朝山國小舉行結業式及感恩活動，桃園齋明寺監院果舟法師到場關懷，包括老師、義工和學生，共有六十多人參加。

果舟法師鼓勵學童，提昇人品最重要，成績只是一個過程，真正對自己有幫

慈基會新竹區課輔課程，陪伴學童快樂成長。

助的是品格教育，更期勉建立良好的人生觀，長大後也能關懷別人、奉獻社會；朝山國小校長李麗娥感恩法鼓山義工、老師及交通大學學生陪伴學童學習，勉勵學童珍惜因緣。

活動中，除了期末學習分享，小朋友還創作感謝卡送給想感恩的人，指導老師也製作「勤學服務獎」、「努力學習進步獎」，鼓勵學童繼續用心學習。

「兒童暨青少年學習輔導」課程，以生命教育及品格教育為主、課輔為輔，希望以關懷和愛，在多元化的學習中，陪伴學童快樂成長。

● 01.21

「歲末感恩分享會」全球展開
2018歡喜再奉獻

護法總會於1月21日舉辦「邁向2018平安無事──歲末感恩分享會」，國內法鼓山園區、北投農禪寺、三峽天南寺、桃園齋明寺、臺中寶雲寺、臺南雲集寺、高雄紫雲寺、臺東信行寺、蘭陽精舍以及護法會花蓮辦事處，與海外馬來西亞道場，共十一個地點同步展開，方丈和尚果東法師與各地僧團法師、九千多位信眾，彼此互道祝福，凝聚護法弘法的向心力。

方丈和尚於主現場園區大殿連線開示時，呼應年度主題「平安無事」，勉勵眾人從止惡行善做起，時時觀照起心動念、加以修正，就能開啟清淨佛性，體會「心安平安，無事最樂」的真意；總會長張昌邦代表護法總會向僧俗四眾致謝，「感恩聖嚴師父創辦法鼓山，讓我們有種福修慧的地方；感恩法師，讓我們聽聞佛法；感恩悅眾、義工投入護法，建設人間淨土。」並以「精進學佛，圓滿福慧」

蘭陽精舍小菩薩精彩的表演，為活動注入青春活力。

作為對大眾的祝福。

分享會中，僧俗四眾以法相會，祈福互勉。於園區，一千多位護法信眾在主法常寬法師的帶領下，唱誦《心經》與觀音菩薩聖號，莊嚴心地；於農禪寺，監院果毅法師期勉，因理念相同而匯聚的善緣，成為共同培福修慧的動力；於齋明寺關懷的都監果光法師，則以「青山不礙白雲飛」分享「平安無事」的真義；雲嘉南鼓手團

法鼓山園區大殿為主現場，一千多位護法信眾在祈福法會中互相感恩祝福。

聚的雲集寺，藉由影片回顧，重溫擔任義工、同為「如來家人」的感動，監院常宗法師勉勵大眾，在奉獻中長養法身慧命。

各地區並安排佛曲帶動唱、戲劇、樂器演奏等節目，讓老中青三代有了更多交流機會。包括首次受邀參加的基隆法青演出短劇，以輕鬆活潑的方式，教導孩子不被外在標籤所束縛；紫雲寺高雄法青純淨樂團以非洲鼓為媒介，與眾人心中的法鼓相呼應。

海外馬來西亞道場的分享會，以「以人為本、以感恩為精神」為主題，除了法青及合唱團的表演，也邀請義工分享護持法鼓山心得，監院常藻法師期勉大眾，將佛法落實在生活中，珍惜每個因緣，隨緣盡分。

● 02.05

慈基會助崑山國小校舍補強竣工
獲臺南市府贈頒感謝狀

慈基會轉達社會個各界關懷，協助修葺於2016年臺南地震中受損的崑山國小教學大樓補強工程，於2月5日舉辦「0206地震災後校舍補強工程竣工啟用典禮」，祕書長果器法師、臺南分院監院常宗法師、護法總會副會長柯瑤碧、法緣會會長王瓊珠、總幹事陳高昌等出席祝福。

果器法師期許環保美觀的新校舍成為百年樹人的基地，培養學生感恩惜

果器法師（右四）、常宗法師（右三）等，出席崑山國小教學大樓補強工程竣工啟用典禮。

福、利他行善的生命態度；崑山國小校長余孟和表示，在安全、實用、環保、美觀的嶄新校舍中，學童定能安心學習。

典禮上，臺南市副市長張政源、校長余孟和分別致贈感謝狀，學童們也向果器法師、常宗法師，以及王瓊珠會長、陳高昌總幹事等義工代表，送上親手製作的感謝卡，發願日後也要予人溫暖，場面溫馨感人。

● 02.06～12

法鼓山關懷花蓮震災
協助民眾安心安家

常炬法師帶領法青義工於東華大學整理圖書館。

花蓮於2月6日深夜十一時五十分發生芮氏規模6.0級強震，造成建築物倒塌與人員傷亡等重大災情，慈基會於第一時間啟動緊急救援機制，了解受災情形後，召集慰訪義工前往關懷救助。祕書長果器法師則聯繫擔任行政院花蓮賑災召集人的國發會主委陳美伶，表達法鼓山配合公部門投入重建的意願，總幹事陳高昌等人也前往臨時收容所慰問，盼能為當地民眾帶來重建生活的力量。

花蓮辦事處多位義工於7日起，分別在設於花蓮小巨蛋和中華國小的臨時收容所，設置關懷陪伴安心服務據點，藉由鈔經、關懷等活動安定受災民眾的心靈；也配合公部門提供租屋等服務，協助民眾生活重回軌道。

9日，前往花蓮授課的弘化發展專案召集人果慨法師，轉往收容所關懷；並於11日率同六十位悅眾，至殯儀館為罹難者誦念《阿彌陀經》、《心經》；義工們也參與12日舉辦的聯合公祭，祈願罹難者往生善處。

另一方面，青年院監院常炬法師亦召集十四位法青前往花蓮，協助花蓮高商、明禮國小、東華大學和受災家庭清理環境。

多位花蓮地區悅眾和義工本身亦是受災戶，在發生事故當下，仍率先響應救災動員，練習在利他中放下煩惱，以佛法安己安人。

● 02.23～04.27期間

中山精舍大事關懷暨助念法器培訓課程
學員建立正向的生死觀念

2月23日至4月27日，臺北中山精舍每週五舉辦「大事關懷暨助念法器培訓」課程，內容包括大事關懷七項服務、助念法器梵唄教學等，由關懷院法師及助念團團長李純如等悅眾帶領，有近八十人參加。

法師主講的「大事關懷」課程，分享佛教正信的生死觀念，介紹法鼓山助念團七項內容：臨終關懷、佛事諮詢、往生助念、慰問關懷、佛化奠祭誦念、公祭行禮、後續關懷等，讓學

大事關懷暨法器助念培訓課程中，學員學習執掌法器的要領。

員了解生死大事的安排，協助往生者與家屬圓滿地走完人生的最後階段。每堂課並由悅眾分享運用禪修方法來助念，引導學員應用吸氣、呼氣的要領念佛，也帶領唱誦既省力又莊嚴宏亮的佛號聲。

助念法器梵唄教學由李純如團長帶領，包括法器的基本認知、執掌法器的威儀，以及念佛的音調和速度、如何掌握正確板眼等，學員分組起腔、實際演練，學習以音聲傳遞安心與平安的祝福；提醒大眾由家人親自念佛迴向給往生者，感受最強也最直接，不一定要請蓮友來助念。

有學員表示，透過課程，學習到如何以感恩心、歡喜心面對死亡，更藉著佛事善緣，協助往生者安詳離開人世，邁向新的生命旅程。

● 03.03

慈基會南區防救災聯繫會報
提昇防救災知能與救援品質

慈基會於3月3日在高雄紫雲寺舉辦「2018南部地區防救災聯繫會報」，由副祕書長常隨法師、總幹事陳高昌與專職，分享防救災中的佛法觀念，以及組織架構與實務經驗，有近七十位來自高雄、屏東、潮州地區的正副救災總指揮、正副召委、各組組長與義工參加。

常隨法師於「與樂拔苦相約淨土」的課程中，提點關懷他人時，抱持布施、

持戒、禪定「三福行」的心態，做到面微笑、說好話、腰要軟、手腳快、節約日常花費、多念佛。陳高昌總幹事以2017年臺北市萬華忠恕社區大火後，慈基會協助並邀請受災的社區，共同重新粉刷牆壁為例，分享如何尋找切入點，深入關懷，實踐四安與心靈環保，說明法鼓山的救災定位。

學員於課程中，演練災害發生時如何蒐集資訊、啟動機制，充實防救災的知能。

「救災架構情境演練」課程中，學員分組以地震、水災、火災、風災、車禍為情境，演練災害發生時如何蒐集資訊、召開會議、啟動機制與救災動員等，常隨法師並指導助念組與慰訪組，如何做好關懷、學習聆聽有經驗者的領導，在團體中放下自我。

活動最後，常隨法師以日本龍安寺茶室前「吾唯知足」的石刻洗手台為例，勉勵學員抱持謙虛的心、柔軟的身段，把自己當作輸血管，將資源傳輸給需要的人，而不留痕跡。

● 03.04

榮譽董事北區新春祝福
萬眾一心護持佛法

榮譽董事會新春祝福活動中，法喜接受法師的祝福。

3月4日，榮譽董事會於北投農禪寺舉辦新春祝福，內容包括祈福法會、聆聽聖嚴師父開示影片、悅眾分享等，方丈和尚果東法師、護法總會副都監常遠法師、服務處監院常應法師、榮董會會長黃楚琪等出席關懷，互勉時時回到護法初心，同為人心淨化而努力，共有一千多人參加。

方丈和尚開示時，提醒大眾

在安樂中仍要思惟無常，把握生命做有意義的事，並以花蓮震災為例，面對天災人禍，只要沉著冷靜回到修行，轉念就有轉機，正是佛法悲智雙運的修行，也是「平安無事」的真意。

許多榮董分享全家親近法鼓山後，學習以佛法安家安業，建立起利他的人生觀；也有退休校長分享曾在華岡佛學社聽過聖嚴師父演講，深深認同師父教育關懷的理念，多年來見到善的理念如何透過人才培育散播出去，也感恩此生能做「人心的工程師」，讓下一代比自己更幸福。

黃楚琪會長表示，感恩大眾護持，會持續秉持關懷與接引的初衷，推動前往全球分支道場參學、舉辦禪悅營，並與青年院密切合作，落實經驗傳承。

● 03.05～05.28期間

合唱團本部團巡迴關懷
以梵音唱出願心

3月5日至5月28日，合唱團本部團展開兩年一度的巡迴關懷，護法總會服務處常獻法師以及團長許美智、副團長林金寶等悅眾，前往桃園、屏東、羅東、基隆、員林、臺南和高雄等七個地區合唱團關懷，藉由參加地區團練，了解當地運作，並交流經驗、相互學習。

合唱團巡迴關懷來到屏東辦事處，常獻法師鼓勵合唱團悅眾，時時回到初發心，以音聲為修行的所緣，精進努力。

本部團首先於3月5日至齋明別苑，參加桃園團年後的第一場共修。練唱前，常獻法師、許美智等正副團長先聆聽團員們的建議與需求，交換意見。法師說明法鼓山合唱團的殊勝之處，在於除了可從聖嚴師父所做的詞中熏習佛法，還能以佛曲弘法，從善的心念出發，用音聲引領聽者至善的地方；期勉團員時時回到初發心，視團練為自利利他的菩薩行，提起願力精進不懈，圓滿彼此的共修。

有團員分享，法師的開示、悅眾與團員間的親切互動，鼓舞了向道之心；屏東團兩位年輕團員表示，發願效法資深團員的學習精神，在以音聲為所緣的修行路上，堅定前行。

2018 合唱團巡迴關懷一覽

時間	地點	參與地區合唱團
3月5日	齋明別苑	桃園團
3月13日	屏東辦事處	屏東團
3月20日	蘭陽精舍	羅東團
3月28日	基隆精舍	基隆團
3月30日	員林辦事處	員林團
5月27日	臺南分院	臺南團
5月28日	高雄紫雲寺	高雄團

● 03.05起

護法總會、普化中心推廣經典共修
大眾攝心熏修經典法義

3月5日起，護法會三重、內湖、中正萬華、新莊、中永和、林口、豐原、員林、花蓮等九處辦事處，以及土城、虎尾、樹林三處共修處，陸續開辦經典共修課程，以簡單的讀誦方式親近《金剛經》、《心經》，接引大眾在攝受的誦念聲中，學習經典。

一期的經典共修有十六堂，每週舉辦一次，皆由地區悅眾帶領，護法總會服務處監院常應法師常前往關懷指導。共修時，悅眾先以禪法引導放鬆與禪坐；接著在維那與木魚的引領下，眾人攝心誦念經典，再進行十五分鐘的繞佛；而後觀看聖嚴師父講解經典的開示影片，並分組討論，交流心得，最後以大堂分享同霑法益。

共修結束後，許多學員想更深入理解經文，如文山區悅眾即從聖嚴師父的開示和著作中，找出相關資料，在禪坐共修時，帶領禪眾研讀討論，每週另舉辦鈔經共修，持續精進。有悅眾分享，執事影響大眾的安定，責任重大，在努力練習、承擔之中，自己反而成長最多。

經典共修活動是由普化中心信眾教育院規畫，鼓勵大眾以簡單的讀誦方式親近經文，並與護法總會共同推廣，於地區接引更多人獲得法益，從心建設人間淨土。

各地辦事處推廣「經典共修」，大眾以簡單的讀誦方式，體驗誦經聞法的安定與法喜。

● 03.11

護法總會全臺悅眾聯席會議
悅眾感恩互勉齊向前

護法總會於3月11日在臺中寶雲寺舉行「正副會團長、正副轄召、召委聯席會議」，副都監常遠法師、服務處監院常應法師，以及總會長張昌邦、副總會長周文進、許仁壽等出席關懷，有近兩百位全臺悅眾參加。

由於2018年將進行新任悅眾推選，張昌邦總會長分享受推舉接任總會長時，從開始的忐忑，現

全臺悅眾聯席會議中，常遠法師與悅眾互相勉勵，繼續邁向第五個護法十年。

在則是滿心歡喜；也從對聖嚴師父法語的體會，鼓勵悅眾，有人來接棒很好，如果無人接棒，就繼續承擔、繼續成長，一切都是接引眾生、利益眾生的好事。

會議中討論新任悅眾推選作業，以及4月起舉辦的「勸募鼓手關懷營」；僧團女眾副都監果高法師說明下半年舉辦的印度朝聖活動，邀請悅眾跟隨聖嚴師父的足跡，以求法學法的精神，回到佛陀的故鄉，體會二千六百年前，佛陀為眾生說法的苦心和悲願，進而發菩提心、修菩薩道。

朝聖籌備處執行長施建昌表示，1989年法鼓山創立當年，聖嚴師父即帶領四眾弟子前往印度朝禮聖地，感恩佛陀度化眾生；本年巡禮的聖地，正是師父三十年前走過的足跡，期勉悅眾發長遠心，齊力護持法鼓山。

回首當年的護法故事，有資深悅眾分享，感恩多年來，有聖嚴師父的帶領，僧團法師、護法信眾的默默奉獻，並互相勉勵，將更好的環境留給下一代，把佛法的清涼與自在，分享給每一位需要的人。

● 03.17　04.29

豐原辦事處兩場成長營
充實勸募的資糧

護法會豐原辦事處於3月17日舉辦「勸募會員成長營」，邀請《點燈》節目製作人張光斗，與一百多位勸募及護持會員，分享一路走來尋師身影的歷程。

張光斗於豐原辦事處分享尋師身影，從中再次體會聖嚴師父的教導。

張光斗分享，聖嚴師父是《點燈》第二集來賓，自己與師父的因緣從此開啟，之後參加社會菁英禪三、菩薩戒等；1995年起，開始隨師行腳，記錄師父海外弘法的歷程，製作《不一樣的聲音》電視弘法節目長達十年。師父捨報後，張光斗探訪師父曾接觸的人、曾落腳的地方，製作《他的身影》影集，重拾前進的力量，再次體會師父的教導，並在他人身上、自己心上，看見師父的身影。

4月29日的「大事關懷成長營」，由關懷院法師授課。法師首先從佛法觀點，說明「生」是因緣聚合，「死」是因緣離散，再從十二因緣解說生死無限延伸的歷程；提醒學員，應隨時注意身口意三業，因為臨終時，會隨重、隨習、隨念來決定往生的去處。

下午進行法器教學，法師教導如何使用引磬引領念佛，學員聲聲持誦「阿彌陀佛」，認真練習。

有學員分享，參與兩場成長營，不僅有更清楚的知見，也激發更大的願力，努力敲響法鼓，就是報師恩的最好方法。

● 03.20～07.10期間

三重蘆洲辦事處首辦自在書法班
書藝之中體現禪味

3月20日至7月10日，三重蘆洲辦事處於週二開辦「自在書法班」，由書法老師張嘉伾指導，十六堂課的學習，有近四十位學員參加。

每堂課開始，先由悅眾帶領靜坐、引導放鬆，接著聆聽聖嚴師父的《大法鼓》影音開示，張嘉伾老師並延續師父的開示主題，將佛法融

書法班開啟了接引大眾的善巧之門，從中鍊心、體驗佛法。

入於書法中。學員臨摹師父的墨寶法語，藉由潛心凝神的運筆揣摩、反覆練習，讓佛法深入心中。

7月10日舉行結業式暨成果發表茶會，現場共展出二十六幅學員作品，並在茶會中相互分享學習心得及喜悅。

張嘉俴老師說明，書法及禪修的核心，都是「當下」，將聖嚴師父的精神與理念融入書法，收穫很多。

書法班的開設，是辦事處開啟接引大眾的多元善巧之門，護法總會服務處監院常應法師表示，書法與禪修相應，都是鍊心的媒介；有悅眾指出，書法是一種鍊心的方便，但核心價值還是在於投入佛法的體驗，期待佛法與生活、藝術的結合，讓心靈環保潛移默化灌漑人心。

● 03.24

義工團舉辦新進義工培訓
奉獻中快樂修行

為了讓新進義工深入理解法鼓山的理念，義工團於3月24日在臺北德貴學苑舉辦培訓課程，由常獻法師與副團長金曉燕、陳麗瑾、曾瑞松、鮑育宏等悅眾授課，課程包括組織架構、正知見、義工心性與行儀等，共有一百零六位義工參加。

新進義工培訓以向日葵和蜜蜂為視覺設計主題，傳達萬行菩薩溫暖、和合的特質。

常獻法師講述的「法鼓山的理念與義工精神」，說明法鼓山的義工精神是奉獻自己，成就大眾，抱著「盡心、盡力、盡可能學習」的心態，在利他中練習消融自我，如同聖嚴師父所說「把法鼓山帶著走」；也引導學員分組討論如何提昇人品。

在「義工行儀」課程中，講師陳麗瑾，強調從心態開始改變，將他人視為未來佛，以歡喜、恭敬、感恩、謙卑的心來服務，行為舉止自然就會柔軟、祥和；曾瑞松則藉由「處處觀音菩薩」，說明法鼓山所推動的心靈環保與三大教育，是以全面具體的關懷服務，協助大眾安頓身心。在實務方面，則由資深義工，以問答方式現身說法。

有環保組義工表示，感恩有學習的機會，以及資深義工傳承經驗，體會到無私奉獻帶來的喜悅。

● 04.14～07.14期間

護法總會勸募鼓手關懷成長營
以勸募播撒法喜種子

勸募鼓手於紫雲寺舉辦的成長營中，發願傳承護法長遠心，為關懷護念的心加溫。

為提昇關懷護念心，4月14日至7月14日，護法總會於北、中、南各分寺院，舉辦四場「2018勸募鼓手關懷成長營」，共有八百多位勸募鼓手參加。

「為何來當勸募會員？」、「如何關懷護念他人？」、「如何運用法鼓山的關懷資源？」課程首先由護法總會服務處監院常應法師帶領，拋出一連串的問題，引導學員思考、討論，深入了解法鼓山。法師說明勸募會員是法鼓山的鼓手，因為認同法鼓山的理念「提昇人的品質，建設人間淨土」，透過三大教育和四種環保，以關懷、護念的方式，接引更多的人來修學佛法，但是過程並非總是一帆風順。常應法師引用聖嚴師父「有逆境才是修行的動力」，分享遇上逆境，要用願力來超越，鼓勵鼓手們每日做定課，時時充電，安定身心，並隨時回到初發心。

課程也安排悅眾張允雄和陳昆榮共同主講「快樂影響力，發大用去執著」等系列課程，分別以「四它」、「四感」來重新詮釋管理科學，學員分組互動，學習正確有效、描述問題的方法：從問對的問題開始、釐清錯誤假設、看到問題背後的需要，找到自己的心靈處方籤，也引導學員進一步了解如何在勸募中修行，並提昇勸募品質，成為一個快樂的學佛人。

「我們要相互勉勵，也就是相互關懷，常常回到發願做法鼓山勸募會員的初發心。」聖嚴師父在影音開示中，叮嚀鼓手們學佛護法要發長遠心；副都監常遠法師亦勉勵勸募會員，要持續發願學習佛法，共同學習成長、互相成就，讓法鼓山持續發揮安定社會的力量。

2018 年護法總會勸募鼓手關懷成長營

活動日期	活動地點	參與地區
4 月 14 日	高雄紫雲寺	嘉義、臺南、高雄、屏東、臺東
5 月 19 日	北投雲來寺	北三、北四、北七轄區
7 月 7 日		北一、北二、北五、北六轄區、花蓮地區
7 月 14 日	台中寶雲寺	中部地區

百年樹人獎助學金全臺頒發
嘉惠兩千六百多位學子

慈基會於4月21日至5月27日、10月20日至11月25日期間，在全臺各地舉辦第三十二、三十三期百年樹人獎助學金頒發活動，共有兩千六百多位學子受益。

各地頒發活動，除了頒獎典禮外，並結合地區特色，包括安排學生參與淨灘、體驗茶禪、參訪行程等，帶領學子體驗心靈環保。如上半年於4月22日「世界地球日」舉行首場聯合頒發，基隆、三芝石門、金山萬里等區

竹山區百年樹人獎助學金頒發活動，同學們手作環保拓印手帕。

近兩百位學生、家長，與僧大學僧、社大童軍團，共同於金山青年活動中心水域遊憩區淨灘，體會個人心力雖小，但透過串聯，就能夠發揮改變、淨化世界的力量。淨灘圓滿後，由果興法師、常濟法師、慈基會副會長陳照興等代表頒發獎助學金，期勉學子提昇自己，進而奉獻自己、利益他人。

4月28日，宜蘭和羅東區的受獎學生和家長參訪羅東林業文化園區，從認識家鄉的林業與鐵道文化開始，培養愛護及感恩環境的心。29日於新竹精舍舉行的新竹地區活動，六十位學生聆聽演義法師分享聖嚴師父在艱困中完成碩、博士學位，爾後在全世界弘法的故事，深受感動和啟發，發願效法師父的精神，期許自己也成為有能力利益眾生的人。

5月6日於寶雲別苑舉行的中區頒發，結合浴佛活動，學生和家長以佛的悲智光明沐浴自己，感受淨化身心的清涼；19日於臺南雲集寺進行的雲嘉南區頒發，學生和家長透過托水缽、撞鐘發願、鈔經製作御守等活動，體驗身心的專注與放鬆。

下半年10月7日，宜蘭羅東地區的頒發活動，於蘭陽分院舉辦，首次結合「家中寶佛化聯合祝壽」，活動中增加長者與學童的互動，長者豐富的才藝與生命經歷，啟發年輕學子的好奇及學習動力；28日金山萬里與竹山兩地區，皆邀請學子發揮創意拓印手帕，留下溫馨且寓教於樂的回憶。

桃園齋明寺於11月17日舉行桃園、新竹、中壢三區聯合頒發，慈基會祕書長果器法師致詞表示，今年「百年樹人獎助學金」受獎學子中，有兩位同時得到

「總統教育獎」的殊榮，期勉同學自我肯定，只要把握及發揮自己所擁有的，便有無限的可能。

2018 百年樹人獎助學金頒發人次一覽

學別／期別	國小	國中	高中	大學（大專）	總計
第三十二期	317	302	356	365	1,340
第三十三期	258	304	340	368	1,270
合計	575	606	696	733	2,610
百分比（％）	22%	23.2%	26.7%	28.1%	100%

● 04.22

榮譽董事頒聘暨聯誼會
同傳學佛護法心

維護法鼓山園區景觀的石頭班學員，共同圓滿榮董。

榮譽董事會於4月22日在北投農禪寺舉辦榮譽董事聘書頒發暨聯誼會，由方丈和尚果東法師頒發，感恩眾人加入法鼓山大家庭。榮董會長黃楚琪、執行長陳宜志等到場關懷並祝福，有近一千人參加。

黃楚琪會長致詞時，感恩榮董們以信、願、行，同心護持法鼓山，使護法因緣能代代相傳，鼓勵大眾以法鼓山的理念及精神自勉，從點到線到面，全面關懷、接引他人，共同奉獻，淨化人心、淨化社會。

活動中，並播放聖嚴師父《給後代子孫一個大希望》開示影片，師父勉勵大眾發大願心，給自己一個種福田的機會，以奉獻為榮譽，共同成就法鼓山的三大教育，喜捨布施，建設人間淨土，給後代一個大希望。

榮董們無論是一人、二人，全家大小兩代、三代人，或是由家人陪同坐著輪椅，乃至一群長期護持法鼓山園區景觀的石頭班、資源回收組，也有公司團體等。有1990年和同修一起親近聖嚴師父的榮董表示，雖然同修已往生，但從同修身上感受到學佛修行的莊嚴，因而激勵自己要精進學佛、護持佛法。

05.01

法鼓山為殉職消防員祝福
以法會共修祈願生死兩相安

5月1日，桃園地區一百二十六位信眾，在關懷院監院法師帶領下，前往中壢區御奠園舉辦法會，為於4月28日火災中殉職的六位消防員及兩位移工，誦念《阿彌陀經》，以安定攝受的法會共修，祈願亡者往生淨土，家屬心安平安。

法會圓滿後，法師為大眾開示，說明消防員在黑夜中勇敢進入火場救人，展現了人性的光輝，這與佛性的光輝是一樣的；而消防員們盡責盡分、利他奉獻的精神，是大眾學習的典範。

法師勉勵眾人，以眾生的苦難為念，精進修行與利他，同時也要照顧好自己的身心，才能為社會帶來安定的力量。

05.18～20　10.05～07

榮董會舉辦禪悅營
堅定修行與奉獻的願心

榮譽董事會於5月18至20日、10月5至7日，在臺東信行寺舉辦禪悅營，由監院常全法師、常覺法師、常獻法師等帶領，堅定修行與奉獻的願心，各有近一百二十位榮董參加。

禪悅營中，除了學習基礎禪修課程，並於加路蘭、伯朗大道、卑南文化公園等地體驗戶外禪，也安排參加大悲懺法會。常獻法師以臺語開示《大悲懺》的意義，並說明莊嚴道場不是湊熱鬧，而是以安定的心念，共同護持團體的共修學習，熏習正向的思惟，期勉學員將習得的觀念體現於日常行動上。

大堂分享時，有榮董分享，六度法門第一就是布施，成為榮董不是有錢人的專利，而是有心人的專利；有榮董感恩和感動於信行寺常住法師及義工們無微不至的照顧，更提起了學佛護法的恆常心。

榮董會於信行寺舉辦禪悅營，堅定修行與奉獻的願心。

● 05.18～06.16期間

慈基會全臺端午關懷
與近九百戶家庭歡度佳節

屏東潮州地區的端午關懷，結合母親節與浴佛活動。

5月18日至6月16日期間，慈基會於全臺各地展開端午關懷活動，慰訪義工除攜帶應景素粽前往關懷家庭表達祝福外，並分別至各地社福機關、安養機構，與院民歡度佳節，共計關懷近九百戶，一千七百四十多人感受佛法的溫暖。

5月20日，屏東潮州地區的慰訪義工，前往竹田鄉無量壽老人養護中心關懷，結合浴佛暨母親節的端午關懷活動，以念佛、藝文表演，傳遞各界的祝福。

臺北市文山區的慰訪義工，於6月13至14日在萬芳醫院進行慰訪，與社工師、醫護人員，以手語帶動唱表演〈祈願觀世音菩薩〉與〈祝你幸福〉等歌曲，祝福病友及家屬，也邀請大眾手作香包，學習以薰香淨化空氣、驅逐蚊蟲；13日下午並關懷萬芳社區榮民與獨居長者，致贈餐點、素粽，並逐一奉茶，長者也在歡笑聲中，溫暖了心房。

南投德華寺則於6月16日舉辦端午關懷活動，由副寺果弘法師帶領誦念觀世音菩薩聖號，將念佛功德迴向給大眾，並致贈長壽麵、素粽等生活物資，同時也提供義剪服務，協助關懷戶整理儀容，共度溫馨端午佳節；考量有些關懷家庭成員年紀較長、行動不便，義工們在活動結束後，便將物資直接送到長者家中，以行動落實關懷。

● 05.25

法鼓山捐建金山區礦溪橋
復建工程通車啟用

新北市政府於5月25日舉辦金山區礦溪橋復建工程通車典禮，僧團副住持果暉法師受邀參加，與市長朱立倫及相關局處首長、三百多位在地鄉親、民意代表共同觀禮祝福。

市長朱立倫引用方丈和尚果東法師在礦溪橋受創斷裂時，開示「橋可以斷，心不可以斷，我們的心會連結在一起。」感謝法鼓山和所有參與復建工程人員

的努力付出，讓交通要道於一年內完工通車。

代表在北美弘法的方丈和尚果東法師與全體信眾，果暉法師致詞時表示，橋的意義，是為了連結、溝通，有效且穩定的溝通，則是一種安心工程，期盼新橋守護民眾行的安全。

應新北市邀請，法鼓山與三百多位在地鄉親、民意代表一同觀禮礦溪橋通車啟用。

礦溪橋於2017年遭大雨沖毀，法鼓山回饋鄉梓捐贈復建經費；拓寬後的橋墩符合最新的防洪防震標準，搭配持續進行的堤防工程與河川整治，讓地方交通與居住環境更便捷安穩。

● 06.01起

南投辦事處設立心靈環保故事屋
重現聖嚴師父關懷足跡

6月1日起，護法會南投辦事處新設「心靈環保故事屋」，重現1999年921地震發生時，聖嚴師父率同四眾弟子深入受災地區的畫面，重現佛法關懷人心、鼓舞希望的感動。

故事屋以「心靈環保，處處平安」為主題，展出聖嚴師父自1998年起，五度至南投關懷的足跡，從中興會堂千人皈依、921地震及桃芝颱風災後關懷、全臺巡迴關懷行等，珍貴的歷史影像，記錄了師父傳送平安與希望的身影。

「心靈環保故事屋」的前身為南投辦事處內的「惜福小棧」，921地震後，法鼓山於南投成立安心服務站，站內設置「惜福小棧」義賣日常物品，所得用來協助居民；隨著當地生活回復正常、物質生活無虞，護法總會中部輔導法師、寶雲寺監院果理法師，邀集文化中心和護法信眾，重新規畫和調整空間配置，分享在地的法鼓山故事，接引更多人來學佛護法。

「心靈環保故事屋」展出聖嚴師父至南投關懷的足跡，重現佛法鼓舞人心的感動。

慈基會三場慰訪員進階教育訓練課程
提昇慰訪員觀察與溝通能力

慈基會三場進階教育訓練課程，提昇慰訪員觀察與溝通能力。圖為於寶雲寺進行的場次。

為了擴展慰訪過程的思考面向，與提昇實際關懷時的能力，慈基會6月3日、7月29日及8月25日分別於臺中寶雲寺、高雄紫雲寺及北投雲來寺舉辦慰訪員進階教育訓練課程，由副祕書長常隨法師、總幹事陳高昌帶領，並邀請心理師林純如、林烝增講解助人工作的基本技巧，有近三百位慰訪義工參加。

陳高昌總幹事首先介紹慈基會組織與服務內容，期勉學員，以感恩、報恩的心來從事服務工作。常隨法師則講述「與樂拔苦相約建淨土」，說明佛法與慈善密不可分的關聯性，而慈基會的服務工作是秉持聖嚴師父大關懷教育的理念，透過關懷與教育，落實佛法的慈悲與智慧；法師提醒慰訪的第一步就是傾聽和陪伴，以柔軟心、堅忍心、開闊心、謙虛心、和順心及信任心等六心，包容並同理對方的立場，來進行關懷。

林烝增心理師介紹社會工作者維吉尼亞‧薩提爾（Virginia Satir）「冰山理論」（Iceberg Theory），說明所有的人際互動都隱藏著一座冰山，從對話或溝通之中，找出隱藏的想法和期待，才能達成有效的溝通；林純如心理師以「慰訪進行式」為主題，說明慰訪需具備的五項要點：自我介紹、搜集資料、立即處理、處遇計畫、後續聯繫，並帶領學員分組演練及互動討論。

有學員表示，在與關懷戶互動的過程中，感受到「不牽掛過去、不擔心未來」的生命態度，也從彼此傳遞的溫暖中獲得力量；也有學員分享共同耕耘慈善福田，學會奉獻自己的力量。

護法總會青年工作坊於新店首辦
引導學員做自己人生的GPS

6月10日至9月30日，護法總會週日首度在新店辦事處舉辦八堂「做自己人生的GPS」講座，由人基會心六倫宣講團以工作坊的模式，與年輕世代的學員互

動，引導以佛法覺察自我，建立正確的自我定位與人生目標，每堂皆有三十多人參加。

工作坊以探討時下青年關注的議題為主題，包括幸福人生、生涯發展等，如心六倫宣講團團長林知美帶領探索「幸福人生方程式」，從阿德勒（Alfred Adler）的幸福心理學、馬斯洛（Abraham Harold Maslow）需求理論中的B價值（Being，存在的終極價值）切入，引導找出自己的價值和天賦，藉由投入得到成就感，再透過奉獻利他的過程，抵達終極的幸福目標。

青年工作坊的年輕學員，共同探討自己的價值和天賦。

在「科技與幸福」課程中，講師戴曉雯提醒學員，現代人表面上被3C產品綁架，其實奴役我們的是「欲望」；悅眾陳若玲帶領的「職涯方向與關鍵決策」，則引導學員思考如何覺察自己的不足，學習設定目標、運用資源找回生命價值。

青年工作坊的班級悅眾皆由辦事處法青承擔，安排資深悅眾及法青共同擔任關懷員，課後老中青悅眾齊聚分享、檢討，擴大活動的學習向度，從課程中的深度啟發，延伸到課程外的活絡互動，以及世代傳承。

● 07.02

慈基會捐助幸福巴士
環繞南澳平安行

慈基會捐助宜蘭縣南澳鄉的社區巡迴中型巴士，7月2日於當地泰雅文化館舉行捐贈儀式，由祕書長果器法師、副會長柯瑤碧代表捐贈，包括鄉長薛秋花、部落耆老、各村村長以及多所小學校長，有近一百人參加。

柯瑤碧副會長表示，南澳鄉擁有好山、好水、好風景，因地理位置需要仰賴公共運輸，考量學生、長者們的需求，以及氣候、地形等條件，法鼓山捐贈的巴士在配備、安全和便利性上都有所加強，祈願鄉親心安平安，讓這輛滿載祝福的「幸福巴士」，更能

慈基會捐助南澳鄉社區巡迴巴士，守護鄉親行的安全。

帶動觀光，發揮最大的功效。

薛秋花鄉長說明，巡迴巴士在原鄉任務繁重，主要搭載學生上課、長者就醫、村民外出工作；原有中巴已逾使用年限，感恩法鼓山的捐助，讓鄉民得以安心外出，期許鄉親學習布施他人、回饋社會，讓福報流轉、生生不息。

捐贈儀式圓滿後，果器法師等一行並搭乘巡迴巴士的首發班次，繞行南澳各村，了解社區部落的日常。

● 07.04～06　08.11～13
慈基會兒童營
學習做「心」的小主人

臺東地區學童學擊鼓，鼓勵自己迎接心體驗。

暑假期間，慈基會舉辦兩梯次的「兒童心靈環保體驗營」，除了在北投雲來寺、臺北市陽明山童軍活動中心進行，更首度於臺東信行寺舉行，讓臺東地區關懷家庭的小朋友可以在營隊中熏習心靈環保的理念。

7月4至6日首先於信行寺展開的體驗營，以「感恩」為主軸，白天透過影片故事、手作體驗及擊鼓練習、戲劇演出，引導學童思考自己的正面或負面特質；晚上則展開新奇冒險的夜間探索，還前往卑南文化公園，尋找聖嚴師父的足跡。

8月11至13日，學童於雲來寺，組成小隊闖關、傾聽北極熊的請求、聽小故事認識自己；12日更出發前往陽明山童軍活動中心，進行野外求生的尋寶遊戲，也在過程中認識大自然。

離營前，大、小朋友一起合唱，常導法師勉勵孩童，每晚都要感恩心中想感謝的人、事、物，學習成為知足惜福的人。

● 07.07～07.29期間
護法總會、青年院共同舉辦兒童營
陪伴學童體驗心靈環保

護法總會與青年院於7月7至29日，於基隆精舍、護法會新店、松山、中永和、中正萬華、文山、內湖、新莊、海山、淡水等九處辦事處共同舉辦兒童

營，接引學童輕鬆學佛、體驗心靈環保，共有四百多位國小升二年級至四年級學童參加。

營隊內容，包括「自我認識」系列的環保手作、闖關遊戲；「靜心」系列的兒童茶禪及打坐；「基本佛學」的認識法鼓山理念及聖嚴師公；「兒童梵唄」的佛曲帶動唱。營隊隊輔除了由青年院法師及法青支援外，更廣納、培養各地在地青年，外護義工則由義工團、資深悅眾歡喜承擔，讓辦事處儼然成為老中青三代同樂的家庭聚會。

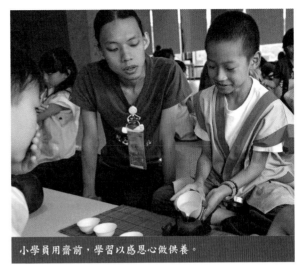

小學員用齋前，學習以感恩心做供養。

活動期間，並即時上傳照片及報導至臉書、家長的通訊群組中，隨時可見訊息更新，讓父母安心。許多家長因為孩子參加兒童營，看見孩童的轉變及團隊的用心，對住家附近的法鼓山道場，有了進一步的認識。有家長分享，兒童營的舉辦，讓下一代有機會親近佛法、學習成長。

護法總會服務處監院常應法師表示，與青年院合作在各地辦事處合辦兒童營，是為了讓佛法深入小朋友心中，更希望小朋友回家分享喜悅，將佛法融入家庭中。

● 07.15～09.16期間

豐原辦事處舉辦《法的療癒》導讀
分享以終為始的生死關切

豐原辦事處於7月15日至9月16日，週日舉辦「《法的療癒》導讀」系列講座，由聖嚴書院佛學班講師郭惠芯主講，主題分別是「關於再生——佛教的生死視野」、「四聖諦與四念處——止痛與止惱」、「關懷的藝術——生病、探病與陪病」，分享以終為始的生死關切，每場均有逾百人參加。

首場講座，郭老師說明《法的療癒》中的「法」，就是佛陀所說的教法，也是《雜阿含經》中病相應群經的妙法；老病死是人生的歷程，「往生」，就是「前往下一階段的生命旅程」，而「再生」就是「再一次生命的輪迴」，了解佛教六道輪迴的世界觀，懂得「念、行、習、性、命」的生命原理，直到往生時最後一念，都有轉化至好境界的可能。

8月19日的講座中，郭惠芯老師引導學員，先從生活中覺察面對自己的苦，

郭惠芯老師在《法的療癒》導讀系列講座中，分享以終為始的生死關切。

當自己或親人面對病痛時，較能平和以對；強調無常就是正常，觀察並接納變化的自己，再掌握創造的可能性。期勉大眾學習杜正民教授的精神，從自身面對臨終進行反省及回顧，歡喜走向下一期的生命。

最後一場講座，郭老師表示，探病是病人給我們學習的機會，從探病中可檢視自己生病時，能否接受與病和平共處？關懷病人不是套用理論或科學，而是要個別化、因緣化；也進一步說明，「以終為始」是臨終時回顧生命中最珍貴的是什麼，進一步校正價值的認同，而重要的在於「始」，以佛法時時檢驗自己，讓這一期生命良善化、淨化，沒有雜染地期待下一期生命，也就是成佛的目標。

● 07.22　08.26　10.14

中正萬華辦事處「頑石點頭」系列講座
時時回到初心不退轉

7月22日、8月26日及10月14日，中正萬華辦事處舉辦「頑石點頭」系列講座，主題分別是「你是快樂的義工嗎？」、「佛道上的接力賽」，由常賡法師主講，針對在修行過程中遇到的問題，為義工除疑解惑，共有一百六十多人次參加。

第一堂課中，常賡法師直接從義工常見的挫折心態說起，包括團體中與人意見不合的「異工」、失去熱情灰心鬱卒的「鬱工」，到後來漸漸隱逸不現的「軼工」，甚至最後乾脆逃之夭夭的「逸工」，生動幽默比喻義工常見的退轉心境；法師以聖嚴師父的開示提醒，當心不通時，表示心有障礙，不論是知見的障礙，或是習氣的障礙，這時要起「慚愧心」，並練習在日常細微處，時時檢點身心、自我規範，如此就能漸漸消融習氣，煩惱自然就會減少。

第二、三堂課的主題是「佛道上的接力賽」，法師分享省庵大師的《勸發菩提心文》，闡釋菩提心的五個層次、發心立願的重要、如何確立並穩固修行方向等，更針對發心的邪正、真偽、大小、偏圓，做為觀察起心動念的準則；也以《金剛經》的「三輪體空」，說明如何以「菩提心」、「出離心」、「初發心」此三心為修行核心，並透過平時定課安頓身心，遇到境界時，工夫自然漸

漸可以使上力。

有義工分享，在盡心盡力廣種福田的同時，也要耕耘自心心田，更要時時回到初心，菩薩道上才不會退轉。

08.26～09.05期間

關懷南臺灣水患
僧俗四眾協助清理家園、校園

8月底，臺灣南部連日遭強降雨侵襲，造成嚴重水患災情，慈基會於第一時間啟動救災關懷，聯繫各地救災總指揮，透過公部門了解受災地區需求，適時支援物資與關懷行動。

26日由義工前往臺南北門、學甲等地區勘災，包括宅港國小、錦湖國小、北門國小，了解受災情形及復原情況，並提供民生物資支援安南區公所，轉達社會的關懷。

義工前往錦湖國小，協助打掃教室，讓校園恢復原貌。

臺南分院於29日，由法師帶領義工，前往錦湖國小協助清理水溝淤泥、打掃教室，校長周志強讚歎法鼓山義工的效率和用心，讓校園得以在短時間內恢復原貌，師生因此能有安心的學習環境；也有義工至鄰近地區，協助受災民眾清理家園。

9月5日，義工慰訪受災最為嚴重的嘉義東石鄉西崙村、塭仔等受災地區，捐贈瓦斯爐、電風扇等家用物品；另捐助掌潭村、洲仔村的「嘉義縣東石鄉掌潭村社區發展協會」、「嘉義縣鄉村永續發展協會」廚房供餐相關器材等；也捐助龍崗國小學生書包、檯燈、書桌椅、書籍等學用品，協助學子安心就學。

09.08～11.17期間

中正萬華辦事處佛學講座
學習《金剛經》無我的智慧

9月8日至11月17日，中正萬華辦事處每週六舉辦佛學課程，由常一法師導讀《金剛經》，以聖嚴師父《金剛經講記》為教材，進一步引用生活化的譬喻，引導學員們從日常生活實踐面，更貼近般若空慧，有近六十人參加。

　　法師指出，般若經典所要表達的空義，是在否定我們所執著的「自性有」，因此《金剛經》處處都在提醒，一切相是無自性的，是緣起的，是假名，空才是實相。課程圓滿時，常一法師勉勵學員，要持續做《金剛經》基本功，包括每日讀誦《金剛經》；以布施為行動，修持六度；以大菩薩為學習榜樣，發起大願心、大悲心，救度一切眾生，成就無上佛道。

　　有學員表示，透過課程理解經文後，對於工作上的順逆境較能放下，與人溝通時，也較不會堅持己見，讓情緒的語言脫口而出；也有學員對佛陀稱眾生為「善男子」、「善女人」最有感觸，發願向佛陀學習時時說好話、多讚歎他人。

● 09.15

慈基會苗栗獅潭辦家庭講座
認識親子溝通技巧

　　9月15日，慈基會於苗栗縣獅潭鄉新店活動中心，舉辦「家庭支持——親子講座」，邀請臺中市政府社會局社工督導謝云洋主講「如何創造親子間良性的溝通」，有近四十位苗栗縣關懷弱勢協會課業輔導學童及家長參加。

　　擁有豐富諮商經驗的謝云洋，首先透過「戴口罩比手畫腳」、「背對背對談」等各種演練，引導了解親子互動的態度和方法，並從姿勢、態度、眼神、動作、口氣等，示範「爸媽溝通的五不」：不指責、不命令、不說教、不引導到自己要的答案，前三句不問「為什麼？」、「你覺得呢？」；再以「爸媽溝通的二要」：讚美具體化、開放式問話技巧，分組演練，學習與孩子建立良好互動。

　　講座中，親子互動熱烈。有家長表示，講座內容豐富，收穫很大，期待法鼓山能再來獅潭，規畫多元面向的座談與課程，促進親子關係的和諧。

● 09.16

法鼓山「2018國際關懷生命獎」暨感恩音樂會
關懷社會　感念師恩

　　9月16日，人基會於臺北市中油大樓國光廳舉辦「2018國際關懷生命獎」頒獎典禮暨感恩音樂會，本屆得獎者為「團體大願獎」財團法人天主教善牧社會福利基金會、「個人慈悲獎」林家如、「個人智慧獎」劉大潭，邀請前副總統蕭萬長、臺北市長柯文哲，以及退居方丈果東法師擔任頒獎人，表彰受獎者奉

獻利他的行誼，現場有近八百位來賓觀禮，近十七萬人次透過網路直播共襄盛會。

有別於往年，今年特別以「感恩音樂會」的方式貫串整場典禮，首先由法鼓山合唱團演唱〈法鼓頌〉及〈慈悲〉，音樂工作者康吉良演唱〈水月頌〉、〈幸福的滋味〉。方丈和尚果暉法師致詞表示，獲獎者既是社會關懷的實踐者，也是信心與願心兼具的指標，能藉此獎項表達禮讚，是法鼓山的一大光榮。

法鼓山國際關懷生命獎得主與頒獎人合影。左起：人基會祕書長鍾明秋、臺北市長柯文哲、方丈和尚果暉法師、智慧獎得主劉大潭、大願獎善牧基金會創辦人湯靜蓮修女、慈悲獎林家如、前副總統蕭萬長、退居方丈果東法師、人基會董事李伸一。

本屆得獎者為「團體大願獎」天主教善牧社會福利基金會、「個人慈悲獎」南投縣國姓國中校長林家如、「個人智慧獎」發明家劉大潭。善牧基金會創辦人湯靜蓮修女，感謝相信善牧的服務對象，願意讓善牧陪伴走過人生的困境與低潮，甚至在重返平安生活後，回饋成為助人者，將「愛」傳承；劉大潭幼時罹患小兒麻痺，雙腿嚴重萎縮，表示得獎讓自己更有信心以發明設計，關懷社會；林淑如校長分享運用在地資源，引進師資，培養弱勢學生擁有一技之長，做更好的選擇。

典禮圓滿後的「點亮心燈·感恩音樂會」，以「思念、希望、心回家了」三大主題，透過引言人余秀芷、沈芯菱的口白，舞者的舞蹈，呈現當年與聖嚴師父相遇的感人歷程；並邀請齊豫、坐娜、楊培安等歌手，演唱佛曲，表達對師父的感恩與緬懷。

● 09.22

義工團接待進階成長課程
學習當好觀音菩薩

義工團於9月22日在北投雲來寺舉辦「接待進階成長課程」，由悅眾帶領，常獻法師到場關懷，並為十五位新進義工頒發義工證，共有一百八十多位學員參加。

如同民眾踏入法鼓山園區時，第一眼見到「來迎觀音」便心生歡喜，常獻法師強調，每位義工就像是來迎觀音，讓人一見就生起親切感，鼓勵義工以「奉獻自己，成就大眾」的精神，抱著「盡心、盡力、盡可能學習」的心態，學習

一百八十多位接待組義工參加成長課程,學習當觀音菩薩。

消融自我,成就道業。

「團隊共識」課程中,學員們分享執勤經驗,進行討論交流。有悅眾分享,遇到特殊情況時,要先安住自己的心,才能處變不驚,進而婉轉表達,圓滿活動;也有新進團員表示,在學中做、做中學,練習以換位思考來增進同理心,展現莊嚴的身口意,接引更多人親近法鼓山。

多位資深悅眾,在接待實務演練時,講授齋堂、殿堂的基本禮儀,以及接待應對的技巧,並分享如何在法會進行中,幫助他人安定攝心,正確引領信眾共修禮懺。

有學員表示,接待實務演練讓人更有自信地面對工作,資深前輩的經驗分享,是最好的修行傳承。

● 09.30

法行會中區分會第八屆會員大會
方丈和尚期勉利益更多眾生

法行會中區分會於9月30日,在臺中寶雲寺舉行第八屆會員大會,方丈和尚果暉法師、寺院管理女眾副都監果理法師、監院常慧法師到場關懷,會中推舉新任會長,原任會長卓伯源接續連任會長,共有六十多人參加。

方丈和尚果暉法師關懷時,感恩僧團付予執事,感謝退居方丈果東法師協助法務,期勉具社會影響力的法行會會員,能實踐佛法、分享佛法,發願用佛法利益更多眾生。接續連任會長的卓伯源表示,大悲心起,願願相續,未來將秉持聖嚴師父的悲願,善用法行會的力量,繼續敲響法鼓。

會中除了會務報告、推

方丈和尚果暉法師出席中區法行會會員大會,與悅眾合影。

舉新任會長，大眾並透過觀看聖嚴師父開示影片，重溫佛法「因緣有，自性空」的本質。

多位悅眾分享，在護法過程中，能奉獻自己的專長，學習共同承擔、建立共識，期待更多新血加入，共擊法鼓。

● 09.30～10.14期間

第二十五屆家中寶佛化聯合祝壽
感恩家中寶生命美好福慧增

9月30日至10月14日，法鼓山陸續於臺灣、香港十個分支道場舉辦「2018第二十五屆佛化聯合祝壽」，兩千六百五十多位長者在兒孫陪伴下，參與祈福延壽法會、念佛、供燈、佛曲表演、切壽糕、感恩奉茶等，歡度一個環保簡約、法喜充滿的祝壽活動。

方丈和尚果暉法師於10月7日，於法鼓山園區與長者一起念佛祈福，並透過影像，向各地的

父親帶著女兒向爺爺奉茶，寶雲寺佛化祝壽讓全家留下美好回憶。

家中寶分享佛法，勸請長輩在人生的黃金時刻，先把身體照顧好、把生活照顧好、把心照顧好，最好還能有宗教信仰，讓當下的每一刻，都是最精彩、最美好的時光，也就沒有老的問題。

高雄紫雲寺也於7日舉辦聯合祝壽，長者由家人和義工陪伴，於五樓祈福區敲下「鐘聲祈福，平安幸福」的心願，法師送上義工用聲聲佛號與誠心製成的「吉祥、如意」吊飾。同日舉行祝壽活動的蘭陽分院，同步進行百年樹人獎助學金頒發，老少同堂備感溫馨。

臺北安和分院、臺南雲集寺則於10日為長者祝壽。安和分院安排佛曲表演，帶領長者重溫年輕活力，並提供「黑豆茶」在佛前祈福獻供，送上手工縫製的安心枕作為祝福禮；雲集寺邀請長年慰訪關懷的臺南安和社區，與今年遭受水患影響的嘉義掌潭社區近五十位長者，一同祈福切壽糕，體驗溫馨環保的祝壽方式。

13日，北投農禪寺、臺北中山精舍及臺中寶雲寺，年齡總和超過「萬歲」的長者們齊聚一堂。農禪寺和中山精舍會場，不僅有兩位超過百歲的人瑞，更有

二十五對成婚超過五十載的「金婚」銀髮夫婦，歡喜接受法師與眾人的祝福。14日，臺東信行寺祝壽活動中，安排子女為長者修剪指甲，溫暖又貼心。

2018 法鼓山佛化聯合祝壽活動一覽

地區		活動日期	舉辦單位
臺灣	北部	10月7日	法鼓山世界佛教教育園區
		10月7日	蘭陽分院
		10月10日	臺北安和分院
		10月13日	臺北中山精舍
		10月13日	北投農禪寺
	中部	10月13日	臺中寶雲寺
	南部	10月7日	高雄紫雲寺
		10月10日	臺南雲集寺
	東部	10月14日	臺東信行寺
海外	亞洲	9月30日	香港道場（九龍會址）

● 10.03～12.26期間

慈基會義工課後陪伴
雙溪國小播撒「心靈環保」種子

慈基會「兒童暨青少年學習輔導」專案，於10月3日至12月26日，安排教聯會師資及義工每週三持續陪伴新北市雙溪國小課後關懷活動，有近二十位學童參加。

活動除規畫十二堂美術實作課，並加入靜心引導、說故事單元，引導孩

課後陪伴活動中輕鬆帶動學畫畫，豐富學童藝術創造力。

童平衡身心、建立自信，並在潛移默化中種下「心靈環保」的種子。由教聯會師資帶領的說故事單元，透過生動的劇情，讓小朋友認識愛的奇蹟；陪伴義工則觀察學童的身心狀況，輕鬆帶動學畫畫。

面對面的陪伴，不僅傳遞關愛及鼓勵，豐富藝術創造力，更在信任及細心的互動中，引導學童認識自己、學習友好及感恩。

護法總會2018新勸募會員授證
募人募心同學佛

護法總會於10月7日，在北投農禪寺舉辦「2018新勸募會員授證典禮」，由方丈和尚果暉法師、都監常遠法師、護法總會服務處監院常應法師為一百五十三位新勸募會員授證，包括總會長張昌邦、副總長周文進等，共有一百四十多人觀禮祝福。

新勸募會員齊聚農禪寺大殿，歡喜成為法鼓山勸募生力軍。

張昌邦總會長首先表示，雖然很認同「勸人來學佛，募心來修行」，卻不好意思開口「募款」，但同修提醒聖嚴師父從來都不避諱談募款，因為募款是幫助身旁的人做布施，培養利他的心；「募款」正是一個平台，讓大家來做利益眾生的事。

也有1993年起加入勸募行列的資深勸募會員分享，勸募是從一個點出發，連成線、擴成面地做關懷，待因緣成熟，募款自然水到渠成，所以不必有壓力，只要盡心盡力。

本年有不少年輕人加入勸募行列，方丈和尚歡迎年輕人成為勸募生力軍，感恩大眾同心推動三大教育，這不只臺灣得利，全世界都獲益，如2018年僧大有位來自俄羅斯的行者，發願學成後將漢傳佛法帶回自己的國家；方丈和尚鼓勵新勸募鼓手，除了募人、募心、募款，還要募僧，共同培育僧才。

義工團舉辦成長課程
悅眾學習傾聽與溝通

義工團於10月21日，在北投雲來寺舉辦「悅眾成長課程」，內容包含團體動力、傾聽與溝通、凝聚團隊共識等課程，邀請臺北醫學大學教授張育嘉、長庚大學工商管理系副教授棗厥庸，以及文化中心演化法師等授課指導，有近七十人參加。

張育嘉教授透過團體動力遊戲，帶領學員體會唯有彼此互助合作，才能完成團體所交付的任務。演化法師以編輯《人生》雜誌專題「好說好好說」的心得，分享「傾聽與溝通」，法師表示，一句好話可以自利利他，若無心的回應，可能造

透過成長課程，義工們學習傾聽與溝通，凝聚團隊共識。

成對他人的誤解與傷害，鼓勵學員每日審視自己的言說，記錄諸如打招呼、回應他人的問題、口頭禪及忍住不言等日常言行，當言行有損他人時，及時提醒修正改錯。

秉厥庸老師則分享，面對角色轉換與經驗傳承時，應運用佛法觀念來調整心態，時時回到初發心；面對新執事則隨順因緣，歡喜接受，抱持感恩心，勇敢承擔。

課程最後，由常獻法師帶領學員發願，祈願共同學佛護法，學習觀世音菩薩救苦救難精神，大悲心起來還願。

● 10.21

中山辦事處天南寺勸募聯誼
常遠法師勉勵提昇護持正法的願心

中山辦事處於10月21日，在三峽天南寺舉辦「勸募會員暨各組義工」聯誼，僧團都監常遠法師、天南寺監院常順法師到場關懷，共有一百三十多人參加。

活動開始首先觀看天南寺簡介影片，透過捐贈土地、興建天南寺的過程，眾人體會邱家子女齊心傳承父願、歡喜耕福田的感動；常遠法師勉勵眾人在菩提道上，凝聚願力，一同邁向護持正法的願心。隨後，在導覽義工帶領下，展開步道經行、托水缽等動禪體驗。

下午，安排多位資深悅眾分享勸募心法，有悅眾說明多參加念佛、禪修、拜懺等共修活動，讓自己成長，才能讓他人平安快樂；也有悅眾表示，勸募就是法布施，是分享人間淨土的成果，既可自利利人，又可廣結善緣。常順法師期勉勸募鼓手，透過參訪所學，在日常生活中精進修行，才能提供會員適切的關懷與協助。

● 10.21～11.03期間

法鼓山關懷普悠瑪翻覆事故
提供支持及陪伴的力量

因應發生於宜蘭的臺鐵普悠瑪列車出軌翻覆事故，造成十八位乘客罹難，近二百人輕重傷，法鼓山啟動緊急救援機制，於10月21日至11月3日期間，展開各項關懷工作。

21日事故當日傍晚至翌日凌晨，蘭陽分院監院常法法師與六十多位信眾於臺北榮民總醫院蘇澳分院為往生者助念。22日，方丈和尚果暉法師、退居方丈果東法師、慈基會祕書長果器法師、常隨法師等，亦前往榮醫蘇澳分院關懷，方丈和尚專注傾聽家屬心聲，法師與義工逐一關懷傷亡者家屬，並提供大悲水、佛珠及佛卡；方丈和尚表示，適度的陪伴能讓傷亡者家屬情緒得到紓解，即使

方丈和尚果暉法師前往蘇澳榮總，為示現苦難、無常的菩薩哀悼，並以傾聽及陪伴，將佛法安心的力量，帶給傷亡者家屬。

信仰不同，盼都能以誦念聖號、祈禱，迴向往生親屬，安定自己的身心。方丈和尚也感謝社會大眾，以及現場救難、醫護人員、政府與慈善團體，以慈悲心、同理心，體會傷難者及家屬的心情，齊心做關懷。

另一方面，法鼓山海內外各地分寺院於第一時間為受難者設立消災及超薦牌位，迴向亡者往生善處，傷者身心安頓，並為所有眾生祈福。其中，蘭陽分院於28日舉辦彌陀超薦法會、11月3日舉行觀音祈福法會，由監院常法法師帶領，藉由法會凝聚眾人力量，以安定人心，祝禱一切平安。

● 11.04～12.16期間

關懷院地區悅眾巡迴關懷
凝聚助念的道心與願心

為落實大關懷教育理念，關懷院展開地區悅眾巡迴關懷活動，於11月4、11、17日，以及12月16日，分別在臺北中山精舍及護法會板橋、文山、中永和辦事處進行「大事關懷暨助念梵唄法器教學」，由監院常學法師及常健法師帶領，共有三百六十多人參加。

課程中，常健法師說明大事關懷的意義，應以正信、正知、正見、正行的佛

關懷院地區悅眾巡迴關懷活動中，常學法師教導執掌法器的方法和技巧。圖為於中永和辦事處進行的場次。

法，倡導祥和的莊嚴佛事，進而淨化人心及社會風氣；並以個案和學員分享面對死亡三階段：臨終前、往生後、佛化奠祭，應有的觀念與做法，圓滿生命的無限延伸。

　　由常學法師帶領的「執掌法器方法和技巧」，法師說明執掌法器的心態、接磬原則、代說佛法的時機，以及慰問關懷應注意的事項等；提醒佛化奠祭誦念時，應注意威儀、服裝整齊、禁語，引導家屬、親友共同成就莊嚴的佛事。

　　最後的大堂分享，常學法師提醒，發心助念除了無私的奉獻心，更要發長遠心、大願心和大悲心；期勉學員，凝聚共識，重溫大事關懷的原則與方法，實現自利利他的精神。

● 12.08　12.09　12.15

四分支道場舉行歲末關懷
以佛法溫暖人心

於法鼓山園區舉行的歲末關懷以園遊會形式展開，傳達社會的關懷與溫暖。

　　慈基會於12月8至15日期間，分別於北投農禪寺、文化館、法鼓山園區及桃園齋明寺舉辦「107年度歲末關懷」，共關懷近一千戶家庭。

　　首場關懷於8日在北投農禪寺展開，退居方丈果東法師、慈基會祕書長果器法師、僧團副都監常寬法師、果高法師、北市社會局代理局長黃清高等到場關懷，並與大臺北地區約三百二十多戶家庭一同點燈，祈願世界平安。現場並有天南禪鼓隊與法青演出，結合心靈環保園遊會，提供二手環保袋與環保餐具，落實生活環保。

　　中華佛教文化館於9日舉辦關懷活動，由僧團副住持果祥法師帶領祈福法會，並安排義剪，為關懷戶服務。

　　法鼓山園區於15日在法華書苑舉行歲末關懷，方丈和尚果暉法師、基隆精舍副寺果樞法師等到場關懷，近一百六十戶慰訪家庭參加。方丈和尚以聖嚴師父提出的「安身、安心、安家、安業」期勉，物質上需要財物支持，但身心安康最為重要，在生活中落實心靈環保、生活環保、禮儀環保、自然環保，讓心清淨慈悲，則家庭和樂、社會和諧；新北市社會局副局長呂春萍也致詞向各界致謝，期許匯聚溫暖，共成善願，從關懷家庭出發，支持民眾度過難關。

　　齋明寺亦於同日舉行關懷活動，邀請兩百五十戶家庭參加，監院果舟法師表示，法鼓山除了對關懷家庭施予物質上的協助，也鼓勵尋求精神糧食，即便遇到了生命中的寒流，也要為自己和他人祝福。

● 12.09

榮董會聯席會議
全球悅眾展望新氣象

榮譽董事會於12月9日在北投農禪寺舉辦全球悅眾聯席會議,方丈和尚果暉法師、僧團都監常遠法師等出席關懷,有近一百位來自全臺、美國、加拿大等地悅眾參加。

方丈和尚致詞時,感恩榮董悅眾的護持,更期許悅眾護持佛法之外,也要安頓自己的身心;並重申聖嚴師父傳授佛法,令大眾受用,並無功德,請悅眾不執著功德,本著「行善沒有條件」的信念行事,才是真正與大殿心經牆「無智亦無得」經文相應。

會中,各區榮董會分享2018年會務經驗,包括美國東初禪寺重建工程進度、香港道場弘法推廣等;會長黃楚琪提出點、線、面、全面關懷的理念與實際運作,海內外參學活動或禪悅營為重點工作,希望藉由海內外各分支道場相互交流、參訪,加強榮董關懷與聯誼。

● 12.15

護法悅眾授證典禮
承擔向前 護法心熱切

護法總會12月15日於法鼓山園區舉辦2019年新任悅眾授證典禮,方丈和尚果暉法師、退居方丈果東法師、僧團都監常遠法師、服務處監院常應法師及常獻法師等到場關懷,共有來自全臺三百五十一位新任悅眾參加,在總會長張昌邦帶領下,發願護法弘法。

方丈和尚果暉法師(右四)期勉悅眾發起道心,接引更多人親近佛法。

典禮上，播放聖嚴師父於2005年召委成長營的開示，帶領悅眾回到初發心。方丈和尚籲請大眾，每個人要做樹根，成為幕後的支持者，隨時補位，廣納、培育、留住人才，接引方式不僅要年輕化、國際化、現代化，還要社區化、在地化、多元化，從而推動法鼓山理念；也提醒在生活中運用佛法，感化自己，感動他人，將感動化為行動，與更多人分享佛法。

張昌邦總會長以自身經驗，說明2016年剛接任總會長時內心誠惶誠恐，今日則充滿喜悅，感恩聖嚴師父創建法鼓山，推動各項弘法活動，才能學習佛法、種福田；更鼓勵悅眾，能夠被交付任務，代表被僧團信任，應當全力以赴。

有第三度接任悅眾的召委表示，期許自己運用經驗，鼓勵新血耕耘福田，對外接引青年，對內培養人才；也有年輕召委期許面對問題勇於承擔，學習不同人生課題，努力落實關懷，接引大眾參與法鼓山、彼此相互成就。

● 12.21～23

慈基會舒活二日營
用禪法讓慰訪加分

學員從放鬆身心開始，藉由經行、動禪、打坐、禪觀，學習提昇覺照，安定身心。

12月21至23日，慈基會於三峽天南寺舉辦舒活二日營，由傳燈院監院常襄法師帶領，講師包括慈基會副祕書長常隨法師、常正法師，以及悅眾謝云洋等，共有六十六位在第一線擔任關懷、慰訪、救災、訪視等相關工作的義工參加。

課程內容以禪修和自我覺察並重，讓每位學員從中找到學習與進步的動力，練習將禪修運用在生活及慰訪工作上。從放鬆身心開始，藉由經行、動禪、打坐、禪觀，提昇覺照，安定身心；並觀看聖嚴師父的開示影片，學習不起煩惱的智慧，開發對萬物的慈悲。

常隨法師鼓勵學員，擔任慰訪、關懷工作，肩負龐大的案量，除相關的慰訪資訊與技巧外，更需要學習禪修，安定身心。

有新進慰訪員表示，聖嚴師父的法語「每個人內心都有無窮潛能、無盡智慧及無邊的慈悲」，對孩子、家人、自己及案主，都是很好的激勵，將用這句話來鼓勵孩子、家人、自己及案主；也有悅眾分享，禪修與實務課程，不僅沉澱身心，也補充能量，從心出發。

参【大學院教育】

涵養智慧養分的學習殿堂，
以研究、教學、弘法、服務為標的，
培養專業的佛學人才，
開啟國際學術交流大門，
朝向世界佛教教育園區的願景邁進。

跨界交流
以佛法回應當代社會

秉承聖嚴師父「為佛教、為社會，
培育宗教、人文、社會等各層次人才」的理念，
大學院教育於2018年，持續建構佛法與世學兼備的教育環境，
培育學子專業智能、開拓寬廣學習視野；另一方面，
也回應高等教育的時代需求，展開佛學與各學科跨領域對話，
除為漢傳佛教的研究與弘揚提供創見，
也彰顯漢傳佛法的多元實踐。

　　法鼓山的大學院教育是以務實、奉獻為本懷，透過正規教育的養成，培育在研究、教學、弘法、專業服務領域裡，引導大眾、啟迪觀念的各種專門人才。6月，法鼓文理學院校長惠敏法師出席德國「佛教與當代社會的對話」（Buddhism in Dialogue with Contemporary Societies）國際會議，以文理學院的博雅教育目標說明，「佛法猶如大海，可納百川。」開發佛法戒定慧，正是世學應用的推動力。

　　前瞻未來、海納百川，大學院教育做為大普化、大關懷教育的根基和發源點，2018年持續朝法鼓山為世界佛教教育園區的願景邁進。

法鼓文理學院

　　法鼓文理學院是實踐大學院教育的重要場域，本年持續以學術講座、論壇研討、專題及研修、海內外學術交流及校園活動等多元管道，培養具備「悲智和敬」的胸懷與態度，以及因應全球化地球村公民素養與能力的各類專業人才。

　　除了佛教學系博、碩、學士班，以及人文社會學群生命教育、社會企業與創新、社區再造、環境與發展四個碩士學位學程的專業學科，2018年通識學科「心靈環保講座」，主題含跨心靈、生命、社區到環境，除啟發學子自主學習，帶領探索各領域知識與心靈環保的關聯，也打造校內跨領域合作學習的學風。

　　本年的學術會議，包括年初與政治大學社會科學院合辦「人文關懷與社會實踐暨世界公益學論壇」，及與加拿大英屬哥倫比亞大學（University of British Columbia, UBC）佛學論壇、中國大陸廣州中山大學人文學院佛學研究中心共

同主辦「佛教與東亞文化國際寒期研修班暨禪學國際研討會」，共邀集近兩百位專家學者、社企實業家與會交流，融攝佛學與世學，彰顯佛法對當代經濟、文化的意義與影響力。

第四屆《阿含經》研討會（The IVth Seminar of the Āgama Research Group），10月首次於地球最南邊的佛教邊地阿根廷展開，包括校長惠敏法師，共有十八位國際佛教學者以語言文獻學等專業知識，考證犍陀羅語、梵語、巴利語、藏語與漢語三藏文獻、史料及近現代佛教著述，推動東西方學術合作。

臺灣數位人文學界重要的年度研究成果發表討論會「數位典藏與數位人文國際研討會」，則於年底在文理學院展開，各國相關學者專家齊聚探討人工智慧技術於數位人文的應用與突破，也了解並肯定文理學院在佛典數位化方向上的努力與成果。

在學術分享交流上，文理學院也應海內外各學術機構邀請，交流東西方佛教、佛教與醫療等研究主題。如惠敏法師應美國密西根大學（University of Michigan）之邀，前往講授「禪與腦科學」課程與演講「臺灣佛教的臨終關懷」；以及出席馬來西亞佛法研習營、南北傳佛教座談會，分別分享禪法與腦科學的參用觀點、聞思修三慧對於現代修行的重要意義。鄧偉仁老師赴印度參加「國際佛教辭典工作坊」，與德國、奧地利、法國、日本研究學者，研討《巴利語關鍵辭典》（Critical Pāli Dictionary）的編纂與研究。

行之有年的專題講座，主講人及講題亦是跨宗派、跨學科，除邀請繼程法師、第十三世達擦袞德林仁波切詮講佛法，印度生態學者范達娜‧席娃（Vandana Shiva）、美國加州大學伯克萊分校（The University of California, Berkeley）教授羅伯特‧謝爾夫（Robert Sharf）、中國大陸華中師範大學教授江光榮等，也來校分享所學與研究，提昇師生宏觀視野及思維。

多元蓬勃的校園活動，也為師生的學習注入成長活力，4月陸續展開包括籃球、羽球聯誼賽、園遊會、藝文表演與綜合語言競賽等校慶系列活動；另有佛教學系論文發表會，鼓勵研究生追求學術的卓越。7月並為高中生舉辦「心‧遊記——生命美學研習營」，營隊以生命教育、美學教育為主軸，引領學子自我探索。2018年甫成立的人文社會學群學生自治組織「法鼓人文社會學群學會」，則於9月舉辦「博雅‧禪趣‧心時光」營隊，迎接新生入學。

本年三場職涯分享講座，則由畢業校友講說求學及職場經驗，提供在校生了解個人興趣、性向及價值觀等特質，以利適性發展職涯。

另一方面，文理學院也透過演講、課程、工作坊、研習營等各式活動，將研究成果和資源與社會共享，推動終身學習教育。其中，人文社會學群2018年首度與普化中心合作，舉辦兩梯次「終身

「第七屆漢傳佛教與聖嚴思想國際學術研討會」首度開設「佛教與心理論壇」，多位醫師、諮商師以自身體驗，進行內省自述也探究佛法與心理學的交融契機。

學習菩薩行」課程，不僅為大學院與大普化教育搭起橋梁，也鼓勵大眾成為終身學習的菩薩行者。推廣教育中心開辦首屆「樂齡大學」，包括禪修、瑜伽、生命教育、佛教醫療保健等課程，引導長者在快樂學習中，樂而忘齡，迎向心生活。

法鼓山僧伽大學

僧大以培養道心堅定，具前瞻性、包容性及國際視野的僧才為理念，「生命自覺營」本年邁入第十五屆，共有一百五十七位來自海內外青年學員，於短期出家生活中，省思生命的價值與人生的方向；3月展開招生說明會，多位僧大師長介紹僧大辦學精神及課程規畫，共有三十多位青年參加

除了引領年輕人認識僧大、廣發菩提心，於學僧培育方面，亦不遺餘力，全年舉辦多場座談會、講座，如4月的「法的療癒」座談，由前文理學院副校長杜正民夫人張雪卿，分享杜教授在十年病痛中，力行佛陀教法的生命歷程；「禪修‧文學‧生死」專題講座，則邀請單德興教授分享與聖嚴師父的法緣，鼓勵學僧學習將修行心得以說故事的方式表達，更能接引大眾親近佛法。7月為畢結業僧舉辦的領執培訓課程，由惠敏法師、果毅法師、果見法師等戒長法師授課，說明領執沒有高低，不求自我表現，而是步步踏實奉獻與無私付出。

課堂學習之餘，4月的戶外教學，學僧參學北投農禪寺、中華佛教文化館，以及臺北安和分院等，並從農禪寺行腳回法鼓山園區，對多數未曾親炙聖嚴師父言行與身教的學僧，具有承先啟後的意義。10月及12月，並隨同新北市金山環保社團於礦溪出海口、跳石海岸參與淨灘，以行動表達對生態的關懷。

至於學習成果的呈現，1月舉辦分享會，由七位甫完成受具足戒的學僧分享三十五天的受戒心得；4月講經交流會中，由十五位學僧以各具特色的思考和表達，分享法義及學習領悟；「2018畢業製作暨禪修專題呈現」於5月展開，共有十一位學僧以分齡推廣經典共修、禪修法門為主題，展現新世代弘化的創意。

為培養學僧的國際視野與胸懷，兩場「世界公民工作坊」分別於3、11月舉

辦，以「從動盪中邁向涵融，重啟連結的文化」、「世界的危機與轉機」為主題，由果禪法師、常濟法師帶領分享於國際間推動漢傳佛法的歷程，並討論佛教在時代變革中的安心之道。11月，僧大副院長果幸法師於美國科羅拉多州展開佛教教育觀摩，借鏡美國高等教育中佛教宗教師培育方式和課程規畫。

中華佛學研究所

以推動漢傳佛教的學術研究與出版為主要工作方向的中華佛學研究所，主辦的「漢傳佛教青年學者論壇」於9月進行第二階段論文發表，青年學者分享研究與考察的經驗，資深學者參與講評，呈現漢傳佛教學術社群經驗傳承、相互提攜的活力。

另一方面，中華電子佛典協會（CBETA）於4月舉辦「二十週年成果發表會」，除了發表「CBETA眾緣閱藏隨身碟版」，也介紹線上更新、版本切換、搜尋等功能，並結合社會脈動，推出「Line@cbeta」，邀請大眾加入成為協會好友。二十年來，電子佛典不論在質量或技術面上，致力於國際化、標準化，廣受國際學界肯定，同時也是漢傳佛教珍貴的智慧資產。

為鼓勵青年學者於紮實的基礎上尋求創新，2018年頒發的「漢傳佛教英文碩博士生獎助學金」，有六位來自美國、加拿大等國的博士、碩士研究生獲得補助，各項研究計畫均以多元觀點尋求跨學科的整合，開展佛教學術研究的寬廣視野。在出版部分，《中華佛學研究》出刊第十九期，書籍則有佛學會議論文彙編《無盡燈——漢傳佛教青年學者論壇論文集》、《日本佛教的基礎——日本Ⅰ》等書出版。

此外，所長果鏡法師3月應中國大陸杭州徑山禪宗文化研究院之邀，於當地展開三場禪文化系列演講；11月應邀參加「佛光大學校長論壇」，於「佛教行門教育與現代生活」論壇中，分享心靈環保的行門教育。

結語

「第七屆漢傳佛教與聖嚴思想國際學術研討會」於6月在臺北展開，聚集全球一百二十多位專家學者，共發表六十五篇論文，並有三場專題演講、三場跨界對話論壇，除了延續聖嚴思想的研究，更延伸至佛教經濟學、漢傳禪佛學、心理治療、再生醫學、緩和醫療等實踐面向。自2006年首辦以來，研討會不論內容或形式，均能回應時代演變、與時俱進，為漢傳佛教的學術研究開創新模式：深入文本，展現佛教當代發展與應用；多元對話，也開展佛法的跨界向度。

綜觀2018年大學院教育的推展，以研究、教學、弘法、關懷服務，培養跨領域學科素養、關懷生命、奉獻社會的各類專業佛學人才；同時藉由研討會、活動的舉辦接軌國際；不僅彰顯解行並重的教育特色，更輝映出漢傳佛教多元涵融的特質。

● 01.01

禪學專題班戶外參訪
體驗心靈環保、自然環保的落實

文理學院禪學專題班參訪社大自然環保戶外教室，了解自然環保的落實。

法鼓文理學院佛教學系主任果暉法師帶領十二位禪學專修班學員，1月1日參訪社大自然環保戶外教室，由社大校長曾濟群，以及金山校區義工、學員們安排導覽與實作。

曾濟群校長介紹戶外教室以愛護眾生和友善大地的方式農耕，不施肥、不翻土，落實心靈環保、自然環保理念。在義工解說各區栽植的蔬果後，學員進行出坡體驗，包括種植山茼蒿、採摘蔬果和洗菜，與大自然互動。

果暉法師表示，期盼藉由「心靈環保自然農法」，與在地農友、民眾連結互動，傳遞友善環境的觀念和農耕法，讓更多土地成為淨土。

● 01.03

美國法界大學團隊分享創新佛法教學
以開放、互動式教學啟發學子

美國萬佛聖城恆實法師、法界佛教大學（Dharma Realm Buddhist University, DRBU）教授馬丁・范赫文（Martin Verhoeven）與進傳法師等教學團隊，於1月上旬參訪法鼓文理學院，並在3日舉辦的專題講座中，由馬丁・范赫文主講「弘化的再活化——佛法是什麼？我們如何教導？」，與二十多位師生分享如何透過經典爬梳與善知識的教導，掌握佛法精神。

馬丁教授指出，過往西方解讀佛教時，往往置於哲學、宗教、心理等學術架構之下，無法真正掌握核心精神，而要理解佛法，必須用佛法的方式來學佛。

講座中，法界大學團隊首先從各種經典、學習傳統與宣化上人的教導中，來回答「何謂佛法」；引用美國學者提問佛法本質的問題，宣化上人提供一個思考方向：「轉化」（Change），說明佛陀直指人心的教導，以經文為媒介，如鏡子般如實映照出自己的習氣，協助大眾了解、發現自己，進而自我治療、轉化。

現場並示範如何直接透過經文，理解文本對修行的啟發。進傳法師解說教育是引導學生的思考能力，而非置入；學程設計將道場與學校融為一體，不盲從權威，而是透過經文、老師和學生三方互動，不斷練習反思、放下執著，逐漸摸索出佛法與個人生命的連結，進而轉化自己的心念和行為。

馬丁·范赫文教授分享如何從經典、傳統與宣化上人的教導中找到生命解答。

文理學院副教授鄧偉仁表示，法界大學突破舊派學術研究框架，將相對主觀的個人詮釋，放到大學殿堂討論，有助於探索佛法在應用面的連結；期許透過更多的交流與啟發，共同推動東西方佛法教學的現代化。

● 01.06

僧大舉辦受戒分享會
學僧分享受戒見聞與心得

僧大於1月6日舉辦受戒分享會，由七位甫於嘉義縣竹崎鄉三寶山靈嚴禪寺完成受具足戒的學僧分享三十五天的受戒心得，包括戒常住與法鼓山的因緣、戒場作息、講戒、受戒過程以及與戒兄弟的互動等，會場並展示衣缽、戒牒與戒本，共有六十多位學僧與師長參加。

分享會中，演一法師介紹臺灣於戰後，首度傳授三壇大戒的「大仙寺」與「靈嚴禪寺」的法統脈絡；演印法師回顧2002年法鼓山大專及教師禪修營，受到靈嚴禪寺全力護持，聖嚴師父親赴三寶山表達感恩的殊勝因緣。

七位受戒法師中，有五位擔任班長，其中三位男眾法師為法器悅眾，同時身為東西單沙彌首，在學時師兄弟培養的默契，共同圓滿迎請戒師的承擔。

戒子們感恩在僧伽大學的教育過程中，由於平日隨眾如同戒場作息，以及三到四年的戒律熏修，以此為基礎，在帶領各式出坡、聽聞講戒及擔任悅眾時，皆適應無礙，並能照顧其他戒兄弟；也發願以身修供養，捨去自我的執著，持續堅定修行。

受戒分享會中，學僧分享受戒見聞與心得。

● 01.06　01.07

兩梯次「終身學習菩薩行」農禪寺舉行
學院連結普化教育

「終身學習菩薩行」課程，由楊蓓學群長帶領四位學程主任聯合授課。

法鼓文理學院與普化中心合辦「終身學習菩薩行」課程，於1月6、7日於北投農禪寺展開兩梯次，由人文社會學群長楊蓓帶領四位學程主任辛琼瑜、張志堯、陳定銘、張長義聯合授課，分享將智識學習與生命融合的經驗，成為終身學習的菩薩行者，共有三百多位聖嚴書院在學與結業生參加。

課程中，「生命中的悅樂與平安」單元，由辛琼瑜主任帶領學員了解悅納異己、關懷自他，才能讓心與心美好地相遇；張志堯主任與學生代表，則共同分享「落實關懷，再造社區淨土」單元，將「入世化世，菩薩願行」的精神，融入社區再造的理論與實踐。

「社會創新，營造心企業」單元中，陳定銘主任說明只有創新的「企業家精神」，才懂得運用「創造性破壞」的力量去因應新局，打造實踐心靈環保精神的心企業；「環境永續，從心開始」單元，張長義主任以探討世界各國設保護區的現況，分享自然保育的核心價值，黃信勳助理教授也以生態村為例，說明再造永續新生活的可能。

最後座談Q&A，學員們提問熱烈，針對「四個學程相輔相成，該如何共同創造？」的問題，楊蓓老師總結表示，文理學院四個學程是以聖嚴師父三大教育為核心所發展出來，能在社會落實的理論與方式，所探討議題的創新思維與作法，就是希望能為人類的未來找出路。

● 01.12

文理學院舉辦生命教育講座
繼程法師講書畫人生

1月12日，法鼓文理學院於臺北安和分院舉辦生命教育講座，邀請聖嚴師父法子繼程法師主講「禪畫中的故事」，分享書畫人生，共有六百多人到場參與聽講。

繼程法師由禪入藝，主講「禪畫中的故事」，分享書畫人生。

深受弘一大師影響的繼程法師，視每個字為一個圖案，漸漸掌握寫書法的訣竅，展現中國文字線條藝術的美感。法師把「禪」字構思成一人在打坐：頂上兩個口畫成頭部或眼睛，田字畫成圓圓的身形，下面一橫畫長一點，就像地面，一豎畫下則是扎根，這就是「定」；左邊的「示」畫成是一盞燈，最上方的一捺彷彿燈是亮著，代表「慧」，而「定」和「慧」結合即是「禪」。

法師說明「由禪入藝」比起「由藝入禪」更能遊刃有餘，因為心法比筆法更重要，順著當下的心境書畫，就像禪不刻意造作，也期盼能藉一幅幅創作接引大眾，傳遞佛法的訊息。

● 01.13

人文關懷與社會實踐暨世界公益學論壇
以心靈環保發揚公益慈善

法鼓文理學院與政治大學社會科學學院於1月13日，在政大綜合院館共同舉辦「2018人文關懷與社會實踐暨世界公益學論壇」，邀集近六十位國內外學者、社企實業家，就「社會價值與社會影響力」、「公益慈善與第三部門」、「社會企業與社會創新」等三項主題，共進行九場論文發表、評論，有近三百人參加。

文理學院校長惠敏法師從「以社區為基礎之社會營銷」與「變革理論」，分享「心靈環保與社會價值」的教育觀點，表示心淨則國土淨，因此聖嚴師父於1992年提出心靈環保，並期勉學校成為「善良動能的發源地」，而論壇所探究的社會價值，即如日本天台宗強調的「照千一隅，此則國寶」，所謂真正的「寶」，就是忘己利他的心。

臺灣大學社會工作系教授馮燕指出，法鼓與政大兩所大學，將宗教理念與公益慈善、兩岸學者與實務菁英結合，開創公益學嶄新的研究

近六十位兩岸及海外學者、社企實業家齊聚一堂，探究真正的社會價值。

領域，而公益的概念藉由多方合作而落實，更是推動社會前進的力量。

　　本屆論壇的舉辦，延續文理學院於2014、2016年所舉辦的專題研討會，並與2015年在中國大陸北京清華大學召開的「世界公益慈善論壇」相呼應，累積的學術成果與影響力，日益受到學術界與企業界的認同肯定。

● 01.13～21

佛教與東亞文化國際寒期研修班展開
多重視角探索禪學與敦煌學

研究漢傳佛教或東亞文化的各國研究生，於課堂中學習與交流。

　　法鼓文理學院、聖嚴教育基金會與加拿大英屬哥倫比亞大學（University of British Columbia, UBC）佛學論壇、中國大陸廣州中山大學人文學院佛學研究中心共同主辦的「2018佛教與東亞文化國際寒期研修班暨禪學國際研討會」，於1月13至21日在文理學院展開，活動內容包括研討會、研修課及青年論壇，共有一百三十多位來自美國、比利時、新加坡、中國大陸、臺灣等地學者及博士生參加。

　　第一階段的研討會，主題為「從曹溪到敦煌——多重資料和不同視角下的跨學科禪宗研究和敦煌寶藏研究」，由文理學院佛教學系主任果暉法師及倫敦大學亞非學院名譽教授巴瑞特（T.H. Barrett）進行主題演講，法師分享因校對大小《安般經》，肯定敦煌文獻對佛學研究的助益；巴瑞特則指出宋代印刷術發達，使禪宗典籍流通，成為往後中國圖書館的重要典藏；並有十餘位學者於會中發表最新研究，包括中華佛研所所長果鏡法師的「《淨土五會念佛略法事儀讚》在中日兩國弘傳之小考」。

　　研修課程方面，由加拿大英屬哥倫比亞大學教授陳金華、哈佛大學教授羅柏松（James Robson）及牛津大學教授田海（Barend J. ter Haar）共同授課。陳金華教授指出無論是政治、經濟或是學術、宗教領域，營建出具包容性、互惠性、開放性、獨特性的場域極為重要，引導學員思考漢傳佛教能夠為人類未來帶來的貢獻；曾經親炙聖嚴師父學禪的羅柏松教授，爬梳經論記載的禪病、定難、魔考等禪修障礙，反思全球化正念、禪修熱潮下，急求禪修速成的危險；田海教授則以文化人類學背景，提醒回到文化情境的脈絡，有助於了解宗教現象與經典內容。

在第三階段的青年論壇，四十多位青年學者展現豐沛的學術活力，分組從文獻、義理、實踐、跨宗教、禪學研究、佛教藝術、道教與其他東亞宗教等七個面向發表論文。

文理學院副教授鄧偉仁指出，本屆學員除一般碩博士生，更有多位任職於學術機構的教授、研究員，顯見研修班獲得學術界的高度肯定。

● 01.27～02.06

「第十五屆生命自覺營」園區展開
學員省思生命價值及人生方向

僧大於1月27日至2月6日，在法鼓山園區舉辦「第十五屆生命自覺營」，由寺院管理副都監常寬法師擔任營主任，共有一百五十七位來自臺灣、英國、印尼、馬來西亞、新加坡、香港、澳門等各國學員，透過短期出家生活，覺醒生命的價值、省思人生的方向。

自覺營中，每日早齋後安排觀看聖嚴師父影音開示，說明出家的意義；並由文理學院校長惠敏法師為學員「說戒」、果增法師解說「梵唄與修行」、常勳法師示範「學佛行儀」、常先法師分享「內務整理」，能夠「收攝身心，培養定力」，養成惜福愛物的感恩心。學員們在1月29日正授後，更從實際的出坡、過堂、早晚課誦，以及禪修中，體驗難得的出家生活。

課程方面，包括由普化中心副都監果毅法師主講的「佛教的生命觀與自我覺醒」，從佛法觀照生命，引導學員思考「我」是如何形成的？如何覺醒，並擁有生命不同的可能？青年院監院常炬法師介紹「僧命之道」，說明得遇聖嚴師父因緣可貴，以及僧團的重要性，在於讓修行者持續得到同參道友、師長、環境的支持；禪修中心副都監果醒法師講述「日常生活的漢傳佛教」，指出佛性與現象的關係，進而掌握自己的心。

2月3日適逢聖嚴師父捨報圓寂九週年紀念日，護法總會副都監常遠法師分享「轉角遇見聖嚴師父」，法師幽默說明在遇見佛法前的輕狂歲月，並以親身經歷為例，表示出家非但不是無情、不孝，反而更能利益家人。

營隊圓滿時，常寬法師以聖嚴師父的法語：「萬丈紅塵心不染，空谷無

青年學員們從出坡、過堂、早晚課誦及禪修中，體驗出家生活。

人水自流」，指出雖然不是每人都有因緣出家，但藉由營隊學習認識自己、認識生命，了解如何與他人、與環境結善緣，意義更重大。

● 03.01～03

文理學院受邀參與國際佛教辭典工作坊
鄧偉仁老師分享數位人文經驗

法鼓文理學院於3月1至3日，受邀參加在印度普那大學（University of Pune）舉辦的「國際佛教辭典工作坊」，由佛教學系副教授鄧偉仁代表出席。工作坊由丹麥哥本哈根大學（University of Copenhagen）跨文化區域研究系、印度普那大學巴利語佛教學系共同主辦，與來自德國漢堡大學（University of Hamburg）、奧地利維也納大學（University of Wien）、法國巴黎高等實踐研究院（École Pratique des Hautes Etudes, EPHE）、日本東京大學等多位學者，共同研討《巴利語關鍵辭典》（*Critical Pāli Dictionary*）的編纂與研究。

鄧偉仁老師表示，佛教原典文獻的語言豐富，包括梵、巴、藏、漢、滿、蒙、犍陀羅、吐蕃等語系，因此佛教文獻的學習與研究，對於佛教辭典的質與量有很高的要求，而辭典編纂的工作，需要一流的語言文獻功力，現代還必須加上數位人文的能力，然而卻不如出版學術論文或專書，有立即顯著的學術成果，因此在有限的人力資源下，團隊合作更顯重要。

工作坊的發起人哥本哈根大學資深教授肯尼斯吉斯克（Kenneth Zysk）與普那大學巴利語佛教學系主任馬赫須德奧卡（Mahesh Deokar）說明，由於《巴利語關鍵辭典》的出版工作遭遇瓶頸，因此邀集國際上正在從事佛教辭典編輯的學術機構，一同討論如何整合各種佛教語言辭典的資源，以利跨佛教傳統文獻的研究。三天的工作坊，與會學者建立起合作的共識與模式，有助於佛教典籍的學習與研究。

● 03.10～05.19期間

2018自覺工作坊
踏上覺行圓滿之旅

3月10日至5月19日，僧大與法青會週六於德貴學苑合辦「自覺工作坊」，由常啟法師、常悅法師等帶領，藉由覺知五蘊身心的變化，觀察身口意行為的運作模式，並分組互動學習，體驗自覺與覺他，共有二十多位歷屆生命自覺營學員參加。

工作坊以漢傳禪法為核心，《八大人覺經》為脈絡，3月10日的首堂課，常啟法師帶領學員以「我的來生」互動體驗方式認識無常，再結合《八大人覺經》第一覺悟「世間無常，國土危脆」的內容，以及印度劇《佛陀》中對生

學員在自覺工作坊中溫故知新，進一步察覺參與營隊後的生命轉變。

命的辯證片段，體驗無常；第二堂課藉由「價值觀拍賣」活動，將生命中的重要排序重組，重新省思「需要」或「想要」；第三堂課體會少欲知足中「自覺」真正的快樂。

第四堂課引導學員認知「觸、受、愛、取、有」的變化並非真實而絕對；第五堂課透過建立「心錨」進行串習體驗，了知禪修能將過去的串習淡化，進一步思考目前的價值觀，是追尋更高層次生命的「目的」，還只是前往目標的「工具」？第七堂課藉由華嚴六相的概念，學習擴展不同的思考層面，進一步由自覺走向「覺他」。最後一堂課帶領學員從理解自我認知的形成過程，進而突破對「我」的認知界線，從中見到「無常」的無限可能，而練習放下執著與控制，體會到全然的自由。

有學員表示，在遊戲中領悟到建立生命目標的重要，即使無常來襲，也不會因此失去方向；也有學員分享，參加過自覺營後，更能自我覺察，藉由持續的共修，讓自己保持身心安定，參加自覺工作坊，除了溫故知新，還發現自己更有力量幫助別人。

● 03.11

僧大舉辦招生說明會
邀請青年加入僧眾培育行列

僧大3月11日於法鼓山園區舉辦招生說明會，由副院長常順法師、果肇法師等師長介紹辦學精神及課程規畫，方丈和尚果東法師到場關懷，共有三十多位來自臺灣、香港、馬來西亞的青年參加。

常順法師表示，聖嚴師父創辦僧伽大學，是為了培養對世界有貢獻，自利利他的漢傳佛教宗教師，同時發心修學佛法、弘揚佛法，期勉青年在僧大中尋找

招生說明會中，學僧示範「佛法概論」考試書目的閱讀方式。

生命的著力點，為未來世界服務奉獻，延續佛法慧命；果肇法師則勉勵考生，要思考為什麼出家？說明出家學習並不容易，卻能勇於面對、突破自己，終身都有奉獻的出路。

此外，目前就讀於僧大的學僧們也分享應考經驗，表示只要抱持著讓自己更了解法鼓山的理念，以及聖嚴師父的悲願心來準備考試，以平常心面對，就不會有太多壓力。

說明會後，考生們分組在學僧的陪同下，前往校區、禪堂等地認識學習環境，體驗園區的禪悅境教。

有陪同的家長表示，由於經營素食餐館，有許多機會親近法師和善知識，雖然不捨孩子選擇出家，但也認為生命無常，與其擔心，不如護持、尊重下一代的選擇。

● 03.14　06.06　10.24

三場校友職涯座談
學術路上修行與研究並重

法鼓文理學院諮商輔導暨校友聯絡中心，於3月14日、6月6日、10月24日舉辦校友職涯分享講座，校長惠敏法師、諮商輔導暨校友聯絡中心主任莊國彬，皆出席關懷，有近八十人次參加。

3月14日的講座，由就讀於日本京都大學佛教學系博士班的有醫法師，從語言學習、文化適應、修行弘法、社交旅遊、生活飲食等不同面向，分享留學澳洲、英國、美國、日本的經驗；在日期間，因聖嚴師父《留日見聞》的開示，讓法師每遇疑惑不解時，有所指引與慰藉。

6月6日，則由甫獲澳洲雪梨大學（University of Sydney）博士學位的法照法師，從臺灣師範大學到福嚴

目前就讀日本京都大學佛教學系博士班的有醫法師，與在校生分享留學之路。

佛學院、中華佛研所及澳洲雪梨大學的求學經歷、論文寫作省思、師長互動方式及生活體悟各方面，分享從人師到天人師、從學生到學僧的心路歷程。

法照法師說明聽聞聖嚴師父開示：「佛教界需要更多學術人才與社會互動」後，啟發了繼續攻讀博士學位的願心，而博士班紮實的學術訓練，以及澳洲開放、多元、包容的社會風氣，提供許多不同觀點，更體認到擴大研究格局的重要性。

10月24日邀請國立故宮博物院研究員張文玲，以其在奧地利維也納大學（University of Vienna）、德國科隆大學（University of Koln）、法鼓佛教學院（現今法鼓文理學院）及國立故宮博物院等學經歷程，透過「如何在佛教文藝領域長期耕耘？」、「審視挑戰的態度」及「現代佛教藝術的弘揚」等課題，分享珍貴經驗與獨到觀點。

● 03.21　03.26

文理學院兩場專題演講
達擦袞德林仁波切、江光榮分別主講

法鼓文理學院舉辦專題演講，3月21日邀請來臺弘法的第十三世達擦袞德林仁波切主講「如何斷除二障」，有近一百位師生參加。

袞德林仁波切首先說明，佛陀教法即是為了幫助眾生斷除二障——煩惱障與所知障，接著依顯教《四部宗義》，舉出毘婆沙宗（有部）、經量部、唯識宗與中觀宗四個派別，對二障教說之異同，並指出聲聞道與菩薩道斷障之不同。雖然各宗派有

達擦袞德林仁波切於文理學院談無我。

不同主張，但皆以斷除二障為修行的最重要課題，而建立「無我」的正見，是佛法的根本原則，以此對治「我執」，為斷煩惱障及所知障的基礎。

仁波切精闢闡述資糧道、加行道、見道、修道、無學道之修行次第，與修證無我、斷除二障之間的對照；勉勵大眾，學法修行要用最細微的心，斷盡煩惱障之現行及習氣，修集無量福德，斷盡所知障的塵沙惑煩惱而成佛。

26日，中國大陸心理諮商與治療領域重要學者、華中師範大學心理學院教授江光榮以「心理‧生命‧美學」為題演講，由學群長楊蓓主持。江光榮教授說明，多年研究大學生自殺與青少年危險行為，發現不論導致自殺的原因為何，

最後皆歸結到自殺者找不到生命的意義，因此開始反思西方主流思潮的局限，轉而從東方哲學中尋找出路，期盼能從佛法及禪修中汲取養分，裨益於心理學研究與治療。

● 03.25

僧大舉辦世界公民工作坊
從心關懷全球環境變遷

僧大舉辦「世界公民工作坊」，由果禪法師、常濟法師分享長期與世界各地青年領袖對話的心得。

僧大於3月25日舉辦「世界公民工作坊」，由投入國際弘化事務多年的果禪法師、常濟法師帶領，分享長期與世界各地青年領袖對話互動的心得，以及法鼓山在國際推動佛法的腳步與歷程，有近四十位師生參加。

工作坊以「從動盪中邁向涵融，重啟連結的文化」為題，探討環境與佛法的關聯性。其中「人類世」等新興名詞，以及現代人類活動對氣候及生態系統造成的全球影響，引發師生熱烈的討論。有學僧分享，人類彼此之間、以及與環境之間的關係是緊密相連的，學著改變從個人，或單一國家功利得失思考的慣性，以及從被動，轉為主動倡導地球生態和全人類共好、共贏的價值觀，才有益於人類的發展，也與佛教平等、慈悲與智慧相應。

另一方面，兩位法師也帶領學僧從不同的面向思索恐懼失敗的心理原因，以及如何包容他人的失敗等。

最後，學僧分組討論法鼓山的理念與精神，再到不同組別展開交流，匯聚心力的討論，不但內容豐富，也成為關懷全球「心」視野的珍貴經驗。

● 03.28　04.25　05.02　05.23

學僧慰訪實習活動
學習以傾聽、同理來關懷

僧大於4月25日、5月2日及23日，為三、四年級學僧安排見習慰訪活動，與慈基會義工一起前往臺北市中山區、新北市金山區等地，實地慰訪關懷家庭及

住院病友。行前並於3月28日由慈基會專職與義工分享慰訪心法。

過程中,學僧與義工帶領關懷家庭誦念《心經》、〈大悲咒〉,也提醒人生有各種苦難,要共同學習面對無常,即使身體病痛或遭遇挫折,也能藉由念佛迴向幫助他人,從信仰中滋養對生命的信心。

學僧分享,在慰訪中學習到關懷最重要的是「傾聽」,同時適時地、真誠地給予回應,能讓人感受到安心與被尊重;也有

僧大學僧於慰訪前,與義工和專職討論案家的狀況與關懷心法。

學僧期許更要發願以感恩、報恩的心從事關懷工作。

僧大表示,為使學僧能深入了解大關懷教育的精神,僧大規畫實作體驗,透過實際參與、見習各種關懷工作,培育學僧以同理關懷他人、成長自己。

● 03.31～04.05

惠敏法師密西根大學學術交流
探討禪法與腦科學的關係

法鼓文理學院校長惠敏法師於3月31日至4月5日,應美國密西根大學(University of Michigan)亞洲語言文化系邀請,前往進行學術交流,包括講課「禪與腦科學」、演講等。

4日於該校拉克姆圓形劇場(Rackham Amphitheater)舉辦的公開演講,主題是「正念往生——臺灣佛教的臨終關懷」。法師說明臺灣安寧緩和療護的特色,並指出不同的信仰、文化背景對於「心靈的看護」,有觀點上的差異,如何選擇適當的方式進行安寧療護,是重要的課題。法師特別介紹臺灣人的死亡品質指數,在亞洲排名第一,並播放影片,介紹臺灣佛教臨床宗教師培訓案例,以及法鼓山推廣植存的理念與方法。

惠敏法師提醒,學習死亡的過程,能讓我們了解生命,從死亡的角度規畫人生,可以了解知足常樂、助人快樂,以及寂滅最樂,亦可提昇助人的願力。

逢此講學因緣,密西根地區信眾亦邀

惠敏法師於密西根大學演講,分享臺灣安寧緩和療護的特色。

法師於4月1日,在蘭辛學佛會(Lansing Buddhist Association)彌陀村禪修中心,以「愉悅羅盤及禪法與腦科學」為題演說。惠敏法師以神經科學家大衛‧林登(David Linden)博士的《愉悅之羅盤》(*The Compass of Pleasure*),從腦神經科學討論人類追求愉悅的行為模式;並以神經學家詹姆士‧奧斯汀(James H. Austin)的著作,探討禪法與腦科學的關連。說明當主格的「我」消融之時,可從「時間」的壓力中解脫;受格的「我」消融之時,則無有恐懼;所有格代名詞的「我」消融之時,可消除自他分別,體悟萬法平等一體。

● 04.01～06

果鏡法師杭州徑山分享禪文化
談禪的生活到人間淨土

果鏡法師應邀於杭州徑山鎮演講,從禪與禪生活談到心靈環保和人間淨土。

4月1至6日,中華佛學研究所所長果鏡法師,應杭州徑山禪宗文化研究院之邀,前往講學,進行三場演講。

1日的第一場演講「從禪與禪生活,從心靈環保到人間淨土」,在徑山鎮上的綠城桃源小鎮舉辦,共有一百二十多人參加。果鏡法師首先介紹禪的起源,再談禪的智慧、自我提昇、自我消融,以及禪在生活中的運用;有聽眾提問工作上遇到困境,法師分享運用「四它」的化解方法。

4日、6日,法師分別於浙江大學圖書館、杭州佛學院,講說「明末清初禪門之『茶話』」。果鏡法師循序說明唐宋元時期,叢林茶禮的考察、「茶話」的源由與發展,再談到曹洞宗門下湛然圓澄師徒三人,如何藉由茶話展現自家禪風,達到應機教化禪眾的目的。有聽眾問:「禪與茶如何一味?」法師表示,如果只是喝茶不會有禪,一定要具備禪修的基礎。「一味」是有層次性、階段性的,需透過禪修的觀念和方法,禪與茶才能結合,漸漸進入一味,最後則是不一不二。

杭州徑山寺建於唐代,曾是江南禪院五山十剎之一,當地的徑山茶又稱「禪茶」。七百多年前,日本高僧將徑山禪寺的宴茶方式傳入日本,演變成日本茶道,徑山寺今日積極復興禪茶文化,提昇飲茶的精神境界。

● 04.04

僧大邀請單德興專題演講
以「譯」為志 連結文學與佛法

僧大於4月4日舉辦專題講座，邀請中央研究院歐美研究所研究員單德興主講「禪修·文學·生死」，分享與聖嚴師父的法緣，共有三十多人參加。

身任文學研究學者、作者與譯者的身分，單德興老師1988年便在聖嚴師父座下皈依三寶，1992年參加社會菁

單德興老師分享與聖嚴師父的法緣，並鼓勵學僧學習將修行心得以說故事的方式表達，更能接引大眾親近佛法。

英禪修營，深切體會師父為弘揚佛法的努力奉獻與善巧方便，禪修之路就此啟蒙，而為報法恩，徵得師父同意，1994年起開始整理、翻譯師父的英文著作。

單老師提出譯者之「譯」，一方面是語文之間轉換的「易」義，使文本容易被接受，同時保有不可變的文義；另一方面，「譯」也作「益」義，好的翻譯作品，能使原作者、讀者及譯者都受益。其中，譯者受益最多，因為譯文過程中所遇到的困難，譯者都必須一一克服，步步老實地走，是非常踏實的學習過程，也是與人結緣的好機會。

單德興老師表示，法師也是「譯者」，因為是將學到的佛法、體驗到的宗教經驗，轉化成他人能夠聽懂、接受的語言，進一步推廣普及。單老師鼓勵僧大同學，文學最基本的表達方式，就是說故事，以說故事的方式，傳達體會到的修行心得，可接引更多的大眾親近佛法。

● 04.08～06.30期間

文理學院校慶系列活動
與鄉親雙向交流 關懷在地

法鼓文理學院於4月8日起，舉辦校慶系列活動，包括籃球、羽球聯誼賽、園遊會、藝文表演與綜合語言競賽等，並首次邀請金山地區小農上山參與，呈現不同的當地美食、飲品、手工藝DIY，展現在地農創文化特色，增進全校師生與在地居民的雙向交流，體現博雅教育的豐碩成果。

陳伯璋教授獲頒榮譽教授聘書，感性分享護持聖嚴師父興學大願的感動。

8日上午，由校內師生與金山羽球協會舉辦的籃球、羽球聯誼賽為校慶系列活動暖身，並於9至13日於揚生館持續以球會友。下午的校慶開幕儀式，方丈和尚果東法師勉勵大眾，在充滿無常變遷的時代，以心靈環保，轉煩惱心為菩提心，並分享「觀照環境，心如明鏡」祝福語；校長惠敏法師感恩大眾長年護持，並頒授前學群長陳伯璋榮譽教授聘書。儀式中並進行「校園之美攝影、短文、影片展」頒獎典禮；法鼓校友會也頒發獎學金，獎掖優秀後進。

晚間的藝文表演，由南管藝術家王心心作曲，舞蹈家吳素君擔任導演，並有二十位文理學院師生參與偈誦合唱，帶來「心心‧念念——普門品」演出，結合了傳統南管與現代劇場元素，全新演繹觀音菩薩不捨眾生的慈悲大願。

9日晚間進行的「綜合語言競賽」，共有十組同學報名參賽，分別用梵、巴、藏、英、日等語言，以背誦、演說、朗讀、吟唱的方式，搭配法器、服裝、音樂、投影片等，展現不同語言文化的風采。

另一方面，「禪心畫韻」國畫師生聯展，則於臺大醫院金山分院北海藝廊展至6月底，以禪意書畫接引大眾親近佛法。

● 04.11

佛教學系論文發表會
鼓勵研究生追求學術卓越

佛教學系研究生論文發表，考驗對研究領域的掌控度。

法鼓文理學院佛教學系於4月11日，舉辦研究生論文發表會，由校長惠敏法師及校內專任教授擔任評論人，共有印度、漢傳、藏傳三組，九篇論文發表。

發表會上，系主任果暉法師，勉勵研究生以四聖諦精神鑽研學術。印度組三篇論文，內容涵攝巴利原典與梵文音節之探究；漢傳組以微信弘化與圓頓止觀專題進行發表；三篇藏傳組論文，比對藏文、英文譯本譯註之研究。

發表人簡報時,不僅呈現對研究涉獵深入的程度,還要精準掌握報告時間,嚴格考驗研究生的專業與掌控力;而現場教授的評論,則是研究生畢業的提前口試。講評教授肯定研究生的努力,同時給予個人化的指導評論。

惠敏法師以「站在前人的肩膀上前進」,提點充分引用文獻佐證,注重整合與邏輯性的連結,是學術研究最重要的基礎;果暉法師也期許研究生積極超越,善用文獻資源,於學術領域發揮所學。

● 04.11

《法的療癒》座談
感念杜正民教授

4月11日,僧大舉辦「《法的療癒》座談」,邀請前法鼓文理學院副校長杜正民夫人張雪卿,分享杜老師在十年病痛中,力行佛陀教法的歷程,共有三十多位學僧參加。

張雪卿敘述在病榻前所見到的杜老師,一開始也無法坦然面對身體的痛,只能念誦《心經》來轉移注意力,卻更加感受到「痛的真實不虛」;杜老師自省學佛二、三十年,卻在生死關頭用不上方法,爾後在《雜阿含經》的病相應經群,找到佛陀為生病的僧俗弟子所做的開示,發現不論長老比丘或在家居士,當病痛難耐,「法」總是被拋到九霄雲外,問題核心出於「我」。杜老師將經文與自身病症連結,找到用上方法的著力點,重建自己的生命觀。

杜老師臨終時的安詳自在,讓張雪卿提起對佛法的信心,也感恩杜老師的成就與度化;張雪卿表示,與大眾分享《法的療癒》,是一趟自我療癒之旅,療癒不是將痛除去,而是知道自己為什麼痛,因此可以受得住。

● 04.14～15

僧大講經交流會
學僧談佛法實踐 分享幸福僧活

僧大於4月14至15日舉辦第十屆講經交流會,副院長常順法師及多位指導師長到場關懷,共有十五位學僧分享學習成果;並邀請學僧俗家親人,以及生命自覺營歷年學員返校觀摩。

常順法師期勉學僧,透過自己的獨立思考與表達,分享法義及學習成果,呈現漢傳佛教兼容並蓄、平等互重的特色。

本屆講經交流,內容包含了禪修、淨土、地藏、觀音、禪修、《金剛經》、

僧大講經交流首次廣邀生命自覺營歷年學員一同分享，重溫幸福「僧活」。

《八大人覺經》、法鼓山理念、高僧行誼等，內容多元豐富，更有兩位法師以英文分享。

果禪法師肯定學僧的穩健台風，以及富有創意的命題與內容、善用圖文及多媒體輔助講述，讚歎青年學僧學習的自主性、獨立性，以及承擔力。講評人之一的常格法師，也是2009年第一屆講經交流參與者，勉勵學僧，重要的是樂於分享的心，只要願意經歷，一定會有收穫，更要學習放下挫折、放下讚美，回到初心。

自覺營返校的學員表示，對講評法師與學僧之間的互動印象深刻，期許將這種和諧交流、彼此增上的互動方式，應用於工作及人際關係上。

● 04.16～19

學僧戶外教學
拓展僧命體驗

為拓展學僧僧命體驗，僧大女眾部於4月16日至18日，舉行戶外教學，二十多位學僧參學北投農禪寺、中華佛教文化館、臺北安和分院與聖基會。

16日參訪聖基會，執行長楊蓓說明聖基會成立緣起與遠景，是在學術推廣與弘化著述上，深化聖嚴師父思想與漢傳佛教在世界的推展；農禪寺監院果毅法師在「了解佛教的現況與未來」座談會上，感念師父的言教身教，期勉學僧承續師父的悲願，續佛慧命。晚間於安和分院，由監院果旭法師介紹安和分院法務推展現況，於大都會區接引更多的人找到生命著力點。

17日前往文化館拜會二師伯鑑心長老尼、僧團副住持果祥法師，法師分享出家因緣與「心靈環保自然農法」，引用佛法所說「一即一切，一切即一」的觀念，農業、環境永續

女眾學僧戶外教學，從農禪寺行腳回法鼓山園區。

的出路，必須從心出發，少欲知足、知福惜福、感恩大地、尊重生命，這與聖嚴師父提出以「心靈環保」為核心，推展四環的精神不謀而合；傍晚於農禪寺，果毅法師、果仁法師、果寰法師、常懿法師與學僧對談，四位法師分享出家歷程，以及與聖嚴師父的師徒故事，讓學僧領略戒長法師的僧命風貌。

18日從農禪寺行腳回法鼓山園區，多數未曾親炙聖嚴師父的學僧，體驗一代僧命，傳至下一代僧命的旅程，也凝聚肩起「安僧度眾」如來家業的願心。

另一方面，男眾部的戶外教學，於16至19日在南投縣水漾森林展開，近二十位學僧在蜿蜒崎嶇的山路上，彼此護念扶持，有的人專注佛號上，有的則用禪修方法，把心專注在腳步上，不管外境的干擾和考驗，凝聚心力踏實走好每一步，完成禪行。

● 04.29

CBETA二十週年
發表佛典隨身碟

中華電子佛典協會（Chinese Buddhist Electronic Text Association, CBETA）於4月29日，在慧日講堂舉辦「二十週年電子佛典成果發表會」，會中發表「CBETA眾緣閱藏隨身碟版」，包括北美印順導師基金會董事長長慈法師、華雨精舍住持長叡法師、香光尼眾佛學院圖書館館長自衍法師，以及嘉豐出版社林光明等來賓，共有一百多位學術界、宗教界人士參加。

發表會上，協會主任委員惠敏法師首先回顧協會成立的因緣，並展現二十週年成果「CBETA電子佛典集成Version 2018」：在量的方面，收錄「印順法師佛學著作集」四十四冊，新增「中國佛寺志」二十一部，接下來計畫納入「太虛大師全書」；在質的方面，新式標點經文新增一百二十三部，用字校訂新增一萬三千筆，除了原書既有校注，另立「CBETA校注」。技術面上，網路版CBETA線上閱讀可連結原書掃描圖，單機版CBReader改版後，可自動進行線上經文更新，達成Windows、Mac跨平台支援。

自衍法師致詞時，肯定CBETA二十年來的三大重要成果：一是國際化、標準化，廣受國際學界肯定；二是數位化佛典，留給下一代珍貴資產；三是加值

CBETA舉辦二十週年發表會，惠敏法師（前排右三）與各界來賓和協會成員，接續開展未來的新願景。

服務，除了有標點符號令佛典易讀，還與佛學字典、佛學規範資料庫、佛經目錄規範資料庫、佛教傳記文學地理資訊系統等十三種工具、數位平台整合。

當天成果展也介紹了電子佛典線上更新、版本切換、搜尋等功能，並推出「Line@cbeta」，邀請大眾加入成為協會好友。

● 05.04

佛法盃友誼賽三校交流
觀摩學習　與法再相會

文理學院師生在佛法盃友誼賽中，與佛光及輔仁大學共進午齋，彼此學習交流。

法鼓文理學院、佛光大學主辦的「第三屆佛法盃友誼賽」，5月4日於佛光大學展開，文理學院校長惠敏法師，以及副校長蔡伯郎、佛教學系主任果暉法師帶領近百位師生前往參加，與佛光大學展開系列友誼賽，輔仁大學宗教系也首次參與，三校互相觀摩學習和交流，拓展彼此的視野與心胸。

在趣味籃球、羽球、桌球等各項球類賽程後，中午時分，由佛光大學學子準備每道料理，搭配樂器演奏、咖啡宴與茶禪體驗，呈現別出心裁的午齋饗宴。

下午進行金頭腦和說書比賽，佛學題目極具趣味；說書比賽中，三校帶來不同的說書風格，最後以QR CODE投票，選出各校最想讀的一本書。

閉幕表演由文理學院悅音社、佛光古樂社演奏。閉幕致詞時，惠敏法師感恩「佛法盃」友誼賽的舉辦，讓各校有交流學習與分享的園地。

● 05.08

文理學院專題講座
陳金華教授講說建構國際漢傳佛教場域

法鼓文理學院於5月8日舉辦專題講座，邀請加拿大英屬哥倫比亞大學亞洲研究學系教授陳金華主講「系統與影響力——國際漢傳佛教學術社群的建構」，有近九十位師生參加。

陳教授從傳播學者馬歇爾·麥克魯漢（Herbert Marshall McLuhan）的「媒體即訊息」理論，重新思考中國傳統的道器論，指出「器」不再服務於「道」，人類創造知識技術，但後者將衍生出自己的力量，反過來主宰人類，從數位科技與智慧型手機對人類生活的影響可得證明；也從中推演出人

陳金華教授分享建構國際漢傳佛教場域。

類將面臨的災難，一是人工技術、人工智能等對文明帶來的衝擊與威脅，二是大帝國崩解與新強權崛起的碰撞，帶來政治動盪，此外，還有益發巨大的自然災害。

人類危機當前，陳金華教授指出宗教的定位，應是如諾亞方舟般，帶領人類找出路，漢傳佛教不能自我局限於一隅，而必須現代化與國際化，提供應對世界災難的智慧與方案。

這場演講引發熱烈討論，文理學院學群長楊蓓讚歎陳教授以寬廣、深遠的角度回看漢傳佛教，提供努力的方向與視框。

● 05.10

永續農業的未來展望
印度席娃博士展望環境永續

5月10日，法鼓文理學院舉辦專題講座，邀請國際知名的印度生態學者范達娜·席娃（Vandana Shiva）主講「永續農業的未來展望」（The Future of Sustainable Agriculture），分享投入農業及生態永續的經歷，與會者包括長年投入自然農法的僧團副住持果祥法師、綠色陣線執行長吳東傑與來自各地的小農業者等，有近兩百人參與聽講。

席娃博士提到，印度傳統農

席娃博士分享自身投入農業及生態永續的歷程。

法是永續貢獻，與西方跨國企業以綠色革新為名的工業式農業不同；現代的農業是戰爭思想，將其他都看成敵人，想要征服心靈、地球，讓河流土地都受到污染，造成溫室效應，犧牲了眾多環境資源，卻只能提供少量的農產需求。同時，大量使用化學肥料，對於生物造成相當大的迫害。

透過東方人對於「藥食同源」的理解，席娃博士指出現代人的疾病，大多和人造化學相關的食物有關；針對現代人對有機農法的迷思，席娃博士指出，當意識到自己和有情眾生是一個整體、眼前當下牽動著地球的未來，繼而學會尊重大地和每一個生命，才是真正的有機。

席娃博士建議大眾從日常飲食做起，有意識地消費，了解食物的來源，並和農夫建立關係，更重要的是尊重食物；因為尊重食物，即尊重大地、關懷眾生。

演說最後，席娃博士與副住持果祥法師及聽眾交流，並鼓舞投入生態農業的小農們，真正的有機，是與土地共生的態度，以慈悲心看待所有的生命，就會有不放棄、不畏懼的勇氣。

● 05.18

政治大學法鼓人文講座
師生參訪法鼓山、體驗境教

常導法師帶領參訪學員在七棵雀榕下靜坐、托水缽，感受禪修的專注當下。

5月18日，政治大學歷史系主任周惠民及助理教授林雯琪，帶領選修法鼓人文講座的學生，一行近七十人參訪法鼓文理學院及法鼓山園區，除體驗境教，並在校長惠敏法師、青年院常導法師等的分享中，進一步認識佛教文化與禪修。

惠敏法師關懷時，分享作息與身心健康的關係，期許在流行文化及科技環繞下，不忘回歸自己的身心；常導法師藉由托水缽及靜坐，引導感受禪修的專注當下，體驗身心。

「日常生活中如何運用禪修？」「請問法師在禪修中有過什麼深刻的體悟？」「出了家是不是表示跟家裡、朋友都斷絕關係？」Q&A時間，同學們

針對禪修與出家生活，提出諸多問題，常導法師也一一善巧回應，為同學們釐清觀念。

來自越南，就讀經濟系的同學分享，對於托水缽的體驗特別深刻，能感覺到步步都在當下，也對文理學院的校園之美讚歎不已。周惠民主任表示，每次來法鼓山參訪，都帶給學生不同於一般生活的學習及體驗，希望學子能與佛教結緣，種下佛法種子。

法鼓人文講座由人基會與政治大學共同舉辦，歷年來邀請海內外知名學者專家，藉由演講及課程，開啟學子多元的視野，啟發對人文社會更深層的關懷。

● 05.26～27

僧大畢業製作暨禪修專題呈現
十一位學僧展現學習成果

5月26至27日，僧大舉辦「106學年度畢業製作暨禪修專題呈現」，發表的主題包括經教文獻、梵唄、聖嚴師父開示、心靈環保理念等，副院長常順法師及多位指導師長到場關懷，共有十一位學僧運用

師長、親友、護持信眾共同參與畢業製作發表，提供建議、經驗分享。

多元媒體教材，不僅分享修學成果，也呈現對修行的自我檢核，以及對於出家生命的展望。

其中，演一法師發表的「禪修與自我轉化——青年禪修工作坊」、演平法師「親子心六倫」、演海法師「心靈環保兒童禪修」，各自針對不同族群，設計融入了禪修及心六倫的教案，經由實地教學應用，進行成果分享。指出結合了遊戲、禪修，以及聖嚴師父開示的課程設計，對於青年人的自我認識與轉化、親子關係的增進，以及兒童專注力及安定力的提昇，皆有明顯助益，獲得教學對象的普遍好評。

演巧法師、心慧法師對《佛說阿彌陀經要解》及《地藏經》的新詮解，拉近了現代人與經典的距離；真光法師分享「覺心生活APP」，藉由科技推展默照禪法的日常應用，精巧的互動設計中展現禪意。

常順法師結語時指出，學僧面對多元弘化工作，需投入不同角色、站在不同角度思考，藉由畢業製作的選題、研究及呈現，是很好的著力點及自我認識的過程；期勉學僧，種種學習、參與的經歷，都是成佛道上的寶貴資糧。

● 05.29

增益書苑好生活
文理學院人社學群學會成立

法鼓文理學院人文社會學群於5月29日，成立學生自治組織「法鼓人文社會學群學會」，全體學生票選通過就讀於生命教育學程的僧團常持法師為首屆會長，學群長陳定銘、生命教育學程副教授楊蓓、助理教授辜琮瑜等多位師長，皆到場祝福。

楊蓓老師致詞時指出，學會的功能，在於藉由交流展現每個人內在的寶藏，也開發他人的寶藏，在互相激盪中，展現出不一樣的智慧。常持法師表示，學會的成立，在師生彼此支持、努力下，邁出第一步，期盼如同聖嚴師父大願興學的理念，將各自「小小的好」，化為具體的有力行動，而成為匯聚眾人願心、願力的「大大的好」。

學會成立的宗旨，在於凝聚及發揮人社學群師生的力量，透過討論、分享，建構跨領域知識學習系統，並藉由能涵養豐厚生命與學術底蘊的書苑生活，增進情誼、共同成長、彼此增益，學習用「心靈環保」的觀念與方法，形塑更適學、更好學、更益學的學習環境與學習平台。

● 06.06～07

里山倡議工作坊文理學院展開
分享永續自然資源的實踐

6月6至7日，法鼓文理學院心靈環保研究中心與東華大學共同舉辦的「臺灣里山倡議夥伴關係網絡」（Taiwan Partnership for the Satoyama Initiative, TPSI）工作坊與論壇，於文理學院展開，共有三十多人參加。

6日首先安排參訪2018年甫獲金牌農村的新北市三芝「共榮社區」，「共榮社區」位於八連溪畔，利用傳統梯田、改善自然環境、推動友善耕作來重新塑造農鄉與發展產業，是現今臺灣城鄉交界淺山農鄉的典範案例。透過實際的社區踏察，了解農村再生、社區營造、地景連結與里山倡議的實踐等。

7日的案例分享，包括新竹南埔社區發展協會、宜蘭內城社區里山工作小

組，以及臺灣博物館都市生物多樣性專案，分別介紹工作現況與展望；下午的青年論壇，涵蓋三大議題，包括由「山不枯」為代表的「青年返鄉」、由「臺灣猛禽協會」為代表的「地景連結」、「青菜底呼啦——臺北市大北投區域的郊山農業」之「城鄉交流」，透過二代農的返鄉與青年實踐者的付出，分享農業生產兼顧生物多樣性的保育經驗。

里山倡議工作坊藉由實務工作者的交流，促進相關部門與個人連結，實踐自然資源永續的理念。

　　「臺灣里山倡議夥伴關係網絡」的目標在於推廣與深化「里山倡議」的工作方法，藉由實務工作者的交流，促進個人、社區、民間機構與政府相關部門的連結，永續自然資源。

● 06.16

文理學院畢結業典禮
八十一位畢結業生勇健起航

　　法鼓文理學院於6月16日舉辦畢結業典禮，八十一位佛教學系學士、碩士及人文社會學群碩士班畢結業生，圓滿階段性學習，有近三百位師長、親友觀禮祝福。

　　校長惠敏法師致詞指出，創辦人聖嚴師父期許文理學院學生成為「發亮的光源體」、「善良動能的種籽」，並引用日本最澄大師為啟建菩薩戒壇，上表天皇之言，祝福學子們成為「守一隅，照千里」的真正國寶，學習深智廣行。

　　方丈和尚果東法師勉勵大眾珍惜相遇的每個因緣，感恩生命的起承轉合，表示生命或有

法鼓文理學院畢結業生搭菩薩衣、傳無盡燈，象徵深智廣行與大悲心起。

順逆境，但善、惡、染、淨，皆在一念之間，重點在於從了解緣「起」開始，學習「承」擔責任、「轉」化淨化、與眾和「合」，鼓勵畢結業生提起願力，成就眾生。

在〈菩薩行〉、〈法鼓頌〉的勉勵祝福中，方丈和尚、惠敏法師、副校長蔡伯郎、佛教學系主任果暉法師、禪文化研究中心主任果鏡法師等，為學生搭菩薩衣並傳燈，學群長陳定銘為人社學群四十二位畢結業生撥穗，象徵學生學有所成，將揚起悲智風帆，走入社會、走入眾生，氣氛莊嚴感人。

下午的感恩音樂會，由社團在校生、社大、法鼓合唱團及藏人歌手等，以舞蹈、武術、樂器演奏、音樂組曲等多種形式，為畢結業生祝福，並互勉在菩薩道上，相續善緣。

● 06.20～22

惠敏法師出席漢堡大學國際跨學科會議
「佛教與當代社會的對話」分享博雅教育

法鼓文理學院校長惠敏法師於6月20至22日，受邀出席德國漢堡大學（Universität Hamburg）在該校舉辦的國際跨學科會議「佛教與當代社會的對話」（Buddhism in Dialogue with Contemporary Societies），就跨宗教及宗派對話、哲學與應用倫理、禪修、世學應用、入世佛教等當代西方關注的議題，與二十位漢傳、南傳、藏傳等不同傳承的學者分享交流。

在21日的「世學應用的推動力──正念、心理治療、教育、心靈關懷與醫療應用」座談中，法師以「因應斷裂的時代，培育戒定慧──以法鼓文理學院之

惠敏法師（右一）至德國漢堡大學出席「佛教與當代社會的對話」會議，進行跨宗教及宗派的對話。

『心靈環保講座』為例」為題，說明面對瞬息萬變的時代，回歸教育原點，善用「持戒、無悔、歡、喜、輕安、樂、定、如實知見（慧）」的修行次第，培育終身學習「博學多聞」五戒，以及養成身心健康「雅健生活」五戒，打破記憶的健忘，乃至偏頗、糾纏等各種錯認直覺，釋放眾生的博雅習性，培養佛教如實知見，正是「心靈環保講座」博雅教育的目標。

　　而在與荷蘭阿姆斯特丹自由大學（Vrije Universiteit Amsterdam）教授安德烈・馮・德布拉克（Andr van der Braak）、美國北亞利桑那大學（Northern Arizona University）教授珍妮・施博（Janine Schipper）、漢堡大學教授邁克爾・齊默爾曼（Michael Zimmerman）三位學者對談中，法師針對入世佛教是否導致佛法世俗化議題深入解析，「佛法猶如大海，可納百川」，惠敏法師指出，佛法有五乘共法、三乘共法、大乘不共法等層次，既有提昇生活品質的人天乘，有解脫生死的聲聞乘，更有捨己為人的菩薩乘，因此不論入世或出世，都能互相交流，匯成佛法大海。

● 06.22

法鼓文理學院舉辦專題講座
繼程法師主講「修行與自我轉化」

　　法鼓文理學院於6月22日，在臺北安和分院舉辦專題講座，由聖嚴師父法子繼程法師主講「修行與自我轉化」，分享如何在修行中，覺照從量變到質變、轉識成智的過程，共有九百多人參加。

　　講座中，繼程法師以四悉檀的分判方式剖析《心經》，說明修行次第。從

繼程法師以自己學佛禪修為例，說明自我轉化的歷程。

「觀自在菩薩」至「度一切苦厄」是「第一義悉檀」，是從「人無我」到「法無我」的體證；然而，有些人無法掌握「五蘊皆空」的道理，進而說明了蘊處界、四聖諦、十二因緣等，以對治根身世界的執著，是為「對治悉檀」；為了讓人沒有罣礙，而說「得阿耨多羅三藐三菩提」，這是「為人悉檀」；若仍沒有信心、無法了解，就以「揭諦揭諦」等心咒，讓人能安心地圓滿功德，即是「世間悉檀」。

　　繼程法師表示，自己第一次聽聞佛法的因果故事，便開始信佛學佛，從讀經、教導佛法課程、參加佛學會考等，發現自己的行為與生活日益簡樸，佛法也從外在流入內心；出家後，接觸南傳的禪法，再參加聖嚴師父主持的三期禪七，接著有一千日閉關用功，體會到佛法不是外在的，而是從內心流露出來。

法師期勉大眾，在學佛的每個階段不斷熏習，改變外在行為，也轉化內在狀態，讓善與清淨的力量不斷增長。

● 06.28

聖基會成立「聖嚴漢傳佛教研究中心」
打造具國際性、開放性、前瞻性的研究平台

聖基會成立「聖嚴漢傳佛教研究中心」，由林鎮國教授主持，將打造一個國際性、開放性、前瞻性的研究平台，並培育青年佛學人才。

6月28日，聖基會於「第七屆漢傳佛教與聖嚴思想國際學術研討會」開幕儀式中，成立「聖嚴漢傳佛教研究中心」，邀請政治大學哲學系主任林鎮國擔任中心主持人。

董事長蔡清彥致詞表示，期望透過研究中心的帶領，引導大眾重新思索漢傳佛教的歷史，啟發漢傳佛教的現代與未來；林鎮國主任說明，將延攬國內外優秀學者加入，並聯合其他佛學研究單位共同合作，以研究計畫的執行，致力打造成具國際性、開放性、前瞻性的研究平台；也會投注更多資源，培育青年佛學人才。

美國哥倫比亞大學（Columbia University）榮譽退休教授于君方分析目前美國漢傳佛教研究的主題和傾向有三：西元十世紀以後的漢傳佛教、漢傳佛教與其他佛教的關係、佛教與當代社會的關係；于教授指出，聖嚴師父正是這些研究主題的先驅，期許中心以研究和國際學界接軌，也以研究和當代社會脈動連結，延續師父的志業。

● 06.28～30

聖基會「第七屆漢傳佛教與聖嚴思想國際學術研討會」
開展佛法跨界向度

聖基會於6月28至30日，在臺北集思臺大會議中心舉辦「第七屆漢傳佛教與聖嚴思想國際學術研討會」，以「敘事、傳播與現代社會」為主題，一百二十餘位海內外專家學者參與，共發表六十五篇論文，包含三場專題演講、三項專

題研究、一個專題發表，以及三場佛教與不同專業領域對話的論壇。

方丈和尚果東法師致詞時表示，為推動漢傳佛教研究的深化及廣化，本屆擴大為「漢傳佛教與聖嚴思想國際學術研討會」，這是聖嚴師父的悲願，也是研討會一直致力的方向。

三場演講分別是：美國亞利桑那大學（University of Arizona）東亞研究所教授魏雅博（Albert Welter）講「佛教融入中國文化：文人僧侶作為法門君子（儒家紳士）——了解佛教的本質和它的社會角色的含意」、香港中文大學人間佛教研究中心主任陳劍鍠講「聖嚴法師的禪法及『以禪攝淨』的詮釋向度」、中央研究院中國文哲所研究員廖肇亨講「漢傳佛教中自我書寫的身心與家園」，從僧侶的研究書寫探討弘化的深度與廣度。三位演講者皆藉由僧人的生命體驗，啟發聽講者的生命潛能。

三項專題研究則緊扣聖嚴師父學術及教法上的重點，分別為天台研究、明代佛教、禪門修證指要，多位發表者從禪宗燈錄、僧傳等佛教文獻的書寫，以及對佛教人物、經典、儀軌的分析，回溯探究漢傳佛教內涵的建構，與樣貌的形塑。

跨界論壇承續往年經濟、醫學領域，今年首度舉辦「佛教與心理論壇」，不同於一般純學術的論文發表，邀請心理諮商師張沛超、天主教仁慈醫院院長張達人，透過厚實的心理學素養，對於發生在自身的真實體驗，進行內省自述；回應人則給予不同觀點的專業分析，透過對話，找出佛法與心理學在學術上的交融契機，進而在生活中跨界應用。

一百二十餘位專家學者齊聚，從禪宗燈錄、僧傳等文獻的書寫，對人物、經典的分析，回溯探究漢傳佛教。

開展漢傳佛教現代性

第七屆「漢傳佛教與聖嚴思想國際學術研討會」

　　由聖基會舉辦的「第七屆漢傳佛教與聖嚴思想國際學術研討會」，6月28至30日於集思臺大會議中心展開。本屆以「敘事、傳播與現代社會」為主題，參與專家學者多達一百二十餘位，共發表六十五篇論文，其中包含了三場專題演講、三個專題研究，以及三場佛教與不同專業領域對話的論壇，透過對僧傳、禪宗燈錄、佛教文獻、經典、儀軌、藝術等的分析，探索漢傳佛教在傳播過程中，如何建構內涵、形塑樣貌。

　　研討會含括了三場專題演講、三項研究主題及三場論壇，從敘事與傳播兩面向，契入漢傳佛教發展脈絡，也展演佛法不受專業、文化局限的寬廣境界。

專題演講　走入高僧悲心與悲願

　　研討會中進行三場演講，美國亞利桑那大學（University of Arizona）東亞研究所教授魏雅博（Albert Welter），探討在宋朝理學反佛聲浪中，精通儒、道、詩書的高僧贊寧，如何與知識菁英互動，示現儒佛成功交流典範。魏雅博分析，文人僧侶是中國佛教的建築師，佛教在中國成功弘傳並啟發東亞佛教，並非因為隱居山林，反是因為與政治、社會不斷對話。

　　香港中文大學人間佛教研究中心主任陳劍鍠，從爬梳聖嚴師父的法脈傳承切入，分析師父如何開展次第清楚的禪法，進而開創中華禪法鼓宗；肯定師父弘揚的念佛禪，融攝念佛法門與禪修，不但帶給初機學佛的信心，也是「提昇人的品質，建設人間淨土」的具體實踐。中央研究院中國文哲所研究員廖肇亨，則聚焦於歷代僧人的自傳書寫，探索如何在修行中自我轉化，期許藉由閱讀僧傳，啟發向善之心。

　　演講主題雖異，卻皆以宏觀的角度，詮解歷代高僧如何透過與政治、社會的對話，潛移默化地融入佛法，化世度眾，進而探討弘法內涵的思想與實踐方法，同時透過文字書寫分享修行轉化的生命經驗，具體而微地呈現佛法貫穿千古的內蘊力道。

專題研究　以聖嚴教法深入漢傳佛教

　　本屆專題研究，緊扣聖嚴師父學術及教法上的三項重要建樹，追索其思想脈絡，透過學者們的研究，大眾不僅更清晰地理解師父的思想脈絡，及其面對佛教

僧人傳記及自我書寫的研究，演講者帶領大眾走進歷代高僧的悲心與行願。

當代問題的因應，並啟發學人繼續深入研究、後世佛子繼起實踐的方向。

首先在「天台研究專題」中，「比較聖嚴法師和天台智者大師的念佛」、「真心與妄心——聖嚴法師（1930-2009）何以接受蕅益智旭（1599-1655）的天台學？」、「調適或批判？——聖嚴法師天台學與佛教現代主義」、「聖嚴法師《大乘止觀法門研究》——論其天台研究的基礎」四篇論文，從方法、背景、思想脈絡等面向，全面理解聖嚴師父的天台思想，及其面對佛教當代問題的因應，與開展漢傳佛法利益全人類的胸懷。

在「明代佛教專題」中，中國大陸四川大學中國俗文化研究所教授李瑄以「聖嚴法師的晚明居士佛教研究」為題，展望未來的明代居士佛教研究；佛光大學佛教研究中心博士後研究員簡凱廷，在「聖嚴法師《教觀綱宗貫註》對江戶註書的應用及其啟示」研究中，剖析聖嚴師父援用至少二十部以上蕅益大師《教觀綱宗》的江戶相關註本，指出蕅益大師對江戶日本佛教的影響，遠大於同時期的清朝佛教。

「《禪門修證指要》專題」，由中央研究院研究員廖肇亨、中興大學中文系副教授周玟觀、廣州中山大學哲學系副研究員張德偉、以及美國布朗大學（Brown University）宗教系助理教授蒲傑聖（Jason Avi Protass），從《禪門修證指要》一書的選輯，分析聖嚴師父的觀點與抉擇。學者們的研究，梳理了聖嚴師父的用心及意義，及面對佛教當代問題的因應，並啟發了學人繼續深入研究、後世佛子繼起實踐的方向。

跨界三論壇 綻放智慧火花

本屆研討會，延續上屆設有「佛教經濟學論壇」、「醫學與佛學論壇」，首度開設「佛教與心理論壇」。「佛教經濟學論壇」從佛法與公司財務管理、四福與

企業永續發展、佛法與
快樂經濟實證研究、佛
教的幸福觀等四個面
向，分別運用佛法及聖
嚴師父的管理觀，重新
檢視現代企業的存在價
值及意義；並就經濟學
的快樂模型與佛教幸福
觀進行比對，探討宗教
信仰對快樂及幸福感的
影響。

兩場「佛教與心理論壇」跨界對話，找出佛法與心理學在學術上的交
融契機，進而在生活中跨界應用。

　　「佛教與心理論壇」
則邀請心理諮商師張沛
超、天主教仁慈醫院院
長張達人，以自身真實體驗，進行內省自述。回應人及主持人給予不同觀點的專
業分析，除了藉此交流外，也匯集不同心理學學派的觀點，透過彼此對話，找出
佛法與心理學在學術上的交融契機，進而在生活中跨界應用。

　　「醫學與佛學論壇」聚焦「再生醫學與器官移植」，除分享臺灣器官移植的現
況及困境，並探討相關的倫理難題，中華佛研所所長果鏡法師以佛法觀點，指出
捐贈器官的菩薩行之可貴，重點在於過程中對器捐者的尊重，以及適當地以佛法
開解。

　　三場論壇，開啟了深度交流的多元空間，碰撞出矛盾、疑慮及無解的難題。正
因為有質疑，得以覺察、省思現代學術研究的局限；也藉以檢視對於佛法的理解
是否真正圓融、通達。

多元對話　開啟佛法跨界向度

　　邁入第七屆的「聖嚴思想國際學術研討會」，2018年擴大為「漢傳佛教與聖
嚴思想」，自2006年首屆舉辦以來，回應時代趨勢演變，研討會與時俱進，為
國際間漢傳佛教的學術研究開創新模式：僧與俗、古典與現代、學術與應用，兼
容並存，展演佛法不受專業、文化局限的寬廣境界；同時，海內外青年學者如博
士生、博士後研究員的參與比例日益見增，除深入文本，並拓展跨科技、跨學科
的研究應用，開展更多元的對話方式與空間，也為漢傳佛教的研究注入新血。

　　佛法在世間的弘傳，不離敘事與傳播，也在過程中吸收不同文化、因應不同需
求與挑戰，而建構起豐實內涵及樣貌，本屆研討會藉由演講、主題研究及論壇的
進行，與會者展開深度交流，同時透過跨界對話，前瞻未來，開啟漢傳佛教的無
限可能。

2018 第七屆漢傳佛教與聖嚴思想國際學術研討會議程

6 月 28 日

地點	論文主題暨專題演講／發表人／論壇	主持人／回應人
	開幕式：方丈和尚果東法師致詞、聖基會董事長蔡清彥致詞	
	聖嚴漢傳佛教研究中心成立	
國際會議廳	【專題演講】 佛教融入中國文化：文人僧侶作為法門君子（「儒家」紳士）——了解佛教的本質和它的社會角色的含意 主講人：魏雅博（Albert Welter）（美國亞利桑那大學東亞研究所教授）	主持人：林鎮國（政治大學哲學系名譽教授）
	【論文發表】 1. 尋找「人間淨土」的根源——以晚清文獻為線索 　　發表人：孫亞柏（Jakub Zamorski）（波蘭亞捷隆大學比較文明研究中心助理教授） 2. 與張九成同笑——《嘉泰普燈錄》的幽默作為理解無二的關鍵 　　發表人：艾倫·瓦格納（Alan Wagner）（法國法蘭西公學院東亞文明研究中心研究助理） 綜合討論	主持人：于君方（美國哥倫比亞大學榮譽退休教授） 回應人： 1. 魏雅博（Albert Welter）（美國亞利桑那大學東亞研究所教授） 2. 林鎮國（政治大學哲學系名譽教授）
	【論文發表】 二十世紀科學角度之於空的探討 　　發表人：白康地（Cody R. Bahir）（美國加州大學柏克萊分校東亞研究學院佛教學中心博士後研究員） 綜合討論	主持人：魏雅博（Albert Welter）（美國亞利桑那大學東亞研究所教授） 回應人：鄧偉仁（法鼓文理學院佛教學系副教授）
	【論文發表】 1. 漢傳大藏經律藏中之藥物 　　發表人：釋衍德（香港香港大學佛學研究中心 博士後研究員） 2. 連結佛教，中醫與西方思想——探討王肯堂對於眼睛以及眼識之概念 　　發表人：高蓮安（Elena Gessler）（政治大學哲學研究所博士生） 綜合討論	主持人：孫亞柏（Jakub Zamorski）（波蘭亞捷隆大學比較文明研究中心助理教授） 回應人： 1. 陳懷宇（美國亞利桑那州立大學歷史哲學宗教學院副教授） 2. 陳懷宇（美國亞利桑那州立大學歷史哲學宗教學院副教授）
柏拉圖廳	【論文發表】 1. 渡臺僧侶的生命書寫——以印順法師與聖嚴法師的自傳為探討 　　發表人：釋德晟（中正大學傳播系研究助理） 2. 跨界——以禪觀整合生命歷程的二元對立 　　發表人：釋果光（法鼓文理學院佛教學系兼任助理教授） 綜合討論	主持人：楊蓓（法鼓文理學院人文社會學群副教授） 回應人： 1. 林以正（本土心理研究基金會執行長） 2. 張沛超（中國大陸武漢大學心理諮商師）
	【佛教經濟學論壇一】 1. 佛法與公司財務管理 　　發表人：詹場（臺北大學金融與合作經營學系副教授） 2. 四福與企業永續發展 　　發表人：謝俊魁（東海大學國際經營與貿易學系副教授） 　　　　　顏美惠（自由研究者） 綜合討論	主持人：許永河（成功大學經濟系教授） 回應人： 1. 沈大白（東吳大學會計系教授） 2. 尤淨纓（元智大學管理學院國企學群助理教授）
	【佛教經濟學論壇二】 1. 佛法與快樂經濟——實證研究 　　發表人：江靜儀（銘傳大學經濟與金融學系助理教授） 2. 宗教信仰、社經因素與幸福感——佛教的幸福觀 　　發表人：許永河（成功大學經濟系教授） 綜合討論	主持人：池祥麟（臺北大學金融與合作經營學系教授） 回應人： 1. 林以正（本土心理研究基金會執行長） 2. 詹場（臺北大學金融與合作經營學系副教授）

	【論文發表】 1. 論晚唐詩僧貫休與齊己的「自我書寫」 　發表人：鍾曉峰（東海大學中國文學系助理教授） 2. 詩情無別怨——晚唐五代敦煌文獻中僧人詩偈的書寫特徵與自 　我形象之描寫 　發表人：張梅雅（中國大陸北京大學歷史系博士） 綜合討論	主持人：釋果鏡（中華佛學研究所所長） 回應人： 1. 林盈鈞（臺北商業大學副教授） 2. 釋法幢（中國大陸浙江工商大學東方語言 　文化學院客座研究員）
洛克廳	【論文發表】 1. 系譜、權力與祖統建構——中唐禪師形象的歷史書寫，以百丈 　懷海為中心 　發表人：陳文慶（中國大陸福建社會科學院歷史所助理研究員） 2. 唐代佛教王權與寫本大藏經——以皇帝的譯經序為線索 　發表人：李志鴻（臺灣大學歷史學研究所博士候選人） 綜合討論	主持人：蒲傑聖（Jason Avi Protass） 　　　　（美國布朗大學宗教系助理教授） 回應人： 1. 釋果鏡（中華佛學研究所所長） 2. 耿晴（政治大學哲學系副教授）
	【論文發表】 1. 吳之鯨《武林梵志》對杭州佛教發展的解讀 　發表人：徐維里（美國加州大學洛杉磯分校亞洲語言與文化系 　博士生） 2.《大藏經》的再認識——探索《徑山藏》編撰、成書與特點 　發表人：釋法幢（中國大陸浙江工商大學東方語言文化學院客 　座研究員） 綜合討論	主持人：釋果暉（法鼓文理學院佛教學系 　　　　主任） 回應人： 1. 蔡金昌（中華佛學研究所助理研究員） 2. 趙飛鵬（臺灣大學中國文學系教授）
阿基米德廳	【論文發表】 1. 再探《名僧傳抄》的編選特點及其抄記意義 　發表人：謝獻誼（政治大學中文系博士生） 2.《藏要》是怎樣編成的 　發表人：丁徐清（中國大陸南京林業大學社會理論研究所講師） 綜合討論	主持人：蔡振豐（臺灣大學中國文學系教授） 回應人： 1. 黃敬家（臺灣師範大學國文學系教授） 2. 簡凱廷（佛光大學佛教研究中心博士後 　研究員）
蘇格拉底廳	【論文發表】 1. 佛教歷史的建構——以中國古代編年體佛教通史為中心的考察 　發表人：郭琳（中國大陸北京師範大學古籍與傳統文化研究院 　博士生） 2. 中古時期的虎變問題再探 　發表人：陳懷宇（美國亞利桑那州立大學歷史哲學宗教學院副 　教授） 綜合討論	主持人：蔡金昌（中華佛學研究所助理 　　　　研究員） 回應人： 1. 曾堯民（中央研究院中國文哲研究所 博 　士後研究） 2. 鄧偉仁（法鼓文理學院佛教學系副教授）
	【天台研究一】 1. 比較聖嚴法師和天台智者大師的念佛 　發表人：釋修優（中華佛學研究所博士後研究員） 2. 真心與妄心——聖嚴法師（1930-2009）何以接受蕅益智旭 　（1599-1655）的天台學？ 　發表人：郭朝順（佛光大學佛教學系教授） 綜合討論	主持人：釋果暉（法鼓文理學院佛教學系 　　　　主任） 回應人： 1. 周玟觀（中興大學中國文學系副教授） 2. 陳劍鍠（香港中文大學人間佛教研究中心 　主任）
	【天台研究二】 1. 調適或批判？——聖嚴法師天台學與佛教現代主義 　發表人：鄧偉仁（法鼓文理學院佛教學系副教授） 2. 聖嚴法師《大乘止觀法門研究》——論其天台研究的基礎 　發表人：林佩瑩（輔仁大學宗教學系助理教授） 綜合討論	主持人：陳劍鍠（香港中文大學人間佛教研 　　　　究中心主任） 回應人： 1. 陳劍鍠（香港中文大學人間佛教研究中心 　主任） 2. 胡健財（華梵大學中國文學系副教授）

地點	論文主題暨專題演講／發表人／論壇	主持人／回應人
國際會議廳	【專題演講】 聖嚴法師的禪法及「以禪攝淨」的詮釋向度 主講人：陳劍鍠（香港中文大學人間佛教研究中心主任）	主持人：釋果鏡（中華佛學研究所所長）
	【專題發表】 聖嚴法師數位典藏暨如來藏思想 發表人：洪振洲（法鼓文理學院圖書資訊館館長） 　　　　林其賢（屏東大學中文系副教授） 　　　　越建東（中山大學哲學研究所副教授）	主持人：釋果賢（法鼓文化編輯總監）
	【論文發表】 1. 旀闍摩暴志——一個關於大藏經編纂、演化與流通的個案研究 　　發表人：艾倫・瓦格納（Alan Wagner）（法國法蘭西公學院東亞文明研究中心研究助理） 2. 神僧傳——自傳性詮釋之創造 　　發表人：谷乃曦（Esther-Maria Guggenmos）（德國埃爾蘭根大學國際人文研究院研究員） 綜合討論	主持人：于君方（美國哥倫比亞大學榮譽退休教授） 回應人： 1. 魏雅博（Albert Welter）（美國亞利桑那大學東亞研究所教授） 2. 徐維里（美國加州大學洛杉磯分校亞洲語言與文化系博士生）
	【佛教與心理論壇一】 轉病成智——一位心理治療師與佛法的親近歷程 發表人：張沛超（中國大陸武漢大學心理諮商師）	主持人：王浩威（華人心理治療研究發展基金會執行長） 回應人： 1. 林以正（本土心理研究基金會執行長） 2. 呂旭亞（旭立諮商中心諮商心理師） 3. 李維倫（東華大學諮商與臨床心理學系教授）
	【佛教與心理論壇二】 一次〈不可能的真實〉之人生奇遇 發表人：張達人（天主教仁慈醫院院長）	主持人：馬宏偉（中國大陸石家莊整合心理諮詢中心講師） 回應人： 1. 張沛超（中國大陸武漢大學心理諮商師） 2. 呂旭亞（旭立諮商中心諮商心理師） 3. 李維倫（東華大學諮商與臨床心理學系教授）
柏拉圖廳	【論文發表】 1. 正史中的佛教敘事及其現代闡釋——以漢魏六朝為中心 　　發表人：彭沁沁（德國哥廷根大學東亞所博士候選人） 2.《金光明經》之內容思想及傳播與影響 　　發表人：文志勇（中國大陸河北師範大學圖書館副研究員） 綜合討論	主持人：蔡榮婷（中正大學中國文學系教授） 回應人： 1. 紀志昌（中山大學中國文學系教授） 2. 曾堯民（中央研究院中國文哲研究所博士後研究）
	【明代佛教一】 1. 聖嚴法師《教觀綱宗貫註》對江戶註書的應用及其啟示 　　發表人：簡凱廷（佛光大學佛教研究中心博士後研究員） 2.「徹底顯性」——晚明論「性」諸評與蕅益智旭《大佛頂經文句》 發表人：徐聖心（臺灣大學中國文學系教授） 綜合討論	主持人：李治華（華梵大學佛教學系助理教授） 回應人： 1. 曾堯民（中央研究院中國文哲研究所博士後研究） 2. 李治華（華梵大學佛教學系助理教授）

柏拉圖廳	【明代佛教二】 1. 聖嚴法師的晚明居士佛教研究 　　發表人：李瑄（中國大陸四川大學中國俗文化研究所教授） 2. 僧俗互動視角下的江南佛教團體——以早期方冊藏刊刻為中心 　　發表人：王啟元（中國大陸復旦大學中華古籍保護研究院助理研究員） 綜合討論	主持人：廖肇亨（中央研究院中國文哲研究所研究員） 回應人： 1. 吳孟謙（中山大學中國文學系助理教授） 2. 蔡金昌（中華佛學研究所助理研究員）
	【論文發表】 1. 聖嚴法師語境中的「佛教復興」及其意涵 　　發表人：徐鳴謙（政治大學宗教研究所博士生） 2. 白聖法師與馬來西亞佛教——開啟馬臺漢傳佛教邁向全球化 　　發表人：釋繼旻（政治大學宗教研究所博士候選人） 綜合討論	主持人：陳玉女（成功大學歷史學系教授） 回應人： 1. 蘇美文（中華科技大學通識教育中心副教授） 2. 越建東（中山大學哲學研究所副教授）
洛克廳	【論文發表】 1. 榮格自性化與禪宗見性及其比較 　　發表人：馬宏偉（中國大陸石家莊整合心理諮詢中心講師） 2. 禪病與當代社會：探討聖嚴法師的見解 　　發表人：劉雅詩（英國蘭卡斯特大學宗教研究博士） 綜合討論	主持人：陳平坤（臺灣大學哲學系助理教授） 回應人： 1. 彭榮邦（慈濟大學人類發展與心理學系助理教授） 2. 釋果光（法鼓文理學院佛教學系兼任助理教授）
	【論文發表】 1.《天台座主記》所見日本平安時代天台宗的發展 　　發表人：郭珮君（臺灣大學歷史學研究所博士候選人） 2. 論唐代寺院經濟與《道僧格》中的「不得私蓄」條 　　發表人：段知壯（中國大陸浙江師範大學行知學院講師） 綜合討論	主持人：劉淑芬（中央研究院歷史語言研究所兼任研究員） 回應人： 1. 涂玉盞（中國文化大學日本語文學系副教授） 2. 詹場（臺北大學金融與合作經營學系副教授）
阿基米德廳	【論文發表】 1. 從玄奘窺基對他心知的辯護看漢傳唯識學的理論特色 　　發表人：茅宇凡（中國大陸上海大學哲學系講師） 2. 中日密教法身觀的演變——以不空、空海為例 　　發表人：狄宜亞（日本高野山大學博士生） 綜合討論	主持人：蔡伯郎（法鼓文理學院佛教學系助理教授） 回應人： 1. 黃國清（南華大學宗教學研究所副教授） 2. 郭珮君（臺灣大學歷史學研究所博士候選人）
	【論文發表】 1. 密教與中國佛教度亡——以水陸儀《天地冥陽水陸儀文》為中心 　　發表人：戴曉雲（中國大陸北京魯迅博物館研究館員） 2. 日本原古志稽《大施餓鬼集類分解》與宋元佛教施食科儀 發表人：康昊（日本學術振興會特別研究員） 綜合討論	主持人：梅靜軒（法鼓文理學院佛教學系助理教授） 回應人： 1. 梅靜軒（法鼓文理學院佛教學系助理教授） 2. 釋果鏡（中華佛學研究所所長）
	【論文發表】 1. 房山石經遼、金刻經題記研究 　　發表人：莊惠萍（德國海德堡大學跨文化研究中心博士後研究員） 2. 金朝遺僧龍川大師考略 　　發表人：崔紅芬（中國大陸河北師範大學歷史文化學院教授） 綜合討論	主持人：陳玉女（成功大學歷史學系教授） 回應人： 1. 周伯戡（臺灣大學歷史學系兼任教授） 2. 陳玉女（成功大學歷史學系教授）

	【論文發表】 1. 菩薩心行——《太虛自傳》的生命敘事、身分認同與思想內涵 　　發表人：林盈鈞（臺北商業大學副教授） 2. 追慕與超越——夷齊在明清之際遺民「逃禪群體中的重構與迴響 　　發表人：孫國柱（中國大陸政法大學人文學院講師） 綜合討論	主持人：鄧偉仁（法鼓文理學院佛教學系副教授） 回應人： 1. 林其賢（屏東大學中國文學系副教授） 2. 吳孟謙（中山大學中國文學系助理教授）
蘇格拉底廳	【論文發表】 1. 離散法緣——橫跨中國南海的佛教網絡（19 世紀－1949） 　　發表人：謝明達（新加坡大學資深導師） 2. 當代佛國圖像——臺灣僧尼印度朝聖記實研究 　　發表人：李玉珍（政治大學宗教研究所教授） 綜合討論	主持人：郭朝順（佛光大學佛教學系教授） 回應人： 1. 越建東（中山大學哲學研究所副教授） 2. 鄧偉仁（法鼓文理學院佛教學系副教授）
	【論文發表】 1. 聖嚴法師的殯葬革新社會運動 　　發表人：周柔含（慈濟大學宗教與人文研究所副教授） 2. 藉相求知、縱我制物、取形棄神——淺析太虛大師之現代性批判與融攝 　　發表人：陳維武（澳洲墨爾本大學社會工作系研究員） 綜合討論	主持人：林朝成（成功大學中國文學系教授） 回應人： 1. 曾漢珍（法鼓文理學院人文社會學群副教授） 2. 孫國柱（中國大陸政法大學人文學院講師）

6 月 30 日

地點	論文主題暨專題演講／發表人／論壇	主持人／回應人
國際會議廳	【專題演講】漢傳佛教中自我書寫的身心與家國 主講人：廖肇亨（中央研究院中國文哲研究所研究員）	主持人：單德興（中央研究院歐美研究所特聘研究員）
	【論文發表】 1. 因果、群體與魅力——臺灣藍領居士團體講因果故事方式的個案研究 　　發表人：芮哲（Justin Ritzinger）（美國邁阿密大學宗教學系助理教授） 2.「平凡」作為佛法「因緣」的框架——印順法師自傳的一種閱讀 　　發表人：李慧心（香港浸會大學人文及創作系副教授） 綜合討論	主持人：孫亞柏（Jakub Zamorski）（波蘭亞捷隆大學比較文明研究中心助理教授） 回應人： 1. 于君方（美國哥倫比亞大學榮譽退休教授） 2. 張瓈文（輔仁大學英國語文學系副教授）
	【醫學與佛學論壇——再生醫學與器官移植一】 1. 形已逝，愛永隨 　　發表人：龍藉泉（臺北榮民總醫院外科部移植外科主任） 2. 臺灣移植醫學的省思 　　發表人：李伯璋（財團法人器官捐贈移植登錄中心董事長）	主持人：蔡耀明（臺灣大學哲學系教授）
	【醫學與佛學論壇——再生醫學與器官移植二】 1. 器官捐贈的倫理難題 　　發表人：林明慧（臺北榮民總醫院家庭醫學部安寧緩和醫學科主任） 2. 佛教與醫學 　　發表人：釋果鏡（中華佛學研究所所長）	主持人：蔡耀明（臺灣大學哲學系教授）

	【論文發表】 聖嚴法師曹洞宗法脈傳承的幾個問題 發表人：釋果興（法鼓山僧伽大學講師） 　　　　林其賢（屏東大學中國文學系副教授） 綜合討論	主持人：劉錦賢（中興大學中國文學系教授） 回應人：釋果暉（法鼓文理學院佛教學系主任）
柏拉圖廳	【禪門修證指要一】 1.《禪門修證指要》與明清禪學 　　發表人：廖肇亨（中央研究院中國文哲研究所研究員） 2. 權威、歷史與方便──《禪門修證指要》編纂隱藏之觀念散論 　　發表人：張德偉（中國大陸廣州中山大學哲學系副研究員） 綜合討論	主持人：徐聖心（臺灣大學中國文學系教授） 回應人： 1. 于君方（美國哥倫比亞大學榮譽退休教授） 2. 徐聖心（臺灣大學中國文學系教授）
	【禪門修證指要二】 1. 爐鞴與兵法──晦山戒顯《禪門鍛鍊說》的兩種概念譬喻探析 　　發表人：周玟觀（中興大學中國文學系副教授） 2. 長蘆宗賾《坐禪儀》及《勸化集》黑水城善本 　　發表人：蒲傑聖（Jason Avi Protass）（美國布朗大學宗教系助理教授） 綜合討論	主持人：廖肇亨（中央研究院中國文哲研究所研究員） 回應人： 1. 李瑄（中國大陸四川大學中國俗文化研究所教授） 2. 越建東（中山大學哲學研究所副教授）
	【論文發表】 1. 敦煌文獻中的「新羅」元素 　　發表人：郭磊（韓國東國大學佛教學術院研究員） 2. 河北涉縣鹿兒寺石窟調查與分析 　　發表人：朱己祥（中國大陸北京清華大學美術學院博士生） 綜合討論	主持人：林韻柔（逢甲大學中國文學系助理教授） 回應人： 1. 林韻柔（逢甲大學中國文學系助理教授） 2. 王晴薇（新加坡漢傳佛學院副教授）
洛克廳	【論文發表】 1. 薊縣獨樂寺觀音閣壁畫十六羅漢圖像考察 　　發表人：范麗娜（中國大陸中央財經大學藝術系講師） 2. 敦煌北涼石窟再探──由禪觀的角度切入 　　發表人：黃韻如（臺灣佛教圖像研究中心副研究員） 綜合討論	主持人：顏娟英（中央研究院歷史語言研究所研究員） 回應人： 1. 陳靜琪（嘉義大學中國文學系副教授） 2. 崔紅芬（中國大陸河北師範大學歷史文化學院教授）
	【論文發表】 1. 從「心靈環保」看漢傳佛教的現代敘事與傳播路徑 　　發表人：楊洋（中國大陸東南大學馬克思主義學院講師） 2. 聖嚴法師的性別論述及其於性別平等的省思 　　發表人：李明書（臺灣大學哲學系漢傳佛學研究室博士後研究員） 綜合討論	主持人：王晴薇（新加坡漢傳佛學院副教授） 回應人： 1. 釋果光（法鼓文理學院佛教學系兼任助理教授） 2. 李玉珍（政治大學宗教研究所教授）

綜合座談／主持人：廖肇亨（中央研究院中國文哲研究所研究員）
閉幕式：聖基會執行長楊蓓致詞

● 07.01

僧大畢業典禮法鼓山園區舉行
十四位畢業僧踏上報恩僧涯

7月1日,僧大於法鼓山園區國際會議廳舉辦畢業典禮,由方丈和尚果東法師為十四位畢業生頒授證書,副院長果鏡法師、常順法師搭菩薩衣、傳無盡燈,圓滿在校學業,共有四百多人觀禮祝福。

方丈和尚期勉畢業生「珍惜相遇的每個因緣,感恩生命的起承轉合」,同時感恩家長成就學僧們出家修行,開展慈悲、智慧的生命。代表畢業生致詞的演廣法師分享,出家是一次又

僧大師長為畢業生搭菩薩衣,祝福學僧開展慈悲、智慧的生命。

一次美好的「意外」所促成,感恩僧大師長對於學僧們的呵護照顧,以及各界護持並給予學習的機會,祝福人人都能有意外的美好和收穫。

典禮中,已畢業的學長和在校的師兄弟們,也透過短劇、紀錄片,表達對畢業學僧的祝福。

有畢業僧期許加入僧團後能夠自立立人、自度度人;也有畢業僧俗家親人表示,見到法師出家後非常快樂,因而轉念護持,期望法師畢業後平安喜樂、多種福田。

● 07.06~09

文理學院「生命美學研習營」
高中生體驗心遊記

6至9日,法鼓文理學院於園區舉辦「心‧遊記——生命美學研習營」,由校長惠敏法師擔任營主任,近八十位十五至十九歲的青少年,在僧大和文理學院師長的引導下,展開探索自己的心冒險。

營隊以禪修心法貫串各種課程與體驗遊戲。「心‧遊記」由常啟法師分享「身在哪裡,心在哪裡」,練習在生活中覺察身心;惠敏法師以寺院飲食為例,點出整潔、協調為「禪宗飲食美學」的要素;「茶禪趣」由果鏡法師帶領體驗傳統放慢的泡茶過程,為速食世代的學子帶來新覺受。

生命美學營中，青少年學員彼此關懷交流，探索自心。

「心探社」中，學員寫下煩惱後交換卡片，彼此關懷交流，隊輔和法師也寫下建議。「三言兩語聊佛學」則邀請國際交換生擔任隊輔法師，風趣的談吐翻轉學員對僧眾既定的印象。

由僧團副住持果暉法師主持的「傳燈之美」，帶著學員捧燈走過大願橋，來到揚生館游心場，虔誦〈發願文〉，體會聖嚴師父發願還願的大悲心。

最後的大堂分享，有學員對自己的調皮造成隊輔困擾，由衷懺悔；有在法國就讀高一的學員表示，隊友的支持，讓他得以突破在眾人面前說話的障礙，而法師們往內心探索的指引，也讓學員認識到自己的潛力和未來的發展方向。

●08.10～16

惠敏法師馬來西亞行
分享禪法與腦科學的參用觀點

8月10至12日，法鼓文理學院校長惠敏法師受三慧講堂之邀請，於馬來西亞竺摩長老教育中心舉行的「紀念竺摩長老一〇六冥誕」佛法研習營發表演講，並參與南北傳佛教座談會。

為期三天的佛法研習營，主題為「瑜伽行派之所緣（世界）與所依（身心）交融的修行體系」，惠敏法師以漢傳佛教的「修心」善調五事中的調身、息、

惠敏法師受馬來西亞寂靜禪林之邀，主講《六門教授習定論》。

心，從認知神經科學與瑜伽行派之四種所緣：遍滿、淨行、善巧，以及淨惑「所認識的世界」觀點，說明如何以調和身心，促進「所依清淨」（身心轉換），引發「所緣清淨」（人間淨土）的修行體系。

11日的南北傳座談會，由惠敏法師與上座部喜光比丘（Anandajoti）對談「聞思修三慧對於現代修行的重要意義」，先由喜光比丘述說聞思修三慧在佛教歷史發展的重要性，再由惠敏法師提出，面對全球性之高齡化社會，如何依「身心健康五戒

（好習慣）」之健康資糧、「終身學習五戒」之智慧資糧，以具體行動落實三慧生活。

惠敏法師並於15至16日，應馬來西亞寂靜禪林邀請，於亞庇行政中心舉行的佛法講座中，主講《六門教授習定論》，提出禪修之「上緣」或「內緣」，以及腦科學「苦樂同功、善惡同源」的觀點，期勉大眾學習觀察身心無常、無我，不執著禪定樂，體悟唯心所造，便可趣向解脫。

● 08.14

哥倫比亞大學高層參訪聖基會
感謝培育研究人才、提昇學術專業

美國哥倫比亞大學（Columbia University）教務長約翰・寇茲華斯（John H. Coatsworth）率同工學院資深執行副院長張世富、大學發展高級副總裁保羅基南（Paul Keenan）、全球倡議高級主任愛德華・陳－里札多（Edward Chan-Lizardo），一行四人於8月14日拜訪聖基會，由董事長蔡清彥、執行長楊蓓、僧團都監果光法師等代表接待，進行交流。

交流中，楊蓓執行長憶述2007年聖基會成立之初，當時哥大副校長保羅・安德爾（Paul Anderer）來臺洽談設立漢傳佛教講座教授事宜，為聖基會日後的發展奠定方向，透過與國際學術單位的交流合作，為漢傳佛教研究帶來承先啟後的新氣象。

寇茲華斯教務長表示，哥倫比亞大學投入各項學術領域，回應當代社會的變化，而如何維持平靜和諧的身心，以及環保、生態建築、宗教研究等，都是哥大可以向法鼓山持續學習的面向。

哥大高層此次來訪，除了感謝聖基會十二年獎掖學術的貢獻，也透過彼此交流互動，進一步了解聖嚴師父和法鼓山，以及「心靈環保」理念，期盼未來強化合作，共同推動國際漢傳佛教的研究與交流。

哥大高層訪聖基會，希望進一步了解聖嚴師父與法鼓山的理念。圖左起為聖基會辦公室主任呂理勝、張世富執行副院長、保羅・基南（Paul Keenan）副總裁、愛德華・陳－里札多（Edward Chan-Lizardo）高級主任，與聖基會董事長蔡清彥、約翰・寇茲華斯（John H. Coatsworth）教務長、楊蓓執行長、果光法師、輔仁大學英國語文學系副教授張瓈文。

● 08.28

日本三友健容教授專題演講
分享法華一乘思想的原點

僧團於8月28日，在法鼓山園區國際會議廳舉辦專題講座，邀請日本立正大學名譽教授三友健容主講「法華一乘思想的原點——元政《小止觀抄》序」，分享日蓮宗元政上人的修行精神。

三友健容教授分享日蓮宗元政上人的修行精神，以及回歸法華的一乘思想。

三友教授說明傳統的日蓮宗僧人排斥打坐禪修，開山祖師日蓮上人曾言「真言亡國，禪天魔，念佛無間，律國賊」；而元政上人提出「雖以高祖為師，但師其心，非師其跡行」，也就是秉持佛教基本精神「依法不依人」，修行上以戒定慧為本，重新審視修正日蓮宗以宗祖教法為限的修行道路。

三友教授認為，佛教的各宗各派，皆應回歸到《法華經》之中「汝等所行皆是菩薩道」的一乘思想。講座中，三友教授也介紹天台智者大師所著《小止觀》的成書過程及內容思想，並與元政上人著作《小止觀抄》做比對，認為《小止觀》確實是一本短時間可掌握修行重點的書籍。

講座最後，三友教授分享之前在園區參加禪一，也前往三峽天南寺參與精進禪二，體會到《小止觀》中，「二十五方便」的「息諸緣務」對於修行的重要性。

● 08.31～09.02

文理學院人社學群學會迎新
發願做心靈鼓手

8月31日至9月2日，法鼓文理學院人文社會學群學會舉辦「博雅‧禪趣‧心時光」營隊活動，透過課程介紹、師生交流、禪修體驗、校園巡禮等，迎接新生入學。

生命教育學程主任辜琮瑜帶領的「盍各言爾志」活動，引導學員拾回童年勇氣，敘寫新的夢想和學習地圖；環境與發展學程主任張長義及楊文全、尚榮康

文理學院新生於祈願池畔體驗禪修，與自在的清淨心相遇。

兩位老師，引導學生一步步體會生活與自然和諧的智慧；社區再造學程主任張志堯及李婷潔老師，以廣闊的視野關懷居住的土地及社區，為學員打開心的眼界；學群長陳定銘、社會企業與創新學程主任楊坤修，則帶領學員自我探索，成為心靈的CEO，進一步關心環境與社會。

貫串課程間的活動，則有觀看聖嚴師父影音開示、前學群長楊蓓的生命故事分享；並安排「梯間輕談」讀書會經驗分享、「咖啡‧茶禪‧心時光」學長交流、「解纏‧解禪」禪修體驗等。最後播放回顧影片時，所有參與師生、工作人員互相感恩，每個人都發願以自利利他、悲智和敬的精神，成為社會與世界的「心靈鼓手」。

● 09.04

昂旺糾顛仁波切參訪
交流僧才教育暨養成理念

9月4日，南印度色拉昧佛學院前任（第九十任）住持昂旺糾顛仁波切與拉然巴格西祥巴、洛桑；格西曲傑、扎西，以及南印度色拉寺昧堂臺北中心佛學會會長路呈麟、總幹事許張義、前中華佛研所副所長吳寬等人參訪法鼓山園區，並在僧伽大學女眾副院長果幸法師陪同下，與方丈和尚果暉法師交換僧才教育暨養成的經驗和心得，由格西慈誠擔任翻譯。

拉然巴昂旺糾顛仁波切曾任上密院院長，說明僧人進入佛學院就讀，必須接受因明與五部經論的入門基礎學習，之後再進入《現觀莊嚴論》、《入中論》等專班學習，通過辯經等考核，可授頒第一等拉然巴格西，完整的僧才培育從十六年至二十五年不等，然後至上密院或下密院學習密

昂旺糾顛仁波切一行人隨方丈和尚果暉法師引導，至法鼓山園區各處參觀，留下深刻印象。

法一至二年後，由達賴喇嘛圈選任命為住持或監院。

方丈和尚果暉法師肯定藏傳佛教僧才培育的完整性，同時也介紹法鼓山的基礎僧才教育，主要是由僧伽大學培育，畢業後即到各分院或體系各單位服務，禪宗強調道在日用中，因此領執之後，則是另一階段學習的過程，同時僧團也會安排參與各種培訓課程。

茶敘後，方丈和尚帶領昂旺糾顛仁波切一行人至大殿、祈願觀音殿、開山紀念館等處參觀，仁波切表示，此行對創辦人聖嚴師父有了進一步的了解，期待下次能參訪法鼓文理學院，增加交流。

● 09.07～08

2018漢傳佛教青年學者論壇

共享學術社群經驗

中華佛學研究所主辦的「2018漢傳佛教青年學者論壇」，9月7至8日於法鼓文理學院舉行第二階段論文發表，共有五組、十八位青年學者交流在研究中運用新的文獻、研究方法與視野的成果，並有十位國內外文史哲、宗教等系所教授參與講評。

論壇包括「近世東亞佛教之流播與影響」、「聖山、高僧與王權」、「吉藏三論學說的理論與實踐」等五場主題，其中第二場評論人日本奈良女子大學教授河上麻由子，因關西風災無法前來，仍委託逢甲大學中文系教授林韻柔誦讀評論與建議，並以照片、簡報記錄考察實況，與古代文獻做比對，為青年學者樹立嚴謹治學的楷模。

交流座談上，文理學院校長惠敏法師點出論壇的價值：第一是培養團隊合作模式，整合型研究是未來的趨勢，第二是移地研究的特色；法師建議青年學者將未能寫入論文、但相當寶貴的團隊合作與移地探索歷程，記錄於未來出版的論文集中。文理學院佛教學系主任鄧偉仁指出，如果佛教義理研究是冰山上的一角，跨領域研究便是下層大塊冰山，應尋出上下的關聯性。

中央研究院中國文哲所研究員廖肇亨肯定論壇打造出讓青年學者初嘗法味的平台，共享遭遇到的困境和解決方法，進而創造更優質的研究環境。

交流座談會上，青年學者分享研究與考察的寶貴經驗。

09.18

法鼓校友論文發表論壇開講
鼓勵學術研究與交流

法鼓學校校友會於9月18日舉辦「第三屆校友論文發表論壇」，由融音法師、黃銘豐與周衷馨三位校友發表論文，邀請蔡伯郎、張志堯、楊坤修三位師長回應評論，共有五十多位校友、在校生參加。

佛教學系學士班畢業的融音法師，以〈瑜伽行派教義略論〉，探討《解深密經》因三轉法輪而延伸出空、有

五十多位校友與在校生共聚一堂，延續並交流佛法學思。

議題，以及「境無識有」的思想；曾任坪林鄉鄉長，社區再造碩士學位學程畢業的黃銘豐，以〈沏一壺茶鄉雲華甘──坪林社區再造的十年紀實〉構思坪林作為水源保護區，如何克服人口老化與外移等諸多問題，打拚為永續經營的生態城市。

社會企業與創新學程畢業的周衷馨，發表論文〈女性創業研究──以社會企業瑞德感知創辦人為例〉，以一年時間親自訪談十大傑出女青年、也是中華飛雁創業互助協會會員的林筱玫，了解女性創立社會企業的艱辛、面對自我的挑戰，以及生命轉化與昇華的歷程。

現場互動熱烈，不僅鼓勵畢業校友繼續投入佛學相關研究，也為校友與在校生搭起學術交流的橋梁。

10.01

文理學院「心靈環保講座」
楊蓓老師帶領探索以佛法實踐人間關懷

法鼓文理學院107學年度上學期的「心靈環保講座」展開，首場於10月1日由人文社會學群副教授楊蓓主講「心靈環保與人間關懷」，以透視的角度，跨越時空背景，探索心靈環保與個人、社會、環境的關係，精闢剖析現代社會的特質，及主導當今主流價值的巨大力量，並進一步思索佛法實踐的可能。

楊蓓老師指出，在便利的世界裡，社會快速變遷、深層結構改變（文化中的潛規則、核心價值觀改變）、不確定因素增加；眼前多種價值觀陳列、選擇增

楊蓓分享師父如何將禪法不斷扣回有層次的學習歷程中。

多，導致人們安全感下降，也迷失在物化的競爭中，漸漸失去本土知識、被迫相信專家體制，而尋求定位及存在感，成了現代人無止盡的旅程。迷失在物化競爭的現代社會中，「心靈環保」是一帖解藥。

楊蓓老師解析，「心靈環保」說明淨土就在心裡，聖嚴師父曾言：「在任何環境下，照顧好自己的心，保持內心的平穩與安定，就是心靈環保。」從師父的弘化歷程，可看出師父如何將禪法不斷扣回有層次的學習中。

最後，楊蓓老師提出以聖嚴師父的「認識、肯定、成長、消融自我」，對治現代人「抽離失根、失去主體性、害怕失控、斷裂而孤單」，並依循著校訓「悲智和敬」的精神，就能落實從人心到社會的淨化工程。

● 10.02

文理學院專題演講
陳維武剖析社會科學與佛法實踐

10月2日，法鼓文理學院生命教育學程舉辦專題講座，邀請澳洲墨爾本大學（The University of Melbourne）社會工作系研究員陳維武主講「淺談助人專業中循證實踐與實施科學的若干問題」，分享佛法實踐的社會學觀點。

長期擔任聖嚴師父英文口譯的陳維武，為了理解師父的開示內容，並轉化為西方人聽得懂的英文，在佛法知識上用功甚深，深深感佩佛法核心價值及精神，但發現在佛法落實及適應現代化的過程中，仍有許多粗疏與不足，而西方社會科學在理論實踐及研究方法上，有其細膩之處，值得參照及學習。

講座中，陳維武老師針對「循證實踐」（Evidence-based Practice）及其衍生出的「實施科學」（Implementation Science）進行探討，檢討現代社會科學從理論、依循證

陳維武認為，西方社會科學在理論實踐及研究方法上，有其細膩之處，值得在佛法實踐上參照學習。

據、透過實踐方法與實際落實的過程中所產生的問題，作為佛法或相關理論運用在現代社會時的反思及參考；強調藉由自身的反思與體現，並同時觀照到時代及眾生的獨特性，才能將前人累積的知識，活用出現代化的真價值。

● 10.27～28

《雜阿含》國際研討會召開
佛教學者於阿根廷交流學術成果

10月27至28日，法鼓文理學院「《阿含經》研究小組」（Āgama Research Group）策畫、阿根廷菩提乘基金會（Fundación Bodhiyāna）贊助的第四屆《阿含經》研討會（The IVth Seminar of the Āgama Research Group），以「《雜阿含》研究」（Research on the Samyukta-āgama）為主題，在阿根廷首都布宜諾斯艾利斯舉辦，包括校長惠敏法師，共有十八位來自美、歐、亞和大洋洲的佛教學者參加。

多國學者發表研究成果，增進中西方學術交流與合作。

「《雜阿含》研究」為非開放專題研討會，菩提乘基金會創辦人智翰法師（Maestro Zhihan）在開幕式中表示，目前佛教發展在南美洲仍屬於初期播種階段，佛教學者為了共同探討《雜阿含》，首次雲集於最靠近南極的邊地，意義非凡。

會議論文議題內涵豐富，包括惠敏法師對《瑜伽師地論》之《雜阿含》摩呾理迦（本母）所引用〈聲聞地〉的量化分析與案例考察；無著比丘（Bhikkhu Anālayo）對經中省略文的細究；美國華盛頓大學（University of Washington）理察・所羅門（Richard Salomon）教授對犍陀羅語《阿含經》寫卷研究現況的分析；史丹福大學（Stanford University）保羅・哈里森（Paul Harrison）教授對《雜阿含》英文譯註的討論；德國慕尼黑大學（University of Munich）顏–蘇・哈特曼（Jens-Uwe Hartmann）教授對文獻與所屬部派認知的議題反思等。不克出席的帕沙迪卡（Bhikkhu Pāsādika）也提呈論文，分享成果。此外，日本日本創價大學高等佛教研究所教授辛島靜志與澳洲昆士蘭大學（University of Queensland）教授羅德里克・巴克內爾（Roderick Bucknell）更以雲端連線方式全程參與，發表評論與個人研究。

成立於2012年的「《阿含經》研究小組」，以促進傳統佛學教相判釋與經文

鑑別（Text-critical）／文淵學（Text-historical）的對話為願景，推進中西方學術合作，並促進臺灣佛學研究與國際接軌。

● 10.28

學僧參與淨灘
以行動關懷生態環境

僧大學僧參與淨灘，為環保奉獻力量。

為落實對生態環境的具體關懷，僧大女眾部參加新北市金山環保社團淨灘活動，於金山區磺溪出海口堤防外沙灘撿拾垃圾，為環境保護盡一份心力，共有十六位師生參加。

聆聽淨灘作業要點與注意事項後，眾人戴上手套、拎著垃圾袋，開始清理海灘上的垃圾。在收集一袋袋的保麗龍細碎片、塑膠類製品、浮球後，也進一步深思現代生活在取用方便的同時，人類與大地的相處之道。

有學僧分享，雖然無法做到零垃圾，但從一些小改變出發，便足以改善環境的面貌；也有學僧回饋，表示淨灘就像修行的過程，撿拾觸目可及的垃圾，覺得已經整理乾淨之處，竟然還有垃圾，就像淨心，以為自己的心已經清淨，仍有沒發現潛伏的煩惱。

● 11.03～04

「生死學與生命關懷論壇」上海舉行
辜琮瑜老師探討生死關照三層次

11月3至4日，中國大陸上海玉佛禪寺舉辦「生死學與生命關懷」國際學術論壇，邀請相關領域專家學者與會，法鼓文理學院生命教育學程主任辜琮瑜受邀前往發表論文，分享研究心得。

辜琮瑜老師以《靈性陪伴的困境反思與調適》為題發表論文，包括生命故事的衝擊與看見、學習知識的系統建構與養成，以及生命現場的核對與實踐，並以臺大醫院金山分院北海岸四區的居家安寧與長照個案的靈性陪伴歷程為主，提出安寧陪伴的反思，不能僅著眼於生理的痛苦緩解、未完成心願的圓滿等，而應重視陪伴時的當下關懷，強化臨終者的靈性向度，進而調適陪伴的形式與心態，並反思陪伴關係的內蘊精神。

為期兩天的論壇，共有七場主題發表：「安身安心，安己安人」、「以終為始，安寧伴行」、「教育先行，圓滿生命」等，顯示出中國大陸步入高齡化社會，亦開始重視老、病、死問題，希望匯集相關專業研究，尋求對應的方向。

● 11.04

僧大舉辦「世界公民工作坊」
探討佛教在世界危機中的安心之道

11月4日，僧大舉辦「世界公民工作坊」，以「世界的危機與轉機」為主題，由果禪法師、常濟法師帶領，討論佛教在時代變革中所發揮安定人心的功能，有近四十位學僧參加。

上午的討論，採「World Cafe」的形式討論議題，包括戰爭迫害、能源短缺、種族衝突、氣候異常等危機，

學僧在「世界公民工作坊」中，探討在世界危機中的安心之道。

兩位法師們強調，危機發生後，除了探究原因，更應在心態上將危機轉化為一種提醒，提醒人類不要再以自我毀滅的方式生活。

下午的討論聚焦於個人心態，果禪法師說明負面思考的人，經常以悲傷、憤怒、孤獨、委屈等情緒，看待自己、他人和外境；學僧分組討論後，各組以話劇形式，呈現面對外境的心態和行為，也提出化解之道。

有學僧分享，煩惱即菩提，藉由外境的顯現，更清楚自己內心情緒的轉折；對於問題，對於兩位法師不給予制式答案，而是拋出議題討論，活潑的教學方法，收穫甚豐。

● 11.08～16

僧團法師赴美觀摩佛教高等教育
了解宗教師培育方式和課程規畫

11月8至16日，僧大副院長果幸法師、美國東初禪寺監院常華法師和常諗法師前往美國科羅拉多州，參訪博爾德市（Boulder）那洛巴大學（Naropa University），並旁聽課程，了解美國高等教育宗教師培育方式和課程規畫。

那洛巴大學為丘揚創巴仁波切（Chögyam Trungpa Rinpoche）於1974年所創辦，辦校宗旨是「佛教啟蒙」（Buddhist-inspired），以佛教與心理學、藝術

果幸法師（左二）、常華法師（右一）、常諗法師（左一）
與那洛巴大學教務長珍妮特・克拉莫（Janet Cramer，中）
和伊蓮・袁教授（右二）合影。

結合聞名。三位法師旁聽了伊蓮・袁（Elaine Yuen）教授的「觀照溝通」（Contemplative Communication）和「儀式藝術」（Ritual Arts）、茱蒂斯・席莫布朗（Judith Simmer-Brown）教授的「宗教對話」（Interreligious Dialogue）等課程，體驗學習環境開放，重視主體經驗，並尊重不同佛教傳承與其他宗教的校風。

果幸法師表示，那洛巴大學雖是佛教大學，但注重與其他宗教的互動對話，值得僧團借鏡學習。

● 11.17～20

接軌國際宗教學界
果幸法師、常華法師參與美國宗教學術年會

僧大副院長果幸法師、美國東初禪寺監院常華法師和常諗法師赴美觀摩佛教高等教育，11月17至20日，於科羅拉多州丹佛市（Denver）科羅拉多會議中心（Colorado Convention Center），參與美國宗教學術（America Academy of Religion）年會，常諗法師並發表論文，討論西方比丘尼僧團發展和漢傳佛教四分律傳承。

四天的會議，三位法師參與包括禪修文化、宗教師培育、西方佛教性醜聞、科學與宗教、宗教與生命倫理等研討，另外也與相關領域學者餐敘討論，除了和最新國際學術接軌，並深入了解當代社會對宗教的觀點與看法。

宗教學術年會由學會與聖經文學協會（Society of Biblical Literature）共同舉辦，是美國宗教學界的盛會，2018年有數百場研討會，近千人發表論文。

● 12.04

文理學院人社學群學會講座
楊蓓探討禪與薩提爾的一致性

法鼓文理學院人文社會學群學會於12月4日舉辦專題演講，由學院副教授楊蓓以「禪與薩提爾（Virginia Satir）的一致性——十牛圖與冰山的對話」為題分享，有近八十人參加。

　　楊蓓老師以薩提爾冰山理論內在一致性轉化的三個層次，結合「十牛圖」修行歷程，說明轉化層次一是釋放感受、探詢觀點、分辨期待，是與自我的接觸，也是對治煩惱心的開始；若與禪修相互為用，可致「見跡」。

　　層次二是探詢個人內在資源，輕觸渴望，是與自我內在信心的接觸，開啟穩定的自我價值感，漸漸以接納的心態面對生活中的困頓；這時「有人見牛，有人得牛」。

　　層次三則持續朝向一致性，調伏價值感的起落，漸觸人境合一的狀態，即便是剎那的觸及，但存有感出現，以致「騎牛歸家」，功深終能「無礙、任運、相忘」。

　　楊蓓老師強調，冰山理論可作為修行時探索自我內在的前方便，但兩者之間只能階段性的相互為用，無法畫上等號。十牛圖最後四階段已超越冰山的一致性及人境合一，但依然人境俱在，這是空性，是心理學與禪修最大的差異，也是東方智慧中圓滿人格的顯現。

● 12.10

謝爾夫教授講西方正念禪修
強調應在生活中檢視禪修

　　12月10日，法鼓文理學院佛教學系舉辦專題講座，邀請美國加州大學伯克萊分校（The University of California, Berkeley）東亞語言文化暨佛學研究中心講座教授羅伯特‧謝爾夫（Robert Sharf）主講「西方正念禪修是佛教禪修嗎？為什麼這個問題重要？」，共有五十多人參加。

　　謝爾夫首先表示，蔚為風潮的「正念禪修」（Mindfulness Meditation），具有一定的療癒價值，只是以居士為主的禪修教

謝爾夫表示，禪修最終還是要回到日常生活中檢視。

法，強調能以一種操作方式直觀實相、得到智慧，並將佛法化約為「正念」（Mindfulness）及「純粹覺知」（Bare Attention），忽視了對佛法教義的理解，也與佛法核心「正確認識苦是世間本質，進而看破無明而解脫」相違背。

　　謝爾夫強調，禪修最終的檢視，還是要回到生活，不論腦海中有任何體驗，重點仍是如何與人、與環境共處。與會者也針對議題，提出自己的觀察、疑問及看法，回響熱烈。

● 12.18～21

第九屆數位典藏與數位人文國際研討會
迎接人工智慧的數位人文新時代

應臺灣數位人文學會之邀，法鼓文理學院於12月18至21日，舉辦第九屆「數位典藏與數位人文國際研討會」（International Conference of Digital Archives and Digital Humanities, DADH），以「迎向人工智慧+數位人文的時代」（Facing the Era of AI+DH）為主題，邀請近百位國內外數位人文相關專家學者與會，透過對話與交流，探討人工智慧技術於數位人文的應用與突破。

在19日的開幕式中，校長惠敏法師首先分享法鼓文理學院建構「數位典藏」（Digital Archive）與「知識管理」（Knowledge Management）系統以及「線上學習」（Online Learning, e-learning）的發展。會議主要籌辦人圖資館館長洪振洲介紹本屆DADH首次安排會前工作坊，共有六個國內外知名數位人文工具開發團隊分別進行，包括文理學院CBETA數位研究平台功能介紹，以及佛典數位化專案：「中古佛教寫本資料庫數位編碼」、「漢籍語意鏈結的探討與應用研究——以佛典數位資源為例：CBETA數位研究平台」、「《新修華嚴經疏鈔》數位資料庫」、「《瑜伽師地論》資料庫」、「名山古剎——《中國佛寺志》數位典藏專案」等，進行階段性成果發表。

本屆會議內容豐富，除有九十篇論文與海報發表外，並邀請中央研究院資訊科學研究所所長許聞廉、前歐洲數位人文協會（European Association for Digital Humanities）主席詹‧梅斯特（Jan Christoph Meister）教授，以及中央研究院院士黃一農進行三場主題演說，介紹人工智慧於數位人文領域的運用。

「數位典藏與數位人文國際研討會」為臺灣數位人文學界重要的國際發表討論會議。

肆【國際弘化】

為落實對全世界、全人類的整體關懷，
透過多元、包容、宏觀的弘化活動，
經由禪修推廣、國際會議、宗教交流……
消融世間的藩籬及人我的對立與衝突，
成就普世淨化、心靈重建的鉅大工程。

漢傳禪法
與世界接軌對話

承持聖嚴師父將漢傳禪佛教弘傳於國際的悲願，
法鼓山致力於國際間的交流與合作，
不論是國際會議的參與、跨宗教對話、弘揚漢傳禪佛教，
以及接引新世代，皆以踏實的步履持續與世界接軌，
期以心靈環保的推廣與實踐，建立全球倫理共識，
成就多元包容的人間淨土。

將漢傳禪佛教推廣至世界各地是聖嚴師父畢生的心願，而關心整體人類社會，與各宗教、各種族構築溝通橋樑，建立一個全球共通的倫理價值，更是法鼓山推動心靈環保、大悲心起、心六倫理念背後的深遠目標。2018年落實於各項國際弘化的推動，皆以佛法的包容與生活化，促進彼此的尊重與交流。

國際會議為心靈環保發聲

與世界接軌，是國際弘化的主軸之一。自2002年聖嚴師父於「世界宗教暨精神領袖理事會」提出「心靈貧窮」議題，將心靈環保理念帶至全世界後，法鼓山除主辦國際會議及論壇，亦屢屢獲邀出席相關會議及活動，為心靈環保發聲，為地球永續盡心力。

2018年，為喚醒對地球自然環境變化的關心，美國法鼓山佛教協會（Dharma Drum Mountain Buddhist Association, DDMBA）、全球女性和平促進會（Global Peace Initiative of Women, GPIW）及地球憲章（Earth Charter International），於2月、10月分別於泰國、賽普勒斯共和國舉辦「氣候變遷的內在面向」（Inner Dimensions of Climate Change）會議，就永續地球未來議題，由僧團副住持果祥法師、常濟法師帶領亞洲、太平洋各國及中東的青年生態學家，就如何打破人為、族群及專業領域的藩籬，認同自己是「地球公民」，進行研討。

果祥法師應國際知名環境、農業倫理學家范達那‧席娃（Vendana Shiva）博士之邀，於10月出席「生物多樣性國際研討會」（International Biodiversity Congress），分享聖嚴師父倡導「應以心靈環保實踐自然環保」的理念。12月，常濟法師出席聯合國氣候變化綱要公約（United Nations Framework

Convention on Climate Change, UNFCCC）召開的「第二十四次締約方會議」（COP24），提供氣候變遷議題的佛法新觀點。

於10月底在中國大陸召開的第五屆「世界佛教論壇」中，方丈和尚果暉法師受邀擔任開幕演說，揭示以「心靈環保」為核心，籲請佛教各傳承加強交流，從心靈淨化帶動世界淨化；而在「佛教與環境保護分論壇」中，環境保護應以「心靈環保」為主軸，也成為與會者的共識。

宗教交流跨越藩籬

跨宗教、地域、種族及各式人為藩籬的多元交流，是國際弘化努力的目標。2月，馬來西亞道場與馬來西亞佛教青年總會、菩提工作坊、正信佛友會等佛教團體，參訪馬來西亞神學院，監院常藻法師並代表分享宗教學院辦學理念、發展與挑戰。9月，美國東初禪寺再度受邀參與紀念911事件的第四屆「為愛濟糧」活動，常齋法師並帶領祝禱，為受苦眾生與世界和平祈福；洛杉磯道場監院果見法師與東初禪寺監院常華法師，也參加由美國洛杉磯、芝加哥及紐約天主教、佛教團體宗教師組成的專案團隊，前往梵蒂岡拜會天主教教宗方濟各（Pope Francis），共同為跨宗教合作以提昇人類心靈而努力。

10月，果禪法師、常寂法師參加第一屆「天主教修女與佛教比丘尼對話國際研討會」，除分享以心靈環保淨化人心

與社會的理念、弘化及實踐歷程，並與女性修道者交流觀行之道。

另一方面，2月，天主教利氏學社參訪法鼓山園區，交流了解臺灣佛教現況；與法鼓山交流密切的義大利普世博愛運動總會（Focolare Movement）會長傅瑪莉（Maria Voce Emmaus）、共同會長莫藍‧賽佩達諾（Jesús Morán Cepedano）、天主教前任臺北區總主教狄剛等，於3月來訪，延續多年情誼之餘，更期許展開進一步的交流合作。4月，香港天主教慈善團體香港明愛於「新北市金山環保生命園區」實地觀摩植存過程，企盼於港推廣植存環保葬。

韓國寶林寺3月參訪臺中寶雲寺，松廣寺9月參加第六任方丈和尚接任大典，除增進臺、韓兩國的寺院交流，並與僧團法師討論現代佛教弘化方向。泰國法身寺於4月參訪園區，交流寺院導覽、接引大眾的運作模式。

漢傳禪法全球弘揚

在禪修的國際推廣上，2018年僧團法師、法子，於歐、亞、美洲弘傳禪法接力不斷，更帶動全球習禪的風潮。

其中，禪修中心副都監果醒法師於4月前往俄羅斯，主持禪七、禪一，也舉行專題講座，介紹禪宗及漢傳禪法的修行觀念。美國象岡道場住持果元法師，本年先後受邀於墨西哥、英國、盧森堡帶領禪修活動；6月於墨西哥，除帶領話頭禪七，並指導拜懺、分享佛法觀念，帶領西方眾踏實修行。

8月，僧團應印尼禪坐會之邀，由常震法師、演正法師前往西爪哇省、萬丹省帶領禪七、助理監香培訓、講座等多元活動；傳燈院監院常襄法師、演定法師也應印尼棉蘭禪坐會邀請，開辦初級禪訓班及主持禪三。法師活潑帶領禪修的方式，讓漢傳禪法深耕於多元宗教信仰的印尼。

多位聖嚴師父法子，包括繼程法師應波蘭禪宗協會（The Chan Buddhist Union of Poland）邀請，首度指導禪四十九，法師以禪門基礎，讓學習日韓禪法的資深禪眾，老實修學漢傳禪法；查可·安德烈塞維克（Žarko Andričević）7月於香港帶領五日禪修營、10月分別於加拿大溫哥華道場、美國舊金山道場主持默照禪七、默照禪五，提點學員專注當下，即是禪修。

除了精進禪修，法鼓山於海外推廣的禪修活動，更強調在生活中融入禪法的練習，引導禪眾時時放鬆身心、處處自我覺照，如戶外禪、茶禪等生活禪法，引起廣大的回響。2018年果元法師、常源法師及常護法師，受邀於哥倫比亞大學（Columbia University）、斯克蘭頓大學（The University of Scranton）帶領的茶禪，即是接引西方學子的善巧方便，裨益於進一步體驗禪法。

護法關懷深耕推廣

各地道場和分會的各項弘法、關懷活動，本年持續進展。5月底，僧團於美國東、西岸各舉行一場在家菩薩戒會，近兩百位東、西方戒子發菩提心，圓滿受戒。

另一方面，2018年亦有多位僧團法師海外弘法，堅定大眾對佛法的信、願、行。其中，果醒法師於舊金山、新澤西，導讀《華嚴心詮》、解析楞嚴空義；果暉法師香港講授安般禪法，期勉大眾人間修行；果元法師美國聖路易指導英文禪修，分享《金剛經》、《心經》智慧；常啟法師7、8月於溫哥華道場講《維摩詰經》、《小止觀》，為熱惱世間帶來佛法的清涼。9月，普化中心副都監果毅法師於馬來西亞帶領默照禪七、主講「從法鼓山禪修談漢傳禪法」，介紹禪宗發展史的整體面貌；10月，常浩法師於多倫多指導念佛禪七，分享聖嚴師父開示念佛禪的基本觀念、方法和層次。

於義工和信眾成長課程上，主要包括泰國護法會、新加坡護法會，分別首度開辦快樂學佛人、福田班課程，引導學員將佛法、萬行菩薩精神帶入生活中；香港道場「《金剛經》與悅眾成長營」，將經典義涵融入課程中，帶領悅眾回到學佛、護法的初發心。

新世代全方位接引

為接引新世代認識正信佛法、精進修行禪法，全球各道場的法青會活動均以年輕化、生活化的佛法課程和學習活動，引領青年從安定自心出發，開發生命最大潛能。除了法青的例行活動，2018年於亞洲與國際扶輪社合作，在臺

灣法鼓山園區為歐、美、東南亞等各國青少年舉辦「宗教體驗營」；澳門法青悅眾4月亦於園區展開培訓營，建立服務奉獻的人生觀。馬來西亞道場多場青年工作坊，引領學員找到生命的意義；香港道場舉辦青年五日禪，帶領學子透過禪修認識自我，進而肯定、成長和超越自我。

於北美，加拿大溫哥華道場3月中，帶領來訪的西門菲沙大學（Simon Fraser University）宗教學系學生，體驗禪修與寺院生活；在市區成立的「都市禪中心」也於3月起正式運作，每週安排三天禪坐共修，接引英屬哥倫比亞大學（University of British Columbia）的學生親近禪法。

針對兒童族群，馬來西亞道場開辦生命教育課程，以家庭倫理、自然倫理為主軸，小學員學習感恩孝順、知福惜福、愛護地球；香港道場、美國舊金山道場開辦的兒童心靈環保學習課程，課程內容包括禪修、手作DIY、環保體驗等多元活動，培養良善品格與心性。東初禪寺、西雅圖分會以及溫哥華道場，分別於7月、8月舉辦親子生活營，在輕鬆、活潑、有趣的團康與故事活動中，親子共同體驗禪修的方法與智慧，大、小朋友共同成長，菩提種子也更加深耕與茁壯。

結語

聖嚴師父曾於1998年、2003年前往俄羅斯指導無極門武術學校（Wujimen Martial Arts School）師生禪修，俄國禪眾除持續共修、翻譯師父著作，2018年1月，禪眾們更來臺尋根、溯源、禮祖，相續十八年的千里法緣。4月，馬來西亞悅眾首度於園區展開成長營，深入探討師父的思想理念，也凝聚向心力；9月，香港道場及北美護法悅眾也接續來臺參加第六任方丈和尚接任大典，並展開參學之旅。

聖嚴師父曾期許並指出，法鼓山不僅是一座普通的寺院，而是一所學校，是一個教育園區，是一處提昇人品的修行中心；不僅僅是臺灣的，也是國際的、全世界的。

繼起聖嚴師父行履，2018年國際弘化的腳步未曾停歇，持續於國際間發揚漢傳禪佛教，為全人類的心安平安，遍撒佛法甘露。

2018年法鼓山於美國舉辦兩場菩薩戒會。圖為洛杉磯道場的戒子，圓滿受戒的願心。

● 01.04～10

果醒法師舊金山道場弘法
導讀聖嚴師父著作《華嚴心詮》

唯心緣起 P28+2
• 十二因緣→依心起 P28+4
• 三界→從貪心有，
• 十二因緣→在一心中，
• 生死→從心起，
• 心滅→生死亦盡。」
• 三界→虛妄心的顯現，
• 十二因緣→在妄心中。 P28+6

果醒法師於舊金山道場導讀《華嚴心詮》。

1月4至10日，禪修中心副都監果醒法師於美國舊金山道場弘法關懷，內容包括主持佛學講座、禪修等，共有兩百四十多人次參加。

果醒法師首先於4日起，舉辦五堂的佛學講座，導讀聖嚴師父著作《華嚴心詮》，說明《華嚴心詮》是聖嚴師父晚年的著作，介紹華嚴宗五祖圭峰宗密的《原人論》，是一部大格局大架構的佛學導論，以華嚴為本，會通世間各派宗教、各派哲學、佛教各派的差異點，而成其一家之說。而師父從漢傳佛教的立足點出發，肯定《原人論》統攝諸宗，融合內外，有其消融性及包容性的示範功能；並指出今後的世界佛教趨勢，必定要有消融性及包容性的視野，才能完成回歸佛陀本懷的整體性。

精進禪二於6至7日進行，法師幽默地以「難兄難弟」，說明禪修時經常出現的三種現象：昏沉、散亂、腿痛；引導學員以「沒有一個主體的我」、「後念不接前念」及「無我」，來改變和外境互動的關係。小參時，針對如何開悟的提問，果醒法師則說自己也尚未開悟，但經常體驗到禪悅法喜，期勉禪眾以禪修方法收攝六根，讓生活更安定。

● 01.05

溫哥華道場「法青‧新年‧心啟動」
接引年輕世代學佛

加拿大溫哥華道場於1月5日舉辦「2018法青‧新年‧心啟動」，由常惟法師帶領，藉由分組討論、互動遊戲等課程，帶領學員了解心靈環保的理念，學習以佛法照顧身心、關心世界，共有五十多位青年參加。

活動首先觀看聖嚴師父的開示影片，師父開示「生命的意義」，期勉青年不要執著有形的物質，應多努力付出，給予身邊環境或人群帶來幸福的改變。接

著進行分組活動，就禪坐、健康、紓壓、家庭關係、永續環境和生死大事等六項議題，進行分享與討論，法師提醒學員，先把自己的心照顧好，才有力量去照顧他人。

透過正面能量，青年期許改變世界，讓世界變得更美麗。

活動最後，學員在祈願卡上寫下新年新希望，並由監院常悟法師帶領點燈發願，希望達成自利利他的心願；法師表示，有光明的地方將不再黑暗，期許眾人，透過正面能量，改變世界，就能讓世界變得更美麗。

● 01.06～27期間

洛杉磯道場推廣菩薩戒
深入地區關懷信眾

為推廣菩薩戒，美國洛杉磯道場於2017年12月16日至2018年1月27日，展開「菩薩初心‧菩薩行」系列說明會，包括三場專題講座、兩場工作坊、四場茶會，共有二百六十人次參與。

專題講座由監院果見法師主講，第一場1月6日於洛杉磯道場弘講「人間淨土菩薩行」，介紹創辦人聖嚴師父建設人間淨土的理念、推動菩薩行的精神；7日於哈仙達崗（Hacienda Heights）社區中心主講「在紅塵中遇見菩薩」，分享生活中菩薩行的實例、遇到順逆緣應抱持的心態；第三場則於20日在橙縣（Orange County）的爾灣中文學校進行，講題為「超越自我從小小的蛻變開始」，鼓勵大眾走出心中迷宮，活出生命的意義與價值。

「生活中的菩提」工作坊由常統法師前往喜瑞都（Cerritos City）、聖地牙哥（San Diego City）帶領，透過交流分享及互動遊戲，引導大眾體會一己的發心，如何匯聚成廣大力量，讓世界變得更好。此外，果見法師、常義法師也分別至河濱郡（Riverside County）、托倫斯（Torrance City）、帕洛斯弗迪斯（Palos Verdes Estates）及加州大學洛杉磯分校附屬醫學中心（UCLA Medical Center）進行小型茶會，推廣說明菩薩戒。

有參與講座的民眾表示，了解到修行不只是個人之事，也明白不能輕忽自己的力量和責任；也有華裔信眾分享，為了在來世學佛路上先留下一個位置，一定要圓滿求授菩薩戒。

● 01.09～23

莫斯科無極門禪修會來臺尋根
相續十八年的千里法緣

俄羅斯八位團員於英俄禪二圓滿後,與常襄法師合影。

1月9至23日,俄羅斯莫斯科無極門武術學校(Wujimen Martial Arts School)禪修會八位禪眾來臺尋根,期間參訪法鼓山園區與北部各分院,體驗寺院生活,包括早晚課、朝山、法會、茶禪、出坡,以及禪二,並前往中華佛教文化館與北投農禪寺溯源、禮祖,感受漢傳禪佛教豐富的內涵和修行法門。

12日上午,尋根團於農禪寺體驗水月道場的禪悅境教,並在輔仁大學教授張璉文解說下,了解從文化館、農禪寺到法鼓山篳路藍縷的開創歷程,監院果毅法師關懷時,針對「平時工作很累,晚上打坐無法集中精神怎麼辦?」的提問,說明禪在行住坐臥中,當意識到無法專心,已經是踏出第一步,只要讓心回到當下。下午至文化館,除了拜見二師伯鑑心長老尼,並在僧團副住持果祥法師的帶領下,向佛陀、達摩、六祖惠能、禪宗祖師、靈源老和尚、東初老人和聖嚴師父禮祖頂禮,了解法脈傳承源遠流長,從而生起飲水思源的感恩心。

13日,一行人前往德貴學苑參與國際禪坐會共修、體驗茶禪,與青年院法師和法青學員交流,八位禪眾輪流擔任茶主人,全神專注在動作上,用心品茗,珍惜「一期一會」的因緣。

尋根團於16至18日,在三峽天南寺進行英俄禪二,由傳燈院監院常襄法師擔任總護,禪期圓滿,並為六位團員進行皈依。

聖嚴師父曾於1998年、2003年前往俄羅斯指導無極門師生禪修。感念師父教授禪法之恩,俄國禪眾除了持續共修、翻譯師父著作,2018年由七位禪眾與一位學禪的基督教教士組成尋根團,來臺溯源,相續十八年的千里法緣。

● 01.11～01.19

方丈和尚泰國弘法關懷
關懷信眾暨與駐泰代表交流

1月11至19日,方丈和尚果東法師前往泰國弘法關懷,適逢泰國護法會舉辦「禪坐助理監香培訓」以及「來迎觀音安座祈福法會」,方丈和尚特別前往關

懷,並為大眾開示祝福。

15日的來迎觀音安座祈福法會,由常學法師主法,方丈和尚及會長蘇林妙芬擔任揭幔人,大眾恭誦觀音偈及稱誦「觀世音菩薩」聖號,方丈和尚期勉悅眾,接引更多人信佛、學法、護法,也祝福護法會邁向新的里程碑。

駐泰代表童振源於17日參訪護法會,由方丈和尚、副住持果品法師、蘇林妙芬會長等代表接待,進行交流。童振源代表表

駐泰代表童振源訪泰國護法會。左起依序為果品法師、方丈和尚果東法師、童振源代表、蘇林妙芬會長。

示,希望能設立更多相關平台接引信眾,並促進臺、泰雙方宗教文化推展。方丈和尚也應童代表邀請,為泰華民眾錄製新春祝福影片;方丈和尚開示「平安無事」,祝福大眾心安最平安,無事最快樂。

● 01.11～03.08期間

馬來西亞道場開辦佛法研讀班
引導學員從心下功夫

馬來西亞道場佛法研讀班課程,課前學員先讀誦不同版本的《心經》,從中學習放下慣性、專注當下。

1月11日至3月8日,馬來西亞道場每月週四舉辦佛學課程,以聖嚴師父著作《心的經典》為研讀主題,由監院常藻法師帶領,有近九十人參加。

每堂課的前十分鐘,安排禪坐及讀誦不同版本的《心經》;課程進行中,法師會不時提問,啟發思考。《心經》有七種譯本,學員讀誦轉換時,常因慣性使然而頻頻口誤,常藻法師藉此提醒大眾,對治慣性要時時覺照內心,提起方法,回到當下。

面對許多學員對於現場答問的不安,法師提醒多數人都處於自我保護的狀態,學佛必須從心下工夫,來了解、修正並淨化自己的內心,把心和行動拉近,如果將自我放下,學習重點在「因」而非「果」,就能減輕緊張與壓力。

常藻法師期勉學員,抱持親近善知識、聽聞正法、如理作意及法隨法行的心態來學佛,學佛路上就能走得穩健踏實。

● 01.12～14

泰國護法會首辦助理監香培訓課程
接引更多大眾學習禪修

泰國護法會於1月12至14日，首度舉辦「禪坐助理監香培訓」課程，共有二十多位泰國、新加坡的禪眾參加。

課程首先建立擔任助理監香的正確心態，是協助法師照顧禪眾、護持禪眾修行並且安定禪堂氛圍的重要執掌，既是引導者，也是陪伴者。課程中，

泰國護法會首度舉辦助理監香培訓課程，學員用心練習法器。

學員分組練習法鼓八式動禪、立姿瑜伽、坐姿瑜伽等引導口令，以及敲打引磬和木魚、進一步熟稔共修流程與規矩。法師也帶領學員練習覺察身心的運作過程，時時觀照身心的變化，止息攀緣外境，在清楚中放鬆，在放鬆中清楚。

由於這是泰國護法會首度舉辦過夜活動，內外護義工的分工與默契，讓活動順利圓滿。有義工分享不僅是一次學習機會，更在利他中成就修行，也對漢傳禪法的弘揚，增添信心與願心。

● 01.14

洛杉磯道場社區舉辦「Fun鬆一日禪」
覺受身心放慢、放輕與放鬆

透過八式動禪、禪坐及經行，學習放鬆，進而收攝內心，專注當下。

1月14日，美國洛杉磯道場於亞凱迪亞社區中心（Arcadia Community Center）舉辦Fun鬆一日禪，由監院果見法師、常義法師帶領，有近八十人參加。

果見法師首先勉勵大眾，用初次品茗、細聞香杯的心，在呼吸間覺受身心放慢、放輕與放鬆的感覺。接著，由常義法師及悅眾帶領坐禪、法鼓八式動禪、吃飯禪與走路禪，學習在動

態中，體會活在當下的感覺，在或立、或坐、或行之間，每一炷香彷彿飲一盞茶湯，靜心品茗、細細感受即使是同樣的茶葉，每一次倒出的茶湯，都呈現出不同的茶味。

有西方眾分享，感謝安排同步口譯，即使不懂中文也能無礙地參與活動，體驗到禪修後所產生的正能量。

● 01.16

馬來西亞道場與當地佛教團體交流
常藻法師分享「菩提心，解脫行」

馬來西亞道場監院常藻法師於1月16日，應邀出席正信佛友會「菩提心，解脫行」講談會，以自己生命的體驗及出家後的經歷，分享菩提心與解脫道不是二分法，亦沒有對立的存在，而是互相成就，有近五十人參加。

法師表示，菩提心是利他，但許多人在發心助人時，也為自己帶來煩惱，那是因為還帶著自我的心，就會被慣性、習性帶著走；若能隨順因緣，摒除自我

常藻法師出席正信佛友會「菩提心，解脫行」講談會，分享菩提心與解脫道不是對立的存在，而是互相成就。

想法與感受，只想著對眾生和三寶有益的事，就能在困境中堅持下去，過程中所受的苦和經歷的考驗，也會轉化成滋養法身慧命的養分。

常藻法師指出，煩惱自內心而來，不要害怕煩惱心，懂得觀照煩惱心，更能了解自我及掌握佛法。法師鼓勵大眾修學禪法，藉由禪修如實觀照自己身心的運作，清楚照見生命的本質。

● 01.21～02.08

法鼓山僧團參加西方戒律研習營
全球比丘尼眾共同研戒

美國東初禪寺監院常華法師、普賢講堂副寺常玄法師於1月21日至2月8日，受邀參加美國舍衛精舍（Sravasti Abbey）舉辦的「戒律研習營」（Living Vinaya in the West），舍衛精舍住持圖丹卻准（Ven. Thubten Chodron）、臺灣香光尼僧團方丈悟因長老尼、香光佛學院副院長見可法師等聯合講戒，共有五

漢傳、藏傳、南傳三個佛教傳承的尼眾，於研習營中共同體驗佛教的修行精神。圖中為悟因長老尼。

十多位來自美國、澳洲、德國、法國、臺灣、印度的比丘尼眾共同研戒。

研習營主要研討律典中的〈犍度篇〉，即建立僧團所需的制度，包括：受戒、安居、誦戒、醫療、房舍等規範，以及背後的修行精神。課堂上，來自漢傳、藏傳、南傳不同傳承的尼眾們，對於各自佛教傳統遇上各國不同的風俗習慣，激盪出深刻的討論，除了持戒方式，並對如何處理僧團中人與人相處、人與事相遇的困境與挑戰，進行熱烈交流，不時分享個人修行的心路歷程與生活經驗。

研習營期間，常玄法師1月31日應舍衛精舍廣受歡迎的佛法節目BBC Talk（This Week on Bodhisattva's Breakfast Corner）之邀，線上分享法義，法師以聖嚴師父僧團和合精神「和光同塵」的譬喻，說明在溫和的光中，可以看見所有的塵埃自然而然地互相交融，也是解脫道的著力處，並期勉不同的佛教傳承之間，應該融合並協力搭起將佛法傳入西方的橋樑。

● 01.21～02.21期間

舊金山道場舉辦系列弘法活動
法會、法器培訓、佛法講座等

演柱法師於舊金山帶領梵唄培訓，分享如何在法會中放鬆安定。

美國舊金山道場於1月21日至2月21日，舉辦系列弘法活動，由僧團演柱法師、演無法師自臺灣前往帶領，內容包括舉行法器培訓、禪坐共修、讀書會導讀、佛法講座，以及帶領新春法會等。

首先於1月21日起展開法器教學，演柱法師以弘

一大師的偈子「萬古是非渾短夢，一句彌陀做大舟」，勉勵學員平日多念佛，並分享練習梵唄的經驗：清楚專注、放鬆身心、至誠發願；法師鼓勵悅眾以中道的態度熟練儀軌，身心放鬆更能隨文入觀。

2月4日的佛法講座，法師主講「隨佛足跡——我在印度的日子」，分享出家前曾兩度前往印度朝聖近百日，終於圓滿出家願。演柱法師引用聖嚴師父《佛國之旅》書中內容，闡釋朝聖對佛弟子的意義，並播放個人拍攝的影像，引領眾人感受佛陀弘法的艱辛與願力。

另一方面，演無法師除帶領於1月31日進行的戶外禪，並參與道場的英文禪坐共修，應機接引西方眾體驗漢傳禪法；也於每週的讀書會中，導讀聖嚴師父著作《法鼓家風》、《真正的快樂》。

有學員表示，扎實的法器課程彷彿多場共修，更深刻體驗到：團隊安定的力量比技巧更重要。

● 01.27

香港道場、香港大學共同舉辦「禪藝不說話」
禁語體驗禪藝

1月27日，香港道場、香港大學共同於該校聯合書院、新亞書院戶外草地舉辦「禪藝不說話」活動，邀請藝術家又一山人、何兆基、曾文通等，帶領「禁語」體驗禪藝，共有一百多人參加。

其中，磬缽演奏行者曾文通設計了「踏缽行」，在草地上放置一百零八個頌缽，以一步之遙的距離，由大至小排列，建構出一條由中心向外旋繞的螺旋型步道；參與者脫下鞋襪，赤

「禪藝不說話」活動中，大眾敞開身心，體驗踏缽。

足由草地起步，先逆時針方向由外而內圍繞頌缽慢行，進入到中心，始踏上頌缽，一步一缽地順時針方向繞回螺旋型軌道的出口。過程中，曾老師以變化多端的銅鑼敲擊及吟唱聲，與大眾互動。

又一山人帶領的水書法體驗「色空」，是讓參與者用大筆沾水，在水泥地上即席揮毫，然後看著字跡消失，體驗最直接的真與幻；「神畫」則是捕捉陽光下的影子，利用白色畫板讓影子投射，將構圖拍照成畫，引領參與者體驗光影

流轉變化。

有參與的中文大學學生分享,赤足有如卸下盔甲與防衛,敞開身心,讓皮膚感受草的粗糙、泥土的濕涼、缽的剛硬與微溫,令沉睡的觸感得以甦醒,也重新認識自己的身體,覺受自然聚焦於足下,妄念平息,回歸當下。

● 01.27～28

新加坡護法會舉辦大事關懷培訓
常健法師分享發心助念冥陽兩利

新加坡護法會首辦「大事關懷培訓課程」,由常健法師帶領。

新加坡護法會於1月27至28日,首次舉辦「大事關懷培訓課程」,由關懷院常健法師前往帶領,有近四十人參加。

法師分享法鼓山推動「大事關懷」的緣起及意義,強調發心助念除了要有無私的奉獻心,更要發菩提心及長遠心。助念的目的,除了是幫助往生者提起正念,專注念佛,求生阿彌陀佛極樂世界,更要安定家屬的心,引導共同誦經、念佛,冥陽兩利。

課堂中,常健法師說明助念應有的心態、關懷時必備的工具、執掌法器的原則,以及法鼓山義工的威儀與守則,並指導唱誦的速度。學員也分組執掌引磬、擔任維那練習舉腔,體會如何進行莊嚴的佛事。

對於學員的緊張不安,法師勉勵大眾,放下個人的想法與認知,用平常心面對,身心自然放鬆,就能平安無事。

● 01.27～06.27期間

香港道場佛教藝術系列課程
賞析佛教視覺藝術的莊嚴

1月27日至6月27日,香港道場於港島會址舉辦「如來寶藏——佛教藝術」系列課程,包括講座、工作坊及經教淺釋,由佛教藝術學者、工作者帶領賞析佛教視覺藝術的莊嚴與清淨。

六場講座,分別講授經變圖、佛塔、石窟伎樂圖像,以及《藥師經》、《維摩詰經》、《阿彌陀經》等佛典中的藝術之美。首場講座,邀請香港大學佛學

研究中心講師崔中慧主講「佛經與經變圖」，介紹經變圖源流，佛經與經變之間的關係和經變佛教圖繪在中國美術史的意義；佛教音樂圖像研究者李慧心主講「西域樂舞之美——克孜爾石窟伎樂圖像」，介紹龜茲石窟樂舞的源流和特色，並分享壁畫中的本生故事「鴿焚身救迷路人」，鴿子不忍看到他人飢餓受苦，犧牲自己成全他人，這正是佛教徒精神的展現。

「到西方淨土賞鳥去」講座中，余秀玲老師介紹《阿彌陀經》中的各式鳥類助宣道品的功能。

佛教藝術研究者吳麗芬主講的「敦煌藥師經變圖」，講析敦煌藥師經變信仰的發展，以盛唐之後出現的藥師十二大願、九橫死的壁畫內容，鼓勵大眾學習藥師佛的大願，好好修行，無諸疾苦，善願成就無礙；雀鳥畫家余秀玲主講「到西方淨土賞鳥去」，帶領大眾從敦煌的「淨土經變圖」認識《阿彌陀佛經》中的各式鳥類，闡釋牠們在淨土信仰中助宣道品的功能，增益人們往生淨土的信、願、行。

兩梯次的「如來寶藏——佛教藝術經變圖臨摹」工作坊，分別於3月、6月展開，每梯次三堂課，帶領學員透過工筆繪畫技巧，體驗佛教美術的平和心境；「經教淺釋」則是藉由網路科技，觀看「法鼓講堂」講說《藥師經》要義，現場並安排悅眾以粵語解說，學員在互動中研習，體驗共修共學的力量。

2018 香港道場「如來寶藏——佛教藝術」系列課程

日期	主題（講題）	主講者
1月7日	佛經與經變圖	崔中慧（香港大學佛學研究中心講師）
2月10日	佛塔的形式、演進及象徵意義	王善行（佛教美術及建築研究者）
3月7、14及21日	佛教藝術經變圖臨摹工作坊	陳玉冰（佛教美術研究者）
3月24日	西域樂舞之美—克孜爾石窟伎樂圖像	李慧心（佛教音樂圖像研究者）
3月28日 4月11日	佛教藝術系列之標本兼治的《藥師經》	法鼓講堂
4月28日	敦煌藥師經變圖	吳麗芬（佛教藝術研究者）
5月12日	維摩詰的生活藝術	陳芷涵（藝術研究者）
6月2日	到西方淨土賞鳥去	余秀玲（雀鳥畫家）
6月13、20及27日	佛教藝術經變圖臨摹工作坊	陳玉冰（佛教美術研究者）

● 01.28　02.24　04.28

馬來西亞三場法青工作坊
引領學員尋找生命的意義

法青工作坊中，常藻法師帶領學員尋找生命的意義。

延續2017年12月10日開辦的法青工作坊，2018年1月28日至4月28日期間，馬來西亞道場接續舉辦三場工作坊，主題是「找到生命意義以前」，由監院常藻法師帶領，引導青年學員認識及學習運用佛法面對人生的困境、跨越生命的轉折點，尋找生命的意義與價值，有近三十人參加。

法師說明，人的慣性就是選擇性面對事情，但逃避的事情總會有要面對的一刻，逃避愈久事情愈複雜，心裡負擔愈重，而全面性的面對才是真正解決的方法；也提醒學員，先把自己的心照顧好，才有力量去照顧別人。

工作坊藉由分組討論、互動遊戲、案例分享，引領學員了解解決困境，沒有標準的處理方法，也沒有所謂更好或最好的方法，只要在生活及任何學習過程中，時時重新歸零，抱著感恩與回饋的心，把所長、所能、所有，以及快樂與人分享，就會因此感到自己的存在價值。

常藻法師期勉學員，以智慧時時修正偏差，以慈悲處處給人方便，活出精彩又有意義的人生。

● 02.01

馬來西亞道場神學院參訪交流
分享法鼓山大學院教育

馬來西亞道場受邀於2月1日，參與當地佛教青年總會、菩提工作坊、正信佛友會等團體聯合主辦的「神學院參訪與交流活動」，參訪馬來西亞神學院，並由監院常藻法師代表佛教，以法鼓山為例分享大學院教育的辦學理念、發展與挑戰。

常藻法師引用聖嚴師父所言「今日不辦教育，佛教沒有明天」，說明法鼓山的理念與落實理念的方法都離不開教育，並期許透過「提倡全面教育，落實整體關懷」，達成提昇人的品質，建設人間淨土的大願；同時介紹大學院教育的

中華佛學研究所、僧伽大學和法鼓文理學院的課程規畫與師資。法師表示，法鼓山辦學與神學院辦學面對同樣的挑戰就是招生，也分享面對挑戰的策略與方案。

交流的過程中，神學院牧師張俊明也分享神學院的緣起、設備，以及辦學經驗與願景，讓參訪者對教牧學、神學訓練、道學、研究中心延伸課程學位等，有進一步的了解。

常藻法師（右三）受邀參訪馬來西亞神學院，張俊明牧師（右一）全程陪同，分享辦學經驗。

● 02.01～04

果暉法師香港弘講禪法
期勉大眾人間修行

1至4日，僧團副住持果暉法師香港弘法，內容包括禪修講座、工作坊等，共有六百六十多人次參加。

法師首先於1日在香港道場與香港大學佛學研究中心畢業生校友會聯合舉辦的講座中，於該校王賡武講堂主講「安般禪法」，透過生動比喻、簡明圖表，解說禪的源流，並介紹靜坐、禪定與中國禪宗禪悟的異同，有近三百人到場聆聽。

果暉法師說明，漢傳禪法將安般法門做為修行頓悟法門的前行，在聖嚴師父早期教學中，先教導初機者數息觀，當心安定下來之後，再指導參話頭或默照。法師強調，漢傳禪法強調要在人間修行，舉凡語默動靜、行住坐臥，無一不是修行；講座中，也精要回答關於禪坐技巧的提問。

3至4日，果暉法師接續於香港道場九龍會址，進行「默照禪修行原理」講座及「安般禪法工作坊」，帶領大眾深入了解從初期佛教開始，經部派佛教、漢傳佛教一路流傳下來的禪法演變過程，並且實際體驗兩種法門的日常運用。禪眾深感受用，發願在方法上繼續用功。

果暉法師於香港大學分享安般禪法。

● 02.03

常藻法師雙威大學弘法
帶領青年學子學習當義工

雙威大學佛學會青年義工，透過托水缽體驗專注和放鬆的感覺。

馬來西亞道場監院常藻法師、演祥法師於2月3日，受邀前往當地雙威大學（Sunway University），帶領該校佛學會舉辦的義工培訓活動，與二十五位學員分享擔任義工、籌辦活動應有的觀念和心態，並指導學員托水缽、禪坐，體驗專注與放鬆的感覺，練習讓身心合一，從而照顧好自己的心。

常藻法師首先引導學員思考「為何來當義工」，也探討如何在辦活動當中照顧好自己的心，也照顧好別人的心。法師以遇到意見不合時，如果能運用因果觀念來處理，在彼此的心種下好的因，就會愈來愈成長，愈來愈能發揮生命的價值；而困難是成長的資糧，當害怕承擔、壓力大的時候，「四它」是好用的法寶。

法師勉勵學員，以感恩心、平常心和學習心，正面看待所有事情，不管是不是最好的，都能歡喜投入其中，成就更多人找到生命的方向。

● 02.03～24期間

海外分支道場緬懷師恩
全球弟子同心續師弘願

聖嚴師父圓寂九週年，法鼓山海外分支道場、分會於2月3至24日期間，分別舉辦傳燈法會及禪修活動，承繼聖嚴師父國際弘化、建設人間淨土的悲願。

美國東初禪寺首先於3至4日舉辦「法鼓傳燈日」，進行禪二，由常齋法師擔任總護，東西方弟子、老參新學共聚一堂，以禪坐用功的方式來緬懷師恩，並聆聽聖嚴師父1979年的禪修開示，提醒打坐時不應只想要開悟成佛，而應先發菩提心，更要發「眾生無邊誓願度」的大願。傳燈發願時，有西方悅眾發願發揮輸血管的作用，將師父的教導傳送給每一位有緣人。

美國洛杉磯、加拿大溫哥華、多倫多，以及馬來西亞、香港等道場及分會，分別於23、24日進行傳燈法會。其中，溫哥華時值大雪過後，四十多位信眾不

畏嚴峻積雪前往道場，堅定傳燈的願心，監院常悟法師勉勵大眾，在生活中多運用、傳承和護持佛法，每個人都能成為法子；多倫多信眾則於活動中，分享隨師學佛的因緣，凝聚傳承聖嚴師父的理念。

洛杉磯道場僧俗四眾以傳燈儀式感念聖嚴師父在美播撒漢傳佛法的種子。

僧團副住持果品法師於香港道場舉辦的傳燈法會中，開示傳燈的利他意涵；馬來西亞道場「法鼓傳燈日」活動，由監院常藻法師帶領傳燈法會，並以「認識日常生活中的師父」為主題，透過《克難歲月》、《廣種福田》、《學佛風潮》和《不斷學習》四支動畫影片，分享聖嚴師父的行誼身教，有近一百五十人參加。

2018 海外分支道場「法鼓傳燈日」活動一覽

區域	主辦單位	日期	活動內容
北美	美國東初禪寺	2月3至4日	傳燈禪二
	美國洛杉磯道場	2月24日	傳燈法會
	加拿大溫哥華道場	2月24日	傳燈法會
	美國新澤西州分會	2月4日	傳燈禪一
	美國西雅圖分會	2月24日	傳燈禪一
	加拿大多倫多分會	2月24日	傳燈法會
亞洲	香港道場	2月23日	傳燈法會
	馬來西亞道場	2月24日	傳燈法會
	泰國護法會	2月24日	傳燈法會

● 02.07～11

法鼓山參加青年生態學家研討會
提出氣候問題心面向

美國法鼓山佛教協會（Dharma Drum Mountain Buddhist Association, DDMBA）、全球女性和平促進會（Global Peace Initiative of Women, GPIW）及地球憲章（Earth Charter International）於泰國曼谷聯合國亞洲總部及善田法

寺舉辦「氣候變遷的內在面向」（Inner Dimensions of Climate Change）會議，就永續地球未來議題，由僧團副住持果祥法師、常濟法師帶領討論與分享，有近三十位亞洲、太平洋各國青年參加。

在七日的開幕儀式上，「聯合國亞洲及太平洋經濟社會委員會」（U.N. Economic and Social Commission for Asia and the Pacific, ESCAP）代表弗堤歐博士（Dr. Stefanos Fotiou），對全球環境變遷做了重點回顧，呼籲大眾從食衣住行中，謹慎保護地球資源及整體環境。常濟法師也分享，聯合國推動的全球永續發展目標，核心訊息是「不遺棄任何一個人」與相互連結性，因此我們必須營造融合的文化來取代分離的文化；以傾聽及溝通來連結彼此。當彼此能連結，就能產生集體的智慧。

接續於善田法寺舉行的研討會中，則分別從心靈、思惟等內在層面，探討對

「氣候變遷的內在面向」會議中，果祥法師與東埔寨辛哈諾佛教大學人道主義者鮑伯麥特（Bob Maat）共同主持研討會。

環境的影響、亞洲環境現況報告，以及如何在自己的家園實踐，進而影響全球。果祥法師提出「心靈環保自然農法扭轉氣候變遷的效應」，與會青年則分享，透過會議參與，意識到自己並不孤單，而藉由學習打坐方法，也得以放慢步伐，不急於採取行動，進一步深入議題根源，了解如何透過慈悲心營造更好的世界。

● 02.10

香港道場舉辦佛法講座
果興法師分享病的療癒

2月10日，香港道場於九龍會址舉辦佛法講座，由果興法師主講「我的療癒心得」，分享以佛法面對病痛的過程，有近三百人參加。

講座中，果興法師談及罹患腦瘤、並進行兩次開顱手術的療癒歷程。面對聽眾提問：「手術前有無恐懼、害怕？」法師回答，因為已經把身體交給醫生，自己就沒事了。法師表示，進醫院動手術，視為一次關懷之旅，第一天入院，便開始關懷同樣生病的醫生同修、朋友的母親、對面病房的長者，也鼓勵醫師學禪修。

由於切除腦瘤需在清醒的情況下進行，過程中醫師不斷做測試，以確保語言系統無礙。手術期間，測試的醫師要求法師不停地由一數到三十，但法師向醫師表示，由一數到十，再回到一重新開始，即禪修的數息法，更能助人保持清醒。

法師提到，2017年第二次手術，經歷六個小時，但決心在三天恢復行動能力。果興法師鼓勵眾人好好修行，即使身體出了毛病，只要好好處理照顧，也能在利益眾生的道路上，持續前進。

果興法師分享以佛法療病的過程，鼓勵眾人好好修行，利益眾生。

● 02.12

天主教利氏學社參訪法鼓山園區
交流了解臺灣佛教現況

耕莘文教院臺北利氏學社一行四十多位天主教耶穌會神職人員，包括來臺奉獻四十餘年的丁松青神父，於2月12日參訪法鼓山園區，由法鼓文理學院副教授鄧偉仁全程陪同，鄧偉仁老師並以「法鼓山國際佛教教育與宗教交流」為題發表講座，介紹法鼓山所傳承的禪宗法脈，以及致力推廣的三大教育內涵。

此次活動係由臺北利氏學社、輔仁聖博敏神學院共同於13、14日，在輔仁聖博敏神學院進行「佛教與基督新教在中國發展的現況」工作坊，12日先於園區進行參訪及講座，讓來自世界各地於臺灣領執的神職人員，先行了解本地宗教現況，期能促進跨宗教交流。

交流中，針對現任教宗方濟各（Pope Francis）對於經濟全球化導致貧富差距加劇的呼籲，鄧偉仁老師表示，佛教亦可對此議題提供佛法的智慧及論述，展現對當代社會的關懷。

● 02.10～20

海外道場舉辦新春系列活動
祝福世界安定和平

2月10至20日期間，法鼓山海外分支道場舉辦慶祝新春系列活動，包括普佛、拜懺等法會，以及佛法講座、園遊會等，廣邀東西方人士參與，體驗一個

充滿法味的好年。

大洋洲的護法會澳洲雪梨分會首先於10日舉辦新春除夕圍爐聯誼活動，常續法師出席關懷，有悅眾三代同來參與，共同發願讓漢傳佛法在澳洲更加普及。

北美地區，美國東初禪寺於15日除夕至17日初二舉辦慈悲

溫哥華道場舉辦普佛法會，法師贈與信眾平安米。

三昧水懺法會，由監院常華法師帶領，開示藉誠心的禮懺除垢革新，才能出煩惱生死苦海。18日初三進行普佛法會、新春特別講座及禪藝活動，講座由住持果元法師主講「開悟成佛──狗然如此」，法師透過趙州禪師求訪南泉禪師的公案故事，說明我們常被外境所轉，而改變的方法，一是清楚知道自己能作主的成分有多少，二是透過禪修來改善自己；提醒大眾，命有生老病死、物有成住壞空、事有成敗得失、念有生住異滅，了解無常、體驗無常，從而安然面對順逆，自然天天平安無事。

洛杉磯道場於16日初一至20日初五，連續舉辦《金剛經》持誦共修、藥師、大悲懺等五場法會；法會圓滿後，並有祥獅獻瑞迎新春、惜福市場園遊會，包括禪藝摺紙、敲鐘祈福、鈔經御守製作等。舊金山道場於16至17日分別舉行普佛、祈福法會，另有園遊會，由法師書寫春聯與大眾歡喜結緣。

加拿大溫哥華道場於15至17日起舉辦大悲懺、普佛、藥師法會，由監院常悟法師帶領，於大悲懺法會中，常悟法師回顧聖嚴師父曾期勉弟子，年三十夜正是反省一年來身、口、意三業的時刻，除了懺悔過失，也祈求觀音菩薩護念，讓自己改變習氣、減少障礙，繼續精進；18日初三展開「幸福滿滿迎新春」慶

近百位信眾齊聚泰國護法會，參與普佛法會。

祝活動，以中、英文雙語進行，包括禪坐經行、鼓隊表演、音樂欣賞、手工藝、狗年燈籠製作等，共有二百三十多名中、西方人士參加。

亞洲方面，馬來西亞道場、香港道場與泰國護法會皆舉辦新春普佛法會；其中，馬來西亞道場監院常藻法師於法會中開示2018年法鼓山年度主題「平安無事」，說明調整心態，學習面對和接受不圓滿的事物，並與當下的因緣融合，才是真正的平安無事。

2018 海外分支道場新春主要活動一覽

區域	地點	日期	活動名稱／內容
北美	美國東初禪寺	2月15至17日	慈悲三昧水懺法會
		2月18日	普佛法會、新春特別講座、禪藝活動
	美國洛杉磯道場	2月16日	新春《金剛經》持誦共修
		2月17日	新春藥師法會、祥獅獻瑞園遊會
		2月18日	新春大悲懺法會、惜福市場園遊會
		2月19日	新春念佛共修
		2月20日	新春佛前大供
	美國舊金山道場	2月16日	新春普佛法會
		2月17日	新春祈福法會
	加拿大溫哥華道場	2月15日	除夕大悲懺法會
		2月16日	新春普佛法會
		2月17日	新春藥師法會
		2月18日	「幸福滿滿迎新春」中英文雙語園遊會
	美國普賢講堂	2月16日	新春普佛法會
		2月17日	新春藥師法會
	美國新澤西分會	2月17日	新春祈福法會、茶禪
	美國西雅圖分會	2月17日	新春《藥師經》持誦共修
		2月18日	新春藥師法會
	加拿大多倫多分會	2月16至18日	新春普佛法會、茶禪、禪藝表演
亞洲	馬來西亞道場	2月15日	除夕大悲懺法會
		2月16日	新春普佛法會
	香港道場（九龍會址）	2月18日	新春普佛法會、茶禪
	泰國護法會	2月16日	新春普佛法會
		2月17日	新春大悲懺法會
大洋洲	護法會澳洲雪梨分會	2月10日	新春除夕圍爐聯誼

● 02.19　03.03

洛杉磯道場舉辦兩場專題講座
果幸法師分享修學歷程與博士論文

　　美國洛杉磯道場於2月19日、3月3日舉辦專題講座，由甫自美國加州大學洛杉磯分校（University of California, Los Angeles）亞洲語言及文化研究所取得博士學位的果幸法師主講「修學與修行」、「從宏智正覺禪師的頌古及上堂小

果幸法師於洛杉磯道場分享北美求學歷程、論文內容，感恩聖嚴師父的教法與叮嚀。

參中看曹洞宗教義」，兩場講座共有一百多人次參加。

法師表示，十二年求學過程中，遇到課業、生活與身體健康上的許多障礙，因為聖嚴師父的精神與教法，才得以完成學業；也因為師父的教導，有因緣進入禪的世界，進而以宏智正覺禪師為論文研究對象。

講座中，法師說明宏智正覺禪師以譬喻詮釋曹洞宗的宗風與家風，剖析禪師對悟境的詮釋、以詩來弘揚默照禪法，並介紹「理、事無礙」境界，默照禪是「理」與「事」的體現，也就是說理、事是教義，默照則是體現理、事的方法，也就是體、用的關係。「默照同時」，因此「理事一體」，當達到此境界的狀態即為「體」，並可發揮妙「用」。果幸法師勉勵大眾練習對事相上的不執取，在生活中修行。

● 02.23

常藻法師出席博特拉大學交流會
分享學佛意義

常藻法師（右）出席博特拉大學交流會，分享學佛意義。

馬來西亞道場監院常藻法師於2月23日，應博特拉大學（University Putra Malaysia, UPM）之邀，出席「『迷悟之間』交流會」，與佛教居士總會弘法主任陳兆榮對談，帶領青年探討佛教與民間信仰、佛教的根本精神與學佛意義、大馬佛教青年的角色和挑戰等議題，共有三十人參加。

常藻法師表示，多數人習慣向外尋求，希望藉由外境來肯定自己，往往煩惱愈來愈多，學佛就是要學會往內觀，不執著在事情和現象上，而是知道自己為何而做；法師也分享，如實看待當下的因緣，並積極把握創造因緣，就是學佛的根本精神。

法師期勉佛教青年，每人都有許多未開發的潛能，應思考如何透過佛法轉變生命，讓自己發光發熱；常藻法師也提醒，佛法是日常用品，不是點綴品、藥品或休閒品，如此學佛才能長遠、才有力量，而藉由實踐佛法，感化自己，也才能感動他人。

● 03.06起

溫哥華都市禪中心啟用
擴大接引英語人士

加拿大溫哥華都市禪中心於3月6日正式運作。都市禪中心位於溫哥華西區的百老匯街上，緊鄰市府大樓、醫療界和癌症研究中心，交通便利。

都市禪中心的空間明亮，共有三十四坪，每週有三天的禪坐共修時段。啟用後接引英屬哥倫比亞大學（University of British Columbia）佛教課程的學生，並開辦第一期初級禪訓班；也開展多元禪修活動和

溫哥華都市禪中心接引了都會中的上班族與年輕人，其他對禪修有興趣的人士也來學習。

佛法講座，延續聖嚴師父傳法西方的心願，幫助更多人從佛法中受益。

溫哥華道場自2006年落成啟用後，雙語活動需求日增，現有空間不敷使用，為方便接引年輕人和當地英語人士，因而於市區另覓活動空間。

● 03.10～17

溫哥華道場舉辦弘法活動
俞永峯帶領禪七與演講

3月10至17日，加拿大溫哥華道場舉辦初階禪七，邀請美國佛羅里達州立大學（Florida State University）副教授俞永峯擔任總護，有近三十人參加。

前兩日的禪期，俞永峯老師指導放鬆方法，包括調身、調心；後五日練習默照、話頭，也提點修行者不會畏懼煩惱，也不壓抑煩惱，發現煩惱生起，不要在枝末上打轉，回到放鬆身體、調柔內心，和心在一起，心就會安然、明朗、喜悅。

俞永峯副教授以生活化的比喻，帶領聽眾體會《維摩詰經》的精華，以及維摩詰居士教化眾生的菩提心。

17日禪七圓滿日，俞永峯老師並於道場，以「紅塵修行──《維摩詰經》的智慧」為題演講，深入淺出地以歷史背景和事例，說明漢傳佛教的發展、大乘代表經典《維摩詰經》的要義。《維摩詰經》中，維摩詰透過生活化、故事化、居士化的視角，反思社會、政治、家庭和佛教主流思想，如在〈觀眾生品〉中，闡述眾生受限於各自的「包袱」，只能看到「所想要看的」，而非客觀真相。

俞老師表示，菩薩如何看芸芸眾生與娑婆世界？即是「如夢幻泡影」，以及讓心不被現象牽著走的無相觀；而「空」、「無相」、「無住」也是《維摩詰經》的要義，勉勵眾人以此三解脫門，放下心中的框架，體驗本然的自在。

● 03.10～22

舊金山道場舉辦系列弘法活動
講授《金剛經》、大事關懷

3月10至22日，美國舊金山道場舉辦系列弘法活動，內容包括大事關懷生命教育課程、佛學講座等，由關懷院法師帶領授課。

關懷院法師首先於10至11日進行佛學講座，導讀《金剛經》，分享「無所住而生其心」就是祛除執著，特別是對「我」的執著，進而做到心中沒有主觀的存在，也沒有客觀的事物，共有一百一十人次參加。

大事關懷課程於17至18日進行，內容包括大事關懷七項服務、助念法器梵唄教學、演練追思祝福時的儀式。法師說明大事關懷是極佳的修行方式，藉由助念，學習以慈悲心協助往生者順利前往西方淨土；運用禪修的方法專心誦念佛號，能安定自己、往生者與家屬的心，而慈悲心與禪修法門的修行，都是學佛的資糧，有助早日離苦得樂，成就佛道。22日並指導助念法器梵唄練習，提昇悅眾執掌法器的熟悉度。

有學員表示，大事關懷的課程收穫豐富，對於自己與親人的最後一程，有更深一層的了解與準備。

● 03.13

普世博愛運動總會參訪園區
盼增進交流與合作

　　義大利普世博愛運動總會（Focolare Movement）會長傅瑪莉（Maria Voce Emmaus）、共同會長莫藍‧賽佩達諾（Jesús Morán Cepedano）、天主教前任臺北區總主教狄剛等一行十七位來賓，於3月13日參訪法鼓山園區，由法鼓文理學院校長惠敏法師、副校長蔡伯郎、佛教學系主任果暉法師，以及國際事務組長鄧偉仁等代表接待，進行交流。

普世博愛運動總會一行人來訪，傅瑪莉會長（前排右三）、莫藍‧賽佩達諾共同會長（前排左三），與校長惠敏法師（前排右四）等人交流座談。

　　此行為普世博愛運動總會會長及共同會長首次訪臺，為延續與法鼓山多年來建立的情誼，在一週緊密的行程中，特地上山參訪交流。傅瑪莉會長讚歎園區的境教，希望未來能有更多合作。

　　與聖嚴師父曾有數面之緣的前臺北區總主教狄剛，盛讚師父為臺灣弘法及宗教交流先鋒，數十年來為文化與教育帶來極大貢獻，並詳述師父不願接受腎臟移植以延續生命的慈悲與生死泰然；狄剛也推崇普世博愛運動總會為天主教在家信眾組織，數十年來總先於教會，重視青年、婦女及弱勢族群議題，引發教內對相關議題的重視，並率先展開世界性的跨宗教對談。

　　普世博愛運動總會與法鼓山的交流，可溯及1997年創辦人盧嘉勒（Chiara Lubich）女士訪問臺灣，該組織便曾邀約聖嚴師父，師父當時因故不克參與，後於同年10月，親赴義大利總部拜訪，對其慈善事業及運作方式留下深刻印象；2014年，美國象岡道場住持果元法師亦應邀前往羅馬參加研討會，與三十多國宗教人士進行多元對談；2016年4月，法鼓文理學院並與其共同舉辦「交談中的佛教徒與基督徒」研討會，雙方交流密切。

● 03.18

西門菲沙大學參訪溫哥華道場
體驗禪修與寺院生活

　　加拿大西門菲沙大學（Simon Fraser University）修習「東方與西方的禪文化」（Zen Culture: East and West）學生一行二十二人，在授課老師麥可‧牛

加拿大西門菲沙大學師生參訪溫哥華道場，在常悟法師的指導下，體驗禪修。

頓（Michael Newton）帶領下，於3月18日參訪加拿大溫哥華道場，由監院常悟法師帶領體驗禪修、茶禪等。

參訪過程中，常悟法師為首次接觸禪法的師生們講解七支坐法，調整坐姿並引導放鬆，清楚知道身體的覺受、自然呼吸的狀態，體驗身心放鬆、安定的禪修滋味；也闡述「禪」不是深奧的學術，而是就在當下、行住坐臥、日常生活中。

茶敘時，學生們對於佛門行儀、寺院作息等問題極感興趣，紛紛提問；法青也分享了在道場的共修經驗。有學生表示，此行直接與宗教師對話，不僅解開了對佛教的疑惑，也豐富了學習經驗。

活動最後，常悟法師以聖嚴師父的英文著作與西門菲沙大學師生結緣，也邀請學習日本禪的麥可‧牛頓教授至新成立的溫哥華都市禪中心道場茶敘，藉由互動與交流，分享經驗，開啟多元的學習、修行途徑。

● 03.18　10.21

馬來西亞道場大事關懷分享會
三大面向實踐禮儀環保

馬來西亞道場助念團透過實際演練，讓學員了解大事關懷的理念和作法。

馬來西亞道場於3月18日及10月21日，舉辦大事關懷分享會，由常施法師帶領，內容包括佛化奠祭的理念和作法、助念關懷實務演練等，共有兩百多人次參加。

分享會從助念、慰問關懷、告別式三大面向解說大事關懷，包括法師開示、蓮友演練、Q&A，引導學員對往生、喪禮、佛化奠祭等課題建立正知見，從禮儀環保的實踐，提昇心靈環保。

法師說明，真正的大事是從生死、煩惱中解脫，一般人平時沒有思考過生死的問題，臨事時就會出現恐懼、難過等情緒。許多佛教儀式的目的是為了安心，卻因為民俗或社會環境等因素，而過於鋪張，甚至汙染環境，對往生者無益。法鼓山推動的大事關懷，正是以禮儀環保為核心，讓生死兩相安。

　　有助念團成員表示，從忌諱喪事，到不計較執事分配、不帶太多個人觀念來服務，不但學佛更精進，對生死也更自在；也有學員分享，父親往生，經蓮友助念關懷後，自己跨越了對親人往生的哀傷，轉以祝福一個新階段的開始。

● 03.23

韓國寶林寺參訪寶雲寺
臺韓寺院文化交流

　　韓國寶林寺住持南道法師率同五十四位信眾，於3月23日參訪臺中寶雲寺。在監院果理法師陪同下，參訪團與義工們歡喜互動，增進臺韓兩地的寺院文化交流。

　　果理法師於法鼓山故事館，介紹了創辦人聖嚴師父一生修學觀音法門、實踐佛法的歷程，南道法師則勉勵同行信眾，要用生命來實踐佛法，重於知識上的修學。

韓國寶林寺信眾參訪臺中寶雲寺，在歡喜互動間，增進了寺院文化交流。

　　參訪祈願觀音殿時，一行人以韓語唱誦〈觀音偈〉，寶雲寺義工則唱誦《延命十句觀音經》互動回應，不同文化的讚誦方式，展現出相同的菩提心念。

　　寶林寺屬於韓國曹溪宗，為曹洞宗法脈。此行來訪，緣於果理法師在一次學術研討會中，認識韓籍鄭基善教授，因而開啟了參訪因緣。

　　隨團前來的鄭基善教授表示，此行參訪體會到聖嚴師父的願心，以及弘揚佛法的願力。而團員們對於寶雲寺建築的清淨、明亮，以及臺灣的寺院文化，均留下深刻印象。

● 03.31

馬來西亞佛教領袖高峰會
常藻法師分享佛法的前瞻性領導

　　馬來西亞道場監院常藻法師受邀出席馬來西亞南傳佛教總會、那爛陀佛教會首度舉辦的「2018佛教領袖高峰會」，並與佛青總會前總會長吳青松對談「前瞻性領導——在修行中成長」，分享領執的學習與成長，共有八十多位來自全馬各地英語系的佛教組織領導人參加。

常藻法師於佛教領袖高峰會中，分享佛法的前瞻性領導。

常藻法師分享擔任監院五年的經驗，說明帶領團隊，不只是要求職能的提昇，而且要引導成員學習探索和發揮生命的價值，將困難視為成長的資糧。身為佛教團體的領導者，需要如實地面對自己和外境，藉境修行；在處事待人上，與其著重於把事情完成，更應該以照顧人的心為原則，放下身段，以身作則，歡喜地承擔結果及批評。

法師進一步說明，壓力與負擔來自於內心，而非外境，透過不斷地向內觀察自己的起心動念，更能了解和掌握佛陀所說的教法，自己活得自在喜悅，也能讓他人對佛法產生信心，並提起想要用佛法的心力。

法師勉勵大眾，在佛教團體服務，是以法為依歸，有心者自然相應而來；遇到困境與挫折，如能時時刻刻回到初發心，就能有持續熱忱與願心。

● 04.07～08

馬來西亞法青工作坊
帶領青年尋找生命的美好使命

4月7至8日，馬來西亞道場舉辦「尋找美好生命的使命——你已準備就緒」工作坊，由果禪法師、常濟法師帶領，探討「讓個人活起來」、「讓世代活起來」，有近二十位法青學員參加。

常濟法師引用美國神學作家霍華德‧瑟曼（Howard Thurman）的語錄「不要問這世界需要什麼，要問自己什麼能讓你充滿活力，然後就去做。因為這世界正需要充滿活力的人。」為開場，再讓學員們先以直覺回答七個「心靈簡歷」，並分享個人使命後，接著介紹十種扭

馬來西亞法青學員以「世界咖啡館」形式進行交流，孕育出新世代對社會和世界的使命感。

曲的思惟：妄下結論、對人事物貼標籤、情緒推理等，長期沉浸於這些思惟，便會任其駕馭自己。

果禪法師提醒，我們很難取悅每個人，若能覺照（面對它、接受它）自己的思惟模式，再設法應對和超越（處理它），然後不再牽掛（放下它），就能避免一次次掉入漩渦，也正符合聖嚴師父所提出的「四它」方法。

在「讓世代活起來」主題中，學員們四人一組，以「世界咖啡館」形式進行討論，在教育改革、環保、創建青年無疆界行動平台等課題上，孕育出許多新概念，許多小組互相交換聯繫方式，希望小規模實行討論出的概念，共同執行有意義的計畫，凝聚力量來創造一個人人都具有使命感的空間，進而改善自我、社區，然後擴展到全世界。

有學員分享，法師們先以心理學角度剖析個案，再連結佛法和修行方法，對於在生活中運用佛法，產生更大的信心。

● 04.10～15

馬來西亞悅眾成長營
深入聖嚴師父理念、凝聚向心力

4月10至15日，馬來西亞道場首度於法鼓山園區舉辦悅眾成長營，由監院常藻法師帶領，安排僧團法師、法鼓文理學院師資授課，共有六十人參加，凝聚更堅定的向心力。

結合課程、禪修、朝山、參學、經典共修等動靜並呈的成長營，以

繞法華鐘，馬來西亞悅眾以禪修心法，踏實穩健地步步向前，深入感受、體驗法鼓山的禪悅境教。

四大主題展開：從「我們為何而來」釐清個人目標，了解四眾佛子本位；「以出世精神做入世的三寶事」分享面對混亂世道時，如何以佛法來觀照、續佛慧命；「以教育落實關懷」學習如何從佛教教育的實踐，提昇關懷的力道；「以法為依歸」深入體驗禪法，學習內在獨立、依法而行。

僧團都監果光法師勉勵學員，要從時時覺察自心做起，才能落實心靈環保；法鼓文理學院校長惠敏法師說明「我執」也是一種習慣，並借用科學研究大腦

的結構，闡述習慣的養成；人社學群學群長楊蓓勉勵大眾不要妄自菲薄，在當悅眾過程中，學習「沒有變有，小事變大事」，做別人沒做的事，而且要愈做愈大；生命教育學程主任辜琮瑜藉由不同的遊戲和討論，幫助學員自我剖析，掌握處理困境的技巧。

參訪北投農禪寺時，監院果毅法師引用2050年全球佛教徒將面臨負成長的專家報告，帶領悅眾反思佛教徒如何因應時代變遷，進而影響時代。

禪修中心副都監果醒法師也分享禪修如何開拓生命的深度與廣度，說明一般人將所感知的現象當成「我」，事實上那只是自心呈現的現象，面對境界，「轉心態」是更究竟之道。

有學員回饋，先前因為讀了聖嚴師父〈告誡眾弟子書〉開始反省，深入漢傳禪法，藉由成長營課程了解法鼓山的組織運作從未離開禪宗的思想與方法，更深刻感受到悅眾的生命，就是禪法的實踐。

常藻法師表示，成長營希望讓悅眾們更認識、成長自己，進而將自己的生命方向，與法鼓山結合，發揮更大的價值。

● 04.12～16

果元法師聖路易聯絡處關懷弘法
主持英文禪修與講座

果元法師至聖路易帶領英文禪修，分享如何在生活中運用禪法。

美國象岡道場住持果元法師4月12至16日於聖路易聯絡處弘法關懷，內容包括帶領英文禪修、佛法講座等。

12日講座的主題是「禪修的前行功課」，法師介紹禪修的環境、正確的觀念和心態，共有十多位初學禪修者參加；13及16日的佛法講座，則分享《金剛經》「應無所住而生其心」、《心經》「照見五蘊皆空」的智慧。

英文禪修課程於14至15日進行，果元法師介紹禮佛、法鼓八式動禪、禪修方法、全身按摩等；午齋時，教導學員用「心」觀察食物入口、咀嚼到吞嚥的過程。法師說明，當趕時間時，腳步急，但心要平靜，走路時，不要將「事情」

帶著走；禪修要像一張白紙，打開心量不要比較、不要懷疑，要有信心和自覺。兩天的禪修體驗，眾人學到如何在生活中運用禪法，讓身心安定。

14日晚間，法師並為當地留學生舉行甘露門，就「青年人如何面對時代變遷」、「海外留學的競爭與未來的展望」等問題，進行佛法分享。法師以觀察同一片葉子為例，說明在不同的時間、光線、風向、觀察角度下，葉子會呈現不同外觀；提醒學子，父母的觀念雖然不同，其實只是不同角度的呈現，鼓勵學子，學習放開自己的心，接受周遭事物的變化，當心安定開闊，便能有自在的空間。

● 04.14～15

方丈和尚香港弘法
分享平安心法

方丈和尚果東法師4月14至15日，於香港弘法關懷，除了關懷香港地區信眾，並主持祈福皈依大典，也以「平安的保障」為主題弘講，為大眾帶來心安平安、無事無礙的祝福。

15日上午的祈福皈依大典於香港道場九龍會址舉行，方丈和尚為一百四十多位信眾授三皈五戒，說明佛、法、僧三寶是最可靠的，有了依靠，就能

方丈和尚勉勵大眾持戒修定，無論碰到順逆境，都能保持安定，把危機轉為良機。

讓心安定，走在正確的路上；並表示「戒」是一種保護，提醒止惡行善，持戒就是平安的保障，勉勵眾人皈依三寶後，對佛法僧要有信心。

當天下午，方丈和尚以「平安的保障」為題，與大眾分享面對生活上各種衝突，如何觀照起心動念，進而調適與放下。方丈和尚說明，從生活中一點一點練習止惡行善，就是戒的意義，由戒生定、止息煩惱，無論碰到順逆境，都能保持安定。

「世上沒有絕對的平安，唯有保持心理平衡，才能自在平安。」方丈和尚點出平安要義，勉勵大眾「隨時隨地，把握時機。冷靜沉著，轉化危機。珍惜因緣，創造良機。奉獻利他，契理契機。開發潛力，成就利機。安心自在，處處生機。」

● 04.22

歐盟官員參訪農禪寺
體驗水月道場的禪悅與境教

歐盟官員練習禪坐，體驗放鬆。

4月22日，歐洲聯盟官員在外交部人員陪同下，參訪北投農禪寺，體驗水月道場的禪悅與境教。

參訪過程中，常澧法師介紹農禪寺的起源與發展，也和大元建築師事務所人員共同解說，如何將聖嚴師父「空中花，水中月」的理念，設計落實為水月道場的建築。

除了欣賞建築之美，一行人透過開山農舍簡介影片，認識聖嚴師父；也在常澧法師帶領下，練習禪坐，體驗放鬆。

慢步於水月池畔，看著水面上的漣漪，有德國外交人員問道：「煩惱就像漣漪一樣不斷，怎麼辦？」常澧法師答：「就是看著它、知道它。」歐盟官員皆期待未來有因緣，能多了解漢傳佛教。

● 04.26

泰國法身寺參訪法鼓山園區
觀摩導覽、接引運作模式

泰國法身寺的宇勝法師帶領接待組比丘、近住優婆塞、優婆夷等十五人，於4月26日參訪法鼓山園區，體驗境教。

一行人由常寂法師與資深參學導覽員陪同，至祈願觀音殿、開山紀念館、微笑‧禪生活館、大殿、開山觀音公園等處參訪。眾人隨著引導，靜心緩步行走、傾聽大自然的聲音、靜語專心用齋等，從中體驗安定身心的禪法，對於參學員引導將寧靜

泰國法身寺參訪法鼓山園區，體驗境教。

祥和的感受，帶回生活中的種種導覽方式，留下深刻印象。

於簡介館進行交流時，團員針對導覽的內容，紛紛提問，常寂法師回應說明，法鼓山的導覽是希望透過體驗園區境教，傳達心靈環保理念，而心靈環保就是在任何環境下，照顧好自己的心，保持內心的平穩與安定，就是一種佛法的實踐。

宇勝法師表示，由於近年參訪法身寺的團體日漸增多，寺方特地成立青少年接待團，此行來訪除了希望深入認識法鼓山，同時觀摩園區導覽、接引民眾的運作模式。

● 04.26

香港明愛觀摩生命園區
認識植存環保葬

香港天主教慈善團體香港明愛安老服務部職員以及義工一行四十人，於4月26日來臺了解安養機構運作，並安排於法鼓山園區參訪「新北市金山環保生命園區」，透過實地觀摩植存過程，了解植存環保葬的理念與作法。

香港明愛觀摩生命園區，認識植存環保葬。

明愛長者聯會主席馬李佩貞表示，植存儀式簡單、沒有恐懼、沒有悲傷，而植存能夠永續大地資源，極適合寸土寸金的香港。

有成員表示，對植存的三個步驟，印象深刻，看著家屬將骨灰輕輕倒進土裡，放上一朵鮮花，再覆上土壤，整個過程莊嚴寧靜，期待自己能以這樣的方式告別人間；也企盼在香港推廣植存的理念與作法。

● 04.28～30

「澳門悅眾培訓營」文理學院展開
引導學員傾聽內心

澳門佛教青年中心主辦、青年院協辦的「澳門悅眾培訓營」，4月28至30日於法鼓文理學院展開，在演戒法師帶領下，共有三十六位悅眾來臺參加。

學員在插花禪課程中，表達各自的體會。

營隊內容，包括觀音道場的建立、聖嚴師父生平事蹟、我的事蹟、自然世界等主題。由常啟法師帶領的「無情說法插花禪」課程，引導學員與自然對話、與無常共存，並分享洞山良价禪師因無情說法而開悟的公案，也聆聽學員表達各自的體會。

由於悅眾已在澳門參加過工作坊，此行回到法鼓山園區尋根溯源，有學員表示，從書本中認識到的觀世音菩薩、聖嚴師父，都有著與一般人共通的善良，而修行能讓善良更深遠廣大；也有學員分享，拜完大悲懺法會後，領會到拜懺就是去照見起心動念的自己，如果能產生正向改變，才是最根本的關鍵之處。

● 04.29

常藻法師莎阿南佛學會演講
分享無事掛心頭

常藻法師莎阿南佛學會演講，分享禪法的日常運用。

4月29日，馬來西亞道場監院常藻法師受邀前往雪蘭莪州莎阿南佛學會，進行禪法講座，主題是「無事掛心頭——漢傳禪法日用」，分享禪法在日常生活中的運用，有近七十人參加。

法師說明，禪法是一種生命態度，學習往內觀，清楚覺照自己每個當下的身心運作；煩惱其實來自於以自我為中心的價值觀看待世間運作的法則；當我們把心收回來，從而往內觀的時候，就能夠每個當下和身心在一起，體會到因果、因緣的觀念與運作。

常藻法師進一步指出，佛法的觀念教導我們從「因」上學，而不是從「果」上求，唯有從煩惱的根本處著手，才能夠讓自己的心時時回到當下，也唯有不

帶著過去與未來,心才能夠平安無事。法師鼓勵大眾,應如實的去面對每一件
事情,清楚知道當下所呈現的果,從而在「因」著手,在每一個當下,都種下
善的因,達到身心清淨。

● 04.30～05.12

果醒法師俄羅斯弘法
帶領禪修、專題講座等

4月30日至5月12日,禪修中心副都
監果醒法師應俄羅斯莫斯科無極門武
術學校之邀,於俄羅斯弘法,演建法
師、演廣法師隨同前往,內容包括帶
領禪修、專題講座等。

法師首先於4月30日起,在特維爾
州(Tver)祖布佐夫(Zubcov)指導
禪七,包括心理師、教授、律師、銷
售經理等,有近二十位禪眾參加。果
醒法師開示四念住、默照和話頭的修

禪七圓滿,果醒法師(中坐者)與禪眾合影。

行方法,並介紹念佛禪,強調禪修的過程中,要練習不追求好的境界,也不抗
拒壞的境界,呼吸法的目的是為了要體驗到呼吸裡面沒有「我」,並非要把呼
吸弄得深、細、長,而身體的放鬆是第一步,也是重要的基礎。

禪七圓滿後,果醒法師於9日及12日,在莫斯科主持禪一;11日則於莫斯科
人文大學(Moscow University for the Humanities)孔子學院舉行專題講座,主
題是「中華文化與禪」,介紹禪宗及漢傳禪法的主要修行觀念,共有三十多人
參加。

有禪眾分享,在俄羅斯,大都是藏傳佛教的傳播,不易接觸到漢傳佛教,非
常感恩有因緣參與禪七,得以淺嘗漢傳禪法的滋味,希望日後仍可再續法緣。

● 05.05～06

紐約華人團體「白麓・紐約」舉辦禪修營
塔城分會負責人俞永峯分享禪法

5月5至6日,美國塔城分會負責人暨佛羅里達州立大學宗教學系副教授俞永
峯,應紐約知名華人團體「白麓・紐約」之邀,指導二日禪修營,除了帶領體

俞永峯老師從科學角度解釋佛法，引導華人青年認識佛教。

驗禪坐，並從科學角度解釋佛法，有近六十位青年學員參加。

禪修營首日於曼哈頓中城雅博藝廊（Artosino Gallery）展開，俞永峯老師引用實例解說慈悲、智慧、因果、空性等基本觀念，也介紹佛教歷史、禪宗的發展源流、現代腦神經學與佛教唯識論，帶領學員走進不一樣的佛教世界。

第二天的活動於福坦莫大學（Fordham University）林肯中心校區進行，俞老師從科學角度講解「壓力如何產生？對身心有何負面影響？」，說明禪修可以協助解決這些問題；講座中並示範基本的打坐姿勢，引導學員從頭到腳，一步步放鬆身體。針對紐約年輕華人繁忙的生活節奏，俞永峯老師介紹「一分鐘禪」，即一天五次、每次一分鐘的禪修，教導學員在日常生活中建立禪修的習慣。

禪修營圓滿後，有學員分享開始反思利己主義、以自我為中心的價值觀；也有學員表示，對他人的寬容和退讓並不是懦弱，而是一種慈悲和智慧的展現。

● 05.06～05.29期間

海外道場慶祝佛誕日暨母親節
以法會、講座浴佛淨心

為慶祝佛陀誕辰與母親節，法鼓山海外分支道場於5月6至29日期間，陸續展開法會、講座及慶祝活動，感念佛陀及母親的雙重恩典。

北美方面，美國普賢講堂首先於6日舉行浴佛法會，由副寺常玄法師帶領，勉勵大眾藉著浴佛的功德淨化身心，洗滌煩惱，建設人間淨土，共有五十多人參加。12日，加拿大多倫多分會的浴佛活動，由常興法師和演本法師帶領，法師首先帶領練習法鼓八式動禪，教導大眾放鬆身心，以清淨的心參與法會；午齋後，進行禪修體驗，室外有托水缽、慢步經行，室內安排鈔經、禪繞畫、疊螺絲帽等，以安定的心同霑法喜。

東初禪寺於13日舉辦浴佛法會，由禪修中心副都監果醒法師主法，一百多位中西方信眾虔誠禮敬以香花水浴佛。法會後展開週日講座，由住持果元法師主

講「平安無事」，法師援引馬祖道一禪師「平常心是道」，說明沒有牽掛、擔心，就是平安無事的方法；而睏了睡覺、餓了吃飯，是讓我們反省是否好好活在當下。法師請眾人靜下心來，體驗妄念紛飛的感受，鼓勵大眾在生活中多下工夫練習。

東初禪寺浴佛法會中，東、西方大眾浴佛浴心。

亞洲的泰國護法會於6日舉辦浴佛法會，由常空法師主法，包括駐泰代表童振源、泰國臺灣商會聯合總會總會長劉樹添等，共有八十多人參與浴佛、供燈、獻花，共沐佛恩。馬來西亞道場於29日衛塞節當日舉辦浴佛法會，監香常尊法師期勉大眾把佛法用在自己身上，也影響周遭的人，藉著浴佛來洗滌心中汙垢，清淨身口意，讓自己也像佛一樣，散發慈悲的光、智慧的光，有近五百六十人參加。

浴佛儀式之後，道場首次採用可充電的環保LED燈，供信眾獻燈，為自己、家人與世界祝福。祈願透過誦經、浴佛、獻燈，人人皆以感恩的心迎接衛塞節，同霑法喜。

2018 海外分支道場浴佛節暨母親節活動一覽

區域		主辦單位（活動地點）	時間	活動名稱
北美	美國	紐約東初禪寺	5月13日	初心浴佛
		洛杉磯道場	5月6日	浴佛祈福法會
		舊金山道場	5月12日	浴佛浴心園遊會
		普賢講堂	5月6日	浴佛法會
		西雅圖分會	5月6日	浴佛法會
		新澤西州分會	5月12日	浴佛法會
	加拿大	溫哥華道場	5月27日	浴佛法會
		安省多倫多分會	5月12日	浴佛法會
亞洲	馬來西亞	馬來西亞道場	5月29日	浴佛法會
	香港	香港道場（九龍會址）	5月22日	浴佛法會
	泰國	泰國護法會	5月6日	浴佛法會

● 05.12～13

馬來西亞道場舒活二日營
常藻法師期勉學員上善若水

舒活二日營中，學員融入當下因緣，隨眾作息。

馬來西亞道場於5月12至13日，在雲頂清水巖寺（Genting Highlands Chin Swee Caves Temple）舉辦舒活二日營，由監院常藻法師擔任總護，有近五十人參加。

學員在二日營中練習靜坐、瑜伽運動，以及動禪的體驗，了解禪修的方法、心態和生活禪的實踐。常藻法師以水為喻，說明水沒有一定的形體，因此能適應所有的改變，勉勵學員讓自己如柔軟的水，融入當下因緣，隨眾作息。

最後一炷香，以自由禪坐的方式進行，在沒有監香和限制的情況下，學員學做自己的監香，選擇適合的方法用功。法師提醒，如果能實踐五調：調飲食、調睡眠、調身、調息、調心，參與密集的禪修時，就能有效地減少身心上的障礙。

最後的大堂分享，一位罹癌的學員表示，在化療期間，以禪的觀念讓身心沉澱，適應療程的痛楚與不適，發願推廣禪修的法益，幫助更多人。

● 05.17～20　05.25～28

北美弘傳菩薩戒
一百九十一位戒子發菩提心

法鼓山於美國舉辦兩場菩薩戒會，紐約東初禪寺於5月17至20日假象岡道場舉辦，洛杉磯道場第二屆在家菩薩戒則於25至28日展開。兩場皆由方丈和尚果東法師、象岡道場住持果元法師、禪修中心副都監果醒法師擔任菩薩法師，證盟受戒，共有一百九十一位新戒菩薩，圓滿受持三聚十善十無盡菩薩淨戒的願心。

17日在象岡道場菩薩戒灑淨前一日，暴風雨中斷道場對外的通訊、交通，在法師與義工們緊急搶修下，菩薩戒如期舉行，共有七十六人無畏風雨，前來受戒。儘管戒期間，時而大雨滂沱，時而陰雨綿綿，戒子仍然專注聆聽聖嚴師父

影音開示，「有戒可犯是菩薩，無戒可犯是外道，菩薩當知慚愧常懺悔」，了解菩薩戒的緣由、意涵後，大眾由衷領受。正授典禮時天空放晴，鼓舞新戒菩薩堅定發起無上菩提心。

經過暴風雨試煉洗滌，在象岡道場的戒子精進用功，圓滿得戒。

於洛杉磯道場舉行的菩薩戒會期中，包括來自英國倫敦、美國舊金山，共有一百一十五位戒子受戒。大眾對於「菩薩戒是一受永受，盡未來際直到成佛為止」，感到無比殊勝。

多位年近八十歲的長者，在受戒過程中歡喜認真學習，表示能在年過古稀學佛求戒，生活有了新的方向和目標；也有西方眾感恩分享，藉由即時翻譯了解受戒內容與精神，圓滿求戒的心願。

● 06.01～02

馬來西亞道場協辦巡迴談唱會
分享和心在一起

「生命中的朋友」團隊彈唱歌曲，讓聽眾領會幸福快樂就在當下。

由馬來西亞吉打佛學院主辦、馬來西亞佛教青年總會吉打州聯委會贊助、馬來西亞道場與「生命中的朋友」團隊協辦的「和心在一起」巡迴談唱會，6月1至2日分別於吉打佛學院、吉中佛教會進行最後兩場，共有三百六十多人與會聆聽。

活動結合講座與歌曲分享，講座由監院常藻法師擔任主講人。法師引導大眾感受自己活著的生命，是由許多因緣所成就。法師說明，若能感受在世間的變動中，何其有幸可享有目前所擁有的，自然生起感恩心；若能感受自己的生命，是由過去所有的順境、逆境所成就，就能從中感受無我的精神。

常藻法師舉例表示，感恩也要報恩，而報恩就是奉獻自己，奉獻過程也許不

是一帆風順，但可學習盡心盡力第一，在承擔中成長自我、實踐佛法。

除了法師分享，「生命中的朋友」團隊則透過感人的故事小短片、現場彈唱創作歌曲，詮釋佛法，讓大眾深刻領會幸福快樂就在當下，只要回歸自己的內心，和心在一起。

● 06.02～03

方丈和尚北美關懷——舊金山道場
勉眾因緣和合　無事最快樂

方丈和尚分享「心安最平安，無事最快樂」，感恩並勉勵眾人與道場一同成長。

6月2至3日，方丈和尚果東法師於北美舊金山道場弘法關懷。2日的專題演講「心安最平安，無事最快樂」，方丈和尚幽默地將日常生活中的「想睡覺」，轉成「想睡，覺」，晚上睡不著則改成「睡，不著」，提醒眾人不要執著，隨時放鬆，繼續努力，凝聚向心力，展現慈悲智慧的生命力。

3日，方丈和尚、榮譽董事會會長黃楚琪在榮董感恩聯誼會中，與近六十位榮董與親眷以法相會。從聖嚴師父開示影片《人生的意義》中，領會人生能帶走的只有智慧和慈悲心，以及自利利人的功德；在《生根・茁壯》紀錄短片中，回顧從2014年購置道場，到今日穩定發展。方丈和尚期勉大眾不忘初發心，在感恩中成長。

聯誼會中，多位悅眾分享學佛、護法因緣，監院常惺法師也感恩方丈和尚十年來，每年前來灣區弘法關懷，一路從聯絡處、分會至道場，帶領信眾與道場共同成長。

● 06.02～09

果元法師墨西哥帶領話頭禪七
分享佛法觀念、指導拜懺

美國象岡道場住持果元法師於6月2至9日，受邀前往墨西哥，在納亞特州（Nayarit）的玉堂海灣禪修中心（Mar de Jade Holistic Center）帶領話頭禪七，共有三十二位禪眾參加；並有六位學員在法師帶領的三皈五戒儀程中，成

為三寶弟子。

禪期期間，果元法師以英文開示，由禪修中心負責人蘿拉（Laura Del Valle）的女兒安潔利卡（Angelica Del Valle）擔任西班牙語翻譯。法師開示內容，包括身體放鬆及基礎呼吸方法、話頭禪法的源流與方法等，並分享因緣、因果、業力等基本佛法觀念，輔以慚愧懺悔禮拜，協助禪眾放下心中的罣礙。

果元法師於墨西哥帶領話頭禪七。

另一方面，也帶領禪眾練習坐姿法鼓八式動禪、海灘經行，以利身心調整；禪期圓滿前一日，安排禪眾至戶外出坡，體驗身在哪裡，心在哪裡，並練習從奉獻的過程中，消融自我。

心得分享時，學員表示對果元法師的佛法開示、禪修帶領及小參中的指導，受益良多，希望法師能再前來帶領體驗話頭禪。

● 06.09

方丈和尚北美關懷 —— 溫哥華道場
期勉大眾學做觀音

方丈和尚果東法師北美弘法關懷，6月9日於加拿大溫哥華道場主持祈福皈依典禮，共有六十二位民眾皈依三寶，有近兩百三十人觀禮祝福。

方丈和尚說明皈依三寶的意義，期勉新皈依弟子以三寶為中心，經常參加道場的共修和活動，熏習佛法，幫助自己攝心、安心，轉化無明煩惱，成為慈悲智慧。

方丈和尚鼓勵新皈依弟子，多參加活動和共修，幫助自己將煩惱轉為菩提。

典禮圓滿後，方丈和尚並以「點亮光明心燈，普照平安人生」為主題開示，勉勵大眾以正確的因果因緣觀，面對人生順逆境，並要學觀音、做觀音，學觀眾生是我們的觀音。方丈和尚表示，真正平安的保障是內心不受現象或情緒困擾，無事不是什麼事都沒有，而是做事時心無罣礙，從「無事於心」，到

「無心於事」，就是達到「應無所住而生其心」的境界；提醒大眾，以禪的觀念與方法把身體放鬆、心量放寬、煩惱放下，將承擔責任的範圍放大、目標與方向放遠，實踐真正的平安無事。

● 06.09

新州分會佛學講座
果醒法師導讀《華嚴心詮》

果醒法師於新州分會導讀聖嚴師父著作《華嚴心詮》。

美國新澤西州分會於6月9日舉辦佛學講座，由禪修中心副都監果醒法師導讀聖嚴師父著作《華嚴心詮》，共有六十多人參加。

「華嚴世界的不可思、不可議、不可量、不可說的大，非人間可以想像。」果醒法師說明華嚴世界無與倫比，可惜一般人只取極小的部分為我，未能看見更寬廣的世界。法師表示，我們從小認定為「我」的身體，只是工具，這個工具的目的是要度眾生。但眾生無明、顛倒，錯把妄心當真心，造成六道輪迴不息，卻不知是一場自己編造出來的夢。

法師進一步解說，眾生生存的操作模式是建立在「識」上，但「識」是抓取生滅相而起，現象消失，識也就消失，當肉體消逝，神識離開身體，業力會促使神識繼續輪迴，上演另一場千秋大夢。

果醒法師勉勵大眾，「有能所是識，無能所是佛性。」當我們的認知心不再抓取、不再取對立相，能反聞聞自性，由聞思修入三摩地，便能暢遊莊嚴的華嚴世界。

● 06.16～17

果醒法師香港弘法
以講座及禪修工作坊分享楞嚴空義

禪修中心副都監果醒法師於6月16至17日，在香港弘法，以講座及禪修工作坊，在道場九龍會所分享《楞嚴經》，引導學員認識及尋找「真心」，並以「旋火輪」和「霓虹扇」為喻，講說前念後念的生滅和一切唯心造的觀念，有

近三百人參加。

法師表示，凡夫執著身體為我，為了活命及追求舒適，反而成了身體的工具，不斷造業的結果，苦墮輪迴；唯有還復清淨的佛性，才能跳脫輪迴。果醒法師指出，生滅的是色身不是我，雖然佛性無形無相，卻非空無一物，能

果醒法師於香港道場講《楞嚴經》，分享楞嚴空義。

見聞覺知一切，無處不在，無時不在，且不生不滅。

工作坊中，法師播放一部動畫影片，內容是一個老人跟自己下棋。「凡夫就如同獨自下棋的老人，每分每秒都在自導自演。」果醒法師表示念頭全是自己的妄心所生，勉勵眾人日常中要多練習今心此念，一起即覺，回歸清淨真心，自能映照一切實相；當覺知自己又在自導自演，遠離實相時，就微笑喊停，假以時日，定能轉識成智。

● 06.16～17　06.27

新加坡護法會舉辦知客義工培訓課程
學習禮儀風範　以優質服務接引大眾

6月16至17日，新加坡護法會舉辦知客接待培訓課程，由義工團副團長陳麗瑾等七位悅眾授課，常學法師到場關懷，共有五十四人參加。

陳麗瑾副團長說明義工是盡自己的能力，做有益

新加坡護法會知客義工培訓課程，提供大眾優質的服務。

於眾生的工作，並以「哪裡需要，哪裡去；沒有人做、需要人做，我來吧！」勉勵學員把握奉獻機會，也分享在法鼓山擔任義工的點滴成長經驗，及如何實踐義工準則，包括微笑、凡事有請、將服務精神落實於生活中。

課程內容解行並重，包括義工行儀、服裝儀容、齋堂行儀、知客禮儀、學佛行儀、貴賓接待，以及皈依勤務分享等，並有分組討論、實務情境演練，引導

學員學習法鼓山義工的氣質與風範。由於課程內容切合生活日常，引起學員們熱烈回響。

課程圓滿後，護法會另於27日進行領職培訓，由常學法師帶領，進一步學習法鼓山的禮儀風範，提供大眾迅速優質的無差別服務。

● 06.17

高雄法青國際交流
與非洲國際生探討分享慈悲真義

臺灣國際珍古德協會（Jane Goodall Institut Taiwan）非洲國際生一行十四人，於6月17日參訪高雄紫雲寺，並與法青交流，分享慈悲的力量，監院常參法師出席關懷，期許青年將善的種子往下扎根，向上茁壯。

活動安排觀看2008年聖嚴師父與珍古德博士在臺北舉辦的對談影片，兩位與談人在理念上，都強調教育的重要性，也都致力於推動世界和平、環保、慈悲心。學員們透過影片探討何謂「慈悲」，願意幫助別人、懂得分享、發自內心祝福他人平安快樂，都是慈悲的展現。

下午進行的「禪繞畫」課程，年輕學員們用一張紙、一枝筆，進行創作，體

高雄法青與珍古德協會的非洲國際生交流，探討分享慈悲的意義。

驗「身在哪裡，心在哪裡」的心法；除了以英語溝通，法青並運用肢體語言、翻譯軟體、線條和顏色來交流，共同完成作品。

對於紫雲寺的參訪行程，有國際生指出，沒有燒香、燒紙錢，每一處空間、每一個人，都讓人感到安定溫暖；高雄法青也回饋表示，國際生努力了解紫雲寺的歷史，積極對話，語言文化雖然不同，熱切交流的心讓人感動。

● 06.29

美國梅安法師農禪寺交流
禪法於東、西社會的實踐

因參加「世界佛教村」座談會之緣，美國加州夏斯塔寺（Shasta Abbey）住持梅安法師（Rev. Meian Elbert），6月29日於北投農禪寺與僧團進行交流座

談,分享禪法於東、西方社會環境的實踐與弘化,由普化中心副都監果毅法師主持,有近三十位僧眾參加。

東西方僧眾交流修行苦與樂,彼此感恩而感動。

梅安法師指出,修行是指「安住當下」,不管心裡有任何妄念,無論是在打坐、工作、吃飯、休息,或是一起喝茶,都試著安住在當下的狀態;而禪修的練習是所有活動的基礎,會擴散到整個生命。

梅安法師說明,自己的教導注重品格訓練,從自我的自私、貪婪、憤怒與妄想等所有可能會遇到的狀況著手,引導人們努力練習安住當下,培養感恩、尊敬、謙遜與信心。並以夏斯塔寺為例,強調為數不多的僧眾每人都須負責出坡作務,一起承擔寺院的日常運作,不能整天只是打坐,仍然必須工作,與他人共住;團體共住是最好的禪修練習,因為團體必須和諧共處,練習彼此相親相愛、仁慈感恩,即使是不太喜歡和某人相處,此時就必須把工夫用上。

傳承日本曹洞宗的夏斯塔寺,長年以來是《禪雜誌》(*Chan Magazine*)的忠實訂戶;梅安法師表示,「自己是以聖嚴法師所說的『無法之法』練習讓身體安住著,讓任何發生的事自由來去,不專注或追逐,不斷地回到身體的感受,讓雜染慢慢洗滌。」

對於僧眾提出的「如何教導美國年輕人向內觀照?」「所在的社區接受佛教嗎?如何與居民相處?」「如何平衡出坡工作及個人的修行?」「教導禪修有沒有次第?」等問題,梅安法師一一回覆;針對「世代落差」的問題,梅安法師回饋,年長與年輕僧眾的觀點,並不存在太大的差異,因為年長的有一顆年輕的心,而年輕的則很有智慧,善巧點出了一般人容易落入分別外相的習性。

梅安法師提醒,修行在本質上是一樣的——相同的問題、相同的困難、相同的「自我」,無論佛法傳至何方、何種民族文化,人的習性與煩惱總是不外貪瞋癡,對治的方法不離戒定慧,佛法修行的本質,始終不曾改變。

● 06.30～07.02

「聖嚴思想研討會」學者專家體驗法鼓山
三日禪修營領略漢傳禪法

6月30日至7月2日,近三十位參加「第七屆漢傳佛教與聖嚴思想國際學術研討會」的學者、專家,於法鼓山園區體驗三日禪修營,由傳燈院監院常襄法師

近三十位參加「漢傳佛教與聖嚴思想研討會」的學者專家，於法鼓山園區體驗三日禪修營。

擔任總護，內容包括初級禪訓班、動禪、茶禪、園區導覽等，體驗漢傳禪法，以及聖嚴師父的理念。

在動靜相間的禪修練習中，學者們循序漸進放鬆、體驗身心的安定，也參與早晚課、叩鐘擊鼓等佛教儀式，在寧靜祥和的氛圍中，體會佛法悲智。

茶禪時間，各國學者專家除了交流各自的研究領域，也分享禪修心得及提問，從法鼓八式動禪的緣起、打坐的種種身心反應，到禪修在生活中的應用等；多位學者表示，對於叩鐘擊鼓的莊嚴殊勝，感到非常攝受。

有來自法國的學者指出，禪修體驗及深度認識園區，更深刻了解聖嚴法師思想與實踐的結合；也有心理諮商師分享，曾接觸不同傳承的禪修方法，但法鼓山嚴謹而合理的課程安排，以及總護法師循序的帶領之下，首度體驗到放鬆的受用，領略到聖嚴師父禪法細緻的次第。

● 07.01～07

東初禪寺啟建梁皇寶懺暨三時繫念法會
祈願世界平安、擴建工程順利

7月1至7日，美國東初禪寺於象岡道場啟建梁皇寶懺暨三時繫念法會，由住持果元法師主法，共有一百三十多人次參加。

法會期間，除了每日早午的拜懺，晚間更由果元法師為參與者開辦《梁皇寶懺》講座，法師幽默風趣介紹《梁皇寶懺》的來由，也深入淺出講說整部懺法的架構，從入懺文了解本卷大致內容，最後由讚佛、禮佛、拜佛、知果報、信因果、發願迴向，再由出懺文提醒大眾慚愧懺悔改過的決心。而「三時繫念」則是二六時中念佛的超度法門，以虔誠的心念佛給往生者善緣資糧，

東初禪寺於象岡道場啟建梁皇寶懺法會，由住持果元法師領眾虔誠懺悔。

雖然法門不同，但目標一致，都是透過懺悔或念佛達到身心清淨。

7日以三時繫念圓滿佛事，除了誦念《阿彌陀經》，提醒大眾三時都要心繫佛號，勿再蹉跎，功德迴向所有眾生，祈願眾生離苦得樂；也迴向東初禪寺擴建工程順利，四眾平安。監院常華法師並帶領眾人發願，願在菩薩道上相互扶持，同成正果。

● 07.03～07期間

聖嚴師父法子吉伯訪臺
帶領禪坐共修、交流禪法

聖嚴師父西方法子吉伯・古帝亞茲（Gilbert Gutierrez）於7月初訪臺，3日、5日分別參訪臺中寶雲寺、北投農禪寺，與僧眾交流；7日上午至國際禪坐會（International Meditation Group, IMG）帶領禪坐共修，下午則前往法鼓山園區，與僧眾分享禪法。

7日的禪坐共修，共有近四十位來自七個不同國家的禪眾參與。吉伯說明，禪坐的目的在於鍊心，方法必須用得綿綿密密，如同打得很緊的結，透不出一絲光線；禪坐時，心應往內觀，清楚覺察自己在用方法，妄念及環境中的一切都清楚覺照，不思考或攀緣，任其隨自身因緣生滅來去，妄念如同吸附在皮膚上的水蛭，若試圖一一拔除，往往難以奏效，而方法則有如水蛭難以承受的鹽巴，抹上身體，水蛭便自然剝落。針對禪眾提問，該如何面對禪坐時心中生起的強烈情緒？吉伯引用《箭喻經》說明，受傷時，追問是誰射的箭等問題於事無補，應該立刻處理傷口，而回到方法便是處理傷口最好的方式。

與僧眾的兩場交流，吉伯再次強調正知見的重要，眾生不斷地受苦，就是因為不了解心的運作；緣起法清楚說明因緣與因果是不滅的法則，唯有持續用心覺照當下，看到緣起、了解緣起，並且清楚認知每一個當下的身、口、意行為，進而做出明智的選擇。

吉伯鼓勵大眾發菩提心，儘管依然身在夢中，但可藉由修行，不受夢境所困，並盡力喚醒周遭仍舊沉睡的人，一同脫離生死苦海。

吉伯・古帝亞茲至農禪寺與僧眾交流，分享禪法，強調正知見的重要。

● 07.08 07.22 07.29

泰國快樂學佛人首度開班
踏出學佛第一步

「快樂學佛人」學員認真學習各項法會儀式。

7月8至29日，泰國護法會週日首度舉行「快樂學佛人」，共有四十四位學員齊聚一堂，展開與善知識的相會。

8日首堂課，由會長蘇林妙芬介紹「認識三寶」的課程大綱。班導師常空法師詳盡解說皈依三寶，引導學員踏出千里之行的第一步；也介紹參與法會及行前的準備，以及持經本、拈香、捧花、執爐、繞壇等，學員並以虔敬的心，跟隨悅眾演練唱誦、迴向，在一禮一懺中，感受到自心的淨化。

「學佛行儀」中，常實法師從大殿開始解說，到進入殿堂的儀規，學員分組學習合掌、操手、問訊、拜佛；「基礎佛學」課程，法師分析與說明「身業」及五戒、十善，引導深入了解止惡行善的具體作為，以良好的戒律做規範，就能減少人際紛爭。

常實法師期許大眾，將佛法帶入生活，並分享給他人，有快樂的動力，身心就能平安健康。

● 07.11～08.09期間

溫哥華道場兩場佛學講座
常啟法師講《維摩詰經》、《小止觀》

7月11日至8月9日，加拿大溫哥華道場每週三、日舉辦佛學講座，由常啟法師主講《維摩詰經》、《小止觀》，有近一百一十人參加。

法師說明《維摩詰經》不僅富含文學藝術趣味，文辭流暢優美，對中國文化影響深遠，經文常被引用見於《六祖壇經》及禪宗語錄，也成為歷代文人的最愛；全經大量運用口語和對話的演出，充滿戲劇性的表現手法，重視無差別、不退轉，引導行者反思修行真正的目的。

講座中，法師深入分析每一品的脈絡和架構，解說《維摩詰經》所代表的文殊法門，有如禪宗的頓悟修持，都直接切入般若思想的核心；也提醒學員，修行在人間，在貪瞋癡中展現智慧，煩惱即菩提。

《小止觀》講座於8月2至9日進行，共三堂，法師表示，《小止觀》是結合印度傳統佛法、慧思禪師《大乘止觀法門》所寫成，解行兼備，是修習止觀禪法的重要入門。法師挑選〈調和第四〉、〈正修行第六〉，以及「二十五前方便」等來講授，講說〈調和第四〉時，結合聖嚴師父的禪法思想，教導禪坐基礎工夫，如何運用呼吸、放鬆、數息等方法，以及說明入靜、止靜和出靜的禪坐過程。

常啟法師溫哥華道場講《維摩詰經》，為夏日帶來清流。

法師也解說正知見，例如「二十五前方便」的「訶五欲」，是用智慧觀察、善解，而不是打壓、滅除；「棄五蓋」的棄疑蓋，就是信自己、信老師，以及信老師的方法可以通向解脫之道。

有參與十堂課程的學員分享，常啟法師授課內容，扎實豐富，為夏日的溫哥華帶來清流，得以浸潤佛法甘露，期盼法師再來弘法。

● 07.15～22

方丈和尚弘法關懷 ── 澳洲雪梨
以「大悲心起」凝聚願心

7月15日至8月5日，方丈和尚果東法師前往澳洲、馬來西亞、新加坡，展開國際弘法行，關懷當地信眾，舉辦公開講座、主持皈依典禮，為大眾帶來般若智慧與清涼。

15日，方丈和尚首先於澳洲雪梨分會洪斯比（Hornsby）新址，以「大悲心起」為題，為信眾演說。活動由雪梨分會義工所製作的「願心」紀錄片揭開序幕，回顧當地信眾追隨聖嚴師父學法護法的歷程；方丈和尚則鼓勵大家要隨時珍惜當下結好緣，以菩薩的六度精神，面對順逆境。接著進行點燈儀式，由方丈和尚先帶領大家發願，然後在觀世音菩薩聖號聲中，

方丈和尚關懷雪梨法青，勉勵青年們隨時保持心的平衡調適。

由輔導法師常續法師等為信眾點燈,氣氛攝受溫馨。

21日於雪梨科技大學(University of Technology Sydney, UTS)舉辦佛法講座,主題是「福慧平安」,包括雪梨臺北經濟文化辦事處長王雪虹、威樂比市(Willougby)市議員童伊品,澳臺工商委員會主席馬樂施(Ross Maddock)伉儷等來賓,共有兩百多人參加;方丈和尚以幽默風趣的言語,分享自己的生命經驗,勉勵大眾「凡事正面解讀,逆向思考」,並帶著大眾一起念安心祝福語,讓心安就有平安。講座後進行皈依典禮,共有二十多人皈依三寶。

方丈和尚並於22日參與法青於伍爾維奇(Woolwich)河岸公園舉辦的戶外禪;方丈和尚說明禪修的關鍵,在於隨時保持心的平衡與調適,體驗和觀察心中的波瀾,而不被牽制。在一一解答青年們關於生活和修行的問題後,圓滿雪梨之行。

● 07.15〜09.02

繼程法師波蘭弘法
首度帶領禪四十九

7月15日至9月2日,聖嚴師父法子繼程法師代表僧團,應波蘭禪宗協會(The Chan Buddhist Union of Poland)邀請,於華沙藝術學院(Warsaw Academy of Fine Arts)指導禪四十九,並由美國象岡道場住持果元法師為西方眾小參,常護法師擔任總護,共有四十六位來自亞洲、北美、歐洲等十一個國家的禪眾參加,其中有二十四人全程參與。

禪期間,繼程法師釐清禪修心態觀念,說明禪修基礎原則,也指導基礎放鬆、覺照與專注等方法,並講解如何把禪修期間練習的方法,融入日常生活,轉化為實際可運用的智慧。法師開示的主軸,是以逾四十年的禪修經驗,分門別類講解禪法修學系統,詳細說明傳統禪法的基礎、方法如何用、用錯有何影響、用不好的原因等。

另一方面,法師也將入靜、止靜、出靜的時間,延伸至生活日用,如果一年只打一次禪七,另外五十一週如何用功,便是重點。法師強調,將禪法回歸生活,才是漢傳禪佛教的修行。

2008年起,繼程法師每年均前往波蘭主持禪修,禪期從十日、十四日,2015年起

禪四十九期間,於戶外進行坐香。

連續三年舉辦禪二十一，本年應禪眾需求，首度舉行禪四十九，不僅延續聖嚴師父在波蘭的弘法足跡，也深化漢傳禪法於波蘭的發展。

● 07.15～2019.07.14期間

新加護護法會首辦「福田班」
學習實踐萬行菩薩精神

7月15日至2019年7月14日，新加坡護法會週日首度於新會址開辦「福田班」課程，共有一百一十二位學員共同學習實踐萬行菩薩精神。

15日的開學典禮中，輔導法師常學法師以「發願與承擔」為題開示，鼓勵大眾，一定要發願，只要是大願、善願，必能成就。

第一堂「相約法鼓山」，由信眾教育院監院常用法師，從法鼓山信眾教育的

新加坡學員首次上福田班課程，充滿法喜。

緣起，說明福田班的開辦及特色，鼓勵學員常常回到心靈的學校（道場），學習鍊心方法；常琨法師介紹「法鼓山創辦人」聖嚴師父的特質和行誼，說明師父如何讓生命成為「一場實踐佛法的歷程」；班導師常空法師則解說學佛的基本禮儀和學佛用語，並帶領學員分組演練威儀，藉由心性外在的表現，進而觀照自己的內心。

大多數學員是第一次有系統地認識法鼓山，常用法師以聖嚴師父「建設心中的法鼓山」、「人人都是鼓手」，期許學員們時時運用法鼓山的理念，成就「人在哪裡，法鼓山就在哪裡」的大願；常空法師以師父晚年帶著病軀，依然堅持到世界各地弘法，叮嚀學員學習師父的精神，不畏困難，在菩薩道上持續精進。

● 07.17

國際扶輪社禪修營園區展開
歐美、東南亞青年體驗漢傳禪文化

7月17日，國際扶輪社於法鼓山園區舉行宗教體驗，由傳燈院監院常襄法師、常寂法師帶領，共有三十位來自歐美、東南亞等十五個國家的青年參加。

學員們初次體驗托水缽，體會專注一心、身心放鬆的禪法。

常寂法師引領學員覺察呼吸、淺嘗靜坐的身心安定；也指導學佛行儀，活潑好動的學員從合掌、問訊、禮佛、用齋等基本禮儀學起，也從恭敬認真做好的每個動作中，體會身心自在的要訣，即來自內心的安定。

午休臥禪後，常襄法師分享禪法思想源流，日常生活隨處可應用、實踐的觀念與方法，以及體驗法鼓八式動禪，實際感受動靜調和的禪修方法。

學員們對法鼓山將禪法融入生活的理念，十分好奇，也和法師交換對宗教信仰的看法，不約而同表示，從未聽過「No-self」（無我）的觀點，真是一種不可思議的思維；來自美國的大學生分享，超越語言、文化的禪修體驗，收穫滿滿，增添了進一步了解禪法妙用的動力。

● 07.18～07.24

香港道場參加「2018香港書展」
分享禪・藝・生活

7月18至24日，香港道場參加於灣仔香港會議展覽中心舉行的「2018香港書展」，藉由展出法鼓文化的出版品及各項推廣活動，傳遞法鼓山的理念，接引大眾認識正信的佛教。

本年參展主題為「禪・藝・生活」，展示法鼓文化的書籍、影音等，提供智慧隨身書與讀者結緣；並在展位內規畫活動區，邀請民眾參與鈔寫「聖嚴法師108自在語」、描繪佛像、手摺蓮花等活動，義工們也帶領大眾體驗禪修心法「身在哪裡，心在哪裡，清楚放鬆，全身放鬆」，在人來人往的環境中，感受心靈的放鬆與安定。

書展期間，會場還舉辦了單德興教授

許多父母帶著孩子在香港道場的書展區，專注閱讀法鼓文化出版的好書。

的新書《禪思・文思》分享會,以及《法的療癒》生死關切講座,由作者杜正民教授的同修張雪卿老師,憶述杜教授在生前如何透過佛法面對病痛;聖嚴書院講師郭惠芯老師則分享臨終關懷的體驗。

　　道場各組義工於活動前完成培訓,透過討論完善各項流程,不僅發揮了團體合作精神,也啟動了更大的修行力量。

● 07.25～29

方丈和尚弘法關懷 ── 馬來西亞
分享安心之道

　　方丈和尚果東法師弘法關懷行,於7月25日抵達馬來西亞。抵達後,首先於道場關懷信眾;並於26日與義工分享勸募經驗,表示募人募心,勉勵眾人在承擔奉獻中向前邁進。

　　28日,馬來西亞道場舉行皈依典禮,方丈和尚說明受持五戒是做人的根本,生活中實踐佛法的基本原則,藉此保護我們身心的平安,共有八十八人皈依三寶;皈依典禮圓滿後,方丈和尚關懷道

方丈和尚與馬來西亞義工分享勸募經驗,期勉在承擔奉獻中向前邁進。

場悅眾,勉勵大眾以清新、純樸、真誠、安詳、友善的態度和形象,勸人學佛,傳遞佛法。

　　方丈和尚29日受邀前往雪蘭莪州莎阿南佛教會,為兩百五十四位聽眾主講「平安無事」。方丈和尚指出,真正的心安不是什麼事都沒有,而是在面對各種順逆境,仍然保持平穩與安定的心;並開示因果、因緣觀,期勉大眾,以積極豁達的心,任何時刻都可以從零開始,隨時出發,以聽聞佛法來消融煩惱,應用在日常生活中,就能擁有平安無事的圓滿人生。

● 07.27～31

香港道場舉辦青年五日禪
引導青年從「小我」體認「大我」

　　7月27至31日,香港道場於香港中文大學舉辦青年五日禪,主題是「心度遊」,由常順法師、常禮法師等帶領,內容包括坐禪、行禪、動禪、禪食、茶

近一百六十位學員參加青年五日禪。

禪等，並藉由動靜兼備的藝術活動，與自我對話、了解自我，尋找心的方向，有近一百六十位青年學員參加。

禪修營內容以初級禪訓班的課程為主，並觀看聖嚴師父於「大專青年禪修營」的開示影片，引導學員建立禪修應有的觀念與心態，並搭配禪修方法，包括法鼓八式動禪、托水缽、吃飯禪、經行等，實際練習和體驗禪法在日常生活中的活潑與實用。

另一方面，營隊並安排心靈成長的藝術、團康活動，引導學員從自我認知，探索內在的自我，進一步與自己和好、與他人和諧、與環境平衡、與世代一起，由最初的「小我」，慢慢地融入和轉化，最終成為「大我」。

眾多學員表示，禪修營運用多元的禪修與團康活動，引導調整身心、檢視自我；也有學員分享，聖嚴師父講解「分析」和「體驗」兩個觀察自我的方法，獲益甚多。

● 07.27～08.05

香港道場舉辦禪修弘化活動
查可‧安德烈塞維克分享禪法甘露

香港道場於7月27日至8月5日，舉辦禪修弘化活動，邀請聖嚴師父的西方法子查可‧安德列塞維克（Žarko Andričević），帶領禪五、瑜伽工作坊，以及專題講座，為炎夏的國際大都會，帶來禪法的清涼與自在。

7月27日起於香港大學嘉道理中心展開的五日禪修營，有來自中國大陸、香港、澳門、澳洲，以及日本、臺灣的禪眾參與，內容包括密集的坐禪、動禪、瑜伽。查可並於每日早晚分享禪修的觀念和方法，為學員建立正知見。

查可說明，慈悲是禪修

查可在瑜伽工作坊中，提醒學員留意練習過程，而不是追求目標，好好培養、訓練心的同時，也能讓身體受益。

的重要元素，人們因無明我執而痛苦，而練習禪修可以帶來身心的統一，進而發現「我」與他人其實有密切連繫，甚至是一體的，當覺悟到這一點，就能發現愛、喜悅和平靜一直都存在。

5日上午於九龍會址舉行瑜伽工作坊，查可帶領學員體驗瑜伽的調身與調息，提醒學員應該留意練習過程，而不是追求目標，因為色身始終會衰老、生病、死亡，而心是無限的，好好培養、訓練的同時，也能讓身體受益。

下午的講座，查可以「禪心自在」（One Mind Free Mind on Chan Practice）為題，說明禪修所經歷的四個階段：散亂心、集中心、統一心、無心。查可指出，禪的基本原則是放開一切執著，當「心」進入每一個階段時，我們與世界及生活的互動，便會出現變化，最終引領我們成為慈悲與自由的純然載體──超越二元，自我徹底消融。

● 07.28

東初禪寺戶外禪
中央公園分享漢傳禪法

東初禪寺常修法師、常灌法師於7月28日，帶領法青義工，首次於紐約中央公園舉辦戶外禪修，共五十多人參與體驗法鼓八式動禪、自然經行、打坐和分享交流。

東初禪寺戶外禪，首度於中央公園舉行。

常修法師以八式動禪的十六字心法「身在哪裡，心在哪裡。清楚放鬆，全身放鬆。」帶領眾人練習，熙來攘往的人群駐足圍觀，不少民眾也隨喜參與。打坐時，法師以「清楚、放鬆、覺照」來引導，提點眾人用「Let it in」、「Let it be」、「Let it go」的方法，讓身心接納整體環境的現象，便能在吵雜的環境中安住。

分享交流時，有西方眾分享平時都在安靜空間內禪修，第一次嘗試戶外打坐，練習接受整體環境，是新的嘗試與體驗；法師回應說明，對身心的覺受與環境的現象清清楚楚，但心不被影響，這個接受整體環境現象的方法，是漢傳禪佛教中的默照禪法，當我們隨時隨地運用，生活中便可常保明淨的心。

許多西方眾表示，首次聽聞默照禪，希望能到東初禪寺體驗，進一步認識默照禪。

舊金山道場水懺法會前行講座
演道法師講說去惡向善

袁盎也向景帝上奏說：「吳因為晁錯建議削藩，離間皇室叛兵就會罷退。」

演道法師以現代語言講說《慈悲三昧水懺》的觀念與方法。

美國舊金山道場7月29日舉辦水懺法會前行講座，由演道法師主講「三昧水懺的慈悲與清涼」，共有三十多人參加。

法師首先說明，佛說有兩種健兒：一者自不作罪、二者作已能悔；生活中，很難避免犯錯，大多數人是從錯誤中學習和反省，能在生活中常懺悔，常練習說「I am sorry.」，以及學習包容別人的過失，就是去惡向善的修行方法之一。

講座中，演道法師說明，「慈悲三昧水懺法」的「慈」是予樂，「悲」是拔苦，用佛法幫助人就是「慈悲」；「三昧」主要是指禪定，由定而生慧，心很安定又能清楚觀照，定慧等持才是大乘佛法所指的「三昧」，「水」所洗滌的不只是表象，而是內心的垢穢，「懺」則是反省後承擔責任；「法」則是隨時隨地覺照，始能去惡向善，最後擺脫自我的執著，善的不執著，惡的也不執著，才是解脫之道。

有學員分享，演道法師以現代語言演繹《慈悲三昧水懺》觀念與方法，了解到以透過共修懺法的力量，至誠反省、懺悔、禮拜、發願，期與佛陀教法相應，隨時導正心的方向。

溫哥華道場禪修弘化活動
李世娟分享禪法甘露

加拿大溫哥華道場於8月2至5日，舉辦禪修弘化活動，包括禪修講座、英文禪三，邀請聖嚴師父西方弟子，美國新澤西學院（The College of New Jersey）社會學系副教授李世娟（Rebecca Li）帶領。

2日於都市禪中心主講「禪與生活」，李世娟說明，無法用言語傳達禪在生活中的樣貌，禪是生活的實踐，從日出而作，日落而息之間，都能體驗禪，目的是幫助我們更沉著、清楚地體驗自己的「心」，讓「心」明白生活裡的動

靜，從而更完整的活出自己。

李世娟進一步解說，人生活在群體社會中，而禪在生活裡更進一步的解釋是人世間的關係：人和環境的關係、人和他人的關係，以及更常常被忽略的是人和自己的關係。人與人之間相處一定會有摩擦，在人際關係中，運用禪修的方法，平心靜氣地面對困境，視困境為長養智慧和同理心逆增上緣。

禪三於3至5日在道場進行，李世娟帶領東、西方眾打破語言文化的隔閡，體

溫哥華都市禪中心舉辦英文禪修講座，接引首次接觸漢傳佛教的東、西方大眾。

驗輕鬆祥和、身心和環境相依相融的覺受，期勉禪眾以禪法體驗生活，做生活的主人。

● 08.04～05

方丈和尚弘法關懷——新加坡
期勉大眾繼往開來

方丈和尚果東法師澳洲、東南亞弘法行，於8月4日至新加坡護法會，主持祈福法會暨皈依典禮，一百多位信眾在法師們帶領下，一起唱誦觀音菩薩聖號，為眾生祈福。

法會圓滿後的皈依典禮，方丈和尚為四十七位信眾正授三皈五戒，並勉勵大眾皈依三寶後，要學習佛菩薩的慈悲與智慧，來待人處事，若是做錯事，則要慚愧懺悔。

5日在護法會舉辦的「繼往開來，從心開始」講座中，方丈和尚勉勵大眾，面對變遷的時代，正是修福修慧的好資糧，環境是面鏡子，能讓我們看清無常因緣的現象，當自我中心的貪瞋癡慢疑生起時，需要以佛法的正知正見，將煩惱心轉為慈悲智慧心。

最後，方丈和尚引領大眾齊聲祈願、許願、還願，願人人「大悲心起」，繼往開來，走出寬廣自在的人生。

新加坡護法會於新會址舉辦皈依典禮，新皈依弟子歡喜接受方丈和尚的關懷祝福。

● 08.12

佛教研討會學者參訪溫哥華道場
常悟法師帶領禪修初體驗

參與哥倫比亞大學佛教研討會的學者一行四十人，參訪溫哥華道場。

　　8月12日，參與加拿大英屬哥倫比亞大學佛教研討的學者一行四十人，包括法國多學科佛教研究中心（Centre d'Etudes Interdisciplinaires sur le Bouddhisme, CEIB）主任汲喆、中國大陸廣州六祖寺監院登覺法師、法鼓文理學院佛教學系主任鄧偉仁等，以及六位就讀美國哈佛大學（Harvard University）、

耶魯大學（Yale University）的博士生，參訪溫哥華道場，由監院常悟法師代表接待，進行交流。

　　一行人除觀看法鼓山簡介影片、了解溫哥華道場的發展及弘化活動。常悟法師並邀請學者到大殿體驗禪修，分享禪法不只坐在蒲團上，而是行住坐臥處處可運用，接著帶領眾人練習放鬆身心，清楚、細膩的引導，讓來賓淺嘗身心安定的禪味。

　　茶敘時，學者與常悟法師就佛教發展現狀、僧才培養、教界與學界的合作、西方社會弘法等議題展開交流，希望未來進一步互動學習，共同致力讓佛教在當代社會發揮更積極的作用。

● 08.14～26

法鼓山受邀印尼弘法
常震法師、演正法師指導禪修活動

　　8月14至26日，法鼓山應印尼禪坐會（Chan Indonesia）之邀，前往指導禪修，由常震法師、演正法師前往西爪哇省、萬丹省等地，帶領禪七、助理監香培訓、禪法講座等多元活動。

　　兩位法師首先於14日，在萬丹伊卡亞納・捨朋寺院（Ekayana Serpong）帶領禪坐共修，有近六十人參加。16至22日的禪七，則在西爪哇的希薩魯（Cisarua）彌陀禪院進行，共有五十二位來自雅加達、邦加、泗水、巨港、

棉蘭、萬隆等城市,也有印度教、天主教等不同信仰的禪眾參加;禪七期間除了靜坐,還包括聆聽聖嚴師父的影音開示、戶外經行、聽溪禪、瑜伽運動、出坡、拜佛、過堂等,大眾以相同的作息節奏,和諧共住、精進修行。

24日及26日於伊卡亞納・捨朋寺院舉辦的禪法講座中,演正法師強調,每個人都需要修行,時時刻刻回到禪法,讓心裡保持寧靜安詳,才能增長智慧與慈悲。

於印尼希薩魯彌陀禪院舉行的禪七,禪眾來自雅加達、邦加、泗水、巨港、棉蘭、萬隆等城市。

許多禪眾分享,禪期間感覺充滿能量,無論是戶外禪坐、溪邊直觀等,都讓人忘卻身心,打坐更深入;也不約而同表示,很希望能到臺灣法鼓山參禪。

● 08.17〜22

常襄法師印尼弘法
帶領禪三、初級禪訓班

傳燈院監院常襄法師、演定法師於8月17日至22日,受印尼棉蘭禪坐會（Ch'an Medan Community）之邀,前往棉蘭慈音禪林帶領禪修活動。

初級禪訓班有二十五人參加,禪三則有十九人參與。常襄法師以調身、調息及調心三要素為核心,指導基礎禪修觀念與方法,嚴謹又不失活潑,學員們皆能身心放鬆地投入。常襄法師亦用煮水譬喻禪修,鼓勵學員們在動靜之間體驗方法,就像爐火不斷的加溫,才能將生水煮沸。

禪三期間,常襄法師帶領禪眾慢步經行。

有學員請益:「在禪修上,如何運用『四它』?」,法師以首度前來印尼為例,詳實講解生活中如何運用「四它」,並分享自身學習禪坐的歷程,引領禪眾用「四它」的觀念,面對壓力、安住於當下。

五天的時間,學員法喜地把握因緣習禪,並期盼法師再來弘法,教導學習漢傳禪法的活潑與實用。

● 08.20～24

馬來西亞教師佛學研修班
常藻法師帶領課程及禪修

馬來西亞全國教師佛學研修班中，來自各地的老師共同研討佛法。

8月20至24日，馬來西亞道場監院常藻法師應當地太平佛教會之邀，於該會舉辦的全國教師佛學研修班，擔任主題課程及禪修老師，禪修義工並帶領練習法鼓八式動禪、直觀體驗、托水缽及經行等，共有六十多位教師參加。

常藻法師分享文殊菩薩的智慧，並帶著學員們探討煩惱的現象和性質。法師提點，沒有一個具體的東西可謂是「煩惱」，一切都是因緣和合，都是心的運作而出現，由於我們不了解自己的心，卻想盡辦法要消除煩惱，反而不斷加強煩惱的根源，隨順追求、抗拒、對立的慣性。法師勉勵學員練習不逃避、不抗拒，直視煩惱深處，將會發現煩惱都是因「我」而有。

第二天的「戶外禪悅山水」，學員們在湖邊體驗「直觀」的方法。法師引導練習讓心像照相機一樣，只是呈現、反映著鏡頭裡原本的東西，而不去形容、比較或給名字，看到聽到什麼，就是什麼；法師說明，直觀自己的心也如此，知道煩惱出現，但不批判或跟隨，漸漸地就能體會何謂「妄認四大為自身相，妄認六塵緣影為自心相」。

24日，常藻法師為二十七名學員主持皈依儀式，期許教師們將佛法與禪法運用在教學中，愈教愈輕鬆。

● 08.21

溫哥華道場專題演講
鄧偉仁老師審視佛教現代主義

加拿大溫哥華道場於8月21日舉辦專題演講，由法鼓文理學院佛教學系主任鄧偉仁主講「佛教現代主義的審視——佛教禪修與身心療癒」，共有八十多人關注佛教在現代社會的發展，以及禪修應用在身心療癒上的現況。

鄧偉仁老師說明，近二十年來，西方的科學與醫學領域，日益重視「正念」（Mindfulness）和「禪修」（Meditation）對療癒身心疾病的研究和應用；而

佛教的「禪」是指心專注時的狀態和品質，「禪修」則是現代用語，指心的修持，包括訓練心的專注，去除貪瞋癡等煩惱，同時培養洞察實相的智慧。

講座中，鄧老師從當代緬甸禪師馬哈希尊者引用《大般涅槃經》中佛陀治癒自身疾病的例子，說明佛教禪修的治病，並不是醫學上去除疾病的概念，多是指「心」的安定，須有戒行和禪定工夫，方能身有痛而不受干擾。對佛法來說，色身於己是用來修行，於

鄧偉仁老師提醒，現代科學指陳的身心療癒，不是佛教禪修的主要目的。

他是用來利益眾生，把身心健康變成目的，是手段和目的的混淆，倒因為果。

鄧老師提醒，將禪修和身心療癒連結應用，容易誤導進入禪修等於快樂的表象，這也是「佛教現代主義」下的禪修運動，不僅世俗化、去宗教化，也忽略歷史上佛教的各種修行法門，包括戒律、儀軌法會、布施、供養、行善、念佛等，值得關注和省思。

● 08.23

日本清水寺輔佐執事森清顯參訪農禪寺
果暉法師接待交流

日本京都清水寺輔佐執事暨泰產寺現任住持森清顯博士，於8月23日訪臺期間，參訪北投農禪寺，由僧團副住持果暉法師代表接待，進行交流。

森清顯博士與果暉法師為日本立正大學同學，當年係由聖嚴師父友人北川前肇教授介紹而認識，曾與北川教授於1999年到訪農禪寺，由聖嚴師父親自接待。果暉法師分享，森博士當年對他多所照顧，尤其在日本文化的認識及日文修改上，提供許多協助，其溫文儒雅的形象，讓法師印象深刻。

日本清水寺輔佐執事森清顯博士（左）參訪農禪寺，由果暉法師接待。

森博士經由《法鼓》雜誌得知果暉法師即將接任新方丈，為此來臺表達祝賀之意。此行參訪，對農禪寺建築特色，及接引都市族群學佛、禪修、參與法會共修等弘化活動，留下深刻印象。

● 08.31～09.04

香港悅眾臺灣參學之旅
立願共行菩薩道

香港尋根團參訪寶雲寺，由監院果理法師導覽各樓層。

8月31日至9月4日，香港道場舉辦護法菩薩行及悅眾臺灣參學之旅，除了於法鼓山園區參加第六任任方丈和尚接任大典，也參訪北投農禪寺、臺北安和分院、三峽天南寺、桃園齋明寺、臺中寶雲寺，並在天南寺與臺灣榮譽董事展開交流活動。

9月3日，在港臺兩地榮董的分享交流會上，捐贈天南寺的家族成員邱仁賢，講述父親邱春木當初發心購地，希望興建一處教化人心的道場，這個願望逐步感動家人，成為眾多子女共同的心聲，不僅齊心協力籌款建成了天南寺，更在捐獻道場予法鼓山之際，同時在聖嚴師父座下皈依三寶。香港榮董團則由現任召集人劉佳略訪談悅眾郭永安，分享親炙聖嚴師父，擔任香港隨行接待的學習和啟發。

香港悅眾表示，五天的行程內容豐富，感恩所到之處，皆受到細膩用心、無微不至的溫馨關懷；也有悅眾分享，在每一處道場，皆發現中華禪法鼓宗的菩薩道精神，深植於大眾的日常生活中，充滿了強大的生命力。

● 09.01～07

韓國松廣寺來訪
汲取佛法現代弘化經驗

為推動韓國佛教的生活化、現代化與年輕化，韓國曹溪宗三大寺之一的松廣寺禪慧法師及慧頂法師，於9月1至7日至法鼓山參訪，除了參加第六任方丈接任大典，也與青年院監院常炬法師、禪堂監院常乘法師、傳燈院監院常襄法師等多位法師，互動交流。

兩位法師首先於1日參與青年院於法鼓文理學院舉辦的活動，除分享韓國佛教文化，並以韓文唱誦《心經》及〈大悲咒〉，跨越語言流露出的願心與道心，令在場青年深受觸動。2日至4日，兩位法師參加方丈接任大典，並由參學室參學員導覽，認識園區、觀摩義工出坡；5日於禪堂體驗法鼓山禪法、前往

松廣寺慧頂法師（左四）及禪慧法師（左五）與監院常炬法師（右四）、青年院法師交流，討論現代佛教弘化方向。

三峽天南寺，了解傳燈院各項禪修活動規畫。7日前往北投農禪寺認識分院弘化活動的運作；晚間則與青年院執事法師交流。

禪慧法師及慧頂法師表示，對法鼓山各個單位法師以身作則，與義工共同執作，並視義工為菩薩道上的同修來教育、接引，印象深刻。

● 09.01～09

北美護法會尋根參學之旅
發願不負弘法期待

9月1至9日，來自全美各地近一百二十位信眾，組成北美護法會尋根團，由東初禪寺監院暨北美護法會輔導法師常華法師帶領，來臺展開尋根之旅，參加第六任方丈接任大典，並參訪法鼓山園區及各地八處道場。

2日第六任方丈接任大典後，當晚巡禮行前說明會，新任方丈果暉法師、退居方丈果東法師均前來關懷，果暉法師全程以英文開示，零距離地與大眾互動，尋根團表達北美信眾對退居方丈果東法師的感謝，對新任方丈果暉法師的護持。

尋根團由北到南，而後到東臺灣各地道場巡禮，從各道場創立、重建的過程，體會創辦人聖嚴師父與四眾弟子的悲心與願力；而從環境呈現樸實寧靜的氛圍中，更深刻體驗到「禪悅境教」的意義。

有成員感恩表示，各地道場的法師與義工們以隆重道誼接待，更在身、口、意的行誼中，展現心靈環保教育

尋根之旅最後一站來到信行寺，團員們從每個道場呈現的樸實寧靜，領會到聖嚴師父提倡「禪悅境教」的意義。

的力量，是實踐聖嚴師父建設人間淨土理念的萬行菩薩；也有團員分享，尋根
的過程，了解法鼓山在臺灣的發展，認識聖嚴師父一步一腳印建立法鼓山的弘
法歷程，發願接引更多人親近法鼓山，認識佛法的好。

● 09.08～16

果元法師盧森堡、英國弘法
播撒漢傳禪法種子

果元法師於英國寇艾許小鎮帶領禪五，播撒漢傳禪法種子。

圓滿波蘭禪四十九，9月8至16日，象岡道場住持果元法師與監院常護法師轉往盧森堡、英國弘法，播撒漢傳禪法種子。

8至9日於盧森堡市中心的方濟會女修道院（Congregation Des Franciscaines）舉辦的禪修活動，包括禪一與講座。講座中，果元法師以「禪——得與失」為題分享，指出一般人在生活中，常常處於不是爭取獲得，就是害怕失去的擔心中，以至於身心經常處於波動狀態，反而得不到平安；禪法則是在修行的過程中，不斷練習放下得失心，讓心保持平穩。

兩位法師接續於11至16日，在英國寇艾許鎮（Cold Ash）的寇艾許中心帶領禪五，共有二十一人參加。果元法師開示時，禪眾把握機緣踴躍提問，釐清禪修上的盲點，凝聚修行氛圍。

有禪眾表示，在歐洲學習漢傳禪法不易，希望法師再來弘法，帶領深入認識漢傳禪法。

● 09.09～17

果毅法師馬來西亞弘法
帶領體驗漢傳禪法的修行

普化中心副都監果毅法師於9月9至17日，前往馬來西亞弘法，內容包括禪七、講座等，分享漢傳禪法的修行。

馬來西亞道場於9至16日，在般達烏塔瑪佛教協會（Bandar Utama Buddhist Society）首度舉辦默照禪七，由果毅法師擔任總護，共有六十二位禪眾參與。法師說明，禪七沒有高低階之分，重點在於自己的工夫有沒有做好；禪期間，

配合聖嚴師父影音開示，法師重點分享宏智正覺禪師的〈坐禪箴〉，並視禪眾身心狀況和問題，給予指導。

果毅法師以提問引導思考，藉由討論交流，深入學習佛法。

法師解析「意念」可以影響人們對於身心的覺知和感受，教導禪眾用意念的力量放鬆身心，對治打坐時身體的疼痛，提醒禪眾修行的關鍵，在於體驗和接受「苦、空、無常」的事實。有禪眾分享，禪七讓他更認識自己，體會到修行需要腳踏實地。

17日，果毅法師在馬來西亞道場主講「從法鼓山禪修談漢傳禪法」，以歷史為縱軸，祖師大德的思想、特色和影響為橫軸，介紹禪宗史的整體面貌，中華禪法鼓宗則繼承了臨濟和曹洞法脈，在傳統中有創新。聖嚴師父參考印度、漢傳諸宗、日本禪、南傳內觀和藏傳次第的特色，除了保留頓悟法門，也開出次第化的漸修法門。

有信眾表示，從佛教歷史中體會祖師大德的慈悲與智慧，了解漢傳禪佛教的發展和脈絡，也對修學方法更有信心。

● 09.11

東初禪寺受邀出席「為愛濟糧」
祈福紀念美國911

9月11日，美國東初禪寺受邀參與紐約紀念911事件的第四屆為愛濟糧（911 Meal Packing）跨宗教活動，由常齋法師、常灌法師及義工參與，法師並帶領祝禱，為受苦眾生與世界和平祈福。

活動從上午七點，於位在曼哈頓四十六街的無畏

「為愛濟糧」活動中，常齋法師（中）梵唄，為受苦眾生祈福。

號航空母艦（USS Intrepid CV-11）展開，分為五個階段，每階段由三位來自不同宗教的宗教師一同祈福祝禱，東初禪寺的法師與義工參加第三階段的祝禱及乾糧打包活動。

中午十二點整，在莊嚴的氣氛下，三位宗教團體代表分別以各自的信仰，為911受難者祝禱。常齋法師首先分享，每個人無論相識與否，都是相互連結、相互依存的，觀世音菩薩在佛教裡代表慈悲，在生活中，要學觀音、做觀音，不僅要對所愛的人慈悲，對於不認識、乃至怨恨的人，依然要以慈悲心對待；接著領眾唱誦「南無觀世音菩薩」聖號，以慈悲和雅的梵唄，為受苦眾生祈禱祝福。

祝禱圓滿，法師與義工參與乾糧打包。2018年共打包一百五十萬份乾糧，濟救苦難。

● 09.12

法鼓山代表拜會教宗
跨宗教合作提昇人類心靈

教宗方濟各公開接見美國佛教團體代表，包括法鼓山東初禪寺監院常華法師（左二）、洛杉磯道場監院果見法師（左三）。

9月12日，由美國紐約、洛杉磯以及芝加哥天主教、佛教團體宗教師組成的專案團隊，於梵蒂岡拜會天主教教宗方濟各，法鼓山由洛杉磯道場監院果見法師與東初禪寺監院常華法師等代表參加。

教宗方濟各在聖伯多祿廣場（Piazza San Pietro）的公開接見儀式中，親切地與專案團隊互動，表示期望未來佛教各宗派都能和天主教合作，一起為人類的心靈提昇，共同努力。專案團隊亦向教宗詳細說明專案的執行方案與後續規畫。

這次的跨宗教合作，緣起於本年7月初過世的樞機主教陶然（Jean-Louis Tauran）生前致力促成跨宗教合作專案。天主教會原本在紐約、洛杉磯、芝加哥三大都市建設許多安置收容空間（Mercy Housing），提供老人、低收入家庭或街友居住，目前在三地各有一項專案，邀請佛教團體加入，提供環保及心

靈提昇的教育功能,例如禪修、瑜伽、禪藝等各項課程,以照顧不同宗教背景的需求。

自2015年6月接受「美國天主教主教團普世與跨宗教事務主教團委員會」(United States Conference of CatholicBishops, USCCB)之邀,法鼓山出席於義大利羅馬舉辦的「天主教與佛教之宗教對話」後,2018年再度受邀參與跨宗教交流,為世界和平盡一份心力。

● 09.15～16

舊金山道場佛學講座
常玄法師講《華嚴經》

美國舊金山道場於9月15至16日舉辦佛學講座,由波士頓普賢講堂副寺常玄法師主講《華嚴經》,概要介紹《華嚴經》的重要內容,也強調華嚴境界在生活中的應用與實踐,有近七十人參加。

常玄法師首先講解本經的歷史與譯本,再整體說明華嚴五祖、七處九會三十九品、五周因果、信解行證四分等,並以〈世主妙嚴品〉為例,描繪出盛會之莊嚴,境界的寬廣,參與會眾包括菩薩摩訶薩,八部眾及神眾等多元性,引領學員窺探《華嚴經》廣闊富麗的氣象。

法師強調華嚴境界在生活中的應用與實踐,勉勵大眾學習無窮無盡的華嚴境界,擴展心量,不去分別外境好壞,就能體會事事無礙的精神;更要學習觀照心內身外都是無盡的深遠,不執著於一時一地的現象,而能善觀當下的緣起,進而欣然領受。

● 09.15～23

果慨法師香港弘法
分享行願的動力

9月15至23日,弘化發展專案召集人果慨法師於香港弘法,內容包括佛學講座、帶領悅眾成長營、主持懺法研習營等。

15日於香港道場九龍會址舉行的「《法華經》與改變的力量」講座,法師深入淺出解說《法華經》經義,勉勵大眾以「願」為生命的動力,以修行改變、提昇自己,實踐利他的生命價值,有近四百三十人參加。

「《金剛經》與悅眾成長營」於17至18日展開,果慨法師分享,如能常常思惟《金剛經》中的「一切有為法,如夢幻泡影」,就不會太執著。佛陀的教法

香港道場悅眾成長營，果慨法師提醒學員，時時保持覺照。

給予修行的方向，而修行能讓人懂得觀照，不容易心隨境轉，當體驗愈深，對法的信心愈屹立不搖。成長營中，法師也帶領學員分組，進行猜拳遊戲，體驗《金剛經》的「眾緣和合」；法師提醒悅眾，真正的和合是接受不同，讓每個人都發揮潛能，團體才會不斷成長、進步。

20至23日，果慨法師主持「《法華三昧懺儀》研修營」，法師首先講解拜懺儀軌，並帶領大眾禮懺一次，之後各人依時間表及儀軌修行，每天三座，每座包括禮懺、誦經、禪觀，由動入靜，以行門配合解門。

研習營圓滿，法師期勉學員，四天的精進是大火煮湯，而每日的定課，是恆常文火，才能熬出修行的味道與質感。

● 09.19

加勒比海友邦參訪法鼓山
體驗園區禪悅境教

加勒比海友邦聖克里斯多福及尼維斯（Federation of Saint Christopher and Nevis）資深部長艾默里（Vance Amory）伉儷，在公使羅禮文陪同下，於9月19日參訪法鼓山園區，由傳燈院監院常襄法師、慈基會副祕書長常隨法師代表接待，並與方丈和尚果暉法師、副住持果祥法師餐敘，進行交流。

艾默里部長伉儷（左三、左四）在羅禮文公使（左一）的陪同下，參訪法鼓山園區，由方丈和尚果暉法師（右三）、副住持果祥法師（左二）等，代表接待。

一行人先前往環保生命園區，常隨法師詳細解說植存的理念與流程，羅禮文公使表示植存方式對由小島組成的聖國會有很大

助益;再於開山紀念館了解法鼓山的歷史、心靈環保理念。常襄法師帶領部長伉儷體驗禪修,並分享禪修的兩大要領「放鬆」及「專注」。

午齋後,方丈和尚果暉法師致贈「心靈環保」墨寶及相關書籍予艾默里部長結緣,並陪同參訪祈願觀音殿;艾默里部長抽到「活在當下」的心靈環保處方籤,表示反映了參訪後的心境,也對園區的禪悅境教,留下深刻的印象。

● 09.22　09.29

溫哥華道場舉辦兩場特別講座
韋聞笛分享佛教修行觀念與教法

加拿大溫哥華道場於9月舉辦兩場佛學研究講座,邀請卡加利大學(University of Calgary)宗教系副教授韋聞笛(Wendi Adamek),分享佛教修行觀念與教法。

22日在都市禪中心進行的「佛教的修行到底是什麼?」工作坊,針對西方眾和英語教育背景的族群,韋聞笛簡要介紹傳統佛教概念中的

在溫哥華都市禪中心,韋聞笛以工作坊的型態,分享佛教的修行觀念。

因果、業力、六道輪迴,以及修行資糧和功德迴向的各種宗教形式,包括布施、供養三寶等;也說明修行結合生活或許不容易,但是,修行並非一時,隨著時間推演,很多改變會在不知不覺中發生,而「佛教的修行到底是什麼?」答案可能對每一個人、每一個階段,都會呈現不同層次的意義。

「佛陀顛覆性的教導——《涅槃經》」講座,29日於溫哥華道場舉行,韋聞笛說明《涅槃經》的主要思想,即一切眾生本具如來藏的定義,以及從佛陀最原始「無常、苦、無我」的教法,到《法華經》至《涅槃經》,其間不斷強化常、樂、我、淨的教法,而佛陀的涅槃正是為了向世人展示「祕密藏」——即「如來藏」的比喻,它是解脫法、如來身與般若慧的綜合,任何單獨一者皆非涅槃,這也被認為是佛陀教法的重要轉捩點。

韋聞笛提醒,眾生的顛倒見:「視痛苦的為快樂的,視快樂的為痛苦的;視無常的為常的,視常的為無常的;視無我為我,視我為無我;視不淨為淨,視淨為不淨」,這些錯誤知見來自於人們往往執著「一邊」,導致無法契入真正的佛法。破除對於二元對立、理性正確的執著,唯有證悟之後,才能真正了知實相。

● 10.01

「禪法在西方的轉化與挑戰」座談會
東方、西方佛教文化的交流與學習

　　傳燈院、法鼓文理學院人文社會學群於10月1日，在法鼓山園區共同主辦「禪法在西方的轉化與挑戰」座談會，邀請聖嚴師父克羅埃西亞法子查可‧安德列塞維克，與日本鈴木俊隆禪師第一代弟子、前舊金山禪中心（San Francisco Zen Center）住持雷‧安德生（Reb Anderson）對談，由三學研修院副都監果光法師主持，共有一百二十多人參加。

　　兩位對談者首先分享與佛法、明師的相遇，在體會禪法的受用後，儘管面對西方根深柢固的基督宗教文化，仍致力於弘傳佛法。「求法若渴的情況必須存在。」查可以自身經歷指出，禪法要在西方扎根，必須具備三條件：人們把佛法當成生命的良藥；有智慧的老師弘法，能夠針對不同需求的眾生施以良藥；最後則是必須廣泛翻譯佛典。

　　安德生則透過教學過程，體會到禪法雖是佛陀教法的核心，但應依每個人不同的根性來學佛，不一定都要從禪坐入門。

　　對於佛法的傳承，安德生強調應建立正確的「師生關係」，師生之間藉由互動、觀察、溝通，彼此學習共修，老師並非只是老師，也能從學生身上獲得啟發，學生要主動學習、發問，因此師生之間的關係是流動的，亦師亦友。查可認為固定僵化的師生角色及模式，會形成溝通的障礙，唯有透過緊密的交流、真誠而彈性的互動、不斷向對方提問並釐清、師生互為借鏡及覺照，才能彼此增益。而這就是佛法真正傳承的，也是認識自己、認識別人的方式，而人與人之間的互動，就是覺照的場域。

查可（左二）與安德生（右二）活潑的對談，為聽眾帶來省思啟發。（左一為主持人果光法師，右一為翻譯陳維武老師）

　　針對聽眾提出西方人學習佛教教法，會刻意避開與原有文化不相容的觀念，例如輪迴，如此一來，還能算是佛法嗎？安德生回應說明，佛陀最先向五比丘三轉法輪，講的是四聖諦，阿若憍陳如便能立刻證得阿羅漢，所以弘法時必須要方便接引，入門後再引導認識正確的知見。

　　查可表示，佛陀要求弟子親身去觀察、去體驗，而非只是去相

信；佛法傳到西方百餘年的歷史，是正在進行的過程；身處全球化的世界，東方與西方雙向溝通，而這種情形在歷史上是前所未見的，正是佛法所謂的「無常」，只要以開放的心，來看待種種變化即可。

● 10.02　10.20

果元法師美國校園帶領茶禪
推廣生活禪法

美國象岡道場住持果元法師等應賓州斯克蘭頓大學（The University of Scranton）亞洲研究學系暨哲學系主任龐安安（Ann A. Pang-White）之邀，10月2日於該校德納普斯中心（DeNaples Center）宴會廳帶領茶禪體驗，共有一百零二位哲學系、亞洲研究學系師生及學校神父參加。

茶禪當日，與會者依序進入茶席坐定，果元法師首先介紹觀音法門，再請大眾雙手合十，注意力放在中指指尖，安定後傾

法鼓山以茶禪接引西方眾，進而體驗禪法。

聽缽聲，練習聽只是聽，不去排斥或分別。大眾隨著引導，逐漸放鬆而安定。出靜後，再由常源法師、常護法師、常興法師一同引導練習頭部運動，清楚輕鬆柔軟的感覺，延續安定的狀態，體會茶杯的溫度與觸感、聞茶香，而後體驗茶湯入喉的感覺，並享受回甘與茶氣逐漸流動的覺受。

10月20日，為接引年輕人體驗漢傳禪法，美國漢傳佛教文化協會（Chinese Buddhist Culture Association）於哥倫比亞大學（Columbia University）東亞語言文化學系及宗教學系活動廳舉辦「茶禪」，由果元法師、常護法師帶領靜心品味茶禪，共有四十人參加。

● 10.04～06

果祥法師出席生物多樣性國際研討會
籲請大眾實踐環保生活

法鼓山受邀參加生態學者范達娜·席娃（Vandana Shiva）於10月4至6日，在印度北阿坎德邦德拉敦的印度森林研究學院所舉辦的「2018生物多樣性國際研討會」（2018 International Biodiversity Congress），由僧團副住持果祥法師

代表出席，與來自二十多個國家，七百多位的專家、學者共同研討。

會議上，印度第一個於全邦實行有機農業並獲國際認證的錫金邦首席部長巴旺・庫瑪・將林（Pawan Kumar Chamling）在演說中，以實際的農業政策與行動做為表率，呼籲人類共同參與保護地球生態及自然環境。席娃博士也強調，促進國際先驅人士交流互動的目的，在於增進、更新彼此的環保觀念，並落實行動，世界才能有好的轉變。

果祥法師表示，會議的精神與佛教「一即一切，一切即一」的緣起思想相應，而創辦人聖嚴師父生前即大力提倡「以心靈環保為核心主軸，從事自然環保」，籲請大眾實踐環保生活，保護地球環境，才能保護好每一個人。

研討會共發表二十七篇論文及研究報告，並且安排參訪「拿當亞生態多樣性農場」（Navdanya Biodiversity Conservation Farm），參觀保有七百三十五種稻米和許多原生種種子的倉庫，對「種子銀行」的設立，與會者皆深表認同。

席娃博士（左一）邀請果祥法師（左四）參與研討會，並帶領參訪拿當亞生態多樣性農場，她的姊姊暨助理米拉・席娃（Mira Shiva，右一）醫生、臺灣綠色陣線執行長吳東傑（左三）同行。

● 10.14～18

法鼓山參加比丘尼與修女對話研討會
深度交流觀行之道

10月14至18日，法鼓山受梵蒂岡聖座宗教對談理事會（The Pontifical Council for Interreligious Dialogue, PCID）之邀，由僧團果禪法師、常寂法師、演博法師代表參加於高雄佛光山舉行的第一屆「天主教修女與佛教比丘尼對話國際研討會」，與來自十九個國家、六十多位比丘尼及修女，進行深度交流。

會議的主題是「觀之以行，行之以觀」（Contemplative Action and Active Contemplation），在14日的開幕式中，聖座宗教交談委員會祕書長阿尤索主教（Miguel Angel Ayuso Guixot）表示，研討會以「積極行動」及「宗教體驗」為主軸，希望以對話增進彼此之間的理解、建立友誼，共同開展利益世人的一致使命。

果禪法師受邀主持「佛教禪修之介紹、討論及體驗」工作坊，分享外在環境

的呈現往往是內心的反射，並強調淨化心靈的重要。工作坊並安排印度維吉塔南達（Vijithananda）法師介紹南傳內觀、日本正法寺住持青山俊董介紹只管打坐等，引導參與者體驗不同傳承的禪修方法。

法鼓山受邀出席比丘尼與修女對話研討會，交流觀行之道。

常寂法師則在「佛教與基督宗教女性修道人之修道生活的起源、演變與現況」座談會中，介紹聖嚴師父以「心靈環保」淨化人心與社會的理念、弘化及實踐歷程。

研討會並安排與會者參加早晚課誦及彌撒晚禱，共修拉近彼此的心，與會者咸認此次會議凝聚了女性修道者合作奉獻社會的共識。

● 10.16～24

香港道場舉辦系列弘法活動
繼程法師帶領禪五、講座

香港道場於10月16至24日，舉辦系列弘法活動，包括禪五、禪藝工作坊及講座，分享觀音菩薩的智慧，共有三千多人一同聞法、聽禪、品茶，感受放鬆自在的身心饗宴。

16至22日在基督教女青年會梁紹榮度假村舉辦的禪五，邀請聖嚴師父法子繼程法師帶領，有近七十人參加。法師首次於香港主持禪五，從三時調三事到六妙門，次第清楚、架構完整、方法詳盡，引領學員自然而然深入禪法。生動幽默地說法，讓禪眾更能身心放鬆地投入方法，而非拚命、緊繃地把禪修變成一件忙碌的事。有禪眾感恩法師開示完整的禪修路線，告知誤區所在，重新學習放鬆身心，精進用功。

禪藝工作坊中，法鼓山茶禪隊，手持茶壺隨鼓聲緩步繞場，為大眾奉茶。

23、24日的「聞聲‧觀音」

繼程法師於香港分享《心經》與《普門品》的智慧法語。

禪藝工作坊，於灣仔伊利沙伯體育館舉行。上午的工作坊，分別由監院常展法師及常霖法師帶領，透過經行、持咒及禪坐，體驗放鬆、專注、清楚；下午的工作坊邀請唐鼓演奏家張藝生帶領相互拍打放鬆後，回到自身，觀照呼吸；演奏家曾文通則結合法鼓山茶禪隊，為眾奉茶，引導大眾以直觀來感受茶湯中的禪味。

晚間的講座，繼程法師解析《心經》與《普門品》的智慧法義。法師解析《普門品》中，「若有國土眾生，應以『何身』得度者，觀音菩薩即現『何身』而為說法」，「何身」是千變萬化的，千處祈求千處現；而《心經》咒語「揭諦揭諦。波羅揭諦。波羅僧揭諦。菩提薩婆訶。」意謂「去吧，去吧，去到彼岸，大家一起去彼岸吧，成就圓滿的智慧。」不是形體上的去，而是心的去，念經不是嘴巴念，而是用心念，同樣是將五蘊皆空、無常無我之理聽進內心，並將聽聞外在聲音的耳根向內收攝，反聞聞自性，直至聽見空性的聲音，證得觀音妙智。法師勸勉大眾將觀音精神運用在日常生活中，隨緣化身做他人的觀音，這股力量會在時空中延續擴展，觀音的千百億化身即出現在娑婆世界。

● 10.20

大馬佛青「心旅途」團隊來訪
交流心靈環保對社企創新的啟發

馬來西亞佛教發展基金會主席洪祖豐帶領該國多位資深學佛者、十餘位青年企業家組成「心旅途」團隊，於10月20日參訪法鼓山園區及文理學院，藉由體驗園區的禪悅境教，認識心靈環保對於社會企業創新的啟發與效用。

常寂法師首先陪同一行人參訪文理學院與自然共生的校園景觀，也引導練習「只走一步」的經行方法；並於祈願觀音殿學習禮佛、祈福、發願，體驗道場的清淨莊嚴。

午後，文理學院學群長陳定銘、人基會副祕書長許薰瑩，分別從「社會企業與創新」、「從工作到公益，您可以不一樣」等面向，介紹法鼓山的理念，以

及在社會企業創新上的研究與應用。陳定銘學群長闡述使用創新企業模式對社會產生的正面影響力，強調公益結合企業，可使利他行為轉化為善的循環，產生更大的正能量，呼籲馬國企業家們響應少欲利他的幸福經濟學；許薰瑩副祕書長則以佛法的「信願行」與參訪團共勉，從心做起、自利利人，身在哪裡，淨土就會在哪裡。

大馬佛青參訪團對文理學院創校願景、社企模式研發印象深刻。

洪祖豐主席表示此行不只體驗到法鼓山的禪悅境教，更從法師與講師的分享中，深刻感受聖嚴師父的精神內涵，收穫豐富。

● 10.20～25

DDMBA全球地區青年研討會展開
中東青年生態學家交流心環保

10月20至25日，美國法鼓山佛教協會（Dharma Drum Mountain Buddhist Association, DDMBA）、全球女性和平促進會（The Global Peace Initiative of Women, GPIW）和地球憲章（Earth Charter International）於賽普勒斯共和國（Cyprus）波利斯（Polis）舉辦「氣候變遷的內在面向」（Inner Dimensions of Climate Change）會議，就永續地球未來議題，由常濟法師帶領討論與分享，共有三十五位來自中東的青年生態學家參加。

來自阿拉伯地區的聯合國開發計畫署（The United Nations Development Programme，UNDP）地區氣候變化專家瓦力德‧阿里（Walid Ali）綜述中東地區的發展現況，表示極端的氣候變化、水資源問題，以及性別不平等許多方面，使得中東地區衝突加劇，並介紹在當地施行的聯合國開發計畫署旗艦計畫，已

中東青年透過交流與對話，在異中求同，相互尊重。

經為連結環境、氣候變遷、消弭貧窮,以及相關的聯合國「永續發展目標」（Sustainable Development Goals）,帶來多領域的正向觀點。會議宗教輔導師錦優卡辛・靈馬（Tiokasin Ghosthorse）表示,大自然自有其平衡之道,不需要人類拯救,人類要拯救的,其實是人類自己。

常濟法師於會中分享,聖嚴師父曾呼籲,每個人都應該打開胸襟向其他人學習,試著在異中求同,避免故步自封,唯有放下成見,相互尊重,未來才有和平可期。因此,看似艱難的各種挑戰,也可能是促使人類發揮人性偉大情操,團結一致的催化劑,讓我們在面對嚴酷現實的當下,思考出超越的觀點,與不同族群、地球生態重新連結。

青年們透過研討會交流與對話,重新認識、了解立場迥異的彼此,並獲得嶄新見地與集體智慧,在變動的年代中,力行心環保。

● 10.24～28

舊金山道場首辦默照禪五
邀請查可・安德列塞維克帶領

美國舊金山道場於10月24至28日,首度在博德溪（Boulder Creek）紅木森林（Big Basin Redwoods）舉辦默照禪五,邀請聖嚴師父西方法子查可・安德列塞維克帶領,共有三十多人參加。

查可首先說明,五日的禪期雖短,但專注當下即是禪修,此次禪五的目標有三:收攝身心（Collect yourself）、深入練習（Deepen your practice）,以及放鬆身心（Relax body & mind）。對於禪坐時的妄念,查可以「不怕念起,只怕覺遲」鼓勵學員正面思考,發現妄念生起,把注意力輕輕拉回,繼續看著呼吸就好;對治妄念的方法,則是「不管它」（Ignore it）、「讓它去」（Let it go）,因為妄念就像自己的影子,去除的方法不是拼命和影子打架,而是不動,影子立刻停歇。

禪期中,學員練習放鬆身心、觀身體局部、觀全身、看著呼吸、數息、隨息、放掉;查可提醒,默照禪的重點是先徹底放鬆,不要急著用方法,一個階段做好了才進入下一個階段。

有禪眾分享,查可教學按部就班又清楚簡明;小參時,也針對個人修行的問題,給予指導鼓勵,獲益甚多。

禪期圓滿,禪眾與查可（前排右三）、常惺法師（左三）、常源法師（右二）合影。

● 10.29～30

法鼓山出席世界佛教論壇
方丈和尚果暉法師應邀開幕演說

10月29至30日，法鼓山受邀參加中華宗教文化交流協會於中國大陸福建莆田舉辦的第五屆「世界佛教論壇」，由方丈和尚果暉法師、退居方丈果東法師、僧伽大學女眾部副院長果幸法師、弘化發展專案召集人果慨法師等出席與會，共有一千多位、來自五十五國的佛教界人士、專家學者、社會人士參與。

主办单位 国佛教协会 中华宗教文化交流协会 承办
Hosts: The Buddhist Association of China China Religiou
Fu Jian Province anizing Committee of t

方丈和尚果暉法師出席「世界佛教論壇」，受邀擔任開幕演說，分享法鼓山的理念。

開幕典禮中，方丈和尚果暉法師受邀擔任開幕演說，就二十一世紀佛教所面臨的課題及未來發展，引述聖嚴師父於2005年在中國大陸海南三亞論壇籌備會議中提出的兩點建言：一、兩岸四地佛教從同一法源，加強漢傳佛教的探討與聯繫；二、廣納各界意見，以集思廣益，共同解決人類社會當務之急，並分享法鼓山以「大悲心起」來「提昇人的品質，建設人間淨土」的理念，以「心靈環保」為核心，所發展出種種落實的方法，強調唯有從心靈的淨化，才能帶動行為的清淨，進而完成社會、世界的淨化。

30日的世界佛教分論壇「海峽兩岸與港澳論壇」，由退居方丈果東法師與中國大陸中國人民大學哲學系副教授宣方主持，論壇以「佛教與中華文化的傳統與現代」為題進行交流。在「佛教與環境保護分論壇」中，果慨法師以「從雲端祈福實踐心靈環保」為題，分享在聖嚴師父主張法會佛事必須符合環保理念的原則下，籌辦法鼓山水陸法會的過程，並以「雲端祈福」的建置為例，提供大會參考。

果幸法師於「中日韓佛教分論壇」中，發表〈日本德川文化（1603-1876）中面山瑞方禪師研究默照禪的意義及現代啟發〉，說明面山禪師為振興道元宗統而研究默照，與聖嚴師父大量引用《宏智禪師廣錄》內容來闡述、弘揚默照禪，並揀擇、納入現代南傳內觀，將其整合為具次第的禪法，兩者承先啟後的作法如出一轍；法師呼籲不同地域的佛教，應加強交流對談，增進彼此法誼，共同弘揚佛法。

● 11.04～06

馬來西亞道場法青生活營
學員自我探索、保護大自然

生活營安排學員淨島，保護自然生態。

馬來西亞道場於11月4至6日，於雪蘭莪州加埔十五支鬚鬚港舉辦法青生活營，由監院常迪法師帶領，展開自我探索和保護自然生態之旅，有近七十位學員參加。

生活營活動多元豐富，包括出海直觀海洋生態、淨島、體驗紅樹林自然生態、「螢火蟲之星」生態保護影片觀賞等，引導學員進一步了解自然環保與生活環保。常迪法師也帶領學員發願，保護大自然，淨化自己的心，也帶動周圍環境的淨化，形成善的循環，讓世界更美好。

營隊並由常藻法師進行「遇見生活中的小確幸」、「感恩眼前當下」兩場分享。在「遇見生活中的小確幸」中，法師表示幸福的重點不在目標，而是過程中的發現和學習，變動或是逆境，長養學習新事物和結善緣的能力，發展自己的潛能。

5日的「感恩眼前當下」分享中，常藻法師提醒學員，無論當下的現象是好或壞，先不討厭，試著接受，就能感受到每一天是眾緣成就的，每時每刻感恩眼前當下。

● 11.17

法集禪修中心「Plant Me」植樹綠化活動
千年道場　百年樹人

11月17日，聖嚴師父西方法子查可‧安德列塞維克帶領法集（Dharmaloka Chan Buddhist Community）成員，於克羅埃西亞首都札葛雷勃（Zagreb）近郊創建的法集禪修中心（Chan Retreat Center），舉行「Plant Me」植樹綠化活動，有近七十人參與。

查可分享，釋迦牟尼成佛時是在一棵樹下；童年時第一次獲得精神啟發是在

一棵樹下；最後進入涅槃，也是在娑羅樹下。樹是一種自然的象徵，提醒應重視人類與自然之間的深層聯繫，大自然能幫助人類對生命有更深層的體會。

歷經十三年建設，由五座建築所組成的禪修中心，位於自然公園的原始環境內，特別規畫了植物的種類與配置。當天共種植了三十二棵樹木、十六棵果樹、三十棵榛子樹和四百餘種觀賞植物。

法集禪修中心「Plant me」植樹綠化活動，共種了近八十棵樹木和四百多種觀賞植物。

● 12.03～14

法鼓山參加聯合國氣候變化會議
共同關心地球永續未來

美國法鼓山佛教協會常濟法師，於12月3至14日受邀參加聯合國氣候變化綱要公約（United Nations Framework Convention on Climate Change, UNFCCC）於波蘭南部煤礦重鎮卡多維斯（Katowice）召開的「第二十四次締約方會議」（COP24），共有近兩百個國家代表與會，就落實「巴黎氣候協定」的方式達成共識，共同關心氣候變遷與地球的永續未來。

開幕儀式中，來自瑞典的十五歲少女葛瑞塔・桑伯格（Greta Thunberg）在對世界領導者發表的演說中強調，為地球暖化做出改變已刻不容緩，過去二十四年來，眾多會議和對談並未產生決定性的解決之道，各國政府必須邀集新一代共同參與，貢獻心智。聯合國青年使者迦耶塔瑪・維克拉瑪納耶依（Jayatama Wickramanayake）表示，年輕人在關於氣候變化的全球對話上有一種獨特的利害關係，是必須與這個過程結果共同生活的一群人；來自菲律賓的原住民青年代表理查・穆尼茲（Richard Muñiz）則認為，多

常濟法師與來自尚比亞的芭芭拉・哈屈普卡・班達（Barbara Hachipuka Banda，左）與美國布莉安・查昂（Brianne Chai-Onn，右）等青年，共同關心氣候會議對地球未來的影響。

元化是力量，而非弱點，應整合全球青年進行相關研究，對氣候變化的政策與行動作出建議。

常濟法師回應表示，秉持聖嚴師父的理念，致力於為全球青年舉辦系列座談活動，讓不同立場的青年們透過對話，達到相互了解，進而以新的視野，開啟合作大門，一同研擬拯救未來的積極作為。

● 12.05

雪梨大學「聖嚴法師漢傳佛教講座」
陳金華教授解析帝國、貿易與宗教

澳洲雪梨大學（University of Sydney）「聖嚴法師漢傳佛教講座」（Master Sheng Yen Lecture in Chinese Buddhism），於12月5日邀請加拿大英屬哥倫比亞大學亞洲研究學系教授陳金華，以「帝國、貿易與宗教——則天治下（655-705）的佛教」為題，進行專題演講。

陳金華教授指出歷史上帝國的興起與擴張，都依托於龐大的世界性商業網絡，以及提供普世價值的世界性宗教。例如佛教彰顯出的全球化企圖與其蘊含的商業精神，讓武周時期的唐帝國完成了「史上最成功的佛教全球化努力」，並因佛教文化秩序上的建構、對中亞、南亞地區人才的虹吸、龐大國際商業貿易網絡，對武周時期唐帝國的維持與擴張居功厥偉。但武則天遜位後，唐玄宗摒棄武周遺產，政策轉變為攻伐夷狄、復辟農耕文明，減少與中亞貿易往來的孤立主義政策，帶來財政銳減、對中亞的疏於經營，導致751年唐軍在怛羅斯的慘敗，成為「安史之亂」的肇端。

陳金華強調，佛教在文化秩序上的建構，能否提供一種普世價值，促進世界性的和合及發展商業文化，值得深入探討。

陳金華解析佛教文化秩序上的建構，對武周時期唐帝國的維持與擴張居功厥偉。

法鼓山與雪梨大學的因緣，緣起於2004年聖嚴師父在雪大公開弘法，同時代表中華佛研所簽訂合作備忘錄，展開合作交流。師父捨報後，雪梨分會召集人莫靄瑜、雪梨大學麥克‧亞倫博士（Dr. Mark Allon）及何秋輝博士共同籌畫，於2015年正式設立「聖嚴法師漢傳佛教講座」，推廣漢傳佛教的研究。

大事記

1月 JANUARY

01.01

◆ 《人生》雜誌第 413 期出刊，本期專題「迴向 大悲心起樂分享」。

◆ 《法鼓》雜誌第 337 期出刊。

◆ 法鼓文化出版新書：《平安無事：止惡行善，心安平安；觀世自在，無事無礙。》（人間淨土系列，聖嚴法師著，法鼓文化編輯部選編）、《聖嚴法師學思歷程》（寰遊自傳系列，聖嚴法師著）、《楞嚴經新詮》（智慧人系列，李治華著）。

◆ 《金山有情》季刊第 63 期出刊。

◆ 《法鼓文理學院校刊》第 14 期出刊。

◆ 《護法季刊》復刊第 13 期出刊。

◆ 迎接元旦新年，北投農禪寺邀請大眾做早課，有近三百人共持〈大悲咒〉，以清淨莊嚴、自在安定的方式，邁入新的一年。

◆ 迎接元旦新年，臺中寶雲寺邀請大眾做早課，共有六百多人以持誦〈楞嚴咒〉迎接自心第一道曙光。

◆ 迎接元旦新年，臺南分院邀請大眾做早課，共持〈楞嚴咒〉；圓滿後舉行佛一暨八關戒齋，由監院常宗法師帶領，共有一百六十多人參加。

◆ 法鼓山網路電視臺每月「主題影片」單元，1月播出「歡喜掃心地 —— 懺悔的意義與功能」，精選聖嚴師父相關的開示影片，引領大眾重溫師父的智慧開示。

◆ 法鼓文理學院佛教學系主任果暉法師帶領十二位禪學專修班學員，參訪社大自然環保戶外教室，社大校長曾濟群介紹戶外教室以愛護眾生和友善大地的方式農耕，落實心靈環保、自然環保理念。

01.03

◆ 1月3日至3月7日、5月16日至8月8日，臺北安和分院每週三舉辦樂活美學系列講座，邀請臺灣大學園藝系退休教授劉麗飛主講「飲食趣談，快樂生活」，分享認真對待食物，學習與大自然和諧相處，共有一千四百多人次參加。

◆ 法鼓文理學院舉辦專題講座，邀請美國法界佛教大學（Dharma Realm Buddhist University, DRBU）佛教學系教授馬丁・范赫文（Martin Verhoeven）主講「弘化的再活化——佛法是什麼？我們如何教導？」，分享如何透過經典爬梳與善知識的教導，掌握佛法精神，共有二十多位師生參加。

◆ 3至31日，香港道場每週三於九龍會址舉辦佛學講座，由演清法師導讀《成佛之道》偈頌，共有八十多人參加。

01.04

◆ 法行會於臺北國賓飯店舉辦第一九七次例會，由法鼓文理學院校長惠敏法師主講「心智科學與一天的生活作息」，有近一百九十人參加。

◆ 4 至 10 日，禪修中心副都監果醒法師美國舊金山道場弘法關懷，內容包括佛學講座、禪修活動等。法師於佛學講座中，導讀聖嚴師父著作《華嚴心詮》，共五堂，有近四十人參加。

01.05

◆ 5 至 12 日，禪堂舉辦精進禪七，由演定法師擔任總護，邀請聖嚴師父法子繼程法師擔任主七和尚，共有一百四十多人參加。

◆ 5 至 7 日，傳燈院於法鼓山園區舉辦精進禪二，由演建法師擔任總護，共有六十多人參加。

◆ 1 月 5 日至 12 月 7 日，人基會每月週五開辦線上督導課程，由蘭陽精舍副寺常法法師帶領，鼓勵接線義工藉由自身或他人的生命故事，增進同理心及感動自他生命的能力。

◆ 1 月 5 日至 12 月 28 日，人基會與教育廣播電臺合作製播《幸福密碼》節目，邀請各界人士及專家學者，分享生命故事及人生經歷，分季由詩人許悔之、《點燈》節目製作人張光斗、聲樂家張杏月、資深媒體工作者石怡潔擔任主持人，節目於每週五上午十時至十一時在該臺各地頻道播出。

◆ 延續 2017 年 12 月 22 及 29 日，護法總會於 1 月 5 及 12 日在德貴學苑舉辦「樂活悅曲人才初階培訓課程」，由悅眾董麗琪帶領，共有六十五位北部地區及合唱團團員參加。

◆ 加拿大溫哥華道場舉辦「法青‧新年‧心啟動」，由監院常悟法師、常惟法師帶領，就禪坐、健康、紓壓、家庭關係、永續環境和生死大事等六項議題，分組交流與討論，共有五十多位青年參加。

◆ 為了讓更多大眾共享法華鐘聲的幸福體驗，1 月 5 日至 2 月 1 日，法鼓山與全聯福利中心共同於各地全聯門市設置「心願郵局」，邀請民眾寫下新年心願和祝福，全聯並代為寄送至法鼓山園區，透過除夕一百零八響法華鐘聲，傳送心意。

01.06

◆ 6 日及 7 日，法鼓文理學院人文社會學群於北投農禪寺舉辦兩梯次「終身學習菩薩行」課程，由學群長楊蓓帶領四位人文社會學群主任辜琮瑜、張志堯、陳定銘、張長義聯合授課，分享如何將智識學習融合生命經驗，形塑個人學思歷程，成為終身學習的人間菩薩行者，共有三百多位聖嚴書院的在學與結業生參加。

◆ 僧大舉辦受戒分享會，由七位甫完成受具足戒的學僧分享三十五天的受戒心得，包括戒常住與法鼓山的因緣、戒場作息、講戒、受戒過程以及與戒兄弟的互動等，共有六十多位學僧與師長參加。

◆ 為推廣菩薩戒，延續 2017 年 12 月 16 日於聖地牙哥（San Diego）舉辦「生活中的菩提」工作坊，美國洛杉磯道場舉辦菩薩戒專題講座，由監院果見法師主講「人間淨土菩薩行」，介紹聖嚴師父建設人間淨土的理念、推動菩薩行的精神，有近三十人參加。

◆ 禪修中心副都監果醒法師美國舊金山道場弘法關懷，6 至 7 日帶領精進禪二，有近四十人參加。

01.07

◆ 1月7日至12月9日，北投農禪寺每月週日舉辦佛曲教唱，由護法會合唱團悅眾分享歌唱技巧，並進行練唱指導，有近七十人參加。

◆ 臺北中山精舍舉辦 Fun 鬆一日禪，由常越法師擔任總護，有近七十人參加。

◆ 法鼓山社大於新北市新莊區農會教育中心舉辦聯合結業典禮，方丈和尚果東法師、社大校長曾濟群與新莊區區長李政勳等到場勉勵祝福，共有八百多位金山、北投、新莊三校區師生參加。

◆ 慈基會延續 2017 年 12 月 9 日起舉辦的 106 年度「法鼓山歲末關懷」系列活動，至2018 年 2 月 10 日期間，陸續於全臺各地分院、護法會辦事處展開，合計二十一個關懷據點，共關懷近三千戶家庭。

◆ 為推廣菩薩戒，美國洛杉磯道場於哈仙達崗（Acienda Heights）社區中心舉辦專題講座，由監院果見法師主講「在紅塵中遇見菩薩」，分享生活中菩薩行的實例，共有四十多人參加。

◆ 美國新澤西州分會舉辦半日禪，由悅眾擔任總護，有近二十人參加。

◆ 美國芝加哥分會舉辦半日禪，由悅眾擔任總護，有近二十人參加。

◆ 美國普賢講堂舉辦禪一，由副寺常玄法師帶領，共有二十多人參加。

01.09

◆ 方丈和尚果東法師於北投雲來寺大殿，對僧團法師、全體專職精神講話，主題是「建立生命的方向」，全臺各分院道場同步視訊連線聆聽開示，有近三百人參加。

◆ 9 至 23 日，俄羅斯莫斯科無極門武術學校（Wujimen Martial Arts School）禪修會八位禪眾來台尋根，行程除參訪法鼓山園區與北部各分院，體驗寺院生活，包括早晚課、朝山、法會、茶禪、出坡，以及禪二，並前往中華佛教文化館與北投農禪寺溯源、禮祖，感受漢傳禪佛教豐富的內涵和修行法門。

01.10

◆ 10 至 31 日，普化中心每週三晚上於北投農禪寺舉辦「法鼓講堂」佛學課程，由常慧法師主講「憨山大師與〈觀心銘〉」；課程同時於「法鼓山心靈環保學習網」線上直播，提供全球學員上網聆講，並參與課程討論。

01.11

◆ 北投農禪寺舉辦禪一，由常用法師擔任總護，共有一百六十多人參加。

◆ 11 至 14 日，臺東信行寺舉辦初級禪悅四日營，由監院常全法師擔任總護，共有四十八人參加。

◆ 美國東初禪寺常齋法師受邀前往喬治亞州亞特蘭大埃默里大學（Emory University）進行專題演講，講題是「觀照無常」，有近三十位該校學生參加。

◆ 1 月 11 日至 3 月 8 日，馬來西亞道場每月週四舉辦佛法研讀課程，由監院常藻法師導讀聖嚴師父著作《心的經典》，有近九十人參加。

◆ 11 至 19 日，方丈和尚果東法師泰國弘法關懷，適逢泰國護法會舉辦「禪坐助理監香培訓」以及「來迎觀音安座祈福法會」，方丈和尚特別前往關懷，為大眾開示祝福。

01.12

◆ 12 至 14 日，三峽天南寺舉辦精進禪二，由果峙法師擔任總護，有近一百一十人參加。

◆ 法鼓文理學院於臺北安和分院舉辦專題講座，邀請聖嚴師父法子繼程法師主講「禪畫中的故事」，分享書畫人生，共有六百多人參加。

◆ 12 至 14 日，美國象岡道場舉辦三日禪修營，由監院常襄法師擔任總護，有近十人參加。

◆ 12 至 14 日，泰國護法會舉辦助理監香培訓課程，由傳燈院法師帶領，內容包括助理監香角色與心態、禪修帶領與引導心法，以及法器練習等，共有二十一位禪眾參加。

01.13

◆ 1 月 13 日及 27 日、2 月 3 日，臺北安和分院舉辦佛法講座，由禪修中心副都監果醒法師主講「從《楞嚴經》談禪的生死觀」，每場皆有近千人參加。

◆ 1 月 13 日至 12 月 15 日，蘭陽精舍每月週六舉辦「蘭陽講堂」系列講座，共十二場。13 日首場邀請身心科醫師楊孟達主講「平安無事的生活密碼」，分享平安生活的智慧處方，共有一百四十多人參加。

◆ 13 至 20 日，禪堂舉辦中階禪七，由常啟法師擔任總護，有近一百一十人參加。

◆ 法鼓文理學院與政治大學社會科學院於政大綜合院館聯合舉辦「2018 人文關懷與社會實踐暨世界公益學論壇」，邀集近六十位兩岸及海外學者、社企實業家，就「社會價值與社會影響力」、「公益慈善與第三部門」、「社會企業與社會創新」等三項主題，進行論文發表、評論與經驗分享。

◆ 13 至 21 日，法鼓文理學院與加拿大英屬哥倫比亞大學（University of British Columbia, UBC）佛學論壇、中國大陸廣州中山大學人文學院佛學研究中心共同主辦的「2018 佛教與東亞文化國際寒期研修班暨禪學國際研討會」，於文理學院展開，包括研討會、研修課及青年論壇，共有一百三十多位來自美國、比利時、新加坡、中國大陸、臺灣等地學者及博士生參與。

◆ 加拿大多倫多分會舉辦 Fun 鬆一日禪，由常護法師帶領，共有二十多人參加。

01.14

◆ 1 月 14 日至 11 月 7 日，桃園齋明別苑週日舉辦「心光講堂」系列講座，全年共六場。14 日首場邀請臺灣師範大學特殊教育學系副教授劉秀丹主講「幸福，好好說」，分享說與聽的心法，共有兩百多人參加。

◆ 臺中寶雲寺舉辦專題講座，由法鼓文理學院助理教授溫宗堃主講「說話的藝術 ——《阿含經》教你怎麼說話」，介紹經中佛陀對弟子的教導，有近三百人參加。

◆ 1 月 14 日至 11 月 12 日，臺南分院週六或日舉辦「觀心銘」講座，由常慧法師主講，共五場。14 日首場的主題是「遇見憨山大師」，有近兩百人參加。

◆ 1月14日至12月16日，美國東初禪寺週日舉辦講座，由監院常華法師主講「地藏法門的信解行」，有近五十人參加。

◆ 美國洛杉磯道場於當地亞凱迪亞社區中心（Arcadia Community Center）舉辦 Fun 鬆一日禪，由監院果見法師、常義法師等帶領，內容包括法鼓八式動禪、坐禪、吃飯禪與走路禪，有近八十人參加。

◆ 香港道場於九龍會址舉辦禪一，由演清法師擔任總護，共有六十多人參加。

◆ 美國新澤西州分會舉辦半日禪，由悅眾擔任總護，有近二十人參加。

◆ 美國普賢講堂舉辦佛學講座，由常玄法師主講「華嚴三聖 —— 文殊師利菩薩」，有近三十人參加。

◆ 加拿大多倫多分會舉辦佛學講座，由常護法師主講「高僧行誼」，介紹佛陀的風範與修行體證，共有二十多人參加。

01.15

◆ 泰國護法會舉辦「來迎觀音安座祈福法會」，由常學法師主法，方丈和尚果東法師、護法會長蘇林妙芬揭佛幔，共有六十多人參加。

01.16

◆ 慈基會應臺北仁濟院邀請，由副祕書長常隨法師以「慈善救濟與心靈環保」為題，為近四十位醫護及行政人員演講，院長戴東原全程參與。

◆ 馬來西亞道場監院常藻法師受邀出席蒲種正信佛友會舉辦的「菩提心，解脫行」講談會，說明菩提心與解脫道是互相成就，不是二分法，亦不是對立的存在，沒有菩提心不會成就解脫道，沒有出離心也不會成就菩提心，有近五十人參加。

01.17

◆ 駐泰國臺北經濟文化辦事處代表童振源拜訪泰國護法會，由方丈和尚果東法師、僧團副住持果品法師，以及會長蘇林妙芬等代表接待，進行交流。

01.18

◆ 心六倫校園宣講團隊六位種子教師，受邀前往臺南敏惠醫護專科學校，以「環保還寶、還寶環保 —— 以大地觀喚醒心靈環保愛地球」為主題，與五十多位教師與行政人員分享自然環保的重要性。

01.19

◆ 加拿大溫哥華道場舉辦「法青茶禪一味」，由常惟法師帶領，介紹如何透過茶禪外在儀式，收攝身心，借茶參禪，以茶會友，共有二十多位青年參加。

01.20

◆ 臺北安和分院舉辦禪一，由常弘法師擔任總護，共有一百二十多人參加。

◆ 傳燈院於德貴學苑舉辦義工感恩分享會，內容包括觀音法會、茶禪等，由監院常襄法師等帶領，共有五十多人參加。

◆ 慈基會於新竹地區開辦的「兒童暨青少年學習輔導」課程，於朝山國小舉行結業式及感恩活動，桃園齋明寺監院果舟法師到場關懷，包括老師、義工和學生，共有六十多人參加。

◆ 為推廣菩薩戒，美國洛杉磯道場於橙縣（Orange County）爾灣中文學校演講廳舉辦專題講座，由監院果見法師主講「超越自我，從小小的蛻變開始」，鼓勵大眾活出生命的意義與價值，有近五十人參加。

◆ 加拿大溫哥華道場舉辦歲末感恩茶會，感恩義工的護持與奉獻，監院常悟法師等出席關懷，有近七十人參加。

◆ 馬來西亞道場舉辦禪一，由演香法師擔任總護，有近四十人參加。

◆ 加拿大多倫多分會舉辦佛學講座，由常護法師主講「三皈五戒」；講座後並進行皈依儀式，共有二十多人皈依三寶。

01.21

◆ 護法總會及各地分院聯合舉辦「邁向 2018 福慧傳家 —— 歲末感恩分享會」，於國內法鼓山園區、北投農禪寺、三峽天南寺、桃園齋明寺、臺中寶雲寺、臺南雲集寺、高雄紫雲寺、臺東信行寺、蘭陽精舍以及護法會花蓮辦事處，與海外馬來西亞道場，共十一個地點同步展開，方丈和尚果東法師於主現場園區大殿，與各地僧團法師、九千多位信眾，感恩珍惜擁有，彼此互道祝福，凝聚護法弘法的向心力。

◆ 1 月 21 日至 2 月 8 日，美國東初禪寺監院常華法師、普賢講堂副寺常玄法師等，參加美國舍衛精舍（Sravasti Abbey）舉辦的「戒律研習營」（Living Vinaya in the West），舍衛精舍住持圖丹卻准（Ven. Thubten Chodron）、臺灣香光尼僧團方丈悟因長老尼、香光佛學院副院長見可法師等聯合講戒，共有五十多位來自美國、澳洲、德國、法國、臺灣、印度的比丘尼眾共同研戒。

◆ 美國東初禪寺舉辦週日講座，由常灃法師主講「普賢菩薩十大行願」，共有五十多人參加。

◆ 1 月 21 日至 2 月 21 日，演柱法師、演無法師美國舊金山道場弘法關懷，內容包括舉行法器培訓、佛法講座，以及帶領新春法會等。21 至 22 日進行法器教學，由演柱法師帶領，共有三十多人參加。

◆ 香港道場於九龍會址舉辦歲末感恩聯誼會，僧團副住持果品法師出席關懷，感恩義工長期護持與奉獻，共有兩百多人參加。

◆ 美國新澤西州分會舉辦半日禪，由悅眾擔任總護，有近二十人參加。

01.25

◆ 25 至 26 日，臺北安和分院舉辦「一起 Fun 寒假」活動，內容包括童趣禪繞畫、瑜伽課程等，共有七十多位國小二至五年級學童參加。

◆ 25 至 27 日，臺北中山精舍舉辦「冬季兒童心靈環保體驗營」，由教聯會師資帶領，透過各種互動課程，體驗禪修的專注與放鬆，共有七十多位國小學童參加。

01.26

◆ 26 至 28 日，桃園齋明寺舉辦念佛禪三，由監院果舟法師擔任總護，共有一百九十六人參加。

◆ 慈基會受邀參與臺北市社會局文山老人服務中心於動物園舉辦的歲末關懷園遊會，祕書長果器法師到場關懷，並致贈長者春聯等結緣物品，傳遞關懷與祝福。

◆ 26 至 28 日，美國象岡道場舉辦三日禪修營，由監院常襄法師擔任總護，有近十人參加。

◆ 26 至 28 日，加拿大多倫多分會舉辦禪二，由常護法師擔任總護，有近二十人參加。

01.27

◆ 蘭陽精舍舉辦佛一，由副寺常法法師帶領，有近五十人參加。

◆ 臺南分院於九份子舉辦出坡禪，由常因法師帶領，共有一百多位來自臺南、臺中地區民眾參加。

◆ 27 至 28 日，高雄紫雲寺舉辦冬季青年營，以「我們・行」為主題，由監院常參法師帶領體驗早晚課、湖邊經行、法鼓八式動禪、傳燈發願等，鼓勵學員以實際行動關懷世界，青年院監院常炬法師到場關懷，共有八十位學員參加。

◆ 1 月 27 日至 11 月 3 日，高雄紫雲寺舉辦「法鼓青年開講」系列講座，共五場。27 日首場邀請表演工作者柯有倫、藝術工作者蔡旻霓，與護法總會副都監常遠法師進行對談，分享「零的力量」，共有兩百多人參加。

◆ 傳燈院於北投雲來寺舉辦禪一，由常先法師擔任總護，有近九十人參加。

◆ 1 月 27 日至 2 月 6 日，僧大於法鼓山園區舉辦「第十五屆生命自覺營」，於短期出家生活中，透過梵唄、戒律、禪修、出坡等修行體驗，覺醒生命的價值、省思人生的方向，共有一百五十七位來自臺灣、英國、印尼、馬來西亞、新加坡、香港、澳門等各國學員參加。

◆ 1 月 27 日至 12 月 15 日，法青會每月週六或日於北投農禪寺舉辦「生活有覺招」活動，由常提法師帶領，藉由不同主題的交流討論，學習以佛法面對並解決人生的難題與困境。

◆ 1 月 27 日至 2 月 3 日，教聯會於三峽天南寺舉辦寒假教師禪七，由常正法師擔任總護，有近一百位教師參加。

◆ 美國東初禪寺舉辦英文禪一，邀請聖嚴師父西方弟子林晉誠擔任總護，共有十多人參加。

◆ 為推廣菩薩戒，美國洛杉磯道場於喜瑞都（Cerritos City）舉辦工作坊，由常統法師帶領，透過分享及互動遊戲，引導學員體會一己的發心，如何匯聚成廣大的力量，共有四十多人參加。

◆ 香港道場、香港大學共同於該校聯合書院、新亞書院戶外草地舉辦「禪藝不說話」活動，邀請藝術家又一山人、何兆基、曾文通等，帶領體驗禪藝，共有一百多人參加。

◆ 1 月 27 日至 6 月 2 日，香港道場於港島會址舉辦佛教藝術系列講座，共六場，分別講授經變圖、佛塔、石窟伎樂圖像，以及《藥師經》、《維摩詰經》、《阿彌陀經》等佛典中的藝術之美。27 日進行首場，邀請香港大學佛學研究中心講師崔中慧主講「佛經與經變圖」，介紹經變圖源流，佛經與經變之間的關係和經變佛教圖繪在中國美術史的意義。

◆ 美國普賢講堂舉辦佛一，由常浩法師帶領，共有三十多人參加。

◆ 27 至 28 日，新加坡護法會首度舉辦大事關懷培訓課程，由關懷院常健法師帶領，有近四十位學員參加。

01.28

◆ 桃園齋明別苑舉辦禪一，由副寺常雲法師擔任總護，共有一百二十多人參加。

◆ 臺南雲集寺舉辦禪一，共有八十多人參加。

◆ 傳燈院於北投雲來寺舉辦 Fun 鬆一日禪，由監院常襄法師擔任總護，共有六十多人參加。

◆ 法鼓文化於臺中寶雲寺舉辦《禪思‧文思》讀友會，由文化中心副都監果賢法師主持，邀請作者單德興、《聖嚴法師年譜》編著者林其賢、中區法行會會長卓伯源與談分享，共有三百一十人參加。

◆ 法鼓山社大於金山區金美國小舉辦「法鼓山童軍團歲末感恩聯誼活動」，社大校長曾濟群、總團長張瑞松出席關懷。

◆ 1 月 28 日至 12 月 23 日，法鼓文理學院每月週日舉辦景觀出坡禪，由常迪法師等引導生活禪法，在勞作服務的出坡時，體驗「身在哪裡、心在哪裡」的清楚與放鬆，每次有近一百二十人參加。

◆ 1 月 28 日、5 月 26 日及 8 月 27 日，法青會於新北市深坑健順養護院舉辦樂齡關懷活動，由常導法師、演謙法師帶領二十多位法青，以念佛、藝文表演等陪伴長者，傳遞關懷與祝福。

◆ 1 月 28 日至 8 月 19 日，美國東初禪寺週日舉辦講座，由果乘法師主講「無法之法──默照禪法的修行」，有近六十人參加。

◆ 延續 2017 年 12 月 10 日的法青工作坊，1 月 28 日、2 月 24 日及 4 月 28 日，馬來西亞道場接續舉辦工作坊，主題是「找到生命意義以前」，由監院常藻法師帶領，引導青年學員認識及學習運用佛法面對人生的困境、跨越生命的轉折點，找到生命的意義，有近三十人參加。

◆ 美國普賢講堂舉辦佛學講座，由常浩法師主講「《六祖壇經》動中修定、境上練心、活出佛法」，共有二十多人參加。

01.30

◆ 僧團中午於法鼓山園區舉辦歲末圍爐，共有兩百多位僧眾參加；下午於開山紀念館辭歲禮祖，除了觀看聖嚴師父的開示影片，也接受方丈和尚果東法師的祝福。

◆ 美國普賢講堂舉辦佛學講座，由常浩法師主講「梵唄與修行」，有近二十人參加。

01.31

◆ 1 月 31 日至 12 月 26 日，人基會每月最後一週週三於德貴學苑舉辦「2018 平安無事心靈講座」，31 日首場邀請前立法委員丁守中主講「城市競爭力」，建議以提高公共運輸、加速都市更新、鼓勵青年投入創新產業，來提昇城市競爭力，共有五十多人參加。

◆ 美國普賢講堂副寺常玄法師應美國華盛頓州舍衛精舍佛法分享節目 BBC talk（This Week on Bodhisattva's Breakfast Corner）之邀，於線上直播分享聖嚴師父「和光同塵」的譬喻，期許不同的佛教宗派傳承，應該融合並協力搭起將佛法傳入西方的橋樑，利益更多人。

◆ 美國舊金山道場舉辦戶外禪，由演無法師帶領，共有二十多人參加。

2月 FEBRUARY

02.01

◆ 《人生》雜誌第 414 期出刊，本期專題「平安湯‧無事茶」。

◆ 《法鼓》雜誌第 338 期出刊。

◆ 法鼓文化出版新書：《拜佛 50 問》（學佛入門 Q&A 系列，法鼓文化編輯部編著）、《唯識關鍵字》（般若方程式系列，許洋主著）。

◆ 法鼓山網路電視臺每月「主題影片」單元，2 月播出「平安無事 —— 圓融無礙的處世智慧」，精選聖嚴師父相關的開示影片，引領大眾重溫師父的智慧開示。

◆ 法行會於臺北國賓飯店舉辦第一九八次例會，由禪修中心副都監果醒法師主講「六祖大師看《金剛經》」，有近兩百一十人參加。

◆ 馬來西亞道場與馬來西亞佛教青年總會、菩提工作坊、正信佛友會等佛教團體，參訪馬來西亞神學院，監院常藻法師並代表佛教，分享宗教學院辦學理念、發展與挑戰。

◆ 1 至 4 日，僧團副住持果暉法師香港弘法，內容包括禪修講座、工作坊等。1 日於香港道場與香港大學佛學研究中心畢業生校友會，在該校王賡武講堂舉辦的講座中，主講「安般禪法」，有近三百人參加。

02.02

◆ 2 至 4 日，傳燈院於三義 DIY 心靈環保教育中心舉辦精進禪二，由常先法師帶領，有近七十人參加。

02.03

◆ 蘭陽精舍「蘭陽講堂」系列講座，3 日邀請臺大農藝系名譽教授劉麗飛主講「食在安心 —— 談健康飲食新觀念」，分享食安的智慧，共有一百二十多人參加。

- 臺中寶雲寺舉辦禪一，由果雲法師擔任總護，共有一百八十多人參加。
- 法鼓文化於高雄市立圖書館總館舉辦「《法的療癒 —— 佛陀教我的十堂生死課》新書發表會」，文化中心副都監果賢法師、臺中慈濟醫院預防醫學中心副主任黃軒、屏東大學中文系副教授林其賢出席與談，分享佛法療癒生死的智慧，有近一百六十人參加。
- 法行會會長王崇忠率同悅眾、北區會員等七十三人，參訪臺中寶雲別苑，與中區分會進行交流，及中區會長卓伯源、副會長朱惠斌等交流會務，監院果理法師、常林法師到場關懷。
- 緬懷聖嚴師父教澤，2 至 3 日，美國東初禪寺舉辦「法鼓傳燈日」活動，進行禪二，由常齋法師擔任總護，共有四十多人次參加。
- 馬來西亞道場監院常藻法師、演祥法師受邀於雙威大學（Sunway University）佛學會培訓課程中，擔任課程講師，分享擔任義工、籌辦活動應有的觀念和心態，並帶領禪修，共有二十五位佛學會幹部參加。
- 僧團副住持果暉法師香港弘法，3 日於香港道場九龍會址舉辦專題講座，主題是「默照禪修行原理」，共有一百八十多人參加。
- 緬懷聖嚴師父教澤，美國普賢講堂舉辦「法鼓傳燈日」活動，進行禪一，由常浩法師擔任總護，有近三十人參加。

02.04

- 高雄紫雲寺舉辦禪一，由常貫法師擔任總護，有近一百一十人參加。
- 臺南法青會於臺南分院舉辦專題講座，邀請老圃造園工程公司總管理處經理楊天豪主講「設計師背包客的綠色流浪」，分享世界各國永續環境的發展樣貌，共有四十多人參加。
- 美國舊金山道場舉辦專題講座，由演柱法師主講「隨佛足跡 —— 我在印度」，分享印度朝聖之旅，共有六十多人參加。
- 美國舊金山道場舉辦歲末感恩聯誼活動，監院常惺法師出席關懷，感謝義工的護持與奉獻，共有一百八十多人參加。
- 僧團副住持果暉法師香港弘法，4 日於香港道場九龍會址主持「安般禪法工作坊」，有近一百八十人參加。
- 緬懷聖嚴師父教澤，美國新澤西州分會舉辦「法鼓傳燈日」活動，進行禪一，由常興法師帶領，有近五十人參加。
- 美國芝加哥分會舉辦半日禪，由悅眾擔任總護，共有十多人參加。

02.05

- 5 至 7 日，臺東信行寺舉辦青年培力營，由監院常全法師等帶領，共有二十多位學員透過交流分享，認識自我、體驗自心。
- 5 至 10 日，青年院於三峽天南寺舉辦冬季青年卓越禪修營，主題是「重新找回心的卓越」為主題，由常導法師擔任總護，有近一百五十位學員參加。
- 慈基會協助支援於 2016 年臺南地震中受損的崑山國小教學大樓補強工程，於 5 日舉

行竣工啟用典禮,祕書長果器法師出席關懷,接受臺南市副市長張政源代表市府致贈法鼓山感謝狀。

02.06

◆ 花蓮於晚間發生芮氏規模 6.0 強震,造成建築物倒塌與人員傷亡等重大災情,慈基會於第一時間啟動緊急救援機制,了解受災情形,祕書長果器法師並聯繫擔任行政院花蓮賑災召集人的國家發展委員會主任委員陳美伶,表達法鼓山配合公部門投入重建的意願;海內外各地分寺院,也設立消災及超薦牌位,官方臉書及全球資訊網亦展開「持咒祈福」活動,迴向祝禱逝者往生善處,傷者身心安頓。

02.07

◆ 持續關懷花蓮震災,7 日起,慈基會除提供民眾所需物資外,也在花蓮小巨蛋、中華國小等安置處所,設置關懷陪伴安心服務據點,藉由鈔經、關懷等活動,安定民眾不安的心,協助大眾生活重回軌道。

◆ 7 至 11 日,美國法鼓山佛教協會(Dharma Drum Mountain Buddhist Association, DDMBA)、全球女性和平促進會(The Global Peace Initiative of Women, GPIW)和地球憲章(Earth Charter International)於泰國曼谷聯合國亞洲總部及善田法寺舉辦「氣候變遷的內在面向」(Inner Dimensions of Climate Change)會議,就永續地球未來議題,由僧團副住持果祥法師、常濟法師帶領討論與分享,有近三十位亞洲、太平洋各國青年參加。

02.09

◆ 9 至 11 日,傳燈院於法鼓山園區舉辦醫護舒活二日營,由監院常襄法師擔任總護,有近五十位醫護人員參加。

◆ 持續關懷花蓮強震,9 至 11 日,青年院監院常炬法師帶領十四位法青與義工,協助花蓮高商、明禮國小、東華大學和受災家庭清理環境。

◆ 持續關懷花蓮強震,弘化發展專案召集人果慨法師前往設置於小巨蛋和中華國小的收容所,慰訪受災民眾。

◆ 9 至 11 日,香港道場於香港中華基督教青年會將軍澳青年營舉辦禪二,由演清法師擔任總護,有近五十人參加。

02.10

◆ 北投農禪寺舉辦禪一,由常提法師擔任總護,共有一百九十多人參加。

◆ 香港道場於九龍會址舉辦佛法講座,由果興法師主講「我的療癒心得」,分享以佛法面對罹病的過程,共有兩百五十多人參加。

◆ 香港道場佛教藝術系列講座,10 日邀請佛教美術及建築研究者王善行主講「佛塔的形式、演進及象徵意義」,介紹佛塔遺址與文物圖像的代表意義。

◆ 加拿大多倫多分會舉辦 Fun 鬆一日禪，由常護法師帶領，共有二十多人參加。

◆ 澳洲雪梨分會舉辦新春除夕聯誼活動，常續法師出席關懷，悅眾三代與會，共有二十多人參加。

02.11

◆ 關懷 6 日花蓮強震，弘化發展專案召集人果慨法師率同六十位助念團義工，前往花蓮殯儀館誦念《阿彌陀經》、《心經》，祈願罹難者往生西方淨土。

◆ 美國新澤西州分會舉辦半日禪，由悅眾擔任總護，有近二十人參加。

◆ 1 月 21 日、2 月 11 日及 3 月 4 日，加拿大多倫多分會舉辦茶禪活動，由常護法師帶領，分享生活中的佛法，有近二十人參加。

02.12

◆ 耕莘文教院臺北利氏學社的四十多位天主教耶穌會神職人員，參訪法鼓山園區，由法鼓文理學院副教授鄧偉仁代表接待，以「法鼓山國際佛教教育與宗教交流」為題展開講座交流，分享臺灣佛教文化，鄧偉仁老師並介紹法鼓山傳承的禪宗法脈，以及三大教育的內涵。

02.15

◆ 法鼓山園區舉辦除夕彌陀法會，由常諦法師帶領，有近兩百人參加；法會圓滿後，進行「除夕祈福撞鐘」，由方丈和尚果東法師、總統蔡英文、前總統馬英九、行政院長賴清德、國民黨主席吳敦義等共同敲響第一百零六至一百零八響法華鐘聲後，方丈和尚與蔡英文總統揭示 2018 年法鼓山社會關懷主題「平安無事」，方丈和尚勉勵大眾，提起是慈悲，放下是智慧，唯有契機契理的慈悲智慧，才是真正的平安無事，有近五千人參加。

◆ 臺中寶雲寺舉辦除夕彌陀普佛法會，由監院果理法師帶領，有近七十人參加。

◆ 15 至 17 日，美國東初禪寺舉辦新春慈悲三昧水懺法會，由監院常華法師帶領，共有一百二十多人次參加。

◆ 加拿大溫哥華道場舉辦除夕大悲懺法會，由監院常悟法師帶領，有近九十人參加。

◆ 馬來西亞道場舉辦除夕大悲懺法會，由常尊法師帶領，共有八十六人參加。

02.16

◆ 16 至 18 日，北投農禪寺舉辦新春系列活動，除了平安祈福法會，並以四種環保為內涵，包括故事屋、「剪花微笑」禪藝創作、尋寶記、擊鼓體驗等親子同樂，以及禪悅鈔經、托水缽與「超越時空歷險去 —— 遇見聖嚴師父」等互動遊戲，傳遞新春祝福，共有一萬兩千六百多人次參加。

◆ 16 至 18 日，北投中華佛教文化館舉辦新春千佛懺法會，由監院果諦法師帶領，每日有近兩百人參加。

◆ 臺北安和分院舉辦新春普佛法會，由僧團副住持果燦法師主法，共有五百多人參加。
◆ 蘭陽精舍舉辦新春普佛法會，由副寺常法法師帶領；同時間另有茶禪、益智遊戲、影片欣賞等，共有兩百多人次參加。
◆ 16 至 20 日，三峽天南寺舉辦新春系列活動，包括祈福法會、供燈、禪修體驗、音樂饗宴與鈔經、茶禪等，引領民眾在生活中運用佛法，在遊戲中體驗禪修，共有兩千一百多人次參加。
◆ 16 至 18 日，桃園齋明寺舉辦新春慈悲三昧水懺法會，由文化中心副都監果賢法師主法，有近九百人次參加。
◆ 桃園齋明別苑舉辦新春普佛法會，由弘化發展專案召集人果慨法師帶領，並說明恭喜和隨喜的意義，勉勵大眾要做到隨喜就要以廣大的心量包容別人，而微笑就是最好的隨喜方法，有近三百人參加；16 至 20 日，另有點燈、茶禪、親子 DIY、藝文展覽等，與大眾共度充滿法味的新春佳節。
◆ 臺中寶雲寺舉辦新春普佛法會，由監院果理法師帶領，共有五百多人參加。
◆ 南投德華寺舉辦新春普佛法會，由副寺果弘法師帶領，有近六十人參加。
◆ 臺南分院舉辦新春普佛法會，由果顯法師主法，有近三百五十位民眾透過禮敬八十八佛、獻燈、供花等，在禪悅中共沐法喜，迎接平安無事的新年。
◆ 臺南雲集寺舉辦新春普佛法會，有近一百一十人參加。
◆ 16 至 18 日，高雄紫雲寺舉辦新春千佛懺法會，由監院常參法師帶領，法師勉勵大眾闔家團圓禮懺、佛前點燈祈福，是最好的新春祝福和功課，共有三千多人次參加。
◆ 臺東信行寺舉辦新春普佛法會，由監院常全法師帶領，共有一百一十多人參加。
◆ 美國洛杉磯道場舉辦新春《金剛經》持誦共修，由監院果見法師帶領，有近一百一十人參加。
◆ 美國舊金山道場舉辦新春普佛法會，由監院常惺法師主法，有近一百人參加。
◆ 加拿大溫哥華道場舉辦新春普佛法會，由監院常悟法師帶領，有近一百五十多人參加。
◆ 馬來西亞道場舉辦新春普佛法會，由監院常藻法師帶領，共有一百五十多人參加。
◆ 美國普賢講堂舉辦新春普佛法會，由副寺常玄法師帶領，有近四十人參加。
◆ 16 至 18 日，加拿大多倫多分會舉辦新春活動，包括普佛法會、茶禪、禪藝表演等，共有五十多人參加。
◆ 泰國護法會舉辦新春普佛法會，由護法總會副都監常遠法師主法，共有六十多人參加。

02.17

◆ 臺中寶雲寺舉辦新春大悲懺法會，由監院果理法師帶領，共有兩百多人參加。
◆ 臺東信行寺舉辦新春觀音法會，由監院常全法師帶領，共有六十多人參加。
◆ 美國洛杉磯道場舉辦新春藥師法會，由監院果見法師帶領，有近九十人參加；法會圓滿後並有祥獅獻瑞迎新春園遊會。
◆ 美國舊金山道場舉辦新春祈福法會，由監院常惺法師主法，同時間並有親子園遊會，共有三百多人次參加。
◆ 加拿大溫哥華道場舉辦新春藥師法會，由監院常悟法師帶領，有近一百五十人參加。

◆ 美國新澤西州分會舉辦新春祈福法會，由常修法師帶領；法會圓滿後進行茶禪、包餃子等活動，邀請大眾團圓過春節。
◆ 美國西雅圖分會舉辦新春《藥師經》共修，由果乘法師帶領，共有六十多人參加。
◆ 美國普賢講堂舉辦新春藥師法會，由副寺常玄法師帶領，有近四十人參加。
◆ 泰國護法會舉辦新春大悲懺法會，由護法總會副都監常遠法師主法，有近七十人參加。

02.18

◆ 臺北安和分院舉辦新春大悲懺法會，由僧團副住持果燦法師主法，共有四百二十多人參加。
◆ 蘭陽精舍舉辦新春大悲懺法會，由副寺常法法師帶領；同時間另有茶禪、益智遊戲、影片欣賞等，共有兩百多人次參加。
◆ 臺中寶雲寺舉辦新春慈悲三昧水懺法會，由監院果理法師帶領，共有三百多人參加。
◆ 南投德華寺舉辦新春大悲懺法會，由副寺果弘法師帶領，共有三十多人參加。
◆ 臺南分院舉辦新春大悲懺法會，由監院常宗法師帶領，有近三百人參加。
◆ 臺南雲集寺舉辦新春大悲懺法會，有近八十人參加。
◆ 臺東信行寺舉辦新春大悲懺法會，由監院常全法師帶領，有近八十人參加。
◆ 18 至 25 日，禪堂舉辦初階禪七，由演建法師擔任總護，禪修中心副都監果醒法師擔任小參，有近一百六十人參加。
◆ 美國東初禪寺舉辦新春普佛法會，由監院常華法師帶領；法會圓滿後進行新春講座，由象岡道場住持果元法師主講「開悟成佛 —— 狗然如此」；同時間另有禪藝活動，共有兩百九十多人次參加。
◆ 美國洛杉磯道場舉辦新春大悲懺法會，由監院果見法師帶領，共有八十多人參加；法會圓滿後並有惜福市場園遊會。
◆ 加拿大溫哥華道場舉辦「幸福滿滿迎新春」慶祝活動，以中、英文雙語進行，內容包括禪坐經行、鼓隊表演、音樂欣賞，以及中國結、手工藝、狗年燈籠製作等，共有二百三十多位中、西方人士參加。
◆ 香港道場於九龍會址舉辦新春普佛法會，由僧團副住持果品法師帶領，共有五百五十多人參加。
◆ 美國西雅圖分會舉辦新春藥師法會，由果乘法師帶領，有近七十人參加。

02.19

◆ 19 至 20 日，桃園齋明寺舉辦新春系列活動，包括園遊會、茶禪、藝文表演等，有近八百人次參加。
◆ 高雄三民精舍舉辦新春普佛法會，由果稱法師帶領，有近一百六十人參加。
◆ 美國洛杉磯道場舉辦專題講座，由果幸法師主講「修學與修行」，共有四十多人參加。
◆ 美國洛杉磯道場舉辦新春念佛共修，由監院果見法師帶領，共有三十多人參加；法會圓滿後並有親子旺旺來寵物趣味競賽。

◆ 馬來西亞道場於怡保共修處舉辦新春普佛法會，由演祥法師帶領，有近四十人參加。

◆ 19日、21日、23日及25日，美國西雅圖分會舉辦佛學講座，由果乘法師導讀聖嚴師父著作《無法之法》，有近四十人參加。

02.20

◆ 桃園齋明別苑舉辦新春大悲懺法會，由副寺常雲法師帶領，有近兩百人參加。

02.21

◆ 美國東初禪寺舉辦週日講座，邀請聖嚴師父西方弟子哈利・米勒（Harry Miller）主講「苦或得樂？業報的再思維」，共有四十多人參加。

02.22

◆ 2月22日至5月24日、7月2日至9月17日，傳燈院每週一於臺北愛群教室舉辦「智慧之鏡 —— 生活中的覺與觀」，由法師帶領，內容包括禪坐、法鼓八式動禪、經行等，透過禪修覺與觀的練習，引導學員體驗日常生活中的起心和動念，有近六十人參加。

02.23

◆ 2月23日至4月27日，中山精舍每週五舉辦「大事關懷暨法器助念培訓」課程，內容包括大事關懷七項服務、助念法器梵唄教學等，由助念團團長李純如等悅眾帶領，有近八十人參加。

◆ 臺東信行寺舉辦元宵燃燈供佛法會，由監院常全法師帶領，有近六十人參加。

◆ 26至28日，美國象岡道場舉辦三日禪修營，由監院常襄法師擔任總護，有近十人參加。

◆ 馬來西亞道場監院常藻法師受邀出席於博特拉大學（University Putra Malaysia, UPM）舉辦的「迷悟之間」交流會，與馬來西亞佛教居士總會弘法主任陳兆榮，共同探討佛教與民間信仰、佛教的根本精神與學佛意義、大馬佛教青年的角色和挑戰等，共有三十多人參加。

◆ 緬懷聖嚴師父教澤，香港道場舉辦「法鼓傳燈日」活動，進行傳燈法會，由僧團副住持果品法師帶領，並開示傳燈的利他意涵，期勉大眾發菩提心，延續師父的悲願，有近三百一十人參加。

02.24

◆ 聖嚴師父圓寂九週年，法鼓山園區、北投農禪寺、臺北安和分院、三峽天南寺、桃園齋明寺、齋明別苑、臺中寶雲寺、南投德華寺、臺南分院、雲集寺、高雄紫雲寺、臺東信行寺，及基隆精舍、蘭陽精舍等，同步舉辦「大悲心起　願願相續 —— 法鼓傳

燈法會」，方丈和尚果東法師於主現場法鼓山園區，透過視訊連線對大眾開示，並主持傳燈儀式，有近六千一百位信眾共同緬懷師父教澤及開啟慧命的法乳深恩。

◆ 基隆精舍舉辦新春普佛法會，由副寺果樞法師帶領，有近八十人參加。

◆ 美國東初禪寺舉辦英文禪一，由常齋法師擔任總護，共有十多人參加。

◆ 緬懷聖嚴師父教澤，美國洛杉磯道場舉辦「法鼓傳燈日」活動，進行傳燈法會，由監院果見法師帶領，期勉大眾一燈能破千年暗室，而菩提心燈如太陽般的智慧光亮，能照破無明黑暗，共有七十多人參加。

◆ 緬懷聖嚴師父教澤，加拿大溫哥華道場舉辦「法鼓傳燈日」活動，進行傳燈法會，由監院常悟法師帶領，勉勵大眾在生活中運用、傳承和護持佛法，共有四十多人參加。

◆ 馬來西亞麻六甲雅佳美浪中學佛學會師生一行四十三人，參訪馬來西亞道場，由監院常藻法師介紹法鼓山的歷史與發展，演祥法師並帶領體驗禪修。

◆ 緬懷聖嚴師父教澤，馬來西亞道場舉辦「法鼓傳燈日」活動，進行傳燈法會，由監院常藻法師帶領，並透過《克難歲月》、《廣種福田》、《學佛風潮》和《不斷學習》四支動畫影片，分享師父的行誼身教，有近一百五十人參加。

◆ 緬懷聖嚴師父教澤，美國西雅圖分會舉辦「法鼓傳燈日」活動，進行禪一，由果乘法師帶領，共有五十多人參加。

◆ 緬懷聖嚴師父教澤，加拿大多倫多分會舉辦「法鼓傳燈日」活動，由常護法師分享師父行誼，並進行傳燈儀式，期勉大眾燈燈相傳，願願相續，成長自我、奉獻他人，共有三十多人參加。

◆ 緬懷聖嚴師父教澤，泰國護法會舉辦「法鼓傳燈日」活動，進行傳燈，由護法總會副都監常遠法師帶領，共有五十多人參加。

02.25

◆ 臺中寶雲寺舉辦「聖嚴書院關懷員成長營」，由常林法師帶領，內容包括半日禪、討論分享，共有八十五位佛學班、福田班關懷員參加。

◆ 臺南分院於茄萣濕地公園舉辦戶外禪，由禪修中心副都監果醒法師開示禪修心法，期勉大眾將心法運用於日常生活中，有近四十位禪坐會悅眾參加。

◆ 法行會於北投農禪寺舉辦第一九九次例會，方丈和尚果東法師到場關懷，有近兩百四十人參加。

◆ 法青會於德貴學苑舉辦新春慈悲三昧水懺法會，由常導法師帶領，共有六十多人參加。

◆ 美國東初禪寺舉辦週日講座，由常修法師主講「高僧行誼」，介紹虛雲老和尚的風範與修行體證，有近五十人參加。

◆ 馬來西亞道場舉辦「生命自覺營學員分享會」，由演祥法師帶領六位赴臺參與自覺營的學員，交流分享參與活動的體悟，共有二十位青年參加。

◆ 美國普賢講堂舉辦佛學講座，由常玄法師主講「華嚴三聖 —— 文殊師利菩薩」，共有三十多人參加。

◆ 加拿大多倫多分會舉辦佛學講座，由常護法師主講「高僧行誼」，介紹玄奘大師的風範與修行體證，共有四十多人參加。

◆ 澳洲墨爾本分會舉辦佛學講座，由常續法師主講「菩提心」，有近三十人參加。

02.27

◆ 基隆精舍舉辦元宵燃燈供佛法會，由副寺果樞法師帶領，有近一百人參加。

◆ 桃園辦事處每週二舉辦樂齡關懷活動，邀請獨居長者於辦事處共修、用齋、分享交流等，有近四十人參加。

02.28

◆ 北投農禪寺舉辦元宵燃燈供佛法會，由監院果毅法師帶領，並有吃元宵、提燈籠、猜燈謎等傳統節慶活動，共有九百五十多人參加。

◆ 基隆精舍舉辦佛一，由副寺果樞法師帶領，共有六十多人參加。

◆ 2月28日至3月21日，香港道場每週三於九龍會址舉辦佛學講座，由演戒法師導讀《佛遺教經》，有近九十人參加。

3月 MARCH

03.01

◆ 《人生》雜誌第415期出刊，本期專題「人生，路上書 —— 共讀《遊行經》」。

◆ 《法鼓》雜誌第339期出刊。

◆ 法鼓文化出版新書：《拈花微笑》（禪修指引系列，聖嚴法師著）、《福慧自在 —— 金剛經生活（大字版）》（家中寶系列，聖嚴法師著）、《法的療癒 —— 佛陀教我的十堂生死課》（般若方程式系列，杜正民著）。

◆ 南投德華寺舉辦元宵燃燈供佛法會，由副寺果弘法師帶領，共有四十多人參加。

◆ 1至8日，禪堂舉辦念佛禪七，由監院常乘法師擔任總護，共有一百五十多人參加。

◆ 法鼓山網路電視臺每月「主題影片」單元，3月播出「愛情與智慧（二）—— 在愛中學習與成長」，精選聖嚴師父相關的開示影片，引領大眾重溫師父的智慧開示。

◆ 1日至3日，法鼓文理學院受邀參與丹麥哥本哈根大學（University of Copenhagen）跨文化區域研究系、印度普那大學（University of Pune）巴利語佛教學系共同於普那大學舉辦的第一屆「國際佛教辭典工作坊」，由佛教學系副教授鄧偉仁代表出席，與多位來自德國、奧地利、法國、日本研究學者，研討《巴利語關鍵辭典》（*Critical Pāli Dictionary*）的編纂與研究。

◆ 3月1日至6月14日，人基會於臺南市東陽國小推廣「香草進校園」課程，每期八堂課，透過觀察植物的生長、榮枯，引導學童專注安定，學習尊重生命、感恩生命。

03.02

◆ 2至4日，北投農禪寺舉辦精進禪二，由常琨法師擔任總護，有近兩百三十人參加。

◆ 桃園齋明寺舉辦元宵燃燈供佛法會，由監院果舟法師帶領，共有一百四十多人參加。

◆ 2 至 4 日，青年院於法鼓文理學院舉辦「悟吧！二日營」，主題是「生命關懷」，由常導法師擔任總護，共有六十多位學員參加。

03.03

◆ 蘭陽精舍「蘭陽講堂」系列講座，3 日邀請李豐醫師主講「不只賺了三十年，還可以活得更好 —— 李豐醫師的生命故事」，分享自己與癌細胞共存四十年的心路歷程，共有一百六十多人參加。

◆ 3 月 3 日至 5 月 12 日，臺中寶雲寺每月週六舉辦「從心溝通」講座，邀請靜宜大學教育研究所教授張學善主講，主題分別是「談人際關係與溝通技巧」、「認識同理心」、「問題解決技巧」，講說人際關係與溝通、同理心及生活上的運用，說明專注、接納、覺察、讚美、肯定是圓滿人際關係的重要心法，有近四百人次參加。

◆ 臺南分院舉辦「大事關懷生命教育課程」，由關懷院法師主講，課程內容包括生命的現象與臨終關懷，除援引實例，也安排信眾分享從抗癌到親近佛法的生命歷程，有近四百人參加。

◆ 3 至 4 日，傳燈院於北投雲來寺舉辦「2018 心靈環保家庭日共識營」，由監院常襄法師、弘化院監院果悅法師、文化中心副都監果賢法師等授課，共有三百多人參加。

◆ 慈基會於高雄紫雲寺舉辦「南部地區防救災聯繫會報」，由副祕書長常隨法師、總幹事陳高昌及專職，分享防救災組織架構、實務經驗等，有近七十位高雄、屏東、潮州地區之正副救災總指揮、正副召委及義工參加。

◆ 法鼓文理學院第二屆「校園之美」攝影大賞，3 日於官網公布得獎作品，得獎作品將於 4 月 8 日校慶當天頒獎，並於大願・校史館展出，將校園生活精彩的剎那，與大眾分享。

◆ 美國洛杉磯道場舉辦專題講座，由果幸法師主講「從宏智正覺禪師的頌古及上堂小參中看曹洞宗教義」，介紹理、事無礙的境界，勉勵大眾練習對事相上的不執取，以默照體現理、事，共有五十多人參加。

◆ 3 月 3 日至 5 月 5 日，7 月 21 日至 9 月 29 日，馬來西亞道場每月週六舉辦兒童生命教育課程，主題是「心六倫」，由專業師資帶領，共有十五位小學員參加。

◆ 馬來西亞道場舉辦元宵燃燈供佛法會，由常施法師帶領，期勉大眾以修學佛法點亮自己的心燈，以弘揚佛法點亮他人心燈，共有一百二十多人參加。

◆ 加拿大多倫多分會舉辦戶外禪，由悅眾擔任總護，共有二十多人參加。

03.04

◆ 3 月 4 日、4 月 8 日、5 月 6 日及 6 月 3 日，臺北安和分院舉辦春季親職講座，由心理師陳茉莉主講，分享在婚姻、親子、家庭、事業等人際關係的經營之道，有近兩百五十人次參加。

◆ 3 月 4 日至 6 月 10 日、9 月 16 日至 2019 年 1 月 6 日，臺北安和分院隔週週日開辦「童趣班」，由教聯會師資帶領，透過靜心活動、繪本故事、生命教育、創意手作等課程，培養學童的專注力及良好的情緒管理，有近六十位國小學童參加。

- ◆ 臺南雲集寺舉辦禪一，由監院常宗法師擔任總護，有近六十人參加。
- ◆ 高雄紫雲寺舉辦禪一，由常貫法師擔任總護，共有一百四十多人參加。
- ◆ 臺東信行寺舉辦禪一，由監院常全法師擔任總護，有近二十人參加。
- ◆ 榮譽董事會於北投農禪寺舉辦新春祝福，內容包括祈福法會、聆聽聖嚴師父開示影片、悅眾分享等，方丈和尚果東法師、護法總會副都監常遠法師、服務處監院常應法師、榮董會會長黃楚琪等出席關懷，互勉時時回到護法初心，同為人心淨化而努力，共有一千多人參加。
- ◆ 3月4日至5月6日；7月22日至9月30日，馬來西亞道場每月週日舉辦兒童生命教育課程，主題是「心五四」，由專業師資帶領，共有十三位小學員參加。
- ◆ 美國新澤西州分會舉辦半日禪，由悅眾擔任總護，有近二十人參加。
- ◆ 美國芝加哥分會舉辦半日禪，由悅眾擔任總護，共有十多人參加。
- ◆ 美國普賢講堂舉辦專題講座，由常諗法師主講「與哈佛相遇」，共有二十多人參加。

03.05

- ◆ 3月5日至7月2日、9月3日至2019年1月14日，臺北安和分院每週一舉辦佛學講座，邀請心理諮商專家鄭石岩主講「唯識心理學」，有近一百四十人參加。
- ◆ 心六倫校園宣講團隊六位種子教師，受邀前往臺南敏惠醫護專科學校，以「幸福路上的戰爭與和平」為主題，與三百多位學生分享性別平權。
- ◆ 5日起，三重、內湖、中正萬華、新莊、中永和、林口、豐原、員林、花蓮等九處辦事處，以及土城、虎尾、樹林三處共修處陸續開辦經典共修課程，以簡單的讀誦方式親近《金剛經》、《心經》，接引大眾在攝受的誦念聲中，學習經典。
- ◆ 3月5日至5月28日，合唱團輔導法師常獻法師、團長許美智偕同團本部悅眾，展開地區合唱團巡迴關懷。3月5日於齋明別苑參與桃園團練唱共修，交流演唱技巧與會務發展運作。

03.06

- ◆ 3月6日至7月3日，臺北安和分院每週二舉辦佛學講座，由僧團副住持果燦法師主講《法華經》，有近兩百三十人參加。
- ◆ 3月6日至7月3日，臺北中山精舍每週二舉辦佛學講座，邀請華梵大學中國文學系副教授胡健財主講《心經》，有近七十人參加。
- ◆ 3月6日至4月24日、5月8日至6月26日，以及9月11日至10月30日、11月6日至12月25日，法青會週二於德貴學苑舉辦「身心SPA」，每梯次八堂課，由演謙法師帶領，四梯次共有一百二十多人參加。
- ◆ 加拿大溫哥華道場於當地西區成立的都市禪中心正式運作，期能接引更多年輕人及當地英語人士禪修。

03.07

- ◆ 北投農禪寺舉辦佛一暨八關戒齋，由監院果毅法師帶領，共有六百三十多人參加。

◆ 3月7日至7月4日、9月5日至2019年1月16日，臺北中山精舍每週三下午舉辦佛學講座，由普化中心佛學課程講師謝水庸主講《維摩詰經》，有近一百四十人參加。

◆ 3月7日至7月4日、9月5日至2019年1月16日，臺北中山精舍每週三晚間舉辦佛學講座，由普化中心佛學課程講師溫天河導讀聖嚴師父著作《天台心鑰》，有近四十人參加。

◆ 7至28日，普化中心每週三晚上於北投農禪寺舉辦「法鼓講堂」佛學課程，由禪修中心副都監果醒法師主講「寶鏡無境」；課程同時於「法鼓山心靈環保學習網」線上直播，提供全球學員上網聽講，並參與課程討論。

◆ 3月7至21日、6月13至27日，香港道場於港島會址舉辦兩梯次「如來寶藏——佛教藝術經變圖臨摹工作坊」，每梯次三堂課，帶領學員透過工筆繪畫技巧，體驗佛教美術的平和心境。

03.08

◆ 8至11日，法鼓山於園區舉辦「第二十三屆在家菩薩戒」第一梯次，由方丈和尚果東法師、首座和尚惠敏法師、副住持果暉法師擔任菩薩法師，包括男眾一百一十五位、女眾四百六十八位，共有五百八十三人受戒。

◆ 方丈和尚果東法師受臺北市政府之邀，於市府公務人員訓練處進行專題演講，以年度主題「平安無事」為主題，分享以佛法妥善處理繁忙的公務和人際互動，共有一百多位各機關學校基層與中階管理階層參加。

◆ 法鼓山社大於法鼓山園區舉辦「社大講師共識營」，由校長曾濟群帶領，有近一百位金山、北投、新莊三校區講師及義工參加。

◆ 8至11日，加拿大多倫多分會舉辦禪修營，由常護法師帶領，有近二十人參加。

03.09

◆ 3月9日至7月6日、9月7日至2019年1月11日，臺北中山精舍每週五舉辦佛學講座，邀請鹿野苑藝文學會鄭念雪、王育坤老師等主講「佛教藝術」，賞析印度佛教藝術、日本禪茶文化、故宮文物等，有近八十人參加。

◆ 9至11日，三峽天南寺舉辦精進禪二，由果峙法師擔任總護，有近一百二十人參加。

◆ 9至11日，傳燈院於三義DIY心靈環保教育中心舉辦坐姿動禪學長培訓課程，引導學員將禪修心法融入日常生活，體驗行住坐臥皆是禪的妙用，共有一百一十六人參加。

◆ 3月9日至10月14日，法鼓文理學院禪文化研修中心舉辦研修體驗營，共六場。3月9至11日、10月12至14日進行兩梯次「人文社會研修」，由生命教育碩士學位學程主任辜琮瑜、社區再造碩士學位學程主任張志堯、社會企業與創新碩士學位學程主任陳定銘、環境與發展碩士學程主任張長義，分別帶領探討心靈環保在生命教育、社區再造、社會企業與創新、環境與發展等四面向的落實與應用，每梯次有二十位學員參加。

03.10

◆ 10 日及 24 日，臺中寶雲寺舉辦梁皇寶懺前行講座，由弘化發展專案召集人果慨法師主講「淨心·淨行·淨土」，講說拜懺共修的法益，共有一千一百多人次參加。

◆ 臺南分院《觀心銘》講座，由常慧法師主講，10 日的主題是「認識憨山大師的修行體證」，有近兩百人參加。

◆ 高雄紫雲寺舉辦專題講座，邀請插畫家尤俠主講「只是讓心歸位」，分享以佛法調伏自己習性的心路歷程，有近一百三十人參加。

◆ 高雄紫雲寺「法鼓青年開講」系列講座，10 日邀請臺灣首位女性棒球國際主審劉柏君主講「九局下半兩好三壞」，分享踏實的棒球逐夢路，共有一百一十多人參加。

◆ 10 至 17 日，禪堂於臺東信行寺舉辦初階禪七，由演廣法師擔任總護，共有六十七人參加。

◆ 國際禪坐會（International Meditation Group, IMG）於北投雲來寺舉辦英文禪一，由果禪法師擔任總護，有近三十人參加。

◆ 3 月 10 日至 5 月 26 日，僧大與法青會週六於德貴學苑舉辦「自覺工作坊」，由常啟法師、常悅法師等帶領，八次課程以漢傳禪法為核心，《八大人覺經》為脈絡，藉由各項互動體驗、影片啟發、小組討論及課後自我觀察記錄，開展「自覺」、「覺他」、「覺行圓滿」的學習歷程，共有三十多人參加。

◆ 3 月 10 日至 5 月 12 日，淡水辦事處法青組週六或日舉辦「啟動夢想工作坊」，以互動學習的方式，由法師或悅眾引導學員打破思考的框架，達成心中的夢想藍圖，共有二十多位青年參加。

◆ 10 至 22 日，關懷院法師美國舊金山道場弘法，內容包括舉辦佛學講座、大事關懷課程，帶領讀書會等。10 至 11 日進行佛學講座，導讀《金剛經》，分享「無所住而生其心」就是袪除執著，特別是對「我」的執著，進而做到心中沒有主觀的存在，也沒有客觀的事物，共有一百一十人次參加。

◆ 10 至 17 日，加拿大溫哥華道場舉辦初階禪七，邀請美國佛羅里達州立大學（Florida State University）宗教學系副教授俞永峯擔任總護，有近三十人參加。

◆ 美國新澤西州分會舉辦佛學講座，由演本法師導讀《圓覺經》，共有三十多人參加。

◆ 3 月 10 日至 6 月 9 日，澳洲雪梨分會每月週六舉辦佛學系列講座，共四場。10 日首場由常續法師主講「佛學與學佛」，共有三十多人參加。

03.11

◆ 桃園齋明別苑「心光講堂」系列講座，11 日邀請荒野保護協會理事長李偉文，以「迷路原為看花開」為題，分享長年從事環境保護及家庭教育推廣的人生路上，對生命的各種領悟，有近兩百人參加。

◆ 3 月 11 日至 10 月 28 日，臺中寶雲寺週六舉辦「法鼓講堂」系列講座，共四場，11 日進行首場，由法鼓文理學院人文社會學群學群長楊蓓主講「走過生命，淬煉慈悲與智慧」，以專業學養與自身經驗，分享返觀自照，發掘生命之美，有近三百人參加。

◆ 南投德華寺舉辦禪一，由副寺果弘法師擔任總護，有近三十人參加。

◆ 青年院於德貴學苑舉辦禪一，由常導法師擔任總護，共有二十多人參加。

◆ 3 月 11 日至 6 月 22 日，法鼓山社大分別於金山、北投、新莊三校區，以及德貴學苑、新北市萬里國小等地，舉辦「終身學習‧豐富人生系列講座」，內容包括生死關懷、桌遊、影片欣賞、讀書會等，廣邀民眾加入終學習的行列。

◆ 法鼓山社大於新莊校區舉辦專題講座，由弘化發展專案召集人果慨法師主講「活好、病好、走好」，分享《地藏經》的生命學習，共有六十多人參加。

◆ 僧大於法鼓山園區活動大廳舉辦「107 年度招生說明會」，由副院長常順法師、果肇法師等師長介紹辦學精神及課程規畫，方丈和尚果東法師到場關懷，共有三十多位來自臺灣、香港、馬來西亞青年參加。

◆ 護法總會於臺中寶雲寺舉行「正副會團長、正副轄召、召委聯席會議」，副都監常遠法師、服務處監院常應法師，以及總會長張昌邦、副總會長周文進、許仁壽、陳修平等出席關懷，有近兩百人參加。

◆ 美國東初禪寺舉辦週日講座，由住持果元法師主講「無住生心的應用」，有近六十人參加。

◆ 美國普賢講堂舉辦禪一，由副寺常玄法師擔任總護，共有十多人參加。

◆ 3 月 11 日至 6 月 10 日，澳洲雪梨分會每月週日舉辦禪學系列講座，共四場。11 日首場由常續法師主講「纏與禪」，共有二十多人參加。

03.12

◆ 3 月 12 日至 5 月 14 日，法青會週一於德貴學苑舉辦「初階梵唄培訓」課程，由常導法師帶領，有近三十人參加。

03.13

◆ 合唱團團本部地區合唱團巡迴關懷，13 日於屏東辦事處參與屏東團練唱共修，交流演唱技巧與會務發展運作。

◆ 義大利普世博愛運動總會（Focolare Movement）會長傅瑪莉（Maria Voce Emmaus）、共同會長莫藍‧賽佩達諾（Jesús Morán Cepedano）、天主教前任臺北區總主教狄剛等一行十七人，參訪法鼓山園區，由法鼓文理學院校長惠敏法師、副校長蔡伯郎、佛教學系主任果暉法師、副教授鄧偉仁等接待，進行交流。

03.14

◆ 14 至 21 日，禪堂於三峽天南寺舉辦初階禪七，由演定法師擔任總護，有近一百二十人參加。

◆ 法鼓文理學院諮商輔導暨校友聯絡中心舉辦校友職涯分享講座，由佛教學系碩士班畢業生有醫法師分享異國求學的心路歷程，包括校長惠敏法師、諮商輔導暨校友聯絡中心主任莊國彬，共有三十多人參加。

03.15

◆ 15 至 18 日，法鼓山於園區舉辦「第二十三屆在家菩薩戒」第二梯次，由方丈和尚果東法師、首座和尚惠敏法師、副住持果暉法師擔任菩薩法師，包括男眾一百一十四位、女眾四百七十位，共有五百八十四人受戒。

◆ 3 月 15 日至 5 月 31 日、8 月 16 日至 11 月 15 日，馬來西亞道場週四晚上舉辦《學佛五講》佛學課程，由監院常藻法師、常施法師等主講，有近一百一十人參加。

03.16

◆ 16 至 18 日，美國象岡道場舉辦三日禪修營，由監院常襄法師擔任總護，有近十人參加。

03.17

◆ 北投農禪寺舉辦戶外禪，由常照法師帶領，有近兩百一十人參加。

◆ 3 月 17 日、4 月 28 日、5 月 26 日，蘭陽精舍舉辦親職學堂，邀請心理師陳茉莉分享教養心法，主題分別是「如何幫助孩子建立好習慣」、「良好親子溝通的小法寶」、「什麼是愛的教育？我做對了嗎？」，每堂有近五十位父母參加。

◆ 豐原辦事處舉辦「勸募會員成長營」，邀請《點燈》節目製作人張光斗，分享追隨聖嚴師父行腳到尋師身影的歷程，共有一百多人參加。

◆ 教聯會於新北市二叭子植物園舉辦教師心靈環保一日營，進行戶外禪，由常獻法師擔任總護，有近四十人參加。

◆ 關懷院法師美國舊金山道場弘法，17 至 18 日舉辦大事關懷生命教育課程，內容包括大事關懷七項服務、助念法器梵唄教學，演練追思祝福時的儀式，有近九十人參加。

◆ 加拿大溫哥華道場舉辦佛學講座，邀請美國佛羅里達州立大學宗教學系副教授俞永峯主講「紅塵修行」，講說《維摩詰經》的智慧，共有一百一十多人參加。

◆ 加拿大多倫多分會舉辦戶外禪，由悅眾擔任總護，共有二十多人參加。

03.18

◆ 臺北中山精舍舉辦 Fun 鬆一日禪，由常越法師擔任總護，有近六十人參加。

◆ 高雄紫雲寺舉辦萬行菩薩成長營，由悅眾謝云洋帶領，分享如何在服務過程中用佛法化解煩惱，從義工執事中安頓自心，共有八十多人參加。

◆ 中正萬華辦事處於新址德貴學苑舉行灑淨啟用儀式，由護法總會副都監常遠法師主法，總會長張昌邦、人基會祕書長李伸一等觀禮祝福，有近五百五十人參加。

◆ 加拿大溫哥華西門菲沙大學（Simon Fraser University）宗教學系師生一行二十三人，參訪溫哥華道場，由監院常悟法師帶領體驗禪修、學佛行儀等。

◆ 3 月 18 日、10 月 21 日，馬來西亞道場舉辦大事關懷分享會，由常施法師帶領，內容包括佛化奠祭的理念和作法、助念關懷實務演練等，共有兩百多人次參加。

◆ 馬來西亞怡保共修處舉辦清明報恩彌陀法會，由常尊法師帶領，共有四十二人參加。

◆ 香港道場於九龍會址舉辦清明報恩佛一，由監院常展法師帶領，共有一百五十六人參加。

◆ 美國新澤西州分會舉辦半日禪，由悅眾擔任總護，有近二十人參加。

◆ 美國波士頓普賢講堂舉辦佛學講座，由副寺常玄法師主講「華嚴三聖之文殊篇」，共有二十多人參加。

◆ 加拿大多倫多分會舉辦佛學講座，由常護法師主講「高僧行誼」，介紹弘一大師的風範與修行體證，共有二十多人參加。

◆ 澳洲墨爾本分會舉辦佛學講座，由澳洲護法會輔導法師常續法師主講「佛學學佛」，共有二十多人參加。

03.20

◆ 3 月 20 日至 7 月 10 日，三重蘆洲辦事處舉辦「自在書法課程」，邀請書法老師張嘉伻帶領，以書法藝術墨韻線條，體驗禪修的清楚放鬆，有近四十位學員參加。

◆ 合唱團團本部地區合唱團巡迴關懷，20 日於蘭陽精舍參與羅東團練唱共修，交流演唱技巧與會務發展運作。

03.21

◆ 慈基會協助社福團體關懷長者所需，捐贈社團法人臺灣福氣社區關懷協會各三十組到宅檢查服務電子血壓計、額溫槍等健檢器材，有近兩百位臺中海線地區獨居長者、身心障礙者受惠。

◆ 法鼓文理學院舉辦專題講座，邀請第十三世達擦袞德林仁波切主講「如何斷除二障」，有近一百人參加。

03.22

◆ 北投農禪寺舉辦禪一，由常琨法師擔任總護，共有兩百一十多人參加。

◆ 3 月 22 日至 5 月 24 日，青年院週四於德貴學苑舉辦「認識戒律」課程，共七堂，由演謙法師等授課，內容以聖嚴師父《戒律學綱要》為核心，接引青年踏出持戒生活的第一步，有近四十人參加。

◆ 法鼓文理學院佛教學系於智光商工「升學博覽會」中，舉辦招生說明會，介紹辦學特色與課程規畫。

◆ 關懷院法師美國舊金山道場弘法，22 日指導助念法器梵唄練習，共有四十多人參加。

◆ 馬來西亞道場監院常藻法師受邀出席於星洲日報總社舉辦的「清明節超薦法會與掃墓的意義」座談會，分享清明報恩法會的內涵與意義。

03.23

◆ 23 日至 25 日，農禪寺首度舉辦「青年 Fun 心輕旅行」，由常提法師擔任總護，帶領

學員體驗梵唄、禪坐、動禪等，有近四十位青年參加。

◆ 韓國寶林寺住持南道法師率同五十四位信眾，參訪臺中寶雲寺，由監院果理法師接待，進行交流。

◆ 23 至 30 日，臺南雲集寺舉辦清明報恩地藏法會，由監院常宗法師帶領，共有七百多人次參加。

◆ 23 至 25 日，傳燈院於三義 DIY 心靈環保教育中心舉辦中級 1 禪訓班輔導學長培訓課程，由監院常襄法師帶領，共有五十多人參加。

◆ 美國舊金山道場舉辦禪修講座，邀請聖嚴師父西方法子吉伯‧古帝亞茲（Gilbert Gutierrez）主講「禪的世界」，有近五十人參加。

03.24

◆ 臺北安和分院舉辦禪一，由常弘法師擔任總護，共有一百一十多人參加。

◆ 基隆精舍於暖東峽谷舉辦戶外禪，由副寺果樞法師帶領，共有三十多人參加。

◆ 蘭陽精舍舉辦禪一，由副寺常法法師擔任總護，有近七十人參加。

◆ 三峽天南寺舉辦禪一，由常哲法師擔任總護，共有一百五十多人參加。

◆ 3 月 24 日至 10 月 13 日，高雄紫雲寺舉辦「法鼓文理講堂」系列講座，共三場。24 日首場由生命教育碩士學位學程主任辜琮瑜主講「四它過重關」，分享藉由禪修，鬆動自我中心的執著，超越對立與分別，共有兩百五十多人參加。

◆ 義工團於德貴學苑舉辦新進義工培訓課程，由常獻法師與副團長金曉燕、陳麗瑾、曾瑞松、鮑育宏等授課，內容包括基礎佛學、義工行儀、組織架構等，共有一百零六位義工參加。

◆ 3 月 24 日、6 月 23 日，以及 9 月 29 日、12 月 29 日，法青會於德貴學苑舉辦心潮梵音祈福法會，由常導法師帶領，各有六十多人參加。

◆ 24 至 28 日，美國象岡道場舉辦助理監香培訓課程，由演本法師帶領，共有三十多人參加。

◆ 美國洛杉磯道場舉辦禪一，由常義法師擔任總護，共有四十多人參加。

◆ 美國舊金山道場舉辦禪一，邀請聖嚴師父法子吉伯‧古帝亞茲擔任總護，共有三十多人參加。

◆ 香港道場佛教藝術系列講座，24 日邀請佛教音樂圖像研究者李慧心主講「西域樂舞之美——克孜爾石窟伎樂圖像」，介紹龜茲石窟樂舞的源流和特色。

◆ 美國新澤西州分會舉辦清明慈悲三昧水懺法會，由常修法師帶領，共有四十多人參加。

03.25

◆ 3 月 25 日至 5 月 20 日，北投中華佛教文化館舉辦清明報恩《地藏經》共修，由監院果諦法師帶領，有近五千九百人次參加。

◆ 3 月 25 日至 4 月 7 日，臺北安和分院舉辦清明報恩地藏法會，由監院果旭法師帶領，共有兩千多人次參加。

◆ 25 至 31 日，高雄紫雲寺舉辦清明報恩地藏法會，由監院常參法師帶領，有近一千九

百人次參加。

◆ 法鼓山社大於北投雲來寺舉辦專題講座，由弘化發展專案召集人果槪法師主講「活好、病好、走好」，分享《地藏經》的生命學習講座，共有兩百一十多人參加。

◆ 僧大舉辦「世界公民工作坊」，主題是「從動盪中邁向涵融，重啟連結的文化」，由果禪法師、常濟法師帶領討論，分享長期與世界各地青年領袖對話互動的心得，以及法鼓山在國際推動佛法的腳步與歷程，有近四十位學僧參加。

◆ 念佛會於法鼓山園區舉辦悅眾聯誼，由常勳法師帶領戶外禪，有近七十人參加。

◆ 3月25日、9月9日，美國東初禪寺舉辦週日講座，邀請聖嚴師父西方弟子李世娟（Rebecca Li）主講「禪修者布施心的長養」，有近四十人參加。

◆ 3月25日至6月10日、9月16日至11月18日，美國舊金山道場週日舉辦兒童心靈環保課程，每期五堂課，以活潑有趣的遊戲及團康課程，帶領孩童學習心靈環保與心六倫在生活中的運用，有近二十位小學員及家長參加。

◆ 馬來西亞道場於甲洞森林研究所湖畔公園（Taman Botani Kepong FRIM）舉辦戶外禪，由演祥法師帶領，有近五十人參加。

◆ 香港道場於九龍會址舉辦Fun鬆一日禪，由演戒法師擔任總護，有近六十人參加。

◆ 泰國護法會舉辦清明報恩地藏法會，由常空法師主法，勉勵大眾，只要隨著佛法，用上佛法，任何難關皆可安然度過，共有六十多人參加。

03.26

◆ 法鼓文理學院舉辦專題講座，邀請中國大陸華中師範大學心理學院教授江光榮主講「心理・生命・美學」，共有四十多人參加。

03.28

◆ 中國大陸北京長江商學院六十位學員參訪北投農禪寺，由參學導覽員帶領認識水月道場，並體驗立姿禪、吃飯禪、戶外禪、托水缽等動禪。

◆ 3月28日至4月4日，禪堂舉辦默照禪七，由常隨法師擔任總護，有近一百六十人參加。

◆ 僧大為三、四年級學僧安排見習慰訪活動，行前並由慈基會專職與義工分享慰訪心法。

◆ 人基會「2018平安無事心靈講座」，28日邀請臺灣旅遊交流協會理事長賴瑟珍主講「讓世界看見臺灣的好」，說明觀光是沒有煙囪的工業，沒有會議的外交，沒有口號的政治，沒有教室的教育，沒有文字的宣傳，更能提昇國家競爭力，共有七十多人參加。

◆ 合唱團團本部地區合唱團巡迴關懷，13日於基隆精舍參與基隆團練唱共修，交流演唱技巧與會務發展運作。

◆ 3月28日、4月11日，香港道場於港島會址舉辦「經教淺釋——佛教藝術系列之標本兼治的《藥師經》」，藉由經變圖，探討經典義理。

03.29

◆ 3月29日至4月1日,臺東信行寺舉辦清明報恩地藏法會,由監院常全法師帶領,共有兩百一十多人次參加。

03.30

◆ 3月30日至4月6日,三峽天南寺舉辦粵語初階禪七,由常展法師擔任總護,有近一百人參加。

◆ 合唱團團本部地區合唱團巡迴關懷,30日於員林辦事處參與員林團練唱共修,交流演唱技巧與會務發展運作。

03.31

◆ 方丈和尚果東法師應臺中榮民總醫院之邀,進行專題演講,與該院志願服務工作隊分享「從服務中再生力量 ── 抱願,不抱怨」,共有五百多人到場聽講,嘉義榮總志工隊也同步視訊連線。

◆ 3月31日至4月7日,北投農禪寺舉辦清明報恩佛七,由果昌法師等帶領,以清淨的身、口、意,念念與阿彌陀佛相應,共有三千兩百多人次參加。

◆ 3月31日至4月7日,臺中寶雲寺啟建清明報恩梁皇寶懺法會,由監院果理法師帶領,有近八千人次參加。

◆ 3月31日至4月5日,法鼓文理學院校長惠敏法師應美國密西根大學(University of Michigan)亞洲語言文化系邀請,前往講授「禪與腦科學」課程,並進行學術交流。

◆ 美國東初禪寺舉辦英文禪一,邀請聖嚴師父西方弟子哈利・米勒擔任總護,並分享「關於無常」,共有十多人參加。

◆ 3月31日至4月1日,美國舊金山道場舉辦清明報恩佛二,由監院常惺法師帶領,共有一百四十多人次參加。

◆ 馬來西亞道場舉辦禪一,由演祥法師擔任總護,有近三十人參加。

◆ 馬來西亞道場監院常藻法師受邀出席馬來西亞南傳佛教總會、那爛陀佛教會首度舉辦的「2018佛教領袖高峰會」,並與佛青總會前總會長吳青松對談「前瞻性領導 ── 在修行中成長」,分享領執的學習與成長,共有八十多位來自全馬各地英語系的佛教組織領導人參加。

4月 APRIL

04.01

◆ 《人生》雜誌第416期出刊,本期專題「威儀好好」。

◆ 《法鼓》雜誌第340期出刊。

◆ 法鼓文化出版新書：《默照365》（琉璃文學系列，繼程法師著）。

◆ 《金山有情》季刊第64期出刊。

◆ 《法鼓文理學院校刊》第15期出刊。

◆ 《護法季刊》復刊第14期出刊。

◆ 1至4日，方丈和尚果東法師前往中國大陸探訪祖庭，包括參訪江蘇狼山廣教寺、焦山定慧寺與焦山佛學院、蘇州寒山寺等，並關懷聖嚴師父俗家親眷。

◆ 1至7日，臺北中山精舍舉辦清明報恩地藏法會，由常越法師帶領，共有一千一百多人次參加。

◆ 基隆精舍舉辦禪一，由副寺果樞法師擔任總護，共有三十多人參加。

◆ 1至7日，臺南分院舉辦清明報恩地藏法會，包括地藏法會、《地藏經》共修、地藏懺法會，共有一千八百多人次參加。

◆ 高雄紫雲寺舉辦清明報恩慈悲三昧水懺法會，由僧團副住持果燦法師主法，共有六百多人參加。

◆ 法鼓山網路電視臺每月「主題影片」單元，4月播出「擺脫憂慮，解除壓力 ── 讓心豁然開朗」，精選聖嚴師父相關的開示影片，引領大眾重溫師父的智慧開示。

◆ 1至6日，中華佛學研究所所長果鏡法師應中國大陸杭州徑山禪宗文化研究院之邀，前往講學，進行三場演講。1日於徑山鎮上的綠城桃源小鎮主講「從禪與禪生活，從心靈環保到人間淨土」，分享禪的智慧，共有一百多人參加。

◆ 法鼓文理學院校長惠敏法師赴美國密西根大學學術交流，1日亦應密西根信眾之邀，於蘭莘學佛會（Lansing Buddhist Association）彌陀村禪修中心，以「愉悅羅盤及禪法與腦科學」為題演講，探討禪法與腦科學的關係。

◆ 義工團於法鼓山園區舉辦「總本山新義工說明會」，由各組義工介紹勤務內容、交流分享，並舉辦「萬行菩薩闖通關」，藉由互動遊戲，認識萬行菩薩的精神，共有九十多人參加。

◆ 美國東初禪寺舉辦週日講座，邀請聖嚴師父西方弟子哈利・米勒主講「《圓覺經》說：妄想、分別、心」，共有三十多人參加。

◆ 美國洛杉磯道場舉辦清明報恩佛一，由常統法師帶領，有近九十人參加。

◆ 馬來西亞道場舉辦清明報恩地藏法會，由常施法師帶領，有近一百四十人參加。

◆ 馬來西亞道場監院常藻法師受邀參與全國大專佛青協調委員會（Intervarsity Young Buddhist Coordinating Council, IYBCC ）於馬佛青總會舉辦的傳承營中，主講「用心最美」，分享在承擔中學習成長，在奉獻中落實佛法。

◆ 美國新澤西州分會舉辦半日禪，由悅眾擔任總護，共有十多人參加。

◆ 美國芝加哥分會舉辦半日禪，由悅眾擔任總護，共有十多人參加。

◆ 美國西雅圖分會舉辦清明報恩大悲懺法會，由果乘法師帶領，共有五十多人參加。

◆ 美國普賢講堂舉辦清明報恩地藏法會，由常灌法師帶領，共有八十多人參加。

04.03

◆ 3至7日，青年院於法鼓文理學院舉辦社青禪修營，由常導法師擔任總護，以禪修體驗為主軸，並由文理學院校長惠敏法師、助理教授辜琮瑜帶領工作坊，有近六十人參加。

◆ 馬來西亞道場應大馬佛學會之邀，於初級佛學課程中，由演香法師主講「四梵住」，藉由講座、影片、討論及分享，引領二十六位學員從佛教出世間的見解、入世間的修行方法，了解四梵住。

04.04

◆ 4至7日，桃園齋明寺舉辦清明報恩佛三暨八關戒齋，由文化中心副都監果賢法師主法，有近六百九十人次參加。

◆ 中華佛學研究所所長果鏡法師應中國大陸杭州講學，4日及6日分別於浙江大學圖書館、杭州佛學院主講「明末清初禪門之『茶話』」，介紹「茶話」的源由與發展。

◆ 法鼓文理學院校長惠敏法師美國密西根大學學術交流，4日於該校拉克姆圓形劇場（Rackham Amphitheater）舉辦公開演講「正念往生 —— 臺灣佛教的臨終關懷」，共有一百二十多人參加。

◆ 僧大舉辦專題講座，邀請中央研究院歐美研究所研究員單德興主講「禪修·文學·生死」，分享與聖嚴師父的法緣，共有三十多人參加。

04.06

◆ 6至8日，美國象岡道場舉辦三日禪修營，邀請聖嚴師父西方弟子李世娟（Rebecca Li）擔任總護，共有二十多人參加。

◆ 6至8日，美國塔拉哈西分會舉辦禪三，由負責人俞永峯擔任總護，有近二十人參加。

04.07

◆ 7至8日，桃園齋明別苑舉辦清明報恩地藏法會，由副寺常雲法師帶領，有近三百二十人次參加。

◆ 4月7日至5月5日，禪堂舉辦話頭禪三十，由監院常乘法師擔任總護，為方便禪眾作息，禪期分四梯次禪七，共有五十一人圓滿三十日的禪期。

◆ 7至14日，禪堂於臺東信行寺舉辦初階禪七，由演建法師擔任總護，共有九十多人參加。

◆ 法鼓山社大於北投雲來寺舉辦專題講座，邀請作家林惠蘭主講「斷捨離 —— 心幸福」，分享斷捨離「減法」生活的方法，共有一百三十多人參加。

◆ 美國東初禪寺舉辦清明報恩法會，上午舉行地藏法會、下午進行地藏懺法會，由監院常華法師帶領，共有一百四十多人次參加。

◆ 加拿大溫哥華道場舉辦清明報恩地藏懺法會，由監院常悟法師帶領，共有九十多人參加。

◆ 7至8日，馬來西亞道場舉辦「尋找美好生命的使命 —— 你已準備就緒」工作坊，由果禪法師、常濟法師帶領，探討「讓個人活起來」、「讓世代活起來」，有近二十位法青學員參加。

◆ 美國芝加哥分會舉辦清明報恩地藏法會，由常齋法師帶領，共有三十多人參加。

◆ 加拿大多倫多分會舉辦佛學講座，由美國舊金山道場監院常惺法師主講「高僧行誼」，介紹太虛大師的風範與修行體證，有近三十人參加。

04.08

◆ 4月8日至5月27日，臺北安和分院週日舉辦「遇見高僧，遇見自己」系列講座，由弘化發展專案召集人果慨法師主講，共七場，從教史、教理、行誼三個面向，契入高僧行解並重，定慧雙舉的化世生命，期勉學員學習清淨、行持的品格，慈悲濟眾的精神。8日進行首場，主題是「釋迦牟尼佛」，共有一千多人參加。

◆ 南投德華寺舉辦戶外禪，由副寺果弘法師擔任總護，有近六十人參加。

◆ 8至9日，法鼓文理學院舉辦校慶系列活動，包括籃球、羽球聯誼賽、園遊會、藝文表演與綜合語言競賽等，體現博雅教育的豐碩成果。8日的開幕儀式，方丈和尚果東法師出席祝福，校長惠敏法師頒發前社會人文學群長陳柏璋榮譽教授聘書。

◆ 美國舊金山道場舉辦英文禪修工作坊，由悅眾帶領，共有十多人參加。

◆ 加拿大溫哥華道場舉辦清明報恩地藏法會，由監院常悟法師帶領，有近一百人參加。

◆ 美國新澤西州分會舉辦半日禪，由悅眾擔任總護，共有十多人參加。

◆ 美國芝加哥分會舉辦禪一，由常齋法師擔任總護，共有二十多人參加。

◆ 8日及22日，美國普賢講堂舉辦專題講座，由副寺常玄法師主講「菩薩戒指要與釋疑」，共有四十多人次參加。

◆ 加拿大多倫多分會舉辦清明報恩佛一，由美國舊金山道場監院常惺法師帶領，共有三十多人參加。

04.09

◆ 法鼓文理學院舉辦校慶系列活動，9日進行「綜合語言競賽」，共有梵、巴、藏、英、日等五種語言，十個組別參加。

◆ 心六倫校園宣講團隊種子教師，受邀前往敏惠醫護專科學校，以「有我無毒 —— 已毒不回礙一生」為主題，以影片、短劇等形式，分享珍惜生命，拒絕毒品的觀念與方法，有近一百五十多位師生參加。

04.10

◆ 方丈和尚果東法師於北投雲來寺大殿，對僧團法師、全體專職精神講話，主題是「慈悲智慧平安的著力點」，全臺各分院道場同步視訊連線聆聽開示，有近三百人參加。

◆ 10日及17日，傳燈院應鬚鬚張股份有限公司之邀，於三峽天南寺舉辦兩梯次禪修體驗營，由監院常襄法師帶領，內容包括禪坐、動禪體驗等，共九十多人參加。

◆ 10至15日，馬來西亞道場首度於法鼓山園區舉辦悅眾成長營，由監院常藻法師帶領，安排僧團法師、法鼓文理學院師資授課，課程內容結合禪修、朝山、參學、經典共修等，共有六十人參加。

04.11

◆ 4月11日起至6月27日，桃園齋明寺每週三舉辦佛學講座，由果竣法師主講《法華經》，有近一百人參加。

◆ 法鼓文理學院佛教學系舉辦研究生論文發表會，由系主任果暉法師主持，校長惠敏法師及校內論文指導教授講評，印度、漢傳、藏傳三個佛教組，各組皆有三篇論文發表。

◆ 僧大舉辦「《法的療癒》座談」，邀請前法鼓文理學院副校長杜正民夫人張雪卿，分享杜教授在十年病痛中，力行佛陀教法的歷程，共有三十多位學僧參加。

◆ 4月11日至5月2日，香港道場每週三於九龍會址舉辦佛學講座，由常禮法師導讀《四十二章經》，共有八十多人參加。

04.12

◆ 法行會於臺北國賓飯店舉辦第二○○次例會，由禪修中心副都監果醒法師主講「楞嚴概說（一）」，有近兩百人參加。

◆ 12至16日，美國象岡道場住持果元法師於聖路易聯絡處弘法關懷，內容包括英文禪修、佛法講座等。12日講座的主題是「禪修的前行功課」，介紹禪修的環境、正確的觀念和心態，共有十多位初學禪修者參加。

04.13

◆ 13至15日，三峽天南寺舉辦念佛禪二，由常哲法師擔任總護，有近一百一十人參加。

◆ 13至15日，法青會於臺南雲集寺舉辦「臺南青年二日營」，由常導法師帶領，並邀請成功大學資訊工程學系教授蘇文鈺主講「創客精神當時行」，有近五十人參加。

◆ 美國象岡道場住持果元法師聖路易聯絡處弘法關懷，13日進行佛法講座，分享《金剛經》的生活智慧。

04.14

◆ 4月14至22日、9月15至23日，百丈院每週六、日進行清洗法鼓山園區祈願觀音池，包括洗石、曬石、刷池壁、擦池底、鋪石等作業，每日有逾六十位民眾及義工參加。

◆ 北投農禪寺舉辦戶外禪，由常琨法師帶領，有近兩百二十人參加。

◆ 蘭陽精舍「蘭陽講堂」系列講座，14日由寺院管理副都監常寬法師主講「聖嚴法師的生病觀」，分享聖嚴師父面對病苦的自在圓融，共有一百五十多人參加。

◆ 臺中寶雲寺於寶雲別苑舉辦戶外禪，由果雲法師帶領，有近一百人參加。

◆ 14日及21日，傳燈院於北投雲來寺舉辦「2018心靈環保SRE義工培訓」課程，由監院常襄法師等帶領，內容包括坐姿動禪、禪繞畫、互動遊戲等，共有三百五十多人次參加。

◆ 4月14日至5月26日，青年院週六於德貴學苑舉辦「生命關懷工作坊」，共五堂，邀請佛教蓮花基金會董事張寶方帶領，透過課程與參訪，幫助學員認識生死的種種面向，進一步實踐對生命的關懷，有近四十人參加。

◆ 4月21日至5月27日，慈基會於全臺各地舉辦「第三十二期百年樹人獎助學金」頒發活動，共四十四場，有近一千三百位學子受獎。

◆ 14至15日，僧大舉辦第十屆講經交流會，副院長常順法師及多位指導師長到場關懷，共有十五位學僧分享學習成果；並邀請學僧俗家親人，以及生命自覺營歷年學員返校觀摩。

◆ 教聯會於德貴學苑舉辦「心靈環保教學研習營」，分享心靈環保的教學經驗，創造校園幸福學，並邀請臺北醫學大學臨床醫學研究所教授張育嘉主講「心靈環保的理念與方法」，有近四十人參加。

◆ 14至15日，方丈和尚果東法師香港弘法關懷，內容包括舉辦佛法講座、皈依典禮等。14日出席於香港道場九龍會址舉行的榮董感恩聯誼會，並為新任榮董頒聘，感恩大眾的護持，共有一百三十多人參加。

◆ 美國新澤西州分會舉辦佛學講座，由常齋法師導讀虛雲老和尚著作《參禪法要》，共有三十多人參加。

◆ 美國西雅圖分會舉辦半日禪，由北美護法會輔導法師常華法師帶領，共有四十多人參加。

◆ 美國象岡道場住持果元法師聖路易聯絡處弘法關懷，14至15日帶領英文禪修營，共有二十人參加；14日晚間並為當地留學生舉行甘露門，就「青年人如何面對時代變遷」、「海外留學的競爭與未來的展望」等問題，進行佛法開示。

◆ 澳洲雪梨分會禪學系列講座，14日由常續法師主講「十字街頭好修行？」，共有二十多人參加。

04.15

◆ 臺北安和分院「遇見高僧，遇見自己」系列講座，15日由弘化發展專案召集人果慨法師主講「鳩摩羅什」，共有一千多人參加。

◆ 桃園齋明寺與桃園大溪圖書館共同於齋明寺舉辦人文美學講座，由文化中心副都監果賢法師主講「掘知與覺己」，分享藉由閱讀與佛法，拓展生命的廣度與深度，有近兩百人參加。

◆ 南投德華寺舉辦佛一暨八關戒齋，由副寺果弘法師帶領，共有五十多人參加。

◆ 臺南分院舉辦佛一暨八關戒齋，由監院常宗法師帶領，共有一百七十多人參加。

◆ 傳燈院於北投雲來寺舉辦禪一，由常琨法師擔任總護，有近八十人參加。

◆ 青年院於德貴學苑舉辦禪一，由常導法師擔任總護，有近二十人參加。

◆ 政治大學舉辦全臺首場「校園禪跑」，共有四十多位政大師生、校友、國際學生及社區民眾，學習體驗結合禪修心法的跑步方法。

◆ 法鼓山社大於新北市萬里國小舉辦專題講座，由弘化發展專案召集人果慨法師主講「活好、病好、走好」，分享《地藏經》的生命學習，共有五十多人參加。

◆ 法鼓山社大於新北市萬里國小舉辦「自然環保友善農耕市集」，內容多元，包括小農市集、學習列車展等，並進行兩場心靈講座，校長曾濟群到場關懷，共有兩百多

人參加。

◆ 4月15日、7月22日,美國東初禪寺舉辦週日講座,由常灌法師主講「菩薩戒 ── 成佛必修學分」,有近五十人參加。

◆ 方丈和尚果東法師香港弘法關懷,15日於香港道場九龍會址舉行祈福皈依大典,方丈和尚勉勵眾人皈依三寶後,提昇對佛、法、僧的信心,共有一百四十多位民眾皈依;儀式圓滿後,進行專題演講,主題是「平安的保障」,有近三百一十人參加。

◆ 美國西雅圖分會舉辦佛學講座,由常浩法師主講「梵唄與修行」,有近四十人參加。

◆ 美國普賢講堂舉辦禪一,由副寺常玄法師擔任總護,共有二十多人參加。

◆ 澳洲雪梨分會禪學系列講座,15日由常續法師主講「生活禪」,有近三十人參加。

04.16

◆ 16至18日,僧大女眾部舉行戶外教學,二十多位學僧參學北投農禪寺、中華佛教文化館、臺北安和分院與聖基會;18日並從農禪寺行腳回法鼓山園區,對多數未曾親炙聖嚴師父身教的學僧,別具承先啟後的意義。

◆ 16至19日,僧大男眾部於南投縣水漾森林舉辦戶外教學,有近二十位學僧參加。

◆ 美國象岡道場住持果元法師聖路易聯絡處弘法關懷,16日進行佛法講座,分享《心經》的生活智慧。

04.18

◆ 4月18日至7月4日,臺北安和分院每週三舉辦佛學講座,由法鼓文理學院生命教育學程主任辜琮瑜主講「從《維摩經》談生命教育」,有近一百一十人參加。

◆ 傳燈院應新北市中和地政事務所之邀,由悅眾帶領禪修體驗課程,內容包括禪坐、動禪體驗等,有近五十人參加。

◆ 4月18日至5月30日,香港道場隔週週三於九龍會址舉辦「佛陀事蹟搜畫」專題講座,由常禮法師帶領賞析印度影集《佛陀》(*Rajaon Ka Raja*),認識佛陀的事蹟,有近五十人參加。

04.21

◆ 4月21日至5月26日,法鼓文化週六於臺中寶雲寺舉辦《法的療癒 ── 佛陀教我的十堂生死課》導讀課程,共四堂,由文化中心副都監果賢法師主持,邀請屏東大學中文系副教授林其賢主講,主題分別是「佛教的生死視野」、「疼痛與四念處修習」、「SOAP與苦集滅道」、「隨願再見或不再見」,分享以終為始的生死關切,每堂有近四百人參加。

◆ 法鼓山於北投農禪寺舉辦祈福皈依大典,由方丈和尚果東法師授三皈依,並開示皈依和學佛的意義,共有一千兩百多位民眾成為三寶弟子。

◆ 21至22日,蘭陽精舍舉辦念佛禪二,由副寺常法法師擔任總護,共有七十多人次參加。

◆ 21至22日,桃園齋明寺舉辦春季報恩法會,21日進行地藏法會,22日進行三時繫念

法會，由監院果舟法師帶領，有近兩千一百人次參加。

◆ 21 至 22 日，人基會於臺南雲集寺舉辦香草教師培訓課程，由常諦法師、臺灣大學農藝系名譽教授劉麗飛等授課，共有四十一位教師參加。

◆ 4 月 21 日至 7 月 14 日，護法總會於北、中、南各分寺院舉辦「2018 勸募鼓手關懷營」，共四場。首場於 4 月 14 日在高雄紫雲寺進行，由護法總會服務處監院常應法師、悅眾張允雄、陳昆榮授課，有近三百位來自嘉義、臺南、高雄、屏東、臺東等地勸募會員參加。

◆ 21 日及 22 日，念佛會於法鼓山園區舉辦佛一，由常勳法師帶領，共有一百五十多人次參加。

◆ 21 至 29 日，美國象岡道場舉辦義工禪九，由演本法師擔任總護，有近二十人參加。

◆ 加拿大溫哥華道場舉辦念佛禪一，由監院常悟法師擔任總護，共有六十多人參加。

04.22

◆ 歐洲聯盟官員在外交部官員陪同下，參訪北投農禪寺，由常澧法師代表接待，除了分享聖嚴師父「空中花，水中月」的理念，落實為水月道場的建築之外，也帶領來賓體驗放鬆。

◆ 臺北安和分院「遇見高僧，遇見自己」系列講座，22 日由弘化發展專案召集人果慨法師主講《法華經》要義，有近一千人參加。

◆ 臺中寶雲寺舉辦專題講座，邀請照明設計師周鍊、禪繞畫認證教師溫杏儀，分享「攝影中的禪」，共有一百多人參加。

◆ 臺南分院舉辦「義工培訓 —— 心關係工作坊」，由慈基會副祕書長常隨法師帶領，並邀請心理師蔣素娥授課，透過助人專業的課程，以及分組實際演練，將助人的熱忱化為自利利他的菩薩行，共有一百八十人參加。

◆ 傳燈院於北投雲來寺舉辦 Fun 鬆一日禪，由監院常襄法師擔任總護，共有八十多人參加。

◆ 榮譽董事會於北投農禪寺舉辦北區榮譽董事聘書頒發典禮，方丈和尚果東法師、榮董會長黃楚琪等出席關懷，有近五百人參加。

◆ 4 月 22 日、8 月 26 日，美國東初禪寺舉辦週日講座，由常齋法師主講「用功辦道的先決條件」，有近五十人參加。

◆ 香港道場於九龍會址舉辦禪一，由常禮法師擔任總護，共有五十多人參加。

◆ 美國新澤西州分會舉辦半日禪，由悅眾擔任總護，共有十多人參加。

04.25

◆ 4 月 25 日、5 月 2 日及 23 日，僧大為三、四年級學僧安排見習慰訪活動，分組與慈基會義工前往臺北市中山區、新北市金山區等地，實地慰訪關懷家庭。

◆ 人基會「2018 平安無事心靈講座」，25 日邀請臺灣藝術大學傳播學院院長朱全斌主講「當喜悅穿過悲傷」，指出生命的缺口，是同理他人的善因緣，共有七十多人參加。

◆ 教聯會於新北市金山田園步道舉辦教師心靈環保一日營，進行戶外禪，由常獻法師擔任總護，有近四十人參加。

04.26

◆ 香港天主教慈善團體「香港明愛」安老服務部職員以及義工等四十人，至法鼓山園區參訪「新北市金山環保生命園區」，並透過實地觀摩植存過程，了解植存環保葬的理念與作法。

◆ 泰國法身寺宇勝法師帶領接待組比丘、近住優婆塞、優婆夷等十五人，參訪法鼓山園區，觀摩園區導覽、接引民眾的運作模式，由常寂法師及參學服務員陪同參訪。

04.27

◆ 三峽天南寺舉辦清明報恩地藏法會，由常哲法師帶領，共有三百多人參加。

04.28

◆ 法鼓山於臺中寶雲寺舉辦祈福皈依大典，由方丈和尚果東法師授三皈依，並開示皈依和學佛的意義，共有八百一十五位民眾成為三寶弟子。

◆ 4月28日至5月5日，北投農禪寺舉辦初階禪七，共有兩百二十多人參加。

◆ 28至29日，三峽天南寺舉辦清明報恩慈悲三昧水懺法會，由護法總會副都監常遠法師主法，共有九百多人次參加。

◆ 桃園齋明別苑舉辦念佛禪一，由副寺常雲法師擔任總護，共有一百二十多人參加。

◆ 4月28日至6月2日，高雄紫雲寺每週六舉辦佛學講座，由果竣法師主講《六祖壇經》，期勉大眾，心能造一切，一切不離心，鼓勵隨時讀誦壇經，尋回本來面目，有近兩百六十人參加。

◆ 28至29日，臺東信行寺舉辦精進禪二，由監院常全法師擔任總護，共有二十六人參加。

◆ 28至30日，青年院協辦的「澳門悅眾培訓營」，於法鼓文理學院展開，內容包括：觀音道場的建立、聖嚴師父生平事蹟、我的事蹟、自然世界等主題，共有三十六位學員參加。

◆ 法鼓文理學院舉辦專題講座，邀請亞洲大學外文系講座教授簡政珍主講「《楞嚴經》的思辯與文采——經文的空隙與閱讀」，共有五十多人參加。

◆ 香港道場佛教藝術系列講座，28日邀請佛教藝術研究者吳麗芬主講「敦煌藥師經變圖」，介紹敦煌藥師經變信仰的發展，肯定藥師經變的成熟與燦爛。

04.29

◆ 北投文化館舉辦浴佛法會，由監院果諦法師帶領，有近三百七十人參加。

◆ 臺北安和分院「遇見高僧，遇見自己」系列講座，29日由弘化發展專案召集人果慨法師主講「智者大師」，共有九百多人參加。

◆ 臺南分院於成功大學成功廳舉辦「心靈環保&生命對談」，由方丈和尚果東法師與作家吳若權、公益青年沈芯菱，對談「不同世代·相同的『賴』——追尋網路社群時代中的一隅自在」，分享觀察網路社群所得的生活經驗與智慧，包括臺南市長李孟

諺等來賓,共有一千兩百多人參加。

◆ 高雄紫雲寺舉辦佛一暨八關戒齋,由監院常參法師帶領,共有三百多人參加。

◆ 4月29日至6月3日,高雄三民精舍週日舉辦佛學講座,由果竣法師主講《法華經》,講說《法華經》的成佛之道,有近一百人參加。

◆ 中華電子佛典協會(Chinese Buddhist Electronic Text Association, CBETA)於慧日講堂舉辦「二十週年電子佛典成果發表會」,會中發表「CBETA眾緣閱藏隨身碟版」,包括北美印順導師基金會董事長長慈法師、華雨精舍住持長叡法師、香光尼眾佛學院圖書館館長自衍法師,以及嘉豐出版社林光明等來賓,共有一百多位學術界、宗教界人士參加。

◆ 豐原辦事處舉辦「大事關懷成長營」,由關懷院法師授課,內容包括佛教的生死關懷、助念法器教學等,共有一百二十多人參加。

◆ 美國東初禪寺舉辦週日講座,邀請聖嚴師父西方弟子李世娟主講「禪法對既有偏見的再思惟」,有近四十人參加。

◆ 美國舊金山道場舉辦禪一,由監院常惺法師擔任總護,共有三十多人參加。

◆ 加拿大溫哥華道場舉辦禪一,由監院常悟法師擔任總護,共有三十多人參加。

◆ 馬來西亞道場監院常藻法師受邀前往莎阿南佛學會,進行禪法講座,主題是「無事掛心頭 —— 漢傳禪法日用」,有近七十人參加。

◆ 美國新澤西州分會舉辦半日禪,由悅眾擔任總護,共有十多人參加。

◆ 澳洲墨爾本分會舉辦佛學講座,由常續法師主講「達摩會說話」,共有二十多人參加。

04.30

◆ 4月30日至5月12日,禪修中心副都監果醒法師應俄羅斯莫斯科無極門武術學校之邀,於俄羅斯弘法,演建法師、演廣法師隨同前往,內容包括帶領禪修、專題講座等。4月30日至5月7日,於特維爾州(Tver)祖布佐夫(Zubcov)帶領禪七,有近二十位禪眾參加;禪七圓滿並舉行皈依儀式,有五位禪眾皈依三寶。

MAY

05.01

◆ 《人生》雜誌第417期出刊,本期專題「Deadline之前 好好告別」。

◆ 《法鼓》雜誌第341期出刊。

◆ 法鼓文化出版新書:《神通與人通 —— 宗教人生》(學佛入門系列,聖嚴法師著)、《拜懺50問》(學佛入門Q&A系列,法鼓文化編輯部編著)、《聖嚴研究第十輯》(聖嚴思想論叢系列,聖嚴教育基金會學術研究部編)。

◆ 法鼓山網路電視臺每月「主題影片」單元,5月播出「三世因果 —— 佛教的因果觀」,精選聖嚴師父相關的開示影片,引領大眾重溫師父的智慧開示。

◆ 關懷院法師帶領桃園地區一百二十六位信眾,前往桃園市中壢區御奠園,關懷於 4 月 28 日火災中殉職的六位消防員及兩位移工家屬,並進行法會,誦念《阿彌陀經》,以安定攝受的法會共修,祈願亡者往生淨土,家屬心安平安。

◆ 為提供更周全的關懷,護法會海山辦事處即日起分區為板橋辦事處及海山辦事處,提昇地區信眾學佛護法的便利性,也讓關懷更周全。

◆ 馬來西亞道場舉辦佛一暨八關戒齋,由常尊法師帶領,有近六十人參加。

◆ 香港道場於九龍會址舉辦 Fun 鬆一日禪,由演戒法師擔任總護,共有五十多人參加。

05.02

◆ 法鼓文理學院舉辦專題講座,邀請臺灣大學建築與城鄉研究所名譽教授夏鑄九主講「古蹟保存與都市保存」,分享如何以有特色、有溫度的社區營造,提昇生活品質,有近六十人參加。

05.03

◆ 3 至 6 日,臺東信行寺舉辦中級禪悅四日營,由監院常全法師擔任總護,有近六十人參加。

◆ 法行會於臺北國賓飯店舉辦第二○一次例會,由文化中心副都監果賢法師主講「平安無事」,有近兩百三十人參加。

05.04

◆ 4 至 6 日,傳燈院於三義 DIY 心靈環保教育中心舉辦精進禪二,共有七十多人參加。

◆ 法鼓文理學院、佛光大學主辦的「佛法盃友誼賽」於佛光大學展開,校長惠敏法師帶領師生前往參與,與佛光大學、輔仁大學進行包括籃球、羽球、桌球競賽,以及咖啡宴與茶禪體驗等。

◆ 美國西雅圖分會舉辦佛學講座,由常修法師主講「高僧行誼」,介紹太虛大師的風範與修行體證,共有四十多人參加。

05.05

◆ 新竹精舍舉辦落成啟用大典,由方丈和尚果東法師主持,包括副住持果燦法師、護法總會副都監常遠法師,以及護法總會副總會長許仁壽、周文進等,共有五百多人參加。

◆ 臺中寶雲寺於寶雲別苑舉辦「中區讀書會聯誼成長營」,以「世界咖啡館」(World Café)方式進行交流分享,並邀請《點燈》製作人張光斗引導閱讀《尋師身影》、《我的西遊記》,書中記錄聖嚴師父行腳的小故事,果雲法師到場關懷,共有四十五處來自臺中、彰化、南投各地的讀書會、一百位讀書人,分享閱讀聖嚴師父著作與法語,進而改變生命的體會。

◆ 馬來西亞道場監院常藻法師受邀前往彭亨州勞勿新巴力華禮堂，進行佛法講座，主題是「活出快樂的人生」，勉勵大眾在生活中運用禪修的觀念與方法，就能平安快樂，有近一百一十人參加。

◆ 美國西雅圖分會舉辦佛學講座，由常灌法師主講「菩薩戒」，有近三十人參加。

◆ 5 至 6 日，美國塔拉哈西分會負責人暨佛羅里達州立大學（Florida State University）宗教學系副教授俞永峯，應紐約知名華人團體「白麓・紐約」之邀，帶領二日禪修營，除帶領體驗禪坐，並從科學角度解釋佛法，有近六十位青年學員參加。

05.06

◆ 法鼓山於高雄紫雲寺舉辦祈福皈依大典，由方丈和尚果東法師授三皈依，並開示皈依和學佛的意義，共有三百三十一位民眾成為三寶弟子。

◆ 臺北安和分院「遇見高僧，遇見自己」系列講座，15 日由弘化發展專案召集人果慨法師主講《教觀綱宗》要義，共有九百多人參加。

◆ 蘭陽精舍舉辦浴佛法會，由副寺常法法師帶領，有近一百八十人參加。

◆ 桃園齋明別苑「心光講堂」系列講座，6 日邀請安寧緩和照護醫師朱為民主講「人生最後的期末考」，分享緩和醫療與安寧照護，有近三百五十人參加。

◆ 美國洛杉磯道場舉辦浴佛法會，由監院果見法師帶領，並開示浴佛的意義，期勉大眾以佛陀的智慧法水洗滌煩惱心，淨化身語意，共有九十多人參加。

◆ 美國芝加哥分會舉辦半日禪，由悅眾擔任總護，共有十多人參加。

◆ 美國西雅圖分會舉辦浴佛法會，由常修法師帶領，共有五十多人參加。

◆ 美國普賢講堂舉辦浴佛法會，由副寺常玄法師帶領，勉勵大眾藉著浴佛的功德淨化身心，洗滌煩惱，建設人間淨土，共有五十多人參加。

◆ 泰國護法會舉辦浴佛法會，由常空法師主法，包括駐泰代表童振源、泰國臺灣商會聯合總會總會長劉樹添，共有八十多人參加。

05.08

◆ 傳燈院應慈暉文教基金會之邀，由悅眾帶領禪修體驗課程，內容包括禪坐、動禪體驗等，有近五十人參加。

◆ 法鼓文理學院舉辦專題講座，邀請加拿大英屬哥倫比亞大學（University of British Columbia, UBC）亞洲研究學系教授陳金華主講「系統與影響力──國際漢傳佛教學術社群的建構」，有近九十人參加。

05.09

◆ 9 至 30 日，普化中心每週三晚上於北投農禪寺舉辦「法鼓講堂」佛學課程，由僧大講師果徹法師主講「中觀的智慧」；課程同時於「法鼓山心靈環保學習網」線上直播，提供全球學員上網聽講，並參與課程討論。

◆ 禪修中心副都監果醒法師俄羅斯弘法，9 日於莫斯科帶領禪一，共有二十多人參加。

◆ 加拿大多倫多分會舉辦佛學講座，由演本法師導讀《六祖壇經》，有近三十人參加。

05.10

◆ 法鼓文理學院舉辦專題講座，邀請印度生態學者范達娜‧席娃（Vandana Shiva）主講「永續農業的未來展望」（The Future of Sustainable Agriculture），分享投入農業及生態永續的歷程，包括僧團副住持果祥法師、綠色陣線執行長吳東傑等，有近兩百人參與聆聽。

05.11

◆ 法鼓文理學院禪文化研修中心研修體驗營，5 月 11 至 13 日、9 月 28 至 30 日進行佛教史研修，由莊國彬、鄧偉仁、蘇南望傑、洪振洲老師分別講授印度、漢傳、西藏與佛學資訊，每梯次各有四十多位法師與信眾共學成長。

◆ 禪修中心副都監果醒法師俄羅斯弘法，11 日於莫斯科人文大學（Moscow University for the Humanities）孔子學院舉行專題講座，主題是「中華文化與禪」，介紹漢傳禪法的主要修行觀念，共有三十多人參加。

05.12

◆ 臺北安和分院舉辦浴佛法會，結合母親節慶祝活動，由僧團副住持果燦法師主法，有近四百五十人參加。

◆ 三峽天南寺舉辦半日禪，由演誠法師擔任總護，共有四十多人參加。

◆ 新竹精舍舉辦「安住 ── 承諾的力量」座談會，邀請《聖嚴法師年譜》的編著者林其賢擔任訪談人，弘化發展專案召集人果慨法師、文化中心副都監果賢法師為與談人，分享承領師願，願願相續的弘法、護法歷程，共有一百多人參加。

◆ 高雄三民精舍舉辦浴佛法會，由常涵法師帶領，有近一百六十人參加。

◆ 臺東信行寺舉辦浴佛法會，由監院常全法師帶領，共有一百二十多人參加。

◆ 青年院於德貴學苑舉辦全臺法青聯誼活動，由高雄法青組成的「純淨樂團」和臺北法青的「純心樂坊」進行交流演出，並安排悅眾分享學習與成長，監院常炬法師到場關懷，共有八十多人參加。

◆ 禪修中心副都監果醒法師俄羅斯弘法，12 日於莫斯科帶領禪一，有近三十人參加。

◆ 美國舊金山道場舉辦浴佛浴心園遊會，由監院常惺法師帶領浴佛法會，園遊會則安排禪修及手作體驗，共有一百二十多人參加。

◆ 12 至 13 日，馬來西亞道場於當地雲頂清水巖寺（Genting Highlands Chin Swee Caves Temple）舉辦舒活二日營，由監院常藻法師擔任總護，有近五十人參加。

◆ 香港道場佛教藝術系列講座，12 日邀請佛教藝術研究者陳芷涵主講「維摩詰的生活藝術」，介紹維摩詰經變的生動與活潑，以及《維摩詰經》的淨土要義。

◆ 美國新澤西州分會舉辦浴佛活動，上午進行浴佛法會，由象岡道場住持果元法師主法，勉勵大眾以平常心處理無常事，就能平安無事；下午舉行禪修體驗，由果元法師、常護法師帶領鬆缽禪與茶禪，共有九十多人次參加。

◆ 美國芝加哥分會上午舉辦佛學講座，由果乘法師主講「無法之法」；下午進行默照半日禪，有近二十人參加。

◆ 加拿大多倫多分會舉辦浴佛法會,由常興法師帶領;法會圓滿後,並有禪鼓表演、禪修體驗等,共有四十多人參加。

◆ 澳洲雪梨分會佛學講座,由常續法師主講「快樂學佛人」,有近二十人參加。

05.13

◆ 法鼓山於臺北國父紀念館中山公園廣場舉辦「心靈環保家庭日」,邀請大眾共度佛誕日與母親節,活動安排祈福法會、浴佛、禪修體驗、遊戲闖關等,臺北市長柯文哲、民政局副局長吳坤宏、國父紀念館館長林國章等各界來賓,以及方丈和尚果東法師、法鼓文理學院校長惠敏法師、護法總會總會長張昌邦等到場參與,逾六千位民眾闔家參與體驗。

◆ 5 月 13 日至 6 月 15 日,方丈和尚果東法師展開北美弘法行程,除於美國東、西岸象岡道場、洛杉磯道場分別傳授菩薩戒,也於舊金山道場、加拿大溫哥華道場舉辦專題講座等。

◆ 臺中寶雲寺舉辦浴佛法會,由僧團副住持果祥法師主法,共有七百多人參加。

◆ 臺南雲集寺舉辦浴佛法會,由果禪法師主法,共有三百多人參加。

◆ 美國東初禪寺舉辦浴佛法會,由禪修中心副都監果醒法師主法;法會圓滿並舉行專題講座,由象岡道場住持果元法師主講「平安無事」,共有兩百多人參加。

◆ 美國新澤西州分會舉辦半日禪,由悅眾擔任總護,共有十多人參加。

◆ 美國芝加哥分會舉辦浴佛法會,由果乘法師帶領,共有三十多人參加。

◆ 美國普賢講堂舉辦佛學講座,由常玄法師主講「華嚴三聖 —— 毘盧遮那如來」,共有二十多人參加。

◆ 加拿大多倫多分會舉辦佛學講座,由常興法師主講「高僧行誼」,介紹虛雲老和尚的風範與修行體證,共有二十多人參加。

◆ 澳洲雪梨分會禪學講座,由常續法師主講「行住坐臥何來禪?」,共有二十多人參加。

05.14

◆ 心六倫校園宣講團隊種子教師,受邀前往臺南敏惠醫護專科學校,以「非藥青春 —— 拒絕濫用藥物,輕鬆揭開幸福密碼」為主題,以遊戲、短劇等形式,分享珍惜生命,拒絕毒品的觀念與方法,共有一百二十多位師生參加。

05.15

◆ 15 至 20 日,禪堂舉辦中階禪七,由演定法師擔任總護,共有一百六十多人參加。

05.17

◆ 17 至 20 日,美國紐約東初禪寺於象岡道場舉辦第八屆在家菩薩戒,由方丈和尚果東法師、象岡道場住持果元法師、禪修中心副都監果醒法師擔任菩薩法師,全程中、英雙語進行,共有七十六人圓滿受戒。

05.18

◆ 18 至 20 日，三峽天南寺舉辦精進禪二，由常哲法師擔任總護，共有一百一十八人參加。

◆ 18 至 20 日，傳燈院於三義 DIY 心靈環保教育中心舉辦輔導學長成長營，共有五十多人參加。

◆ 18 至 20 日，青年院於法鼓山園區舉辦禪二，由常導法師擔任總護，共有六十多人參加。

◆ 5 月 18 日至 6 月 18 日，慈基會舉辦端午關懷活動，除攜帶應景素粽前往關懷家庭表達祝福外，慰訪義工並分別至各地社福機關、安養機構，與院民歡度佳節，共計關懷九百多戶家庭。

◆ 5 月 18 至 20 日、10 月 5 至 7 日，榮譽董事會於臺東信行寺舉辦禪悅營，分別由監院常全法師、常覺法師擔任總護，學員藉由參與法會、體驗戶外禪，堅定修行與奉獻的願心，各有近一百二十位榮董參加。

◆ 人基會與政治大學合辦政大法鼓人文講座，在圓滿九年課程之際，由歷史系主任周惠民及助理教授林雯琪，帶領修課的六十餘位學生，參訪法鼓山園區及文理學院，體驗境教，並由校長惠敏法師、常導法師的分享，進一步認識漢傳佛教文化與禪修。

05.19

◆ 19 至 20 日，法鼓山園區舉辦「朝山·浴佛·禮觀音」，開放臨溪朝山步道、藥師古佛迴環步道、法華公園朝山步道，供大眾朝山，感恩孕育萬物的奉獻；並舉行五場次浴佛法會，由法師帶領大眾依序手持香湯為悉達多太子像灌沐，有近兩千人參加。

◆ 北投農禪寺舉辦浴佛法會，由監院果毅法師帶領，共有九百三十多人參加。

◆ 臺北中山精舍舉辦 Fun 鬆一日禪，由常越法師擔任總護，有近六十人參加。

◆ 蘭陽精舍「蘭陽講堂」系列講座，12 日邀請慈濟醫院一般醫學內科主治醫師許瑞云主講「心安平安——哈佛醫生養身養心法」，說明「心」是一切根源，許多疾病都和「心」有關，提醒大眾說好話，想好事，守護自己的心念，以祝福的心念面對人生的課題，共有三百多人參加。

◆ 臺南分院舉辦浴佛法會，由果明法師主法，共有三百八十多人參加。

◆ 高雄紫雲寺辦「法鼓青年開講」系列講座，19 日邀請臺灣珍古德協會根與芽計畫大使黃博駿主講「讓天真與現實共舞」，分享以實際行動關懷環境、社區的體驗，共有一百多人參加。

◆ 護法總會「勸募鼓手關懷營」，19 日於北投雲來寺進行，由服務處監院常應法師、悅眾張允雄與陳昆榮帶領，副都監常遠法師出席關懷，共有一百五十多位北三、北四、北七轄區鼓手參加。

05.20

◆ 臺北安和分院「遇見高僧，遇見自己」系列講座，20 日及 27 日，由弘化發展專案召集人果慨法師主講「太虛大師」，共有一千八百多人次參加。

◆ 桃園齋明寺舉辦浴佛法會，由監院果舟法師帶領，共有一百四十三人參加。

◆ 南投德華寺舉辦浴佛法會，由副寺果弘法師帶領，共有五十多人參加。

◆ 高雄紫雲寺舉辦浴佛法會，由監院常參法師帶領，有近五百人參加。

◆ 5月20日及27日、6月3日及10日，人基會於德貴學苑舉辦兩梯次「幸福體驗親子營」，以家庭倫理為核心，內容包括戲劇表演、親子共學、品德教養等，有近一百四十位五至七歲的幼童與家長參加。

◆ 美國東初禪寺舉辦週日講座，邀請聖嚴師父西方弟子哈利‧米勒主講「心在哪裡？——意識的探索」，有近四十人參加。

◆ 加拿大溫哥華道場舉辦英文禪一，由監院常悟法師擔任總護，共有二十七人參加。

◆ 美國新澤西州分會舉辦半日禪，由悅眾擔任總護，共有十多人參加。

◆ 澳洲墨爾本分會舉辦行「佛學講座」，由常續法師主講「佛學與學佛」，共有二十多人參加。

05.21

◆ 21至28日，香港道場於唯心精舍舉辦悅眾禪修營，由常禮法師帶領，共有二十八人參加。

◆ 加拿大多倫多分會舉辦佛學講座，由常諗法師主講「與哈佛相遇」，共有三十多人參加。

05.22

◆ 基隆精舍舉辦浴佛法會，由副寺果樞法師帶領，有近六十人參加。

◆ 香港道場於九龍會址舉辦浴佛法會，由常禮法師帶領，有近五百五十人參加。

05.23

◆ 23至30日，禪堂舉辦話頭禪七，由常正法師擔任總護，有近六十人參加。

05.25

◆ 25至27日，基隆精舍舉辦精進禪二，由副寺果樞法師擔任總護，有近六十人參加。

◆ 25至27日，臺南雲集寺舉辦精進禪二，有近一百人參加。

◆ 25至27日，傳燈院於三義DIY心靈環保教育中心舉辦地區助理監香培訓課程，由常正法師帶領，有近六十人參加。

◆ 僧團副住持果暉法師受邀出席新北市金山區磺溪橋復建工程通車典禮，並致詞感謝市府工務團隊的努力，在颱風季節來臨前完工，維護民眾行的安全。

◆ 25至28日，洛杉磯道場舉辦第二屆在家菩薩戒，由方丈和尚果東法師、象岡道場住持果元法師、禪修中心副都監果醒法師擔任菩薩法師，共有一百一十五位戒子圓滿受戒。

◆ 5月25日至6月1日，美國塔拉哈西分會舉辦禪七，為方便禪眾作息，禪期分為禪三、禪五與禪七，由負責人俞永峯擔任總護，共有十九人全程參加。

05.26

◆ 北投農禪寺舉辦念佛禪一，由常琨法師擔任總護，共有兩百一十多人參加。

◆ 新竹精舍舉辦專題講座，主題是「懺悔 —— 生命改變的開始」，由弘化發展專案召集人果慨法師主講，分享懺悔法門的心要，共有兩百七十多人參加。

◆ 臺中寶雲寺舉辦禪一，由果雲法師擔任總護，共有一百七十多人參加。

◆ 26至27日，僧大舉辦「2018畢業製作暨禪修專題呈現」，發表的主題包括經教文獻、梵唄、聖嚴師父開示、心靈環保理念等，副院長常順法師及多位指導師長到場關懷，共有十一位學僧運用多元媒材發表學習成果。

◆ 26至27日，念佛會於法鼓山園區舉辦佛二，由常勳法師帶領，共有七十多人參加。

◆ 教聯會於臺北市碧溪步道舉辦教師心靈環保一日營，進行戶外禪，由常獻法師擔任總護，並邀請濂洞國小教師林志浩解說植物生態，有近四十人參加。

◆ 26至28日，美國東初禪寺舉辦都市禪三，由常齋法師擔任總護，有近九十人次參加。

◆ 5月26日至6月3日，美國象岡道場舉辦默照禪九，邀請聖嚴師父西方法子賽門‧查爾得（Simon Child）擔任總護，共有三十多人參加。

05.27

◆ 北投農禪寺舉辦「農禪包粽」，監院果毅法師到場關懷，共有四百多位民眾組成五十六隊參加，所包粽子提供各分寺院，傳遞年節的祝福。

◆ 臺北中山精舍舉辦佛一，由常越法師帶領，有近九十人參加。

◆ 桃園齋明別苑舉辦浴佛法會，由副寺常雲法師帶領，有近三百人參加。

◆ 臺中寶雲寺「法鼓講堂」系列講座，27日由法鼓文理學院佛教學系副教授莊國彬主講「生命誠可貴，佛法價更高」，分享佛陀的本生故事，勉勵大眾共同修習度己度人的波羅蜜，有近兩百人參加。

◆ 合唱團團本部地區合唱團巡迴關懷，27日於臺南分院參與臺南團練唱共修，交流演唱技巧與會務發展運作。

◆ 加拿大溫哥華道場舉辦浴佛法會，由監院常悟法師帶領，有近一百九十人參加。

◆ 馬來西亞道場於怡保西尼華沙甘公園（Seenivasagam Park）舉辦戶外禪，由演香法師帶領，有近五十人參加。

◆ 美國新澤西州分會舉辦半日禪，由悅眾擔任總護，共有十多人參加。

◆ 美國普賢講堂舉辦禪一，由副寺常玄法師擔任總護，有近三十人參加。

◆ 澳洲墨爾本分會舉辦行「佛學講座」，由澳洲護法會輔導法師常續法師主講「纏與禪」，共有二十多人參加。

05.28

◆ 合唱團團本部地區合唱團巡迴關懷，28 日於高雄紫雲寺參與高雄團練唱共修，交流演唱技巧與會務發展運作。

05.29

◆ 臺中寶雲寺舉辦聖嚴書院佛學班結業典禮，監院果理法師、屏東大學中文系副教授林其賢、佛學班課程講師郭惠芯出席祝福，共有三百多人參加。

◆ 傳燈院應交通部運輸研究所之邀，由監院常襄法師帶領基礎禪修課程，內容包括禪坐、動禪體驗等，有近四十人參加。

◆ 法鼓文理學院人文社會學群成立學生自治組織「法鼓人文社會學群學會」舉辦成立大會暨會長選舉，全體學生票選於生命教育學程就讀的僧團常持法師為首屆會長，學群長陳定銘、生命教育學程副教授楊蓓、助理教授辜琮瑜等師長到場祝福。

◆ 馬來西亞道場舉辦浴佛法會，由常尊法師帶領，期勉大眾藉由浴佛洗滌心中的汙垢，也清淨身、口、意，讓自己有慈悲光、智慧光及清淨心，有近五百六十人參加。

05.30

◆ 人基會「2018 平安無事心靈講座」，30 日邀請新光醫院心臟內科主治醫師洪惠風主講「把心拉近 —— 聽懂你的心」，介紹心臟病的預防與保健之道，共有六十多人參加。

05.31

◆ 5 月 31 日至 6 月 1 日，泰國護法會舉辦初級禪訓班輔導學長培訓課程，共有二十六人參加。

6月 JUNE

06.01

◆ 《人生》雜誌第 418 期出刊，本期專題「好說好好說」。

◆ 《法鼓》雜誌第 342 期出刊。

◆ 法鼓文化出版新書：《聖嚴法師教觀音法門（大字版）》（家中寶系列，聖嚴法師著）、《如來寶藏 —— 聖嚴法師的如來藏思想研究》（智慧海系列，杜正民著）、《禪味細道 —— 日本東北·北陸祕境佛寺之旅》（琉璃文學系列，秦就著）。

◆ 1 至 25 日，僧團於法鼓山園區舉辦結夏安居，包括禪七、禪十四與四日的共識營，共有兩百多位僧眾參加。

- ◆ 1 至 3 日，三峽天南寺舉辦精進禪二，由常哲法師擔任總護，有近一百三十人參加。
- ◆ 桃園齋明寺與桃園大溪圖書館共同於齋明寺舉辦人文美學講座，由文化中心副都監果賢法師主講「禪的美學之門」，分享禪的美學內涵，有近兩百人參加。
- ◆ 法鼓山網路電視臺每月「主題影片」單元，6 月播出「佛菩薩，怎麼求？──信仰的正知見」，精選聖嚴師父相關的開示影片，引領大眾重溫師父的智慧開示。
- ◆ 法鼓文理學院禪文化研修中心研修體驗營，1 至 3 日進行佛教教理研修，由副校長蔡伯郎，及陳英善、藍吉富、施凱華等師資帶領學員初探唯識、華嚴、般若、天台等佛教教理，共有四十四位學員參加。
- ◆ 護法會南投辦事處新設「心靈環保故事屋」，展現聖嚴師父自 1998 年起，五度至南投關懷的足跡，分享在地的法鼓山故事。
- ◆ 1 至 3 日，加拿大溫哥華道場舉辦禪三，由監院常悟法師擔任總護，共有四十多人參加。
- ◆ 馬來西亞道場於吉打佛學院舉辦「踏曲尋佛，一路走下去！」談彈暢唱座談會，由監院常藻法師帶領分享音樂創作專輯《和心在一起》的佛法意涵，法青並現場彈唱，共有兩百多人參加。
- ◆ 1 至 2 日，美國普賢講堂舉辦兩場佛學講座，由禪修中心副都監果醒法師主講《楞嚴經》，主題分別是「從真起妄，轉智成識」、「反妄歸真，轉識成智」，共有七十多人次參加。
- ◆ 新加坡護法會正式承租新會址，隨即展開全面運作，由常學法師擔任輔導法師、常空法師擔任關懷法師，引領信眾共擊大法鼓。

06.02

- ◆ 蘭陽精舍「蘭陽講堂」系列講座，2 日由副寺常法法師主講「心的智慧 ──《心經》的安身安心之道」，分享《心經》中蘊含的佛法心要，共有一百六十多人參加。
- ◆ 臺中寶雲寺舉辦消防演練教育課程，由中央消防機關合格防火管理人鐘政羽、周焰燐，進行消防宣導、實境解說及演練操作消防器材設施、了解逃生動線等，共有四十五位專職及義工參加。
- ◆ 2 至 9 日，象岡道場住持果元法師受邀於墨西哥納亞特州（Nayarit）的玉堂海灣禪修中心（Mar de Jade Holistic Center）帶領話頭禪七，共有三十二位禪眾參加。
- ◆ 方丈和尚果東法師北美弘法關懷，2 日於美國舊金山道場舉辦專題演講，主題是「心安最平安，無事最快樂」，共有兩百多人參加。
- ◆ 馬來西亞道場於吉中佛教會舉辦「踏曲尋佛，一路走下去！」談彈暢唱座談會，由監院常藻法師帶領分享音樂創作專輯《和心在一起》的佛法意涵，法青並現場彈唱，有近一百六十人參加。
- ◆ 香港道場佛教藝術系列講座，2 日邀請雀鳥畫家余秀玲主講「到西方淨土賞鳥去」，介紹《阿彌陀經》淨土中的各式鳥類。

06.03

- ◆ 高雄北區辦事處於大樹區大觀庭園舉辦勸募會員聯誼活動，並由悅眾分享勸募心法，

共有七十多人參加。

◆ 方丈和尚果東法師北美弘法關懷，3日出席於美國舊金山道場舉行的榮董感恩聯誼會，並為新任榮董頒聘證書，感恩大眾的護持，共有六十多人參加。

◆ 馬來西亞道場於萬撓的康情瀑布舉辦戶外禪，由演祥法師擔任總護，共有五十多人參加。

◆ 美國新澤西州分會舉辦半日禪，由悅眾擔任總護，有近二十人參加。

◆ 美國芝加哥分會舉辦半日禪，由悅眾擔任總護，共有十多人參加。

◆ 泰國護法會舉辦禪一，由悅眾擔任總護，有近三十人參加。

06.04

◆ 4至8日，美國東初禪寺舉辦楞嚴進階研習營，由禪修中心副都監果醒法師主講，剖析從真起妄，反妄歸真，有近六十人參加。

06.06

◆ 6至7日，法鼓文理學院心靈環保研究中心與東華大學共同舉辦的「臺灣里山倡議夥伴關係網絡」（Taiwan Partnership for the Satoyama Initiative, TPSI），於文理學院展開，包括工作坊與論壇，也藉由參訪交流，分享農業生產兼顧生物多樣性的保育經驗，共有三十多人參加。

◆ 法鼓文理學院諮商輔導暨校友聯絡中心，舉辦校友職涯分享講座，由甫獲澳洲雪梨大學（University of Sydney）博士學位的法照法師分享異國求學的心路歷程，包括校長惠敏法師、諮商輔導暨校友聯絡中心主任莊國彬，共有三十多人參加。

◆ 6至7日，美國東初禪寺舉辦念佛禪法器培訓課程，由禪修中心副都監果醒法師帶領，有近三十人參加。

06.07

◆ 法行會於臺北國賓飯店舉辦第二〇二次例會，由聖嚴師父法子繼程法師主講「人生常常離題」，共有兩百三十多人參加。

06.09

◆ 高雄紫雲寺「法鼓文理講堂」系列講座，9日由副校長蔡伯郎主講「唯識的教理與止觀修行」，分享經典的奧妙，引導了知內心活動的狀況，增添生活中行解上的活用，共有兩百多人參加。

◆ 慈基會於臺中寶雲寺舉辦慰訪員進階教育訓練課程，並邀請社工師謝云洋、心理師林純如講解助人工作的基本技巧，副祕書長常隨法師、總幹事陳高昌到場關懷，共有一百多位中部地區慰訪義工參加。

◆ 方丈和尚果東法師北美弘法關懷，9日於加拿大溫哥華道場主持祈福皈依典禮，共有六十二位民眾皈依三寶，有近兩百三十人觀禮祝福。

◆ 美國新澤西州分會舉辦佛學講座，由禪修中心副都監果醒法師導讀聖嚴師父著作《華嚴心詮》，共有六十多人參加。

◆ 澳洲雪梨分會佛法講座，由常續法師主講「與煩惱做好朋友」，共有二十多人參加。

06.10

◆ 6月10日至9月30日，護法總會週日於新店辦事處舉辦「做自己人生的GPS」講座，共八堂，由人基會心六倫宣講團以工作坊的模式，與學員互動，引導青年覺察自我，建立正確的自我定位與人生目標，每堂均有三十多人參加。

◆ 美國東初禪寺舉辦週日講座，由禪修中心副都監果醒法師主講「真心與妄心」，共有八十多人參加。

◆ 美國象岡道場舉辦禪一，由常護法師擔任總護，有近十人參加。

◆ 美國舊金山道場舉辦禪修工作坊，由悅眾帶領，共有十多人參加。

◆ 香港道場於九龍會址舉辦佛一，由演戒法師帶領，共有一百八十多人參加。

◆ 美國新澤西州分會舉辦半日禪，由悅眾擔任總護，有近二十人參加。

06.13

◆ 13至27日，香港道場每週三於港島會址舉辦經變圖臨摹工作坊，帶領學員臨摹經變圖中的圖像，體驗佛教美術中的平和心境，有近八十人參加。

◆ 6月13日至7月4日，香港道場每週三於九龍會址舉辦佛學講座，由常展法師導讀聖嚴師父著作《心經新釋》，有近一百一十人參加。

06.15

◆ 6月15日至8月10日，臺北安和分院每週五舉辦佛教人文藝術講座，由粉彩畫家楊雪梅主講「花開花謝綻金蓮」，有近九十人參加。

◆ 美國舊金山道場舉辦甘露門，由象岡道場住持果元法師主持，針對信眾學佛疑惑與生活運用，進行分享與開示。

06.16

◆ 法鼓文理學院於第三大樓國際會議廳舉辦畢結業典禮，方丈和尚果東法師、校長惠敏法師、副校長蔡伯郎、果鏡法師，為佛教學系畢結業生依序搭菩薩衣、傳燈發願；人文社會學群學群長陳定銘，則為人社學群畢業生撥穗、頒發畢業證書，共有三百多人觀禮。典禮圓滿後，並於大慧館舉行「勿忘初心──畢業感恩音樂會」，以舞蹈、武術、樂器演奏、音樂組曲等多種形式，表達對畢結業生的祝福。

◆ 16至24日，美國象岡道場舉辦禪九，邀請聖嚴師父西方法子查可·安德列塞維克（Žarko Andričević）擔任總護，有近二十人參加。

◆ 美國舊金山道場舉辦禪一，由象岡道場住持果元法師擔任總護，共有三十多人參加。

◆ 16至17日，香港道場於九龍會址舉辦禪學講座，由僧團副住持果醒法師主講「楞嚴

空義」，引導學員認識及尋找「真心」，並以「旋火輪」和「霓虹扇」為喻，講說前念後念的生滅和一切唯心造的觀念，有近三百人參加。

◆ 16至17日，新加坡護法會舉辦知客培訓課程，由義工副團長陳麗瑾等七位悅眾授課，包括義工、齋堂、學佛、接待行儀，以及勤務分享等，常學法師到場關懷，共有五十四人參加。

◆ 泰國護法會舉辦佛學講座，由常耀法師主講「水懺概說」，介紹拜懺的意義及《三昧水懺》的殊勝，共有四十多人參加。

06.17

◆ 臺灣國際珍古德協會（Jane Goodall Institut Taiwan）非洲國際生一行十四人，參訪高雄紫雲寺，並與法青交流，分享慈悲的力量，監院常參法師出席關懷，期許青年將善的種子往下扎根，向上茁壯。

◆ 美國新澤西州分會舉辦半日禪，由悅眾擔任總護，有近二十人參加。

◆ 美國西雅圖分會舉辦戶外禪，由悅眾擔任總護，有近三十人參加。

06.20

◆ 20至22日，法鼓文理學院校長惠敏法師受邀至德國漢堡大學（Universität Hamburg）舉辦的國際跨學科會議「佛教與當代社會的對話」（Buddhism in Dialogue with Contemporary Societies），就跨宗教及宗派對話、哲學與應用倫理、禪修、世學應用、入世佛教等當代西方關注的議題，與二十位來自東亞的漢傳，以及南傳、藏傳等不同傳承的學者分享交流。

06.21

◆ 21至24日，加拿大多倫多分會舉辦禪三，由美國象岡道場住持果元法師帶領，有近三十人參加。

06.22

◆ 法鼓文理學院於臺北安和分院舉辦專題講座，邀請聖嚴師父法子繼程法師主講「修行與自我轉化」，共有九百多人參加。

06.23

◆ 馬來西亞道場舉辦禪一，由悅眾擔任總護，共有四十多人參加。

06.24

◆ 6月24日、7月29日，美國東初禪寺舉辦週日講座，由常浩法師主講「話頭──大

慧宗杲禪師語錄」，有近五十人參加。

◆ 美國新澤西州分會舉辦半日禪，由悅眾擔任總護，有近二十人參加。

06.25

◆ 6 月 25 日至 8 月 6 日，香港道場隔週週一於港島會址舉辦佛學講座，由常展法師導讀聖嚴師父著作《金剛經講記》，有近一百人參加。

06.26

◆ 法鼓山第八屆全球僧團大會於園區舉辦，本屆大會通過副住持果暉法師接任第六任方丈，持續秉承師教與師願，傳承推展如來家業，有近三百位僧眾參加。

06.27

◆ 《人生》雜誌、法鼓文化、普化中心、聖基會於集思臺大會議中心合辦「世界佛教村」座談會，除展開「佛教於『驟變時代』的因應與回應」、「佛教文化的全方位發展」兩場座談會，並邀請美國索諾瑪山禪中心（Sonoma Mountain Zen Center）創辦人關寂照（Jakusho Kwong Roshi）、馬來西亞佛教青年總會宗教導師繼程法師分別進行主題演講，有近六百人參加。

◆ 人基會「2018 平安無事心靈講座」，27 日邀請耕莘醫院精神科臨床心理師簡玉坤主講「看電影《念念》談生命傷痛的療癒與重生」，從心理學角度分析劇中角色的內心世界，以及療癒傷痛的歷程，有近兩百人參加。

◆ 新加坡護法會舉辦知客組義工領職培訓課程，由常學法師帶領，共有四十多人參加。

06.28

◆ 28 至 30 日，聖基會於集思臺大會議中心舉辦「第七屆漢傳佛教與聖嚴思想國際學術研討會」，本屆會議以「敘事、傳播與現代社會」為主題，共有臺灣、美國、英國、加拿大與中國大陸等地，一百二十多位專家學者，發表六十五篇論文，並有三場專題演講、三場佛教與不同專業領域對話的論壇。

◆ 聖基會成立「聖嚴漢傳佛教研究中心」，邀請政治大學哲學系主任林鎮國擔任中心主持人，以研究和國際學界接軌、和當代社會脈動連結。

06.29

◆ 美國加州夏斯塔寺（Shasta Abbey）住持梅安法師（Rev. Meian Elbert），於北投農禪寺與僧團法師進行交流座談，分享禪法於東、西方社會環境的實踐與弘化，由普化中心副都監果毅法師主持，有近三十位僧眾參加。

◆ 文化中心於第七屆聖嚴思想國際學術研討會中舉辦「聖嚴法師數位典藏暨如來藏思想」發表會，從聖嚴師父手稿、筆記等第一手史料的爬梳中，重新發掘師父的思想價值。

06.30

◆ 榮譽董事會舉辦法鼓山分寺院參學活動，30 日於桃園齋明寺、齋明別苑展開，有近四十位北六轄區榮董參加。

◆ 美國西雅圖分會舉辦義工成長課程，由悅眾分享法鼓山的理念、義工心法、學佛行儀等，共有二十多人參加。

◆ 6 月 30 日至 7 月 2 日，近三十位參加「第七屆漢傳佛教與聖嚴思想國際學術研討會」的學者、專家，於法鼓山園區體驗三日禪修營，由傳燈院監院常襄法師擔任總護，內容包括初級禪訓班、動禪體驗、茶禪交流、園區導覽等。

7月 JULY

07.01

◆ 《人生》雜誌第 419 期出刊，本期專題「覺悟過生活」。

◆ 《法鼓》雜誌第 343 期出刊。

◆ 法鼓文化出版新書：《禪的世界》（禪修指引系列，聖嚴法師著）、《幸福告別 —— 聖嚴法師談生死關懷》（人間淨土系列，聖嚴法師著，法鼓文化編輯部選編）。

◆ 《金山有情》季刊第 65 期出刊。

◆ 《法鼓文理學院校刊》第 16 期出刊。

◆ 《護法季刊》復刊第 15 期出刊。

◆ 法鼓山於三峽天南寺舉辦社會菁英禪修營第九十五次共修會，由演定法師擔任總護，共有八十多人參加。

◆ 高雄紫雲寺舉辦念佛禪一，由監院常參法師擔任總護，有近兩百四十人參加。

◆ 法鼓山網路電視臺每月「主題影片」單元，7 月播出「老而無懼 —— 活得泰然與自在」，精選聖嚴師父相關的開示影片，引領大眾重溫師父的智慧開示。

◆ 僧大於法鼓山園區國際會議廳舉辦畢業典禮，院長方丈和尚果東法師、副院長常順法師、果肇法師等師長出席祝福，為畢結業生搭菩薩衣、授證，共有四百多人觀禮祝福。

◆ 1 至 7 日，美國東初禪寺於象岡道場啟建梁皇寶懺暨三時繫念法會，由住持果元法師主法，晚間並講解懺文要義，共有一百三十多人次參加。

◆ 美國新澤西州分會舉辦半日禪，由悅眾擔任總護，有近二十人參加。

◆ 美國芝加哥分會舉辦半日禪，由悅眾擔任總護，共有十多人參加。

07.02

◆ 2 至 4 日，臺北中山精舍舉辦「2018 法鼓山兒童心靈環保體驗營」第一梯次，由教聯會師資帶領，有近六十位國小高年級學童參加。

◆ 慈基會捐助宜蘭縣南澳鄉的社區巡迴中型巴士，於當地泰雅文化館舉行捐贈儀式，

由祕書長果器法師、副會長柯瑤碧代表捐贈，包括鄉長薛秋花、部落耆老、各村村長以及多所小學校長，有近一百人參加。

07.03

◆ 法鼓文化於臺中寶雲寺舉辦《如來寶藏 —— 聖嚴法師的如來藏思想研究》新書導讀會，由文化中心副都監果賢法師主持，編者常慧法師主講，介紹杜正民教授研究聖嚴師父如來藏思想的研究成果，共有兩百多人參加。

◆ 3 至 6 日，僧大舉辦畢結業僧領執培訓，由法鼓文理學院校長惠敏法師、普化中心副都監果毅法師、美國洛杉磯道場監院果見法師等授課，引導學僧了解執事倫理，學習在領職過程中，消融自我，堅固道心，回歸佛陀本懷，共有十二位畢結業學僧參加。

◆ 3 至 7 日，聖嚴師父西方法子吉伯・古帝亞茲訪臺，3 日及 5 日分別參訪臺中寶雲寺、北投農禪寺，與僧眾交流禪法。

07.04

◆ 4 至 25 日，普化中心每週三於北投農禪寺舉辦「法鼓講堂」佛學課程，由常諦法師主講「《無量壽經》講記 —— 彌陀淨土信願行」；課程同時於「法鼓山心靈環保學習網」線上直播，提供全球學員上網聽講，並參與課程討論。

◆ 7 月 4 日至 9 月 24 日，法鼓山社大於臺大醫院金山分院舉辦班級聯展「『三門淡墨』成果展」，結合金山校區「速寫入門班」、北投與新莊校區「生活旅遊速寫 —— 我的輕旅行」課程，近六十位學員創作的七十五幅作品；4 日啟展茶會中，並安排古箏、快樂歌唱班現場演出，以及咖啡和烘焙班製作的飲品點心，分享學習成果。

◆ 4 至 6 日，慈基會於臺東信行寺舉辦「2018 法鼓山兒童心靈環保體驗營」，營隊以感恩為主軸，透過影片故事、手作體驗及戲劇演出，引導學童思考自己的正面或負面特質，共有四十多位臺東地區關懷家庭學童參加。

07.05

◆ 5 至 7 日，臺北中山精舍舉辦「2018 法鼓山兒童心靈環保體驗營」第二梯次，由教聯會師資帶領，有近六十位國小低、中年級學童參加。

07.06

◆ 6 至 8 日，臺北安和分院舉辦「2018 法鼓山兒童心靈環保體驗營」，由常越法師、教聯會師資帶領，藉由走路禪、開發覺察力、智慧「購」等動靜交互的活動，認識心靈環保，有近一百位國小中、高年級學童參加。

◆ 6 至 8 日，蘭陽精舍舉辦「2018 法鼓山兒童心靈環保體驗營」，由副寺常法法師及教聯會師資帶領，有近六十位國小中、高年級學童參加。

◆ 6 至 9 日，法鼓文理學院於園區舉辦「心・遊記 —— 生命美學研習營」，課程以生命

及美學教育為主軸，包括禪坐、茶禪與基礎佛學等，有近八十位高中生參加。

◆ 6至10日，教聯會於三峽天南寺舉辦教師心靈環保自我成長營，由文化中心副都監果賢法師及法鼓文理學院人文社會學群副教授楊蓓、助理教授辜琮瑜等擔任師資，帶領學員從「心五四」的理念，重拾擔任教職的初發心，共有一百多人參加。

07.07

◆ 法鼓文化於臺中寶雲寺舉辦「行願館感恩成長營」，由總監果賢法師講授「在行願館修行與成長的義工心態」，並由各部門專職分享書籍、產品的製作理念與發想過程，共有一百零六位來自桃園、新竹、臺中、臺南、高雄等地專職及義工參加。

◆ 桃園齋明寺於大溪打鐵寮古道舉辦戶外禪，由演照法師擔任總護，共有七十多人參加。

◆ 7月7日至8月25日，禪堂舉辦默照禪四十九，由監院常乘法師擔任總護，為方便禪眾作息，禪期分兩梯次的禪七、禪十四、禪二十一，每一梯次皆有八十多人共修，其中有三十五人圓滿四十九日的精進修行。

◆ 7至8日，傳燈院於德貴學苑舉辦初級禪訓班輔導學長評析培訓課程，並安排悅眾分享評析心法與威儀，共有二十人參加。

◆ 聖嚴師父西方法子吉伯·古帝亞茲訪臺，7日上午於臺北愛群大廈國際禪坐會帶領禪坐共修，有近四十位來自七個國家的禪眾參與；下午於法鼓山園區，與僧眾分享禪法。

◆ 普化中心於北投農禪寺舉辦「聖嚴書院佛學班北區聯合結業典禮」，副都監果毅法師、信眾教育院監院常用法師等出席關懷，共有農禪、安和、中山、新莊等七個班級，七百一十一位學員圓滿三年初階課程。

◆ 護法總會「勸募鼓手關懷營」，7日於北投雲來寺進行，由服務處監院常應法師、悅眾張允雄等帶領，副都監常遠法師出席關懷，共有一百八十多位北一、北二、北五、北六轄區、花蓮地區鼓手參加。

◆ 7至29日，護法總會與青年院於基隆精舍、各地辦事處共同舉辦兒童營，接引學童輕鬆學佛。7至8日分別於基隆精舍、新店辦事處進行，由法青及地區悅眾帶領，各有五十位、四十位學童參加。

◆ 馬來西亞道場監院常藻法師應當地文良港佛教會之邀，以「再忙也不煩」為題進行演講，與近七十人分享佛法在生活中的實踐。

07.08

◆ 桃園齋明別苑「心光講堂」系列講座，8日邀請新北市八仙塵爆意外受傷者黃博煒主講「截後人生」，分享復健的心路歷程，共有兩百六十多人參加。

◆ 美國東初禪寺舉辦週日講座，由常護法師主講「永嘉大師證道歌」，有近五十人參加。

◆ 美國新澤西州分會舉辦半日禪，由悅眾擔任總護，有近二十人參加。

◆ 8至29日，泰國護法會首度開辦「快樂學佛人」課程，共有四十四位學員踏出學佛第一步。

07.09

◆ 9 至 12 日，美國東初禪寺於象岡道場舉辦青年禪修營，由監院常華法師擔任總護，有近四十人參加。

07.10

◆ 方丈和尚果東法師於北投雲來寺大殿，對僧團法師、全體專職精神講話，主題是「承先啟後」，全臺各分院道場同步視訊連線聆聽開示，有近三百人參加。
◆ 7 月 10 日至 8 月 14 日，桃園齋明別苑每週二舉辦佛學講座，由華梵大學佛教學系助理教授李治華主講《金剛經》的生活智慧，有近三百人參加。

07.11

◆ 7 月 11 日至 8 月 9 日，加拿大溫哥華道場每週三、日舉辦佛學講座，由常啟法師主講「紅塵不迷亦不離 —— 認識《維摩詰經》」，有近一百一十人參加。

07.12

◆ 法行會於臺北國賓飯店舉辦第二〇三次例會，由方丈和尚果東法師主講「觀照環境，心如明鏡」，有近兩百八十人參加。

07.13

◆ 13 至 15 日，高雄紫雲寺舉辦「2018 法鼓山兒童心靈環保體驗營」，由法青規畫執行課程設計、授課、組織協調、內外護等，共有一百四十位國小中、高年級學童在職業實習體驗中，感受在真實世界的「歸屬感」，體驗團隊合作的「成就感」，進而建立個人的「責任感」。
◆ 13 至 15 日，傳燈院於三義 DIY 心靈環保教育中心舉辦立姿動禪學長培訓，由監院常襄法師帶領，引導將禪修心法融入日常生活，體驗行住坐臥皆是禪的妙用，有近八十人參加。

07.14

◆ 北投農禪寺舉辦念佛禪一，由監院果毅法師擔任總護，有近兩百五十人參加。
◆ 臺北安和分院舉辦禪一，由常弘法師擔任總護，有近一百三十人參加。
◆ 7 月 14 日至 8 月 4 日，中山精舍每週六舉辦「失智預防與照護」講座，共四場。14 日首場邀請臺北市聯合醫院林森院區神經內科主任林志遠主講「辨識與認識失智」，共有一百三十多人參加。
◆ 7 月 14 日至 9 月 29 日，新竹精舍隔週週六舉辦「經典與生死」系列講座，介紹佛教經典中的生死觀，引導大眾學習運用佛法智慧面對生死，將人生苦海轉為智慧法海。

7月14日首場由禪修中心副都監果醒法師主講「《楞嚴經》的生死禪觀」，有近兩百五十人參加。

◆ 14至15日，臺南雲集寺舉辦「2018法鼓山兒童心靈環保體驗營」，由教聯會師資帶領，有近七十位國小學童參加。

◆ 14至15日，法鼓山社大舉辦「福慧傳家樂佛營」，活動於北投雲來寺、法鼓山園區、石門自然環保戶外教室進行，以寓教於樂、老幼共學的形式，促進親子感情交流，共有二十九組家庭、近一百位祖孫三代參加。

◆ 護法總會「勸募鼓手關懷營」，14日於臺中寶雲寺進行，由常應法師、悅眾張允雄等帶領，副都監常遠法師出席關懷，共有一百七十多位中部地區鼓手參加。

◆ 護法總會與青年院共同舉辦兒童營，14至15日分別於雙和辦事處、松山辦事處進行，由法青及地區悅眾帶領，各有四十多位學童參加。

◆ 14至21日，教聯會於三峽天南寺舉辦暑假教師禪七，由常慧法師擔任總護，有近一百人參加。

◆ 16至24日，美國象岡道場舉辦禪九，由東初禪寺監院常華法師擔任總護，有近二十人參加。

◆ 14至15日，美國舊金山道場舉辦佛學講座，由常澹法師、演道法師主講《八大人覺經》，以自我書寫、小組討論、大堂分享等方式，體驗八大覺知與覺悟，有近四十人參加。

◆ 加拿大多倫多分會舉辦禪一，由悅眾擔任總護，共有十多人參加。

07.15

◆ 南投德華寺舉辦禪一，由副寺果弘法師擔任總護，有近四十人參加。

◆ 7月15日至9月16日，豐原辦事處週日舉辦三場「以終為始的生死關切——《法的療癒》導讀」系列講座，由聖嚴書院佛學班講師郭惠芯主講，首場主題「關於再生——佛教的生死視野」，共有一百四十多人參加。

◆ 高雄南區辦事處於三民精舍舉辦勸募會員聯誼會，由悅眾分享勸募心法，有近一百一十人參加。

◆ 7月15日至9月2日，應波蘭禪宗協會（The Chan Buddhist Union of Poland）帕威爾（Paweł Rościszewski）之邀，法鼓山於華沙藝術學院（Warsaw Academy of Fine Arts）指導禪四十九，由聖嚴師父法子繼程法師主七，美國象岡道場住持果元法師為西方眾小參，常護法師擔任總護，共有二十四人全程參與。

◆ 美國東初禪寺舉辦週日講座，由常修法師主講「高僧行誼」，介紹印光大師的風範與修行體證，共有四十多人參加。

◆ 7月15日至2019年7月14日，新加坡護法會首度開辦「福田班」課程，共有一百一十二位學員學習實踐萬行菩薩精神。

◆ 7月15日至8月5日，方丈和尚果東法師於澳洲、馬來西亞、新加坡，展開國際弘法行，除關懷信眾，並舉辦公開講座、皈依典禮。15日於澳洲雪梨分會以「大悲心起」為題演說，並主持點燈儀式，感恩信眾長期的護持與奉獻，有近一百五十人參加。

07.16

◆ 僧團三學院於北投中華文化館舉辦傳承與展望座談會,以「老僧命‧新生命——從東初師公與焦山佛學院談起」為主題,邀請廣慈長老、智一長老,以及李九鴻、李志夫、方甯書三位教授,分享焦山教育精神,包括僧團副住持果暉法師,共有五十多位僧眾參加。

◆ 16至17日,臺中寶雲寺舉辦「2018法鼓山兒童心靈環保體驗營」第一梯次,由教聯會師資帶領,內容包括學佛行儀、學做小禪師、手作禪藝等課程,有近一百位國小高年級學童參加。

07.17

◆ 17至21日,法鼓山園區舉辦「2018法鼓山兒童心靈環保體驗營」,由教聯會師資帶領,共有一百四十五位國小高年級學童參加。

◆ 17至20日,北投農禪寺舉辦「2018法鼓山兒童心靈環保體驗營」,由教聯會師資帶領,有近一百二十位國小中年級學童參加。

◆ 國際扶輪社於法鼓山園區舉行宗教體驗,由傳燈院監院常襄法師、常寂法師帶領,共有三十位來自歐美、東南亞等十五個國家的青年參加。

07.18

◆ 18至19日,臺中寶雲寺舉辦「2018法鼓山兒童心靈環保體驗營」第二梯次,由教聯會師資帶領,內容包括學佛行儀、學做小禪師、手作禪藝等課程,有近一百位國小中年級學童參加。

◆ 18至24日,香港道場參加於香港會議展覽中心舉行的「2018香港書展」,以「禪‧藝‧生活」為主題,展出聖嚴師父著作與法鼓山出版品,推廣心靈環保理念。22日並於會議中心舉辦《法的療癒》專題講座,邀請作者杜正民教授夫人張雪卿老師主講,共有兩百二十多人參加。

07.19

◆ 19至22日,臺東信行寺舉辦初級禪悅四日營,由監院常全法師擔任總護,共有六十多人參加。

07.20

◆ 20至22日,桃園齋明別苑舉辦心靈環保體驗國中營,由副寺常雲法師等帶領,內容包括生活禪體驗、藝文創作、冒險體驗等,在團隊生活學習互助與尊重,有近六十位來自臺北、基隆、桃園地區國中生參加。

◆ 20至22日,美國舊金山道場舉辦義工禪三,由演道法師擔任總護,有近三十人參加。

07.21

◆ 北投農禪寺舉辦佛一暨八關戒齋，由監院果毅法師帶領，共有七百四十多人參加。

◆ 臺北中山精舍「失智預防與照護之道」講座，21 日邀請臺北市立聯合醫院陽明院區社工師林靜玉、林森院區護理師劉思怡主講「如何陪伴照顧失智家人」，共有一百一十多人參加。

◆ 蘭陽精舍「蘭陽講堂」系列講座，21 日邀請臺北榮民總醫院蘇澳暨員山分院高齡醫學科主任李威儒主講「老的有品質」，講說如何在高齡化社會中，創造零失能、有品質的銀髮生活，指出「身體」與「心理」功能的健全，才是長者「健康與否」最重要的指標，並分享正確的養生觀念與方法，有近一百二十人參加。

◆ 臺中寶雲寺於寶雲別苑舉辦「中區禪坐會義工聯誼成長營」，並邀請前農業委員會主任委員陳武雄主講「活在當下與身體有約——談法鼓八式動禪的緣起」，監院果理法師、果雲法師到場關懷，共有八十多位悅眾參加。

◆ 護法總會與青年院共同舉辦兒童營，21 至 22 日分別於中正萬華辦事處、文山辦事處進行，由法青及地區悅眾帶領，各有四十多位學童參加。

◆ 榮譽董事會舉辦法鼓山分寺院參學活動，21 日於臺中寶雲寺及寶雲別苑展開，有近八十位北三轄區榮董參加。

◆ 方丈和尚果東法師澳洲弘法關懷，21 日於雪梨科技大學（University of Technology Sydney, UTS）舉辦「福慧平安」佛法講座，包括雪梨臺北經濟文化辦事處長王雪虹、威樂比市（Willougby）市議員童伊品，澳臺工商委員會主席馬樂施（Ross Maddock）伉儷等來賓，共有兩百多人參加；講座圓滿後並舉行皈依儀式，共有二十多人皈依三寶。

07.22

◆ 臺中寶雲寺「法鼓講堂」系列講座，22 日由法鼓文理學院人文社會學群長陳定銘主講「當社會企業遇上心靈環保」，分享以關懷公益為使命、創造社會價值的社會企業，有近一百二十人參加。

◆ 榮譽董事會舉辦法鼓山分寺院參學活動，22 日於新竹精舍展開，共有六十七位北五轄區榮董參加。

◆ 7 月 22 日、8 月 26 日及 10 月 14 日，中正萬華辦事處舉辦「頑石點頭」系列講座，主題分別是「你是快樂的義工嗎？」、「佛道上的接力賽」，由常廙法師主講，並解答義工在修行過程中的疑惑，共有一百六十多人次參加。

◆ 美國舊金山道場舉辦禪一，由常源法師擔任總護，共有三十多人參加。

◆ 美國新澤西州分會舉辦半日禪，由悅眾擔任總護，有近二十人參加。

◆ 方丈和尚果東法師澳洲弘法關懷，22 日參與法青於雪梨伍爾維奇（Woolwich）河岸公園舉辦的戶外禪，並解答青年學佛疑惑，有近二十人參加。

07.24

◆ 7 月 24 日至 11 月 13 日，三峽天南寺雙週週二舉辦初階茶禪課程，邀請資深茶藝老師

田可莉帶領，課程結合茶道、茶席布置，將禪法融入品茗之間，體會茶的清、閒、雅、定、靜，感受身心的清楚與放鬆，有近四十人參加。

07.25

◆ 人基會「2018平安無事心靈講座」，25日邀請札西德樂國際旅行社總經理閆建鴻主講「從西藏談歡喜看生滅」，從西藏緣起、藏族、佛教文化、生滅的面向，鼓勵大家享受生命、把握生命，共有八十多人參加。

07.26

◆ 加拿大溫哥華道場於當地嘉禮伯第湖步道（Garibaldi Lake Trail）舉辦戶外禪，由常惟法師帶領，共有五十多人參加。

◆ 26至27日，交通部觀光局主辦、北海岸及觀音山國家風景區管理處承辦的「第二屆觀光盃桌球錦標賽」，於法鼓文理學院揚生館展開，由局長周永暉與校長惠敏法師主持開球儀式，有近四百位來自全臺三十七個公、私觀光旅遊產業單位的選手參加。

07.27

◆ 27至29日，北投農禪寺舉辦精進禪二，由監院果毅法師擔任總護，共有三百二十多人參加。

◆ 27至29日，三峽天南寺舉辦精進禪二，由果峙法師擔任總護，共有一百一十八人參加。

◆ 27至29日，桃園齋明寺舉辦「2018法鼓山兒童心靈環保體驗營」，由教聯會師資帶領，有近一百位國小中、高年級學童參加。

◆ 27至29日，傳燈院於法鼓山園區舉辦精進禪二，由果啟法師擔任總護，共有八十多人參加。

◆ 淡水辦事處與淡水區公所於市民聯合服務中心大禮堂共同舉辦社區成長講座，邀請電視節目《點燈》製作人張光斗以「斗室有光」為題，分享受人點滴恩惠的經歷，有近兩百五十人參加。

◆ 27至31日，香港道場於香港中文大學舉辦青年五日禪，主題是「心度遊」，由常順法師、常禮法師等帶領，內容包括坐禪、行禪、動禪、禪食、茶禪等，並藉由動靜兼備的藝術活動，與自我對話、了解自我，尋找心的方向，有近一百六十位青年學員參加。

◆ 7月27日至8月1日，香港道場於香港大學嘉道理中心舉辦五日禪修營，邀請聖嚴師父西方法子查可‧安德列塞維克帶領，共有三十多人參加。

07.28

◆ 28至29日，臺北安和分院舉辦「佛法與醫學」講座，邀請臺北仁濟醫院院長李龍騰、臺北市聯合醫院松德院區精神科醫師湯華聖、新莊仁濟醫院副院長莊曄嬐、社工

室主任陳穎叡、臨床心理師楊靖芸等等，與慈基會副祕書長常隨法師、常慧法師，進行演說，傳遞正確的身心照護觀念與方法，有近一千人次參加。

◆ 臺北中山精舍「失智預防與照護之道」講座，28 日邀請臺北市立聯合醫院林森院區中醫師趙品瑜主講「如何預防失智的發生」，共有一百四十多人參加。

◆ 桃園齋明別苑舉辦禪一，由副寺常雲法師擔任總護，共有九十多人參加。

◆ 新竹精舍「經典與生死」系列講座，28 日由常慧法師主講「《如來藏經》看生命平等觀」，有近兩百二十人參加。

◆ 臺中寶雲寺舉辦佛一，由監院果理法師帶領，有近三百二十人參加。

◆ 高雄紫雲寺舉辦佛學講座，由僧團副住持果暉法師主講「次第禪觀 —— 以安般法門為主」，引導透過次第禪觀的認識，深化禪修的基礎，提昇身心的健康，共有四百多人參加。

◆ 7 月 28 日至 8 月 18 日，臺南分院每週六舉辦專題講座，邀請果竣法師主講「《慈悲三昧水懺》暨《三時繫念》講記」，講說水懺要義，期勉大眾抱持慚愧心、恐怖心、厭離心、發菩提心、怨親平等、念報佛恩、觀罪性空等七心來懺悔，共有八百多人次參加。

◆ 傳燈院於北投雲來寺舉辦 Fun 鬆一日禪，由監院常襄法師擔任總護，有近九十人參加。

◆ 護法總會與青年院共同舉辦兒童營，28 至 29 日分別於新莊辦事處、淡水辦事處、海山辦事處進行，由法青及地區悅眾帶領，各有近五十位學童參加。

◆ 美國東初禪寺於紐約中央公園舉辦法青義工戶外禪，由常修法師、常灌法師帶領，共有五十多人參加。

◆ 美國東初禪寺舉辦禪一，由常齋法師擔任總護，有近三十人參加。

◆ 方丈和尚果東法師馬來西亞弘法關懷，28 日於馬來西亞道場主持皈依儀式及內部義工關懷，有近九十人皈依三寶，共有一百二十多人參加。

◆ 28 至 29 日，美國普賢講堂舉辦《法華經》共修，由副寺常玄法師帶領，有近七十人次參加。

07.29

◆ 高雄紫雲寺舉辦禪一，由常貫法師擔任總護，共有一百五十多人參加。

◆ 慈基會於高雄紫雲寺舉辦慰訪員進階教育訓練課程，並邀請心理師林純如講解助人工作的基本技巧，副祕書長常隨法師、總幹事陳高昌到場關懷，有近八十位南部地區慰訪義工參加。

◆ 美國象岡道場舉辦禪一，由常襄法師擔任總護，有近十人參加。

◆ 美國舊金山道場舉辦專題講座，由演道法師主講「三昧水懺的慈悲與清涼」，介紹水懺的緣由、作者、經題及意義，並解說懺悔法門的功用與重要性，期勉大眾藉由拜懺，發露懺悔，共有三十多人參加。

◆ 方丈和尚果東法師馬來西亞弘法關懷，29 日於莎阿南佛學會舉辦「平安無事」佛法講座，共有兩百五十多人參加。

◆ 美國新澤西州分會舉辦半日禪，由悅眾擔任總護，有近二十人參加。

07.30

◆ 30 至 31 日，美國西雅圖分會舉辦兒童心靈環保體驗營，由臺灣教聯會師資帶領，共有二十多位學童參加。

8月 AUGUST

08.01

◆ 《人生》雜誌第 420 期出刊，本期專題「聖嚴法師教幸福告別」。
◆ 《法鼓》雜誌第 344 期出刊。
◆ 法鼓文化出版新書：《梵唄 50 問》（學佛入門 Q&A 系列，法鼓文化編輯部編著）。
◆ 1 至 5 日，臺東信行寺舉辦「2018 法鼓山兒童心靈環保體驗營」，由教聯會師資帶領，有近一百位國小中、高年級學童參加。
◆ 法鼓山網路電視臺每月「主題影片」單元，8 月播出「如何不怕鬼 —— 超度功德大無邊」，精選聖嚴師父相關的開示影片，引領大眾重溫師父的智慧開示。
◆ 1 至 5 日，美國東初禪寺於象岡道場舉辦暑期親子營，成人組由監院常華法師、兒童組由常齋法師、常修法師及教聯會師資帶領，有近一百一十位親子參加。

08.02

◆ 法行會於臺北國賓飯店舉辦第二○四次例會，由果興法師主講「有願有力，發揮此生最大值」，共有兩百二十多人參加。
◆ 2 日、7 日及 9 日，加拿大溫哥華道場舉辦佛學講座，由常啟法師導讀《小止觀》，有近一百一十多人參加。
◆ 加拿大溫哥華道場於都市禪中心舉辦禪修講座，邀請美國新澤西學院（The College of New Jersey）社會學系副教授李世娟主講「禪與生活」，分享漢傳禪法讓身心、環境協調融合的生活運用，共有二十七人參加。

08.03

◆ 3 至 5 日，北投文化館舉辦中元報恩地藏法會，由監院果諦法師帶領，有近一千八百五十人次參加。
◆ 3 至 9 日，青年院於法鼓文理學院舉辦夏季青年卓越禪修營，由常導法師擔任總護，共有一百二十五位來自印尼、新加坡、馬來西亞及臺灣的青年學員參加。
◆ 8 月 3 日至 10 月 19 日，人基會每月週五於德貴學苑開辦「心藍海策略 —— 企業社會責任」系列課程，主題是「創新·創心」，共三場。3 日首場邀請國家生技醫療產業策進會會長張善政、「心六倫」宣講團團長林知美主講「重視企業倫理與創新永續的管理思維」，共有一百多人參加。

◆ 3 至 5 日，加拿大溫哥華道場舉辦英文禪三，邀請聖嚴師父西方弟子李世娟擔任總護，有近四十人參加。

08.04

◆ 中山精舍舉辦「失智預防與照護」講座，4 日邀請臺北市聯合醫院林森院區身心醫學科醫師郭彥君主講「失智症治療」，有近一百一十人參加。

◆ 4 至 5 日，高雄紫雲寺舉辦「幸福講座」，邀請臨床心理師洪仲清主講「緣生・原生・圓滿人生」，帶領探索心靈深處、面對自我，在人我關係互動中覺察生命課題的原點，共有一千多人次參加。

◆ 8 月 4 至 5 日、18 日及 9 月 1 日，高雄紫雲寺舉辦《如來寶藏 —— 聖嚴法師的如來藏思想研究》導讀會，由編者常慧法師帶領，以「如是因緣」、「全書架構」、「內容特色」、「努力空間」為主題，從近因、遠因、時序等說明「如是因緣」，並以全書立意、價值、邏輯與偏重等導入分析「全書架構」、承先啟後為「內容特色」，輔以實例與實踐為「努力空間」，有近四百人次參加。

◆ 4 至 5 日，社大於法鼓山園區舉辦兒童心靈環保體驗營，由教聯會師資帶領，活動結合「四環」，內容包括學佛行儀、法鼓八式動禪、繪本故事、認識大自然等，共有一百零八位北海岸地區國小學童參加。

◆ 榮譽董事會舉辦法鼓山分寺院參學活動，4 日於桃園齋明寺、齋明別苑展開，共有八十多位北二轄區榮董參加。

◆ 4 至 5 日，美國舊金山道場舉辦中元報恩慈悲三昧水懺法會，由常源法師主法，共有兩百七十多人次參加。

◆ 4 至 5 日，馬來西亞道場於蕉賴孝恩館舉辦慈悲三昧水懺法會，由果增法師主法，共有兩百九十多人次參加。

◆ 4 至 5 日，香港道場於九龍會址舉辦佛學講座，由僧團副住持果燦法師主講《地藏經》，共有三百一十多人次參加。

◆ 方丈和尚果東法師新加坡弘法關懷，4 日出席於新加坡護法會舉行的祈福法會；法會圓滿後並主持皈依儀式，共有四十七人皈依三寶。

08.05

◆ 蘭陽精舍舉辦念佛禪一，由副寺常法法師擔任總護，共有七十多人參加。

◆ 5 至 12 日，臺南雲集寺舉辦中元報恩地藏法會，由果竣法師帶領，有近八百人次參加。

◆ 香港道場上午於九龍會址舉行瑜伽工作坊，邀請聖嚴師父西方法子查可・安德列塞維克帶領；下午舉辦禪修講座，邀請查可主講「禪心自在」（One Mind Free Mind on Chan Practice），共有四百多人次參加。

◆ 美國新澤西州分會舉辦半日禪，由悅眾擔任總護，共有三十多人參加。

◆ 美國芝加哥分會舉辦半日禪，由悅眾擔任總護，共有十多人參加。

◆ 美國普賢講堂舉辦中元報恩地藏法會，由副寺常玄法師帶領，共有四十多人參加。

◆ 方丈和尚果東法師新加坡弘法關懷，5 日於新加坡護法會舉辦心靈環保講座，主題是「繼往開來，從心開始」，有近兩百六十人參加。

08.06

◆ 8 月 6 日至 9 月 9 日，北投文化館舉辦中元報恩《地藏經》共修，由監院果諦法師帶領，共有三千八百多人次參加。

08.07

◆ 聖基會製作的《代先生的奇幻旅程》動畫，於國家通訊傳播委員會「適齡兒少電視節目」評選中，榮獲「十歲以上適齡兒少電視節目」標章，頒獎典禮於臺大集思會議中心舉行，由編劇陳明凱、播放動畫的中華電信 MOD 靖天電視臺副總經理王玉如代表受獎。

08.08

◆ 8 月 8 日至 9 月 19 日，加拿大溫哥華道場於菲沙河谷（Fraser Valley）社區隔週週三舉辦佛學講座，由常惠法師介紹般若思想，並選讀《般若經》，領略並學習經典中無我的生活智慧，有近六十人參加。

08.09

◆ 9 至 10 日，人基會心六倫宣講團應臺南市大灣高中之邀，於該校新生訓練中為新生授課，以四場連結學校校訓「誠實、簡樸、恆毅、致遠」的講演，分享心五四、心六倫、心靈環保的意涵，共有兩百四十多位學生參加。

◆ 教聯會於三峽天南寺舉辦「成長營與禪七學員聯誼會」，由常獻法師帶領，近六十人參加。

08.10

◆ 10 至 12 日，三峽天南寺舉辦精進禪二，由果峙法師擔任總護，有近一百二十人參加。

◆ 10 至 12 日，法鼓文理學院禪文化研修中心舉辦「禪文化研修體驗營」，由主任果鏡法師、中央研究院中國文哲研究所研究員廖肇亨等，帶領學員初探茶禪、禪詩，感受禪文化的深度與廣度，共有近三十位聖嚴書院佛學班、福田班學員參加。

◆ 10 至 12 日，法鼓文理學院校長惠敏法師應馬來西亞三慧講堂之邀，參與於竺摩長老教育中心進行的「紀念竺摩長老一〇六冥誕」佛法研習營，於 10 日發表演講，11 日參與南北傳佛教座談會。

◆ 8 月 10 日至 10 月 5 日，屏東辦事處隔週週六舉辦佛學講座，由常湛法師主講《普門

品》，並帶領分組研討，有近六十人參加。

◆ 10 至 12 日，美國象岡道場舉辦三日禪修營，邀請聖嚴師父西方弟子李世娟擔任總護，共有二十多人參加。

08.11

◆ 蘭陽精舍「蘭陽講堂」系列講座，11 日邀請財團法人廖瓊枝歌仔戲文教基金會董事長廖瓊枝主講「樂齡咚咚鏘！」，分享對歌仔戲的感恩情與致力於傳承的樂齡生活，有七十多人參加。

◆ 新竹精舍「經典與生死」系列講座，11 日由文化中心副都監果賢法師主講「《心經》的生死超越」，共有兩百多人參加。

◆ 8 月 11 日至 10 月 6 日，高雄三民精舍隔週週六上午舉辦佛學講座，由常湛法師主講《普門品》，並帶領分組研討，有近六十人參加。

◆ 11 至 13 日，慈基會於北投雲來寺、陽明山童軍活動中心舉辦「2018 法鼓山兒童心靈環保體驗營」，營隊以自然環保為主軸，帶領小學員學習尊重自然、愛護自然，有近四十位關懷家庭學員參加。

◆ 8 月 11 日至 10 月 6 日，潮州辦事處隔週週六下午舉辦佛學講座，由常湛法師主講《普門品》，並帶領分組研討，有近六十人參加。

◆ 美國舊金山道場舉辦禪一，由常齋法師帶領，有近二十人參加。

◆ 加拿大多倫多分會舉辦禪一，由悅眾擔任總護，共有十多人參加。

08.12

◆ 12 至 18 日，北投農禪寺啟建梁皇寶懺法會，由僧大男眾副院長常寬法師主法，首日即有近八千位民眾虔誠拜懺，法會全程網路直播，法喜無遠弗屆，有近三萬六千人次參加。

◆ 12 至 19 日，臺南分院舉辦中元報恩地藏法會，由果竣法師帶領，並以臺語開示法義，每日有近三百人參加。

◆ 高雄紫雲寺舉辦法青心靈環保家庭日，邀請法青家長認識法鼓山，也讓法青感恩家人長期的支持，監院常參法師到場關懷，有近六十人參加。

◆ 臺東信行寺舉辦專題講座，由文化中心副都監果賢法師、屏東大學中文系副教授林其賢主講「書與人」，分享杜正民教授兩本著作《如來寶藏──聖嚴法師的如來藏思想研究》、《法的療癒》，有近九十人參加。

◆ 8 月 12 日、10 月 21 日及 12 月 9 日，美國東初禪寺舉辦週日講座，由常灌法師主講「阿彌陀佛四十八大願」，共有五十多人參加。

◆ 參與加拿大英屬哥倫比亞大學佛教研討會的學者一行四十人，參訪溫哥華道場，由監院常悟法師代表接待，進行交流。

◆ 12 至 18 日，香港道場於九龍會址舉辦中元報恩「都市地藏週」活動，期間共修七部《地藏經》，有近兩千兩百人次參加。

◆ 美國新澤西州分會舉辦半日禪，由悅眾擔任總護，共有十多人參加。

◆ 美國普賢講堂舉辦佛學講座，由副寺常玄法師主講「《法華經》概論」，共有三十多

人參加。

◆ 泰國護法會首次舉辦中元報恩慈悲三昧水懺法會，由常空法師主法，共有一百一十多
人參加。

08.13

◆ 教聯會於高雄紫雲寺舉辦「成長營與禪七學員聯誼會」，由常獻法師帶領，有近四十
人參加。

◆ 13、15 及 17 日，美國西雅圖分會舉辦佛學講座，由常澹法師、演道法師主講《八大
人覺經》，以自我書寫、小組討論、大堂分享等方式，體驗八大覺知與覺悟，有近
四十人參加。

08.14

◆ 14 至 15 日，傳燈院應小草書屋之邀，於三峽天南寺舉辦寺院生活體驗營，包括吃飯
禪、走路禪、戶外經行，以及生態、禪鼓體驗等，由常慧法師等帶領，共有三十五
位義工老師參加。

◆ 美國哥倫比亞大學（Columbia University）教務長約翰·寇茲華斯（John H.
Coatsworth）率同工學院資深執行副院長張世富、大學發展高級副總裁保羅·基南
（Paul Keenan）、全球倡議高級主任愛德華·陳－里札多（Edward Chan-Lizardo）
拜訪聖基會，由董事長蔡清彥、執行長楊蓓、僧團都監果光法師等代表接待，進行
交流。

◆ 教聯會於高雄紫雲寺舉辦「心靈環保教學研習營」，分享心靈環保的教學經驗，創
造校園幸福學，常獻法師到場關懷，並帶領放鬆體驗，期勉學員在教學中活用心靈
環保的理念與方法，有近四十人參加。

◆ 14 至 26 日，應印尼禪坐會（Chan Indonesia）之邀，常震法師、演正法師前往西爪
哇省、萬丹省等地，帶領禪修活動，包括禪七、義工培訓、禪法講座等。14 日於萬
丹伊卡亞納·捨朋寺院（Ekayana Serpong）帶領禪坐共修，有近六十人參加。

08.15

◆ 15 至 16 日，法鼓山於文理學院舉辦「校園靜心 ── 動中清楚放鬆教師研習營」，由
果界法師、悅眾陳武雄帶領，引導學員體驗融入動禪心法的靜心課程，認識安定身
心的學習方法，有近一百位教師參加。

◆ 15 至 16 日，法鼓文理學院校長惠敏法師應馬來西亞寂靜禪林之邀，於亞庇行政中心
舉行的佛法講座中，主講《六門教授習定論》，分享禪法與腦科學的參用觀點。

08.16

◆ 常震法師、演正法師印尼弘法，16 至 22 日於西爪哇希薩魯（Cisarua）彌陀禪院帶領
禪七，共有五十二位來自雅加達、邦加、泗水、巨港、棉蘭、萬隆等地禪眾參加。

08.17

◆ 17 至 19 日，臺中寶雲寺舉辦中元報恩地藏法會，由果祺法師主法，勉勵大眾學習地藏菩薩的孝順和智慧，時時懺悔和發願，念念與佛菩薩相應，就能產生更多善的力量，有近一千三百人次參加。

◆ 17 至 18 日，臺東信行寺舉辦中元報恩慈悲三昧水懺法會，由監院常全法師帶領，有近兩百人次參加。

◆ 17 至 22 日，應印尼棉蘭禪坐會（Ch'an Medan Community）之邀，傳燈院監院常襄法師、演定法師前往印尼棉蘭帶領禪修。17 至 18 日於慈音禪林（Vipassana Center）指導初級訓密集班，共有二十五人參加。

08.18

◆ 桃園齋明寺舉辦禪一，由常報法師擔任總護，共有一百一十多人參加。

◆ 18 至 19 日，桃園齋明別苑舉辦中元報恩地藏法會，由副寺常雲法師帶領，法師勉眾聽經聞法，找到自己相應的方法，不斷練習，身心即能清淨安定與堅定，有近六百人次參加。

◆ 18 至 25 日，禪堂於法鼓文理學院舉辦青年初階禪七，由常正法師擔任總護，共有五十多人參加。

◆ 美國紐約東初禪寺舉辦中元報恩法會，上午進行地藏法會，下午舉行地藏懺法會，由監院常華法師帶領，有近一百三十人參加。

◆ 加拿大溫哥華道場舉辦兒童心靈環保體驗營，主題是「惜福感恩」，由法青帶領，共有三十二位小學員參加。

◆ 美國西雅圖分會舉辦佛學講座，由演道法師介紹《慈悲三昧水懺》，共有四十多人參加。

◆ 加拿大多倫多分會舉辦佛學講座，由美國洛杉磯道場監院果見法師主講「高僧行誼」，介紹鳩摩羅什的思想與行誼，共有二十多人參加。

08.19

◆ 19 至 26 日，臺北中山精舍舉辦中元報恩地藏法會，由常越法師帶領，共有一千兩百多人次參加。

◆ 19 至 26 日，基隆精舍舉辦中元報恩《地藏經》共修，由副寺果樞法師帶領，共有五百二十多人次參加。

◆ 19 至 25 日，高雄紫雲寺舉辦中元報恩地藏法會，由監院常參法師帶領，共有兩千兩百多人次參加。

◆ 臺東信行寺舉辦中元報恩三時繫念法會，由監院常全法師帶領，有近一百一十人參加。

◆ 豐原辦事處「以終為始的生死關切——《法的療癒》導讀」系列講座，19 日進行第二場，主題是「四聖諦與四念處 —— 止痛與止惱」，共有一百一十多人參加。

◆ 美國新澤西州分會舉辦中元報恩法會，由常華法師帶領，共有一百多人參加。

◆ 美國西雅圖分會首度舉辦中元慈悲三昧水懺法會，由舊金山道場監院常惺法師主法，共有四十多人參加。

◆ 美國普賢講堂舉辦禪一，由副寺常玄法師擔任總護，共有二十多人參加。

◆ 加拿大多倫多分會舉辦中元報恩地藏法會，由美國洛杉磯道場監院果見法師、常源法師帶領，共有五十多人參加。

◆ 傳燈院監院常襄法師印尼弘法，19 至 22 日於棉蘭慈音禪林帶領禪三，有近二十人參加。

08.20

◆ 20 至 25 日，桃園齋明寺舉辦中元報恩地藏懺法會，由監院果舟法師帶領，共有一千五百多人次參加。

◆ 20 至 24 日，馬來西亞道場監院常藻法師應當地太平佛教會之邀，於該會舉辦的全國教師佛學研修班，擔任主題課程及禪修老師，禪修義工並帶領法鼓八式動禪、直觀體驗、托水缽及經行等，共有六十多位教師參加。

08.21

◆ 加拿大溫哥華道場舉辦專題演講，由法鼓文理學院佛教學系主任鄧偉仁主講「佛教現代主義的審視 —— 佛教禪修與身心療癒」，共有八十多人參加。

◆ 加拿大多倫多分會舉辦念佛禪一，由常源法師擔任總護，共有三十多人參加。

08.22

◆ 新加坡護法會舉辦佛學講座，由常空法師主講「彌陀願，師父心」，共有七十多人參加。

08.23

◆ 8 月 23 日至 11 月 1 日，普化中心週四於北投農禪寺舉辦「法鼓講堂世界佛教系列特別講座」，主題是「修行、弘化、學術的出家路 —— 東西方佛教的多元觀察」，共六場。23 日首場由法鼓文理學院助理教授常諗法師主講「我的哈佛兩年 —— 東西方宗教的交流與對話」；課程同時於「法鼓山心靈環保學習網」線上直播，提供全球學員上網聽講，並參與課程討論。

◆ 日本京都清水寺輔佐執事暨泰產寺現任住持森清顯參訪北投農禪寺，由僧團副住持果暉法師代表接待，進行交流。

08.24

◆ 24 至 26 日，三峽天南寺舉辦精進禪二，由常哲法師擔任總護，共有一百一十六人參加。

- 24 至 25 日，傳燈院於三義 DIY 心靈環保教育中心舉辦初級禪訓班輔導學長培訓課程，由監院常襄法師、常慧法師等帶領，共有六十一人參加。
- 8 月 24 日至 9 月 24 日，慈基會舉辦中秋關懷活動，除攜帶應景素月餅前往關懷家庭表達祝福外，慰訪義工並分別至各地社福機關、安養機構，與院民歡度佳節，共計關懷八百多戶家庭。
- 24 至 26 日，新加坡護法會舉辦中元報恩佛三，由常空法師帶領，有近一百二十人次參加。
- 常震法師、演正法師印尼弘法，24 日及 26 日於萬丹伊卡亞納‧捨朋寺院舉辦禪法講座，介紹禪修的法益，共有七十多人次參加。

08.25

- 新竹精舍「經典與生死」系列講座，25 日由弘化發展專案召集人果慨法師主講「《地藏經》與生命學習」，共有兩百多人參加。
- 臺中寶雲寺舉辦禪一，由果雲法師擔任總護，共有一百二十多人參加。
- 25 至 26 日，臺南分院於臺南二中舉辦中元報恩慈悲三昧水懺暨三時繫念法會，方丈和尚果東法師於 25 日到場關懷，勉勵大眾以孝親報恩的誠敬心，把握當下的共修，成就增延福慧、消災祈福的因緣，共有一千八百多人次參加。
- 臺東信行寺舉辦禪一，由監院常全法師擔任總護，有近三十人參加。
- 慈基會於北投雲來寺舉辦慰訪員進階教育訓練課程，邀請心理師林烝增講解助人工作的基本技巧，副祕書長常隨法師、總幹事陳高昌到場關懷，有近一百位北部地區慰訪義工參加。
- 美國東初禪寺舉辦禪一，邀請聖嚴師父西方弟子哈利‧米勒擔任總護，共有二十多人參加。
- 美國洛杉磯道場舉辦專題講座，由監院果見法師主講「地藏菩薩的大願與修行法門」，有近六十人參加。
- 加拿大溫哥華道場舉辦中元報恩地藏法會，由監院常悟法師帶領，有一百二十多人參加。
- 常震法師、演正法師印尼弘法，25 日於雅加達木棉海灘街（Pantai Indah Kapuk）社區，舉行禪坐助理監香培訓課程，共有二十人參加。

08.26

- 8 月 26 日至 9 月 8 日，臺北安和分院舉辦中元報恩地藏法會，由監院果旭法師帶領，有近四千人次參加。
- 蘭陽精舍舉辦中元報恩地藏法會，由副寺常法法師帶領，共有一百五十多人參加。
- 桃園齋明寺舉辦中元報恩地藏法會，由監院果舟法師主法，提醒修十善業，並說明人有三種特勝：憶念勝、梵行勝、勤勇勝，期勉大眾把握法會共修的因緣，更要在日常生活中實踐地藏法門，共有六百多人參加。
- 南投德華寺舉辦中元報恩地藏法會，由副寺果弘法師帶領，共有六十多人參加。
- 高雄紫雲寺舉辦中元報恩三時繫念法會，由慈基會副祕書長常隨法師主法，方丈和尚

果東法師到場關懷，共有九百多人參加。

◆ 社大於石門社大自然環保戶外教室舉辦「親子挖地瓜體驗活動」，共有六十多位來自新莊、北投及北海岸地區的親子，體驗農家智慧。

◆ 臺灣南部連日強降雨侵襲，造成嚴重水患災情，慈基會於第一時間啟動救災關懷，聯繫各地救災總指揮，透過公部門了解受災地區需求，適時支援物資與關懷行動。26日由義工前往臺南北門、學甲等地區勘災，並提供民生物資支援安南區公所。

◆ 美國洛杉磯道場舉辦中元報恩地藏法會，由監院果見法師帶領，有近一百二十人參加。

◆ 加拿大溫哥華道場舉辦中元報恩慈悲三昧水懺法會，由監院常悟法師帶領，有一百二十多人參加。

◆ 美國新澤西州分會舉辦半日禪，由悅眾擔任總護，共有十多人參加。

08.27

◆ 心六倫校園宣講團隊種子教師，受邀前往臺南敏惠醫護專科學校，宣講「戀愛ING」，揭示兩性平等、相互尊重的相處之道，並以「S.R.E」 Stop、Relax、Enjoy為主軸，帶領放鬆引導，共有四百三十位一年級住宿新生參加。

08.28

◆ 僧團於園區國際會議廳舉辦專題講座，邀請日本立正大學名譽教授三友健容主講「法華一乘思想的原點 —— 元政《小止觀抄》序」，分享日蓮宗元政上人的修行精神。

◆ 法鼓文化於桃園齋明別苑舉辦《如來寶藏——聖嚴法師的如來藏思想研究》新書導讀會，由文化中心副都監果賢法師主持，編者常慧法師主講，介紹杜正民教授研究聖嚴師父如來藏思想的研究成果，共有一百七十多人參加。

08.29

◆ 臺灣南部連日強降雨侵襲，造成嚴重水患災情，慈基會於29日由臺南分院法師帶領義工，前往臺南市錦湖國小協助清理校園；也至鄰近地區進行慰訪，了解民眾需求。

◆ 人基會「2018平安無事心靈講座」，29日由蘭陽精舍副寺常法法師主講「從心靈環保談人際關係」，指出人際關係最大障礙在於自我中心太強，要調整「常、一、主宰」的思考方式，以及操控的心態，須時時歸零思考，不要帶有成見，練習把視野拉高、懂得善解；學習尊重、協商和利他，才能擁有和諧的人際關係，共有九十多人參加。

08.30

◆ 普化中心「法鼓講堂世界佛教系列特別講座」，30日由僧大女眾部副院長果幸法師主講「我的美國十年 —— 不一樣的修學與修行」；課程同時於「法鼓山心靈環保學習網」線上直播，提供全球學員上網聽講，並參與課程討論。

08.31

◆ 8月31日至9月2日，法鼓文理學院人文社會學群學會舉辦「博雅‧禪趣‧心時光」營隊活動，透過課程介紹、師生交流、禪修體驗、校園巡禮等，迎接新生入學。

◆ 8月31日至9月4日，香港道場舉辦護法菩薩行及悅眾臺灣參學之旅，除了參加新任方丈和尚接位大典，參訪北投農禪寺、臺北安和分院、三峽天南寺、桃園齋明寺、臺中寶雲寺，並於天南寺與臺灣榮譽董事展開交流活動。

◆ 加拿大多倫多分會舉辦佛學講座，由常源法師主講「《維摩詰經》—— 生活禪的覺知與實踐」，共有三十多人參加。

9月 SEPTEMBER

09.01

◆ 《人生》雜誌第 421 期出刊，本期專題「懂孤獨，不寂寞」。

◆ 《法鼓》雜誌第 345 期出刊。

◆ 法鼓文化出版新書：《抱疾遊高峰》（寰遊自傳系列，聖嚴法師著）、《生死皆自在—— 聖嚴法師談生死自在（大字版）》（家中寶系列，聖嚴法師著）、《無盡燈—— 漢傳佛教青年學者論壇論文集》（佛學會議論文彙編，果鏡法師、廖肇亨主編）。

◆ 基隆精舍舉辦禪一，由副寺果樞法師擔任總護，有近四十人參加。

◆ 蘭陽分院「蘭陽講堂」系列講座，1日邀請元智大學老人福祉科技研究中心失智症照護顧問伊佳奇主講「別讓記憶說再見—— 失智者的預防與照顧」，強調應根據患者的生命史量身訂做照護方法，由照護者決定內容，給予患者有品質、有尊嚴的生活，有近一百四十人參加。

◆ 三峽天南寺舉辦禪一，由演誠法師擔任總護，共有九十多人參加。

◆ 臺中寶雲寺舉辦悅眾培訓課程，邀請屏東大學中文系副教授林其賢、資深悅眾陳若玲授課，內容包括在生活中活用佛法、建設性的溝通，監院果理法師到場關懷，共有一百二十多位學員參加。

◆ 1至3日，美國東初禪寺舉辦都市禪三，由常齋法師擔任總護，共有六十多人次參加。

◆ 1至7日，韓國曹溪宗三大寺之一的松廣寺禪慧法師及慧頂法師，參訪法鼓山園區、北投農禪寺、三峽天南寺，交流佛教生活化、現代化與年輕化的弘化方式。

◆ 1至9日，來自全美各地近一百二十位信眾，組成北美護法會尋根團，由東初禪寺監院暨北美護法會輔導法師常華法師帶領，來臺展開尋根之旅，除參加第六任方丈接任大典，並參訪法鼓山園區及全臺八處道場。

09.02

◆ 法鼓山於園區舉辦第六任方丈接任大典，由法鼓文理學院校長暨僧團首座和尚惠敏法

師擔任監交和尚，已擔任十二年方丈的果東法師正式卸下執事，由果暉法師接任方丈和尚，執行僧團的任務交付，承擔如來家業。

◆ 美國新澤西州分會舉辦半日禪，由悅眾擔任總護，共有十多人參加。

◆ 美國芝加哥分會舉辦半日禪，由悅眾擔任總護，共有十多人參加。

◆ 加拿大多倫多分會舉辦念佛禪一，由常源法師擔任總護，共有三十多人參加。

09.04

◆ 9月4日至2019年1月15日，臺北安和分院每週二舉辦佛學課程，由僧團副住持果燦法師導讀聖嚴師父著作《聖嚴法師教淨土法門》，有近一百九十人參加。

◆ 9月4日至2019年1月15日，臺北中山精舍每週二舉辦佛學講座，邀請華梵大學中國文學系副教授胡健財主講《金剛經》，有近九十人參加。

◆ 南印度色拉昧佛學院前（第九十）任住持昂旺糾顛仁波切、南印度色拉寺昧堂臺北中心佛學會會長路呈麟等人參訪法鼓山，由僧大副院長果幸法師代表接待，並與方丈和尚果暉法師交換僧才教育暨養成的經驗和心得。

09.05

◆ 9月5日至2019年1月16日，臺北安和分院每週三舉辦佛學課程，由法鼓文理學院生命教育學程主任辜琮瑜導讀聖嚴師父著作《心的鍛鍊》，有近一百人參加。

◆ 臺灣南部連日強降雨侵襲，造成嚴重水患災情，慈基會於5日慰訪嘉義東石鄉西崙村、塭仔等受災地區，並捐贈家用物品；同時提供東石鄉掌潭村社區發展協會、嘉義縣鄉村永續發展協會的廚房供餐相關器材；也捐助物資予龍崗國小，協助學子安心就學。

◆ 9月5日至10月31日，法青會週三於德貴學苑舉辦「佛陀非佛」青年學佛初階課程，共六堂，由演柔法師等帶領，主題包括生命、情緒、情感、家庭生活、人際關係、學佛等，有近三十人參加。

09.06

◆ 法行會於臺北國賓飯店舉辦第二〇五次例會，由禪修中心副都監果醒法師主講「楞嚴概說（二）」，有近兩百人參加。

09.07

◆ 9月7日至2019年1月11日，臺北中山精舍每週五舉辦佛學講座，邀請銘傳大學應用中文系助理教授陳琪瑛主講《華嚴經》，有近七十人參加。

◆ 9月7日至12月21日，高雄三民精舍週五舉辦佛曲教唱，由護法會合唱團悅眾分享唱歌技巧，並進行練唱指導，有近七十人參加。

◆ 7至8日，中華佛研所於法鼓文理學院主辦「2018漢傳佛教青年學者論壇」第二階段

論文發表，安排五場主題，共有五組、十八位青年學者交流在研究中運用新文獻、新方法與視野的成果，並邀請十位國內文史哲、宗教等系所教授講評。

◆ 7 至 8 日，僧大於法鼓山園區祈願觀音殿舉辦「剃度大悲懺法會」，以法會共修，祝福新戒沙彌、沙彌尼。

09.08

◆ 北投農禪寺舉辦禪一，由常琨法師擔任總護，有近兩百二十人參加。

◆ 8 至 9 日，臺中寶雲寺舉辦讀書會共學活動帶領人基礎培訓課程，邀請資深讀書會帶領人方隆彰帶領，分享讀書的「四層次提問法」，並進行示範演練，果雲法師到場關懷，有近一百四十位來自臺中、彰化、南投、雲林的學員參加。

◆ 高雄紫雲寺舉辦佛學講座，由慈基會副祕書長常隨法師主講《金剛經》，勉勵大眾發阿耨多羅三藐三菩提的成佛願心，學習現觀當下，用生命體驗佛陀的教法，有近三百人參加。

◆ 榮譽董事會舉辦法鼓山分寺院參學活動，8 日分別於桃園齋明寺、臺中寶雲寺與寶雲別苑展開，各有近一百一十位、近八十位北一、北四轄區榮董參加。

◆ 9 月 8 日至 11 月 17 日，中正萬華辦事處每週六舉辦佛學課程，由常一法師主講：「福慧自在 ── 《金剛經》生活」，有近六十人參加。

◆ 8 至 16 日，美國象岡道場住持果元法師、常護法師前往盧森堡、英國弘法，主要帶領禪修。8 日於盧森堡市中心的女修道院（Congrégation des Franciscaines）帶領禪一。

09.09

◆ 法鼓山於園區舉辦剃度典禮，由方丈和尚果暉法師擔任戒和尚，副住持果品法師擔任教授阿闍黎，共有一位法同沙彌尼、十位行同沙彌、六位行同沙彌尼披剃，圓滿受沙彌（尼）戒出家儀式，有近一百六十人觀禮祝福。

◆ 法鼓山於三峽天南寺舉辦社會菁英禪修營第九十六次共修會，由常正法師擔任總護，共有一百零三人參加。

◆ 南投德華寺舉辦戶外禪，由副寺果弘法師擔任總護，共有九十多人參加。

◆ 臺南雲集寺舉辦念佛禪一，由監院常宗法師擔任總護，有近九十人參加。

◆ 9 至 16 日，馬來西亞道場於當地般達烏塔瑪佛教協會（Bandar Utama Buddhist Society）首度舉辦默照禪七，由普化中心副都監果毅法師擔任總護，共有六十二人參加。

◆ 香港道場於九龍會址舉辦禪一，由悅眾擔任總護，有近七十人參加。

◆ 美國新澤西州分會舉辦半日禪，由悅眾擔任總護，共有十多人參加。

◆ 新加坡護法會舉辦中元報恩地藏法會，由常空法師帶領，共有七十多人參加。

◆ 美國象岡道場住持果元法師、常護法師盧森堡、英國弘法，9 日於盧森堡市中心的女修道院舉辦禪修講座，主題是「禪 ── 得與失」。

09.10

◆ 臺南分院《觀心銘》講座，由常慧法師主講，10 日的主題是「修行的次第」，共有一百七十多人參加。

◆ 法鼓文理學院推廣教育中心開辦首屆「樂齡大學」，每週一、三上課，課程包括禪修、瑜伽、生命教育、佛教醫療保健等，由文理學院師資群授課，首屆有十五位新生。

09.11

◆ 11 至 18 日，禪堂舉辦初階禪七，由常正法師擔任總護，共有一百四十多人參加。

◆ 美國東初禪寺受邀參與紀念 911 事件的第四屆「為愛濟糧」活動，由常齋法師、常灌法師與義工參與，法師並帶領第三階段祝禱，為世界和平祈福。

◆ 美國象岡道場住持果元法師、常護法師盧森堡、英國弘法，11 至 16 日於英國寇艾許鎮（Cold Ash）寇艾許中心帶領禪五，共有二十多人參加。

09.12

◆ 心六倫校園宣講團隊種子教師，受邀前往臺南敏惠醫護專科學校，宣講「戀愛酸鹼甜」，分享以四它作為面對分手與失戀時的處理法寶，也以「S.R.E」 Stop、Relax、Enjoy 為主軸，帶領放鬆引導，共有兩百五十多位高年級住宿生參加。

◆ 由美國洛杉磯、芝加哥及紐約天主教、佛教團體宗教師組成的專案團隊，於梵蒂岡拜會天主教教宗方濟各（Pope Francis），法鼓山由洛杉磯道場監院果見法師與東初禪寺監院常華法師代表參加。

09.13

◆ 普化中心「法鼓講堂世界佛教系列特別講座」，13 日由僧大女眾部副院長果幸法師主講「我的美國十年 —— 看見佛教的多元面貌」；課程同時於「法鼓山心靈環保學習網」線上直播，提供全球學員上網聽講，並參與課程討論。

09.14

◆ 14 至 16 日，三峽天南寺舉辦精進禪二，由果峙法師擔任總護，共有一百一十六人參加。

09.15

◆ 新竹精舍「經典與生死」系列講座，15 日由果興法師主講「《阿彌陀經》的終極關懷」，共有兩百多人參加。

◆ 臺中寶雲寺舉辦半日禪，由果雲法師擔任總護，有近一百六十人參加。

◆ 慈基會於苗栗縣獅潭鄉新店活動中心舉辦親子講座，邀請臺中市政府社會局社工督導

謝云洋主講「如何創造親子間良性的溝通」，有近四十人參加。

◆ 榮譽董事會舉辦法鼓山分寺院參學活動，15 日於桃園齋明寺展開，共有二十四位北七轄區榮董參加。

◆ 15 至 16 日，美國舊金山道場舉辦佛學講座，由普賢講堂副寺常玄法師主講《華嚴經》，介紹華嚴境界在生活中的應用與實踐，勉勵大眾拓廣心量，攝受外境不分別好壞，就能體會事事無礙的精神，有近七十人參加。

◆ 15 至 23 日，弘化發展專案召集人果慨法師於香港弘法，內容包括佛學講座、帶領悅眾成長營、主持懺法研習營等。15 日於香港道場九龍會址舉行「《法華經》與改變的力量」講座，有近四百三十人參加。

◆ 加拿大多倫多分會舉辦默照禪一，由果乘法師擔任總護，有近二十人參加。

09.16

◆ 9 月 16 日、10 月 21 日、11 月 11 日，臺北安和分院舉辦秋季親職講座，由心理師陳茉莉主講，分享在婚姻、親子、家庭、事業等人際關係的經營之道，有近一百八十人次參加。

◆ 9 月 16 日至 12 月 23 日，蘭陽分院週日舉辦心靈環保自然農法實務課程，由僧團副住持果祥法師、法鼓山社大講師謝美玲授課，傳授人與大地共生共榮的實相，並學習運用自然農法保護大地的方法，有近四十人參加。

◆ 桃園齋明別苑「心光講堂」系列講座，16 日邀請佳家人際智能開發心理治療所心理師李郁琳主講「找一條回家的路」，鼓勵大眾從家庭和解出發，再學會修復自己與家庭關係，練習讓自己變得更好，有近兩百人參加。

◆ 人基會於臺北市中油大樓舉辦第七屆「國際關懷生命獎」頒獎典禮暨感恩音樂會，方丈和尚果暉法師出席致詞，邀請前副總統蕭萬長、臺北市長柯文哲與退居方丈果東法師擔任頒獎人，本屆得獎者為「團體大願獎」天主教善牧社會福利基金會、「個人慈悲獎」南投縣國姓國中校長林家如、「個人智慧獎」發明家劉大潭。

◆ 護法總會豐原辦事處「以終為始的生死關切——《法的療癒》導讀」系列講座，16 由聖嚴書院佛學班講師郭惠芯主講「關懷的藝術 —— 生病、探病與陪病」，共有一百一十多人參加。

◆ 美國東初禪寺舉辦週日講座，由常修法師主講「高僧行誼」，介紹弘一大師的風範與修行體證，有近五十人參加。

◆ 加拿大多倫多分會舉辦專題講座，由果乘法師主講「默照禪法的修行」，有近三十人參加。

09.17

◆ 馬來西亞道場舉辦佛學講座，由普化中心副都監果毅法師主講「從法鼓山禪修談漢傳禪法」，有近一百三十人參加。

◆ 弘化發展專案召集人果慨法師香港弘法，17 至 18 日於香港道場九龍會址帶領「《金剛經》與悅眾成長營」，共有一百三十多人參加。

09.18

◆ 長年護持法鼓山的臺北市光泉寺住持全度長老安詳示寂,享壽八十七歲。方丈和尚果暉法師前往醫院助念關懷,恭送長老最後一程。

◆ 法鼓學校校友會於法鼓山園區舉辦第三屆校友論文發表論壇,三位校友發表論文,共有五十多位校友、在校生參加。

09.19

◆ 加勒比海友邦聖克里斯多福及尼維斯(Federation of Saint Christopher and Nevis)資深部長艾默里(Vance Amory)伉儷,在公使羅禮文陪同下,參訪法鼓山園區,由傳燈院監院常襄法師、慈基會副祕書長常隨法師接待,並與方丈和尚果暉法師、副住持果祥法師餐敘,進行交流。

09.20

◆ 弘化發展專案召集人果慨法師香港弘法,20至23日於香港道場九龍會址帶領「《法華三昧懺儀》研修營」,有近一百七十人參加。

09.21

◆ 21至24日,青年院於法鼓山園區舉辦社青禪修營,由演柔法師擔任總護,以禪修練習放鬆身心、清楚覺察,並安排「價值觀工作坊」,以遊戲形式競價拍賣,探索內在的意義與價值,共有六十多位學員參加。

◆ 人基會「心藍海策略 ── 企業社會責任」系列課程,21日邀請奧美集團大中華區副董事長莊淑芬主講「企業價值創新 ── 多變時代,擁抱千禧」,有近九十人參加。

◆ 21至23日,美國西雅圖分會舉辦止觀禪三,由常護法師擔任總護,有近二十人參加。

09.22

◆ 北投農禪寺舉辦戶外禪,由常照法師擔任總護,共有兩百三十多人參加。

◆ 9月22日至10月27日,臺北安和分院週六舉辦「佛法與醫學」系列講座,共四場。22日首場由人基會董事鍾明秋、文化中心副都監果賢法師分別主講「照護失智症家屬的反思」、「身心自在的樂齡生活」,有近兩百六十人參加。

◆ 9月22日、10月20日及11月17日,蘭陽分院週六舉辦親職學堂,邀請心理師陳茉莉分享教養心法,分別從父母的心態、角色及教養方式切入探討,每堂有近五十位父母參加。

◆ 三峽天南寺舉辦「中秋普門晚會」,內容包括誦念《普門品》、靜心鈔經、月光禪、鼓隊與合唱團演出等,包括退居方丈果東法師、護法總會總會長張昌邦,共有一千兩百多人參加。

◆ 高雄紫雲寺「法鼓青年開講」系列講座，22日邀請藝術工作者蔣涵玶主講「藝術框架之外」，分享從個人創作者到經營者的心路歷程，期勉青年走在實踐夢想的道路上，即使步伐緩慢，也會提昇生命的意義，共有五十多人參加。

◆ 臺東信行寺舉辦中秋晚會，內容包括祈福法會、藝文表演等，由常覺法師帶領，有近一百四十人參加。

◆ 22至23日，臺中辦事處於法鼓山園區舉辦勸募關懷成長營，內容包括禪修體驗、勸募心法等，由常啟法師、悅眾帶領，退居方丈果東法師到場關懷，共有八十多人參加。

◆ 義工團於北投雲來寺舉辦「接待進階成長課程」，內容包括：如何當一尊來迎觀音、凝聚團隊共識及接待實務演練等，由悅眾帶領，常獻法師到場關懷，期勉學員消融自我、開發潛能，成就社會大眾和團隊，共有一百八十多人參加。

◆ 22至23日，美國舊金山道場於博德溪（Boulder Creek）紅木森林（Big Basin Redwoods）舉辦悅眾成長營，由監院常惺法師、常源法師帶領，有近三十人參加。

◆ 溫哥華道場於都市禪中心舉辦專題講座，邀請加拿大卡加利大學（University of Calgary）宗教系副教授韋聞笛（Wendi Adamek）主講「佛教的修行到底是什麼？」，共有二十多人參加。

◆ 9月22日至10月1日，新加坡護法會舉辦慈悲三昧水懺培訓課程，包括懺文解說、法器教學等，共九堂，由演柱法師帶領，有近五十人參加。

09.23

◆ 北投農禪寺舉辦「農禪水月過中秋」，內容包括祈福法會、藝文表演、水月池畔經行等，由監院果毅法師帶領，共有一千四百多人參加。

◆ 蘭陽分院舉辦中秋晚會，內容包括祈福法會、藝文表演等，由監院常法法師帶領，有近三百人參加。

◆ 三峽天南寺舉辦禪一，由果峙法師擔任總護，共有一百四十多人參加。

◆ 9月23、30日及11月4日，臺南分院舉辦「《楞嚴經》與我的修行體驗」系列講座，由禪修中心副都監果醒法師主講，分享研習《楞嚴經》及以話頭參禪的心得，有近七百人次參加。

◆ 高雄紫雲寺舉辦佛一暨八關戒齋，由果本法師主法，共有兩百七十多人參加。

◆ 23至30日，禪堂舉辦中英禪七，由傳燈院監院常襄法師擔任總護，邀請聖嚴師父西方法子查可‧安德列塞維克擔任小參，共有一百五十二人參加。

◆ 23至30日，禪堂於臺東信行寺舉辦初階禪七，由常慧法師擔任總護，共有七十人參加。

◆ 美國東初禪寺舉辦週日講座，由象岡道場住持果元法師主講「業力‧業力」，共有六十多人參加。

◆ 9月23日至12月9日，美國東初禪寺週日舉辦梵唄培訓課程，由常浩法師帶領，有近二十人參加。

◆ 美國象岡道場舉辦禪一，由常襄法師擔任總護，共有十多人參加。

◆ 23至28日，加拿大溫哥華道場於宏比島（Hornby Island）舉辦戶外禪六，由監院常悟法師擔任總護，有近四十人參加。

◆ 美國新澤西州分會舉辦禪一，由常齋法師擔任總護，有近三十人參加。

◆ 美國普賢講堂舉辦佛一暨八關戒齋，由副寺常玄法師帶領，有近四十人參加。

09.24

◆ 桃園齋明別苑舉辦中秋晚會，內容包括祈福法會、藝文表演、茶禪等，由副寺常林法師帶領，有近三百人參加。

09.26

◆ 人基會「2018 平安無事心靈講座」，26 日邀請導演黃嘉俊主講「人生的旅行 —— 用電影看生命」，分享拍攝紀錄片，增加人生寬度與厚度的心路歷程，共有七十多人參加。

09.27

◆ 普化中心「法鼓講堂世界佛教系列特別講座」，27 日由僧大女眾部副院長果幸法師主講「我的美國十年 —— 曹洞宗宏智正覺禪師研究」；課程同時於「法鼓山心靈環保學習網」線上直播，提供全球學員上網聽講，並參與課程討論。

◆ 法鼓文理學院舉辦專題講座，邀請臺灣大學哲學系教授蔡耀明主講「《念住經》的禪修與智慧」，共有五十多人參加。

◆ 泰國護法會舉辦禪一，由常初法師擔任總護，共有三十多人參加。

09.28

◆ 28 至 30 日，美國象岡道場舉辦禪三，由住持果元法師擔任總護，共有二十多人參加。

09.29

◆ 法鼓山於法鼓山園區舉辦祈福皈依大典，由方丈和尚果暉法師授三皈依，並開示皈依和學佛的意義，共有八百五十七位民眾成為三寶弟子。

◆ 9 月 29 日至 10 月 6 日，北投農禪寺舉辦初階禪七，由果稱法師擔任總護，有近兩百一十人參加。

◆ 9 月 29 日至 12 月 15 日，臺北安和分院每月週六舉辦《教觀綱宗》講座，由弘化發展專案召集人果慨法師主講，方丈和尚果暉法師於首堂課到場關懷，期勉大眾以正確清楚的修行次第，將佛法運用於日常，有近七百五十人參加。

◆ 新竹精舍「經典與生死」系列講座，29 日由慈基會副祕書長常隨法師主講「《金剛經》之即非理論與生死超越」，共有兩百多人參加。

◆ 高雄紫雲寺「法鼓青年開講」系列講座，29 日邀請攝影師許紘捷主講「柬埔寨故事」，以攝影作品介紹柬埔寨的真實面貌，並分享投入柬埔寨文化資產保存的心路歷

程，共有七十多人參加。

◆ 國際禪坐會於北投雲來寺舉辦英文禪一，由果禪法師擔任總護，有近二十人參加。

◆ 教聯會於新北市石碇烏塗溪步道舉辦教師心靈環保一日營，進行戶外禪，由常獻法師擔任總護，共有四十多人參加。

◆ 美國東初禪寺舉辦禪一，由常齋法師擔任總護，近二十人參加。

◆ 美國洛杉磯道場舉辦禪一，由常義法師擔任總護，共有六十多人參加。

◆ 加拿大溫哥華道場舉辦佛學講座，邀請加拿大卡加利大學（University of Calgary）宗教系副教授韋聞笛（Wendi Adamek）主講「探究《涅槃經》── 無常、苦、空、無我的反向思考」，有近七十人參加。

09.30

◆ 9月30日至10月14日，法鼓山陸續於全臺分支道場、香港道場舉辦十場「2018 第二十五屆佛化聯合祝壽」，內容包括祈福延壽法會、念佛、供燈、佛曲表演、感恩奉茶等，共有兩千六百五十四位長者接受祝福。

◆ 桃園齋明別苑舉辦念佛禪一，由弘化院監院常雲法師擔任總護，共有一百一十多人參加。

◆ 高雄紫雲寺舉辦萬行菩薩成長營，由悅眾謝云洋帶領，分享如何在服務過程中，自我認識、自我肯定與自我消融，共有一百一十多人參加。

◆ 傳燈院於北投雲來寺舉辦禪一，由常格法師擔任總護，有近一百人參加。

◆ 青年院於德貴學苑舉辦禪一，由演謙法師擔任總護，共有二十多人參加。

◆ 法行會中區分會於臺中寶雲寺舉行第八屆會員大會，方丈和尚果暉法師、寺院管理女眾副都監果理法師、監院常慧法師到場關懷，會中推舉新任會長，由原任會長卓伯源連任，共有六十多人參加。

◆ 榮譽董事會於花蓮辦事處舉辦北六區感恩聯誼會，退居方丈果東法師、常獻法師、榮董會長黃楚琪出席關懷，果東法師並以「榮董護法，福慧平安」勉勵大眾，有近五十人參加。

◆ 念佛會於法鼓山園區舉辦引禮初階培訓課程，由常勳法師等授課，有近八十人參加。

◆ 美國東初禪寺舉辦週日講座，由常浩法師主講「話頭 ── 大慧普覺禪師語錄」，共有四十多人參加。

⑩月 OCTOBER

10.01

◆ 《人生》雜誌第 422 期出刊，本期專題「翻轉思惟《維摩詰經》」。

◆ 《法鼓》雜誌第 346 期出刊。

◆ 法鼓文化出版新書：《禪悟之道》（智慧人系列，繼程法師著）、2019 法鼓山桌曆《大好年》。

◆ 《金山有情》季刊第 66 期出刊。

◆ 《法鼓文理學院校刊》第 17 期出刊。

◆ 《護法季刊》復刊第 16 期出刊。

◆ 法鼓文理學院 107 學年度上學期「心靈環保講座」，首場由人文社會學群副教授楊蓓主講「心靈環保與人間關懷」，探索心靈環保與個人、社會、環境的關係，進一步思索佛法實踐的可能，共有六十多人參加。

◆ 法鼓文理學院人文社會學群、傳燈院共同主辦「禪法在西方的轉化與挑戰」座談會，邀請聖嚴師父西方法子查可·安德列塞維克（Žarko Andričević），與日本鈴木俊隆禪師第一代弟子，曾任美國舊金山禪中心（San Francisco Zen Center）住持的雷·安德生（Reb Anderson）對談，由三學研修院副都監果光法師主持，共有一百二十多人參加。

◆ 人基會心劇團於臺南分院舉辦「2018 《花花的幸福種子》巡演活動」記者會，人基會副祕書長許薰瑩到場關懷，包括臺南市崑山國小校長余孟和、龍山國小校長方建良、大同國小校長黃佳麟、東陽國小校長蔡淑芬等到場祝福，肯定心劇團的巡演引導學童建立起勇氣、愛和希望的價值觀。

10.02

◆ 緬懷聖嚴師父教澤、感念信眾護持，10 月 2 日起至 2019 年 3 月 29 日，僧團與護法總會規畫六梯次印度朝聖行，巡禮佛陀聖跡，共有四百多人參加。

◆ 法鼓文理學院舉辦專題講座，邀請澳洲墨爾本大學（The University of Melbourne）社會工作系研究員陳維武主講「淺談助人專業中循證實踐與實施科學的若干問題」，共有五十多人參加。

◆ 10 月 2 日至 11 月 1 日，人基會心劇團於彰化縣、雲林縣、臺南市和臺東縣共十五所小學展開「2018 轉動幸福《花花的幸福種子》」校園巡演，劇情融入「四福」觀念，啟發學童心靈視野；並安排生根活動、幸福茶會，與師生及家長交流分享。2 至 3 日於彰化縣大城鄉大城國小展開首場。

◆ 美國象岡道場住持果元法師應賓州斯克蘭頓大學（The University of Scranton）亞洲研究學系暨哲學系主任龐安安（Ann A. Pang-White）之邀，於該校德納普斯中心（DeNaples Center）宴會廳帶領茶禪，共有一百零二位哲學系與亞洲研究學系師生及學校神父參加。

10.03

◆ 10 月 3 日至 12 月 26 日，慈基會每週三於新北市雙溪國小展開課後關懷活動，除規畫十二堂美術實作課，並加入靜心引導、說故事單元，在義工陪伴、潛移默化中，為學童種下「心靈環保」的種子。

10.04

◆ 4 至 7 日，三峽天南寺舉辦念佛禪三，由常哲法師擔任總護，有近一百一十人參加。

◆ 人基會心劇團「2018 轉動幸福《花花的幸福種子》」校園巡演，4 至 5 日於彰化縣大城鄉永光國小舉行，劇情融入「四福」觀念，啟發學童心靈視野；並安排生根活動、幸福茶會，與師生及家長交流分享。

◆ 法行會於臺北國賓飯店舉辦第二○六次例會，由禪修中心副都監果醒法師主講「楞嚴概說（三）」，有近兩百一十人參加。

◆ 4 至 6 日，法鼓山受邀參加生態學者范達娜・席娃於印度北阿坎德邦德拉敦的印度森林研究學院所舉辦的「生物多樣性國際研討會」（2018 International Biodiversity Congress），由僧團副住持果祥法師代表出席，與來自二十多個國家，七百多位的專家、學者共同研討。

10.05

◆ 5 至 7 日，傳燈院於三義 DIY 心靈環保教育中心舉辦悅眾成長營，由監院常襄法師擔任總護，禪修中心副都監果醒法師、常慧法師授課，有近八十人參加。

◆ 人基會心劇團「2018 轉動幸福《花花的幸福種子》」校園巡演，5 至 6 日於臺東縣臺東市光明國小舉行，劇情融入「四福」觀念，啟發學童心靈視野；並安排生根活動、幸福茶會，與師生及家長交流分享。

◆ 5 至 10 日，美國象岡道場舉辦禪五，邀請聖嚴師父西方法子賽門・查爾得擔任總護，共有二十多人參加。

10.06

◆ 臺北安和分院「佛法與醫學」系列講座，6 日邀請遠東聯合診所身心科醫師吳佳璇、文化中心副都監果賢法師分別主講「失智症的情緒行為問題及處理」、「宗教信仰為生命注入新力量」，有近三百五十人參加。

◆ 6 至 7 日，美國塔拉哈西分會舉辦禪二，由加拿大溫哥華道場常悟法師擔任總護，有近二十人參加。

◆ 6 至 12 日，加拿大多倫多分會舉辦念佛禪七，由常浩法師擔任總護，共有一百四十多人次參加。

10.07

◆ 臺北中山精舍舉辦 Fun 鬆一日禪，由常越法師擔任總護，有近六十人參加。

◆ 南投德華寺舉辦佛一暨八關戒齋，由副寺果弘法師帶領，共有六十多人參加。

◆ 為推廣禪跑，普化中心於政治大學舉辦「2018 五校聯合大學禪跑」，副都監果毅法師到場關懷，說明跑步與禪修的結合，能達到身心放鬆，共有四十八位政治大學、臺北大學、臺北科技大學、體育大學、龍華科技大學師生、校友參加。

◆ 法鼓山社大於新莊校區舉辦專題講座，邀請臺大農藝系榮譽教授劉麗飛以「米食好文化・生活有品味」為主題，介紹正確的米食營養觀念，以及如何將米食文化融入日常生活中，共有七十多人參加。

◆ 人基會心劇團「2018 轉動幸福《花花的幸福種子》」校園巡演，7 至 8 日於臺東縣臺

東市豐里國小舉行，劇情融入「四福」觀念，啟發學童心靈視野；並安排生根活動、幸福茶會，與師生及家長交流分享。

◆ 護法總會於北投農禪寺舉辦「2018 新勸募會員授證典禮」，由方丈和尚果暉法師、都監常遠法師、護法總會服務處監院常應法師為一百五十三位新勸募會員授證，包括總會長張昌邦等，有近三百人參加。

◆ 美國舊金山道場舉辦禪修工作坊，由悅眾帶領，共有十多人參加。

◆ 馬來西亞道場舉辦福田班結業典禮，演祥法師期許學員建立正確義工心態，並以義工服務來實踐所學，體驗知福、惜福、培福與種福，共有一百五十人參加。

◆ 美國芝加哥分會舉辦半日禪，由悅眾擔任總護，共有十多人參加。

◆ 10 月 7、28 日，以及 11 月 11 日，美國普賢講堂舉辦佛學講座，由副寺常玄法師主講「水陸法會概說」，共有七十多人次參加。

10.08

◆ 臺南分院《觀心銘》講座，由常慧法師主講，8 日的主題是「修行的次第」，共有一百五十多人參加。

◆ 普化中心「法鼓講堂世界佛教系列特別講座」，8 日邀請曾任美國舊金山禪中心住持的雷・安德生主講「禪的修行與我」（Zen, Practice, and Me）；課程同時於「法鼓山心靈環保學習網」線上直播，提供全球學員上網聽講，並參與課程討論。

◆ 人基會心劇團「2018 轉動幸福《花花的幸福種子》」校園巡演，8 至 9 日於彰化縣大城鄉西港國小舉行，劇情融入「四福」觀念，啟發學童心靈視野；並安排生根活動、幸福茶會，與師生及家長交流分享。

◆ 美國塔拉哈西分會舉辦佛學講座，由加拿大溫哥華道場監院常悟法師主講「《心經》心要」；講座圓滿並舉行皈依儀式，有近十人皈依三寶。

10.10

◆ 桃園齋明寺舉辦佛一暨八關戒齋，由監院果舟法師帶領，共有三百多人參加。

◆ 新竹精舍舉辦禪一，由常慧法師擔任總護，共有九十多人參加。

◆ 法青會於德貴學苑舉辦電影講座，邀請導演崔永徽帶領賞析《只有大海知道》，透過現場問答分享交流，探討蘭嶼面臨的偏鄉教育、隔代教養、族群間文化認同等議題，包括常導法師，有近五十人參加。

10.11

◆ 11 至 14 日，法鼓山於園區舉辦第十九屆自我超越禪修營，由僧團都監常遠法師擔任總護，有近一百一十位學員參加。

◆ 人基會心劇團「2018 轉動幸福《花花的幸福種子》」校園巡演，11 至 12 日於彰化縣大城鄉頂庄國小舉行，劇情融入「四福」觀念，啟發學童心靈視野；並安排生根活動、幸福茶會，與師生及家長交流分享。

◆ 澳洲雪梨分會舉辦佛法講座，由常續法師主講「找回自己」，有近二十人參加。

10.12

◆ 人基會心劇團「2018 轉動幸福《花花的幸福種子》」校園巡演，12 至 13 日於臺東縣臺東市豐榮國小舉行，劇情融入「四福」觀念，啟發學童心靈視野；並安排生根活動、幸福茶會，與師生及家長交流分享。

◆ 12 至 14 日，法青會於法鼓文理學院舉辦義工成長營，主題為「把心打開，勇氣出發」，由僧大女眾副院長果幸法師、普化中心常格法師、文理學院生命教育學程主任辜琮瑜等授課，共有五十多人參加。

10.13

◆ 臺北安和分院「佛法與醫學」系列講座，13 日邀請亞東醫院神經內科醫師甄瑞興、慈基會副祕書長常隨法師分別主講「理解失智症，迎向健康老化」、「老得智慧又健康」，有近兩百六十人參加。

◆ 高雄紫雲寺「法鼓文理講堂」系列講座，13 日由人文社會學群副教授楊蓓主講「佛教徒與人間行者」，分享生命的反省與體悟，有近兩百八十人參加。

◆ 13 至 20 日，禪堂於三峽天南寺舉辦初階禪七，由演正法師擔任總護，有近一百一十人參加。

◆ 13 至 14 日，念佛會於法鼓山園區舉辦佛二，由常勳法師帶領，共有六十多人參加。

◆ 教聯會於德貴學苑舉辦「心靈環保教學研習營」，分享心靈環保的教學經驗，創造校園幸福學，並邀請臺北醫學大學臨床醫學研究所教授張育嘉主講「心靈環保的理念與精神」，常獻法師到場關懷，並帶領放鬆體驗，期勉學員在教學中活用心靈環保的理念與方法，有近五十人參加。

◆ 13 至 19 日，美國洛杉磯道場舉辦初階禪七，由常源法師擔任總護，有近五十人參加。

◆ 13 至 20 日，加拿大溫哥華道場舉辦默照禪七，邀請聖嚴師父西方法子查可‧安德列塞維克擔任總護，共有三十五人參加。

◆ 13 至 15 日，香港道場於基督教女青年會梁紹榮度假村舉辦禪三，由演清法師擔任總護，有近五十人參加。

◆ 美國新澤西州分會舉辦佛學講座，由常護法師主講「高僧行誼」，介紹弘一大師的風範與修行體證，有近三十人參加。

◆ 加拿大多倫多分會舉辦禪一，由悅眾擔任總護，共有十多人參加。

10.14

◆ 臺中寶雲寺於嘉義縣觸口自然教育中心舉辦戶外禪，由果雲法師擔任總護，有近一百五十人參加。

◆ 臺南分院舉辦佛一暨八關戒齋，由僧團副住持果祥法師帶領，共有兩百一十多人參加。

◆ 人基會心劇團「2018 轉動幸福《花花的幸福種子》」校園巡演，14 至 15 日於臺東縣延平鄉桃源國小舉行，劇情融入「四福」觀念，啟發學童心靈視野；並安排生根活動、幸福茶會，與師生及家長交流分享。

- 美國東初禪寺舉辦週日講座，邀請聖嚴師父西方弟子哈利‧米勒主講「公案與日常生活」，共有三十多人參加。
- 美國象岡道場舉辦禪一，由演本法師擔任總護，有近十人參加。
- 香港道場於九龍會址舉辦佛一，由演戒法師帶領，共有一百三十多人參加。
- 美國新澤西州分會舉辦禪一，由常護法師擔任總護，共有二十多人參加。
- 加拿大多倫多分會舉辦專題講座，由常灌法師主講「高僧行誼」，介紹蕅益大師的思想與行誼，有近二十人參加。
- 14 至 18 日，法鼓山受梵諦岡聖座宗教對談理事會（The Pontifical Council for Interreligious Dialogue, PCID）之邀，由僧團果禪法師、常寂法師、演博法師代表參加於高雄佛光山舉行的第一屆「天主教修女與佛教比丘尼對話國際研討會」，與來自十九個國家、六十多位比丘尼及修女，進行深度交流。

10.15

- 人基會心劇團「2018 轉動幸福《花花的幸福種子》」校園巡演，15 日於雲林縣麥寮鄉麥寮國小舉行，劇情融入「四福」觀念，啟發學童心靈視野。

10.16

- 16 至 23 日，禪堂舉辦念佛禪七，由監院常乘法師擔任總護，共有一百三十多人參加。
- 人基會心劇團「2018 轉動幸福《花花的幸福種子》」校園巡演，16 至 17 日於雲林縣褒忠鄉褒忠國小舉行，劇情融入「四福」觀念，啟發學童心靈視野；並安排生根活動、幸福茶會，與師生及家長交流分享。
- 16 至 21 日，香港道場於基督教女青年會梁紹榮度假村舉辦禪五，邀請聖嚴師父法子繼程法師帶領，有近七十人參加。

10.17

- 17 至 31 日，普化中心每週三於北投農禪寺舉辦「法鼓講堂」佛學課程，由常啟法師主講「小止觀」；課程同時於「法鼓山心靈環保學習網」線上直播，提供全球學員上網聽講，並參與課程討論。

10.18

- 普化中心「法鼓講堂世界佛教系列特別講座」，18 日由法鼓文理學院助理教授常諗法師主講「禪在當代美國」；課程同時於「法鼓山心靈環保學習網」線上直播，提供全球學員上網聽講，並參與課程討論。
- 人基會心劇團「2018 轉動幸福《花花的幸福種子》」校園巡演，18 至 19 日於彰化縣大城鄉潭墘國小舉行，劇情融入「四福」觀念，啟發學童心靈視野；並安排生根活動、幸福茶會，與師生及家長交流分享。

10.19

◆ 北投農禪寺於宜蘭縣九寮溪自然生態園區舉辦義工戶外禪,由監院果毅法師擔任總護,有近六百人參加。

◆ 人基會「心藍海策略 —— 企業社會責任」系列課程,19 日邀請前全聯福利中心總裁徐重仁、「心六倫」宣講團副團長陳昆榮主講「幸福企業密碼」,有近一百人參加。

◆ 美國新澤西州分會舉辦佛學講座,邀請聖嚴師父西方法子吉伯·古帝亞茲主講「追隨祖師的腳步」(Following in the Steps of the Ancient Chan Masters),共有四十多人參加。

10.20

◆ 蘭陽分院「蘭陽講堂」系列講座,20 日邀請臺大醫院家庭醫學部主任蔡兆勳主講「生命學習 —— 如何面對死亡恐懼」,鼓勵大眾以病人為師,用愛尊重每一個生命,有近一百二十人參加。

◆ 20 至 22 日,臺南分院於嘉義縣阿里山森林遊樂區舉辦義工戶外禪,由監院常宗法師帶領,共有八十多人參加。

◆ 傳燈院於北投雲來寺舉辦 Fun 鬆一日禪,由監院常襄法師擔任總護,共有七十人參加。

◆ 10 月 20 至 21 日,普化中心於北投農禪寺舉辦心靈環保讀書會共學活動帶領人基礎培訓課程,內容包括聖嚴師父的思想與寫作、讀書會心要、有效讀書四層次解讀法等,由副都監果毅法師、信眾教育院監院常用法師、資深讀書會帶領人方隆彰帶領,共有一百二十位學員參加。

◆ 10 月 20 日至 11 月 25 日,慈基會於全臺各地舉辦「第三十三期百年樹人獎助學金」頒發活動,共四十五場,共有一千二百八十位學子受獎。

◆ 20 至 25 日,美國法鼓山佛教協會(Dharma Drum Mountain Buddhist Association, DDMBA)、全球女性和平促進會(The Global Peace Initiative of Women, GPIW)和地球憲章(Earth Charter International)於賽普勒斯(Cyprus)波利斯(Polis)舉辦「氣候變遷的內在面向」(Inner Dimensions of Climate Change)會議,就永續地球未來議題,由常濟法師帶領討論與分享,共有三十五位來自中東的青年生態學家參加。

◆ 20 至 28 日,美國象岡道場舉辦九日禪修營,邀請聖嚴師父西方法子吉伯·古帝亞茲帶領,並介紹歷代禪師的修行風範,共有三十多人參加。

◆ 為接引年輕人體驗漢傳禪法,美國漢傳佛教文化協會(Chinese Buddhist Culture Association)於哥倫比亞大學東亞語言文化學系及宗教學系活動廳舉辦「茶禪」,由象岡道場住持果元法師、常護法師帶領,共有四十人參加。

◆ 加拿大溫哥華道場於都市禪中心舉辦禪修講座,邀請聖嚴師父西方法子查可·安德列塞維克主講「日日是好日」(Everyday is a Good Day),共有七十多人參加。

◆ 20 至 21 日,美國西雅圖分會舉辦佛學講座,由常統法師主講「觀音法門」;講座圓滿,並舉辦半日禪,共有五十多人次參加。

◆ 20 至 21 日,新加坡護法會舉辦禪二,由常空法師帶領,有近五十人參加。

◆ 馬來西亞佛教發展基金會主席洪祖豐帶領該國多位資深學佛者、十餘位青年企業家組

成「心旅途」團隊，來臺參訪法鼓山園區及文理學院，藉由體驗園區的禪悅境教，認識心靈環保對於社會企業創新的啟發與效用。

10.21

◆ 青年院於德貴學苑舉辦禪一，由常導法師擔任總護，共有三十多人參加。

◆ 臺鐵普悠瑪列車於宜蘭發生出軌翻覆事故，蘭陽分院監院常法法師於第一時間帶領義工前往傷亡者所在醫院關懷慰問。

◆ 10 月 21 日至 12 月 8 日，人基會週六或日於德貴學苑或臺北中山精舍開辦「關懷生命專線」義工第一階段培訓課程，有近六十位學員參加。

◆ 中山辦事處於三峽天南寺舉辦勸募會員及義工聯誼活動，並由悅眾分享勸募心法，都監常遠法師出席關懷，共有一百三十多人參加。

◆ 義工團於北投雲來寺舉辦「悅眾成長課程」，邀請臺北醫學大學教授張育嘉、長庚大學工商管理系副教授棗厥庸，以及文化中心演化法師授課指導，有近七十人參加。

◆ 美國新澤西州分會舉辦半日禪，由悅眾擔任總護，共有十多人參加。

◆ 美國普賢講堂舉辦禪一，由副寺常玄法師擔任總護，共有二十多人參加。

10.22

◆ 臺鐵普悠瑪列車 10 月 21 日於宜蘭發生出軌翻覆事故，方丈和尚果暉法師、退居方丈果東法師、慈基會祕書長果器法師、常隨法師與義工前往臺北榮民總醫院蘇澳分院關懷傷亡者及家屬。

◆ 人基會心劇團「2018 轉動幸福《花花的幸福種子》」校園巡演，22 至 23 日於臺南市永康區崑山國小舉行，劇情融入「四福」觀念，啟發學童心靈視野；並安排生根活動、幸福茶會，與師生及家長交流分享。

◆ 新加坡護法會舉辦慈悲三昧水懺法會，由常空法師主法，共有一百三十多人參加。

10.23

◆ 法緣會於三峽天南寺舉辦禪一，由監院常順法師帶領，有近四十人參加。

◆ 23 至 24 日，香港道場於灣仔伊利沙伯體育館，以「聞聲・觀音」為主題，舉辦禪藝工作坊及講座，工作坊分別由監院常展法師、常霖法師，以及演奏家張藝生、曾文通等帶領禪藝與茶禪；晚間的講座，邀請聖嚴師父法子繼程法師開示《普門品》與《心經》的智慧法語，共有三千多人次參與。

10.24

◆ 法鼓文理學院舉辦專題講座，邀請中國大陸上海復旦大學哲學學院宗教學系副教授劉宇光、中華古籍保護研究院青年研究員李勝海分別主講「二十世紀泰國僧團的兩次教育改革 —— 走在政治妥協與宗教傳承之間的鋼索上」、「中觀著作中經典的使用 —— 從宗喀巴返回到月稱的時代」，共有四十多人參加。

◆ 法鼓文理學院諮商輔導暨校友聯絡中心於園區舉辦校友職涯分享講座，由故宮博物院教育展資處研究員張文玲分享現代佛教藝術的弘揚，有近二十人參加。

◆ 人基會心劇團「2018 轉動幸福《花花的幸福種子》」校園巡演，24 至 25 日於臺南市新營區公誠國小舉行，劇情融入「四福」觀念，啟發學童心靈視野；並安排生根活動、幸福茶會，與師生及家長交流分享。

◆ 24 至 28 日，美國舊金山道場首度於博德溪紅木森林舉辦默照禪五，邀請聖嚴師父西方法子查可・安德列塞維克帶領，共有三十多人參加。

10.25

◆ 25 至 28 日，法鼓山於園區舉辦社會菁英禪修營精進禪三，由常啟法師擔任總護，有近六十人參加。

◆ 北投農禪寺舉辦禪一，由常提法師擔任總護，有近兩百一十人參加。

10.26

◆ 26 至 28 日，三峽天南寺舉辦精進禪二，由果峙法師擔任總護，有近一百二十人參加。

10.27

◆ 北投農禪寺舉辦慈悲三昧水懺法會，由監院果毅法師帶領，共有一千六百多人參加。

◆ 臺北安和分院「佛法與醫學」系列講座，27 日邀請法鼓文理學院社會人文學群副教授楊蓓、律師陳政峰，分別主講「發揮價值，活出尊嚴」、「從法律層面保護病患及家屬」，有近兩百四十人參加。

◆ 27 至 28 日，桃園齋明寺舉辦秋季報恩法會，包括地藏法會、三時繫念法會，由常持法師主法，有近兩千五百人次參加。

◆ 國際禪坐會於北投雲來寺舉辦英文禪一，由常寂法師擔任總護，共有十多人參加。

◆ 法鼓文理學院「《阿含經》研究小組」（Āgama Research Group）策畫、阿根廷菩提乘基金會（Fundación Bodhiyāna）贊助的第四屆研討會（The IVth Seminar of the Āgama Research Group），以「《雜阿含》研究」（Research on the Saṃyukta-āgama）為主題，在阿根廷首都布宜諾斯艾利斯舉辦，包括校長惠敏法師，共有十八位來自美、歐、亞和大洋洲的佛教學者參加。

◆ 美國東初禪寺舉辦默照禪一，由監院常華法師擔任總護，共有三十人參加。

10.28

◆ 臺北安和分院舉辦禪一，由常弘法師擔任總護，有近一百四十人參加。

◆ 臺鐵普悠瑪列車 10 月 21 日於宜蘭發生出軌翻覆事故，蘭陽分院舉辦彌陀超薦法會，由慈基會祕書長果器法師主法，有近三百位民眾虔誠誦經持咒、繞佛念佛，迴向亡者往生善處、生者心安平安。

◆ 臺中寶雲寺「法鼓講堂」系列講座，28 日由法鼓文理學院佛教學系助理教授王昱鈞主講「走入 AI 遇見聖嚴法師」，共有一百三十多人參加。

◆ 臺南雲集寺舉辦禪一，由常嗣法師擔任總護，共有七十多人參加。

◆ 高雄紫雲寺舉辦慈悲三昧水懺法會，由青年院監院常炬法師主法，有近五百九十人參加。

◆ 僧大女眾部參加新北市金山環保社團淨灘活動，於金山區磺溪出海口堤防外沙灘撿拾垃圾，為環境保護盡一份心力，共有十六位師生參加。

◆ 泰國護法會舉辦禪一，由常耀法師擔任總護，共有三十多人參加。

10.29

◆ 29 至 30 日，法鼓山應邀參加中華宗教文化交流協會於中國大陸福建莆田舉辦的第五屆「世界佛教論壇」，由方丈和尚果暉法師、退居方丈果東法師、僧伽大學女眾部副院長果幸法師、弘化發展專案召集人果慨法師等出席與會。

◆ 人基會心劇團「2018 轉動幸福《花花的幸福種子》」校園巡演，29 至 30 日於臺南市七股區龍山國小舉行，劇情融入「四福」觀念，啟發學童心靈視野，並安排生根活動、幸福茶會，與師生及家長交流分享。

10.30

◆ 10 月 30 日至 11 月 6 日，禪堂於臺東信行寺舉辦初階禪七，由演捨法師擔任總護，有近七十人參加。

◆ 美國舊金山道場舉辦專題講座，邀請聖嚴師父西方法子查可・安德列塞維克主講「禪與武術」（Zen & Martial Arts），共有八十多人參加。

10.31

◆ 人基會「2018 平安無事心靈講座」，31 日邀請郵差攝影工作者李翔主講「鏡頭裡外的人生」，分享人與土地的關懷，共有七十多人參加。

◆ 人基會心劇團「2018 轉動幸福《花花的幸福種子》」校園巡演，10 月 31 日至 11 月 1 日於臺南市永康區龍潭國小舉行，劇情融入「四福」觀念，啟發學童心靈視野，並安排生根活動、幸福茶會，與師生及家長交流分享。

◆ 10 月 31 日至 11 月 21 日，香港道場每週三於九龍會址舉辦佛學講座，由果興法師主講《梵網經》，講說菩薩戒與菩薩道的修行次第，有近八十人參加。

11月 NOVEMBER

11.01

◆ 《人生》雜誌第 423 期出刊，本期專題「帶著禪心去運動」。

◆ 《法鼓》雜誌第 347 期出刊。

◆ 法鼓文化出版新書：《律制生活》（學佛入門系列，聖嚴法師著）、《觀音菩薩 50 問》（學佛入門 Q&A 系列，法鼓文化編輯部編著）、《聖嚴研究第十一輯》（聖嚴思想論叢系列，聖嚴教育基金會學術研究部編）、《倒吹無孔笛 —— 明清佛教文化研究論集》（智慧海系列，廖肇亨著）、《心的經典 —— 心經新釋（簡體版）》（現代經典系列，聖嚴法師著）。

◆ 普化中心「法鼓講堂世界佛教系列特別講座」，13 日由法鼓文理學院助理教授常諗法師主講「佛教中的現代女性 —— 西方比丘尼研戒」；課程同時於「法鼓山心靈環保學習網」線上直播，提供全球學員上網聽講，並參與課程討論。

◆ 法行會於臺北國賓飯店舉辦第二〇七次例會，由禪修中心副都監果醒法師主講「楞嚴概說（四）」，有近兩百二十人參加。

11.02

◆ 2 至 4 日，禪堂舉辦法器悅眾培訓課程，由監院常乘法師及悅眾帶領，共有一百零五人參加。

◆ 2 至 4 日，傳燈院於三義 DIY 心靈環保教育中心舉辦精進禪二，由常正法師擔任總護，有近八十人參加。

◆ 法鼓山社大於園區、文理學院舉辦「悅眾成長營」，以「感恩、奉獻、發願」為主題，有近一百七十位來自四校區悅眾、義工參加。

◆ 2 至 4 日，人基會應喬越實業有限公司之邀，於法鼓文理學院舉辦「企業心幸福體驗營」，內容包括禪修體驗、茶禪、心靈環保理念與運用，由傳燈院監院常襄法師、中華佛研所所長果鏡法師、心六倫宣講團種子教師等帶領，共有二十七位員工參加。

11.03

◆ 北投農禪寺舉辦「水月禪跑」，近兩百位跑者於水月池畔，在鼓聲中展開一百零八分鐘的禪跑；大殿及禪堂內，則有三百三十多位民眾在法師的引導下，體驗禪坐、禪走。

◆ 臺鐵普悠瑪列車 10 月 21 日於宜蘭發生出軌翻覆事故，蘭陽分院舉辦觀音祈福法會，由男眾副都監常寬法師主法，以法會共修凝聚眾人力量，安定人心，祝禱一切平安，有近兩百人參加。

◆ 高雄紫雲寺「法鼓青年開講」系列講座，3 日邀請佛曲創作人黃慧音主講「我唱《地

藏經》」，分享佛曲創作歷程，共有兩百多人參加。

◆ 3 至 4 日，中國大陸上海玉佛禪寺舉辦「生死學與生命關懷」國際學術論壇，法鼓文理
學院生命教育學程主任辜琮瑜受邀前往發表論文，分享研究心得。

◆ 馬來西亞道場舉辦禪一，由常施法師擔任總護，共有四十多人參加。

◆ 美國新澤西州分會舉辦佛學講座，由常護法師主講「高僧行誼」，介紹玄奘大師的風
範與修行體證，有近三十人參加。

11.04

◆ 臺北中山精舍舉辦戶外禪，由常越法師擔任總護，共有八十多人參加。

◆ 蘭陽分院舉辦禪一，由監院常法法師擔任總護，有近七十人參加。

◆ 桃園齋明別苑「心光講堂」系列講座，4 日邀請布佬廚房負責人徐茂鑫主講「布佬的
美味人生」，分享尋找人生的幸福美味，共有一百五十多人參加。

◆ 11 月 4 日至 2019 年 1 月 5 日，臺中寶雲寺週六或日舉辦「懺儀與禪觀 —— 法華三昧
懺儀研習講座」，共五場，由弘化發展專案召集人果慨法師主講，有近六百人參加。

◆ 11 月 4 日至 12 月 26 日，關懷院展開地區悅眾巡迴關懷活動，共四場。首場於 4 日在
中山精舍進行「大事關懷暨助念梵唄法器教學」，由監院常學法師及常健法師、常甯
法師帶領，有近一百人參加。

◆ 僧大舉辦「世界公民工作坊」，主題是「世界的危機與轉機」，由果禪法師、常濟法
師帶領，討論佛教在時代變革中所發揮安定人心的功能，有近四十位學僧參加。

◆ 榮譽董事會於北投農禪寺舉辦北區感恩聯誼會，方丈和尚果暉法師到場關懷，有近一
千人參加。

◆ 美國東初禪寺舉辦週日講座，由常齋法師主講《佛說八大人覺經》，有近五十人
參加。

◆ 4 至 6 日，馬來西亞道場於雪蘭莪州加埔十五支鬍鬚港舉辦法青生活營，由監院常迪
法師帶領，有近七十人參加。

◆ 美國新澤西州分會舉辦禪一，由常護法師擔任總護，共有二十多人參加。

◆ 美國芝加哥分會舉辦半日禪，由悅眾擔任總護，共有十多人參加。

11.07

◆ 7 至 21 日，普化中心每週三於北投農禪寺舉辦「法鼓講堂」佛學課程，由法源法師主
講「華嚴與止觀修習」；課程同時於「法鼓山心靈環保學習網」線上直播，提供全
球學員上網聽講，並參與課程討論。

11.08

◆ 法鼓山社大結合樂土友善發展協會，帶領二十餘位悅眾、義工，參訪北海岸友善農
場，進一步了解友善大地的農業經營。

◆ 8 至 20 日，僧大副院長果幸法師、美國東初禪寺監院常華法師和常諗法師於美國科
羅拉多州，展開佛教教育觀摩之旅。8 至 16 日參訪博爾德市（Boulder）那洛巴大學

（Naropa University），並旁聽課程，了解美國高等教育中佛教宗教師培育方式和課程規畫。

11.09

◆ 9 至 11 日，三峽天南寺舉辦精進禪二，由演誠法師擔任總護，有近一百人參加。

◆ 9 至 11 日，美國洛杉磯道場舉辦英文禪三，邀請聖嚴師父西方法子吉伯·古帝亞茲擔任總護，有近五十人參加。

11.10

◆ 10 日、13 日，弘化院分別於臺北安和分院、北投雲來寺舉辦「第二十四屆在家菩薩戒」線上報名說明會，海內外道場共三十三處據點同步連線，共有三百多位義工參加，現場演練操作。

◆ 北投農禪寺舉辦戶外禪，由常遂法師擔任總護，共有兩百二十多人參加。

◆ 蘭陽分院「蘭陽講堂」系列講座，10 日邀請陽明大學附設醫院加護病房主任陳秀丹主講「用愛陪伴走完人生最後一哩路」，分享如何協助病友減少痛苦，平靜走完人生最後的旅程，共有一百一十多人參加。

◆ 臺中寶雲寺舉辦禪一，由果雲法師擔任總護，有近一百三十人參加。

◆ 教聯會於新北市坪林下坑子口步道舉辦教師心靈環保一日營，進行戶外禪，由常獻法師擔任總護，有近四十人參加。

◆ 馬來西亞道場舉辦悅眾工作坊，由監院常迪法師帶領，期勉悅眾修學佛法、護持佛法和弘揚佛法，共有五十多人參加。

◆ 美國新澤西州分會舉辦佛學講座，由常齋法師主講「如何用功辦道」，講說初用心、老用心的難與易，有近三十人參加。

◆ 加拿大多倫多分會舉辦禪一，由悅眾擔任總護，有近二十人參加。

11.11

◆ 法鼓山社大於北投雲來寺舉辦專題講座，邀請臺灣大學農藝系榮譽教授劉麗飛主講「向植物學習佛法」，期勉學習植物與逆境共處之道，共有六十多人參加。

◆ 法鼓山社大新莊校區舉辦專題講座，邀請生活美學家黃也瑜主講「創意盤飾，輕鬆上手 —— 米其林主廚在我家」，分享如何運用創意，善用擺盤技巧，在家也可以享受五星級的米其林料理。

◆ 關懷院地區悅眾巡迴關懷活動，11 日於板橋辦事處進行「大事關懷暨助念梵唄法器教學」，由監院常學法師及常健法師、常甯法師帶領，共有八十多人參加。

◆ 義工團於法鼓山園區舉辦水陸法會義工總培訓課程，由弘化發展專案召集人果慨法師、弘化院監院常雲法師、常諦法師等授課，分享萬行菩薩的精神，共有三百多人參加。

◆ 美國象岡道場舉辦禪一，由演本法師擔任總護，有近十人參加。

◆ 澳洲雪梨分會舉辦佛學講座，由常續法師主講「黃檗禪師語錄 —— 不落階級」，共有二十多人參加。

11.12

◆ 臺南分院《觀心銘》講座，由常慧法師主講，12 日的主題是「觀心悟境」，有近一百五十人參加。

◆ 香港道場於港島會址舉辦專題講座，邀請中央研究院歐美研究所特聘研究員單德興主講「《無法之法》的前世與今生」，分享翻譯的因緣及感悟，以及書中的禪心與文思，引領體認文字中的活潑禪意，有近一百三十人參加。

11.17

◆ 關懷院地區悅眾巡迴關懷活動，17 日於文山辦事處進行「大事關懷暨助念梵唄法器教學」，由監院常學法師及常健法師、常甯法師帶領，共有六十多人參加。

◆ 僧大副院長果幸法師、美國東初禪寺監院常華法師和常諗法師前往美國觀摩佛教高等教育，17 至 20 日於科羅拉多州丹佛市（Denver）科羅拉多會議中心（Colorado Convention Center）參與美國宗教學術（America Academy of Religion）年會，常諗法師並發表論文，討論西方比丘尼僧團發展和漢傳佛教四分律傳承。

◆ 美國舊金山道場舉辦「大悲心水陸法會義工說明暨培訓」課程，由監院常惺法師帶領，共有四十多人參加。

◆ 17 至 18 日，美國新澤西州分會舉辦念佛禪二，由常浩法師擔任總護，共有五十多人次參加。

◆ 加拿大多倫多分會舉辦默照禪一，由果乘法師擔任總護，有近三十人參加。

◆ 聖嚴師父西方法子查可‧安德列塞維克帶領法集（Dharmaloka Chan Buddhist Community）成員於克羅埃西亞首都札葛雷勃（Zagreb）近郊創建的法集禪修中心（Chan Retreat Center），舉行「Plant Me」植樹綠化活動，共近七十人參與，種了近八十棵樹木和四百多種觀賞植物。

11.18

◆ 臺中寶雲寺「法鼓講堂」系列講座，18 日由法鼓文理學院社區再造碩士學位學程助理教授李婷潔主講「永續發展與社區『新』價值」，共有五十多人參加。

◆ 美國東初禪寺舉辦週日講座，由常興法師主講〈觀心銘〉，共有五十多人參加。

◆ 美國舊金山道場舉辦禪一，由監院常惺法師擔任總護，共有三十多人參加。

◆ 加拿大溫哥華道場舉辦英文禪一，由監院常悟法師擔任總護，共有五十多人參加。

◆ 美國普賢講堂舉辦默照禪一，由副寺常玄法師擔任總護，共有二十多人參加。

◆ 加拿大多倫多分會舉辦專題講座，由果乘法師主講〈坐禪儀〉，有近二十人參加。

11.21

◆ 臺北聖靈寺開山住持今能長老安詳示寂，享壽九十歲。方丈和尚果暉法師、退居方丈果東法師代表法鼓山，先後前往聖靈寺助念關懷，向長老表達誠摯的敬意。

11.22

◆ 方丈和尚果暉法師應南臺科技大學之邀，於該校「通識教育大師講座」中擔任主講人，以「人生的有效期限」為題，與兩百多位師生分享如何在有限的生命中活出自我。

11.23

◆ 普化中心「法鼓講堂世界佛教系列特別講座」，23日邀請圖丹・卻准法師（Ven. Thubten Chodron）主講「亂世中慈悲的力量」（The Power Compassion in a Troubled World）；課程同時於「法鼓山心靈環保學習網」線上直播，提供全球學員上網聽講，並參與課程討論。

◆ 23至30日，美國塔拉哈西分會舉辦禪七，由負責人俞永峯擔任總護，共有二十多人參加。

11.24

◆ 11月24日至12月2日，美國象岡道場舉辦話頭禪九，由住持果元法師擔任總護，共有十多人參加。

11.25

◆ 法鼓山於11月25日至12月2日，在園區啟建「2018大悲心水陸法會」，共有十二個壇場，啟建當日有近五萬人現場參與；法會期間藉由線上直播，全球各分支道場、護法會分會、辦事處，共四十六處據點同步展開，近三十五萬人次透過網路參加共修。

◆ 美國新澤西州分會舉辦半日禪，由悅眾擔任總護，共有十多人參加。

11.27

◆ 法鼓山社大「築夢踏實・耕您有約」系列活動，27日與金包里新住民關懷服務站合辦，於金包里社區發展協會展開「新住民說夢・話茶會——作夥來開講」，邀請北海四區的新住民喝茶聯誼，校長曾濟群到場關懷，祝福新住民們「夢想成真」。

11.28

◆ 人基會「2018平安無事心靈講座」，28日邀請臺灣傳統基金會董事長黃石城主講「談人的本性」，說明道德是基本人性，也是人性之根，民主、自由、人權、法治則是枝葉，應加強道德教育和人本教育，重建祥和的社會與國家，共有六十多人參加。

11.30

◆ 法鼓文理學院佛教學系舉辦專題講座，邀請佛光大學佛教學系助理教授林欣儀主講「法藥療產 —— 中國中古佛教裡的產孕經典和歷史實踐」，共有五十多人參加。

12月 DECEMBER

12.01

◆ 《人生》雜誌第 424 期出刊，本期專題「拔苦予樂的菩薩行者」。
◆ 《法鼓》雜誌第 348 期出刊。
◆ 法鼓文化出版新書：《法鼓山的方向 —— 創建》（人間淨土系列，聖嚴法師著）、《法鼓山的方向 —— 理念》（人間淨土系列，聖嚴法師著）、《佛法綱要 —— 四聖諦、六波羅蜜、四弘誓願講記（大字版）》（家中寶系列，聖嚴法師著）、《禮物》（漫畫系列，常燈法師著）。
◆ 法鼓山網路電視臺每月「主題影片」單元，12 月播出「啟動願望的力量 —— 好願在人間」，精選聖嚴師父相關的開示影片，引領大眾重溫師父的智慧開示。
◆ 《中華佛學研究》第十九期出刊。

12.02

◆ 美國東初禪寺舉辦週日講座，邀請聖嚴師父西方弟子李世娟主講「禪修者戒律的持守」，有近三十人參加。
◆ 美國芝加哥分會舉辦半日禪，由悅眾擔任總護，共有十多人參加。

12.03

◆ 3 至 14 日，美國法鼓山佛教協會（DDMBA）常濟法師參加聯合國氣候變化綱要公約（United Nations Framework Convention on Climate Change, UNFCCC）於波蘭南部煤礦重鎮卡多維斯（Katowice）召開的「第二十四次締約方會議」（COP24），共有近兩百個國家代表與會，共同關心氣候變遷與地球的永續未來。

12.04

◆ 法鼓文理學院人文社會學群學會舉辦專題演講，由副教授楊蓓主講「禪與薩提爾（Virginia Satir）的一致性 —— 十牛圖與冰山的對話」，講說禪修的心理學層面，有近八十人參加。

12.05

◆ 12 月 5 日至 2019 年 4 月 24 日，高雄紫雲寺每週三舉辦佛學講座，邀請華嚴專宗學院教師許洋主主講「認識唯識關鍵字」，以安慧論師的《唯識三十頌釋論》為基礎，說明每種煩惱的特質、產生原因、影響及對治方法，有近兩百人參加。

◆ 法鼓山社大新莊校區於三峽天南寺展開戶外茶席教學課程，監院常順法師到場關懷，鼓勵學習在生活中運用禪法安定放鬆自己，有近四十位師生參加。

◆ 5 至 6 日，僧人男眾部舉辦戶外禪二，行程包括參訪世界花卉博覽會、臺中榮民醫院安寧病房，以及攀登鳶嘴山，共有二十三位法師及學僧參加。

◆ 澳洲雪梨大學（University of Sydney）「聖嚴法師漢傳佛教講座」（Master Sheng Yen Lecture in Chinese Buddhism），邀請加拿大英屬哥倫比亞大學教授陳金華，以「帝國、貿易與宗教 —— 則天治下（655-705）的佛教」為題進行演講。

12.06

◆ 北投農禪寺舉辦禪一，由常灃法師擔任總護，有近兩百一十人參加。

◆ 法鼓山社大「築夢踏實‧耕您有約」系列活動，6 日於新北市金山區金美國小媽媽教室舉辦「新住民家鄉菜創意素料理比賽」，校長曾濟群到場關懷，有近二十位來自越南、印尼、中國大陸的新住民參加。

◆ 法行會於臺北國賓飯店舉辦十九週年晚會，方丈和尚果暉法師、護法總會副都監常遠法師等到場關懷，有近四百人參加。

12.08

◆ 法鼓山於法鼓山園區舉辦社會菁英禪修營第九十七次共修會，由演定法師擔任總護，共有七十人參加。

◆ 8 至 15 日，禪堂於三峽天南寺舉辦初階禪七，由演捨法師擔任總護，有近一百二十人參加。

◆ 12 月 8 日至 2019 年 1 月 26 日，慈基會於全臺各地分院及護法會辦事處，舉辦「107 年度歲末關懷」系列活動，內容包括祈福法會、點燈儀式、致贈慰問金及關懷物資等，共關懷逾兩千九百戶家庭。首場於 12 月 8 日於北投農禪寺展開，退居方丈果東法師、慈基會祕書長果器法師、僧團副都監常寬法師、果高法師等到場關懷，共有三百二十多戶關懷家庭參加。

◆ 8 至 30 日，聖基會舉辦「107 年兒童生活教育寫畫創作」頒獎典禮，共五場。首場於北投農禪寺進行，由主任呂理勝、北投國小校長翁世盟等頒發，共有兩百多位獲獎學童及家長參加。

◆ 美國芝加哥分會舉辦禪一，由禪修中心副都監果醒法師擔任總護，有近四十人參加。

◆ 加拿大多倫多分會舉辦禪一，由常護法師擔任總護，共有二十多人參加。

12.09

◆ 臺北中山精舍舉辦戶外禪，由常越法師擔任總護，共有七十多人參加。

◆ 臺南分院舉辦專題講座，邀請屏東醫院家醫科醫師許禮安主講「幸福告別──安寧療護與生死學」，分享生死學與安寧療護經驗，共有四百一十多人參加。

◆ 9 至 16 日，禪堂舉辦話頭禪七，由演正法師擔任總護，共有九十多人參加。

◆ 慈基會 107 年度歲末關懷系列活動，9 日於北投中華佛教文化館展開，由監院果諦法師帶領祈福法會，共有一千兩百多人參加。

◆ 聖基會舉辦「談書時光」對談，以《聖嚴法師教默照禪》一書為主題，由僧大副院長果幸法師主講，聖基會執行長楊蓓擔任與談人，邀請中央研究院文哲所研究員廖肇亨主持，共同深入研讀聖嚴師父的默照禪，有近七十人參加。

◆ 榮譽董事會於北投農禪寺舉辦全球悅眾聯席會議，方丈和尚果暉法師出席關懷，有近一百一十位來自全臺、美國、加拿大等地悅眾參加。

◆ 義工團於德貴學苑舉辦新進團員成長課程，內容包括法鼓山的理念、義工行儀、快樂義工菩薩行及義工精神等，由悅眾帶領，常獻法師到場關懷，共有六十多位學員參加。

◆ 美國象岡道場舉辦禪一，由演本法師擔任總護，有近十人參加。

◆ 美國新澤西州分會舉辦半日禪，由悅眾擔任總護，共有十多人參加。

12.10

◆ 法鼓文理學院舉辦專題講座，邀請美國加州大學伯克萊分校（The University of California, Berkeley）東亞語言文化暨佛學研究中心講座教授羅伯特・謝爾夫（Robert Sharf）主講「西方正念禪修是佛教禪修嗎？為什麼這個問題重要？」，共有五十多人參加。

◆ 10 至 14 日，美國東初禪寺舉辦專題講座，由禪修中心副都監果醒法師導讀聖嚴師父著作《華嚴心詮》，有近五十人參加。

12.11

◆ 12 月 11、16 及 20 日，法鼓山社大於北投、金山及新莊三校區，舉辦「翻轉手作，實現創意」創客工作坊，主題分別是「想・方・設・法──創意縫正方布」、「點・線・面──飛梭創意金屬線」、「布一樣的第二人生」，引導學員在手作創作中獨立思考，校長曾濟群到場分享「創客、創業與行銷」，有近一百人參加。

12.14

◆ 方丈和尚果暉法師、退居方丈果東法師帶領僧團代表、護法義工，於新北市妙雲寺參加「今能長老追思讚頌會」，感念緬懷長老一生修學佛法、弘揚佛法的身影，及對法鼓山的護持。

◆ 14 至 16 日，臺南雲集寺舉辦精進禪二，由監院常宗法師擔任總護，共有九十八人參加。

◆ 14 至 16 日，美國象岡道場舉辦三日禪修營，由住持果元法師帶領，共有二十多人參加。

12.15

◆ 臺北安和分院舉辦禪一，由常弘法師擔任總護，有近一百八十人參加。
◆ 蘭陽分院「蘭陽講堂」系列講座，15 日由常持法師主講「活得自在，走得平安 —— 以佛法安心的臨終關懷」，分享以佛法的究竟生命觀，協助臨終者平安走過身心變化的歷程，提煉生命的意義與價值，有近一百人參加。
◆ 國際禪坐會於北投雲來寺舉辦英文禪一，由常寂法師擔任總護，共有二十人參加。
◆ 慈基會 107 年度歲末關懷系列活動，15 日分別於法鼓山園區、桃園齋明寺展開，各有近一百六十戶、兩百五十戶關懷家庭參加。
◆ 聖基會「107 年兒童生活教育寫畫創作活動」頒獎典禮，15 日於臺中寶雲寺進行，由監院常慧法師、聖基會主任呂理勝等頒獎，共有兩百位獲獎學童及家長參加。
◆ 護法總會於法鼓山園區舉辦「2019 年新任悅眾授證典禮」，方丈和尚果暉法師、退居方丈果東法師、護法總會副都監常遠法師、服務處監院常應法師等到場關懷，共有來自全臺三百五十一位新任悅眾參加，在總會長張昌邦帶領下，發願護法弘法。
◆ 15 至 16 日，美國新澤西州分會舉辦佛學講座，由禪修中心副都監果醒法師主講《六祖壇經‧無相頌》，有近五十人參加。
◆ 加拿大多倫多分會舉辦念佛禪一，由常護法師擔任總護，共有二十多人參加。

12.16

◆ 基隆精舍舉辦佛一，由副寺果樞法師帶領，有近七十人參加。
◆ 高雄紫雲寺舉辦禪一，由監院常參法師擔任總護，有近一百六十人參加。
◆ 關懷院地區悅眾巡迴關懷活動，16 日於中永和辦事處進行「大事關懷暨助念梵唄法器教學」，由監院常學法師及常健法師、常甯法師帶領，共有七十多人參加。
◆ 聖基會「107 年兒童生活教育寫畫創作活動」頒獎典禮，10 日於臺東信行寺進行，由監院常覺法師、聖基會董事陳修平等頒獎，有近一百八十位獲獎學童及家長參加。
◆ 榮譽董事會於臺中寶雲寺舉辦中區感恩聯誼會，方丈和尚果暉法師到場關懷，有近兩百五十人參加。
◆ 義工團於德貴學苑舉辦感恩聯誼會，護法總會服務處監院常應法師、常獻法師到場關懷，感恩萬行菩薩的護持與奉獻，有近一百人參加。
◆ 美國西雅圖分會舉辦佛學講座，由加拿大溫哥華道場監院常悟法師主講「《心經》心要」，共有四十多人參加。
◆ 加拿大多倫多分會舉辦專題講座，由常護法師主講「殿堂禮儀」，介紹學佛行儀、殿堂規矩等禮儀，有近三十人參加。

12.18

◆ 18 至 20 日，禪堂舉辦精進禪二，由演定法師擔任總護，共有三十多人參加。

◆ 18 至 20 日，傳燈院應圓光佛學院之邀，於法鼓山園區舉辦禪二，由演定法師擔任總護，共有三十三位該校師生參加。

◆ 18 至 21 日，法鼓文理學院舉辦第九屆「數位典藏與數位人文國際研討會」（International Conference of Digital Archives and Digital Humanities, DADH），共有九十篇論文與海報發表，探討人工智慧技術於數位人文的應用與突破等相關議題。

12.19

◆ 傳燈院應將傑集團之邀，由常正法師帶領基礎禪修課程，內容包括禪坐、動禪體驗等，共有三十七位員工參加。

12.20

◆ 臺南二中靜心靜坐社團師生十七人參訪臺南分院，由常慶法師、常嗣法師帶領體驗動禪。

◆ 20 至 31 日，三十一位美國洛杉磯、舊金山信眾，在舊金山道場監院常惺法師、常興法師與演柱法師帶領下，前往印度，展開佛陀聖跡朝聖之旅，體驗佛陀的修行歷程。

12.21

◆ 21 至 23 日，青年院於法鼓山園區舉辦禪二，由常導法師擔任總護，有近三十人參加。

12.22

◆ 22 至 29 日，禪堂舉辦中階禪七，由演定法師擔任總護，有近一百七十人參加。

◆ 22 至 23 日，美國東初禪寺舉辦禪二，由常齋法師擔任總護，有近九十人次參加。

◆ 加拿大溫哥華道場舉辦佛學班結業典禮，常惟法師勉勵學員將佛法用在生活中，常惠法師期勉藉由「聞、思、修」安立自己的心，也造福他人；典禮中並頒發全勤獎及作業精進獎，共有一百多位學員參加。

◆ 美國新澤西州分會首度舉辦佛一暨八關戒齋，由東初禪寺監院常華法師帶領，有近五十人參加。

◆ 新加坡護法會舉辦慈悲三昧水懺法會，由常空法師主法，共有一百多人參加。

12.23

◆ 23 至 29 日，北投農禪寺舉辦彌陀佛七，由果稱法師等帶領，有近四千人次參加，以念佛、繞佛、坐念、止靜、拜懺，並以至誠懇切的心稱誦聖號，感受「口與心聲聲相應」、「念與佛步步不離」的清淨法喜。

◆ 桃園齋明別苑舉辦禪一，由副寺常林法師擔任總護，共有一百人參加。

◆ 傳燈院於北投雲來寺舉辦禪一，由常琨法師擔任總護，有近一百人參加。

◆ 21 至 23 日，慈基會於三峽天南寺舉辦舒活二日營，由傳燈院監院常襄法師帶領，共有六十六位在第一線擔任關懷、慰訪、救災、訪視等相關工作的義工參加。

12.25

◆ 12 月 25 日至 2019 年 1 月 1 日，美國象岡道場舉辦禪七，由住持果元法師擔任總護，有近三十人參加。

◆ 新加坡護法會舉辦禪一，由悅眾擔任總護，共有十多人參加。

12.26

◆ 人基會「2018 平安無事心靈講座」，26 日由法鼓文理學院生命教育學程主任辜琮瑜主講「三生有幸 ── 生活、生命與生死生生平安」，分享以平常心安頓自心，有近七十人參加。

◆ 12 月 26 日至 2019 年 1 月 1 日，美國東初禪寺舉辦念佛禪七，由監院常華法師擔任總護，共有三百多人次參加。

◆ 26 至 31 日，美國塔拉哈西分會舉辦禪五，由負責人俞永峯擔任總護，共有十多人參加。

12.27

◆ 27 至 30 日，美國西雅圖分會舉辦佛學講座，由禪修中心副都監果醒法師導讀聖嚴師父著作《華嚴心詮》，共有一百五十多人參加。

12.28

◆ 28 至 30 日，三峽天南寺舉辦精進禪二，由常哲法師擔任總護，有近一百二十人參加。

◆ 28 日至 2019 年 1 月 1 日，加拿大溫哥華道場舉辦跨年禪五，邀請聖嚴師父西方弟子常聞（David Listen）擔任總護，共有三十多人參加。

12.29

◆ 12 月 29 日至 2019 年 1 月 1 日，桃園齋明寺舉辦佛三暨八關戒齋，由果徹法師帶領，有近三百人次參加。

◆ 29 至 30 日，臺中寶雲寺舉辦佛二，由寺院管理女眾副都監果理法師帶領，共有六百二十多人次參加。

◆ 12 月 29 日至 2019 年 1 月 1 日，高雄紫雲寺首度舉辦跨年念佛禪三，由傳燈院監院常乘法師擔任總護，共有一百二十人參加。

◆ 聖基會「107 年兒童生活教育寫畫創作活動」頒獎典禮，16 日於高雄紫雲寺進行，由監院常參法師、聖基會顧問陳貴德等頒獎，共有兩百多位獲獎學童及家長參加。

◆ 29 至 30 日，香港道場於九龍會址舉辦慈悲三昧水懺法會，由僧團副住持果品法師主
法，有近九百人次參加。

12.30

◆ 南投德華寺舉辦佛一暨八關戒齋，由副寺果弘法師帶領，共有四十多人參加。

◆ 30 至 31 日，臺東信行寺舉辦精進禪二，由監院常覺法師擔任總護，共有九十八人
參加。

◆ 僧大男眾部參加新北市金山環保社團淨灘活動，於金山區中角至廖添丁廟間的跳石海
岸沙灘撿拾垃圾，為環境保護盡一份心力，共有三十七位師生參加。

◆ 聖基會「107 年兒童生活教育寫畫創作活動」頒獎典禮，17 日於桃園齋明別苑進行，由
副寺常林法師、聖基會主任呂理勝等頒獎，有近兩百位獲獎學童及家長參加。

◆ 美國新澤西州分會舉辦半日禪，由悅眾擔任總護，共有十多人參加。

12.31

◆ 北投農禪寺舉辦「2019 跨年迎新在農禪」， 內容包括念佛持誦《金剛經》共修、禪
坐等，由監院果毅法師帶領，共有兩千多人參加。

◆ 31 日至 2019 年 1 月 1 日，臺北安和分院舉辦《法華經》共修，由監院果旭法師帶
領，有近一千人次參加。

◆ 馬來西亞道場舉辦跨年大悲懺法會，由監院常迪法師帶領，有近兩百九十人參加。

【附錄】

法鼓山2018年主要法會統計

◎ 國內（分院、精舍）

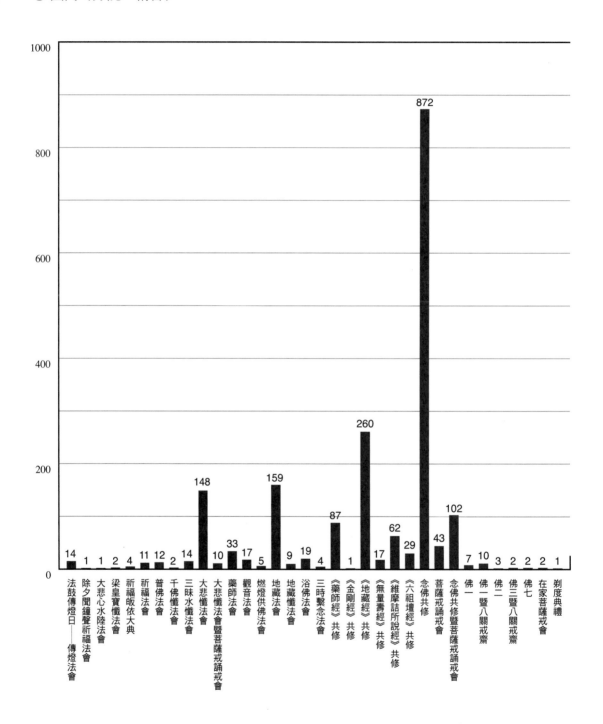

◎ 海外（道場、分會）

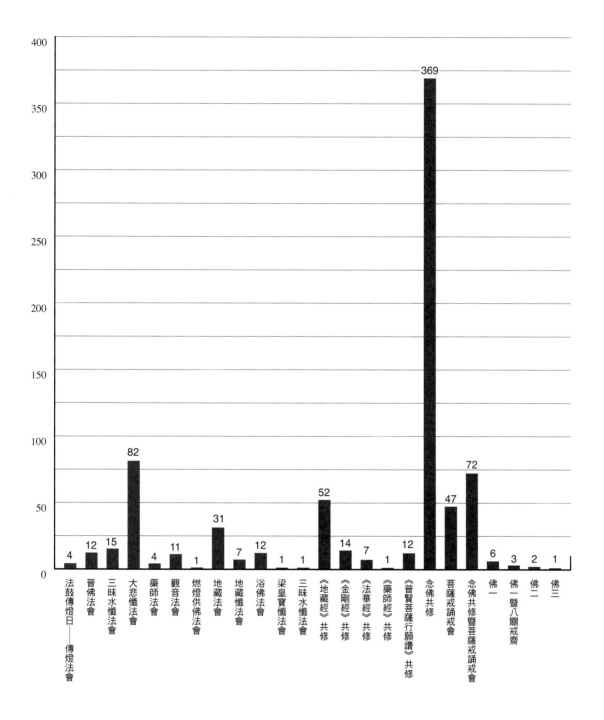

法鼓山2018年主要禪修活動統計

◎ 國內（分院、精舍）

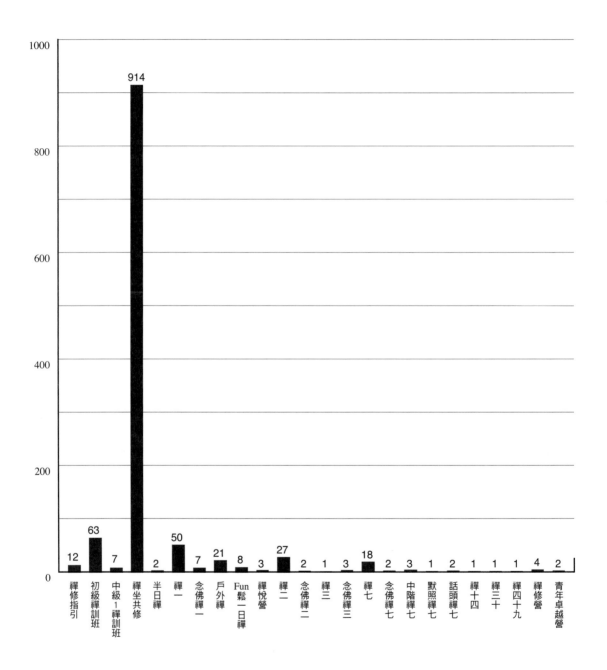

◎ 海外（道場、分會）

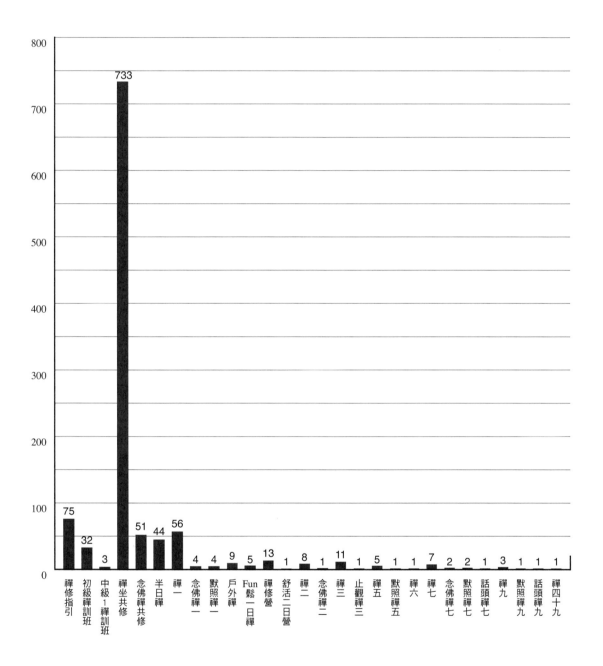

法鼓山2018年主要佛學推廣課程統計

◎ 信眾教育院

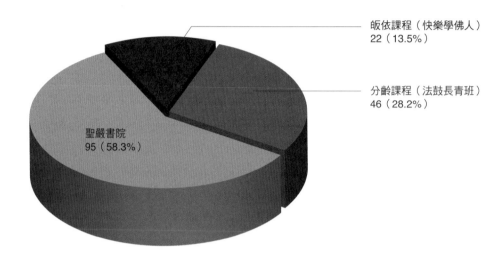

皈依課程（快樂學佛人）
22（13.5%）

分齡課程（法鼓長青班）
46（28.2%）

聖嚴書院
95（58.3%）

◎聖嚴書院

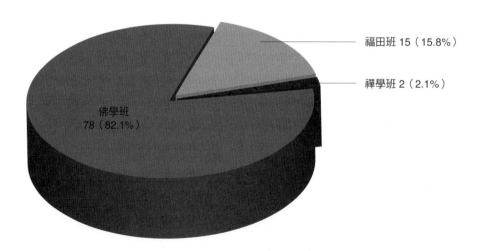

福田班 15（15.8%）

禪學班 2（2.1%）

佛學班
78（82.1%）

法鼓山2018年心靈環保讀書會推廣統計

◎ 全球

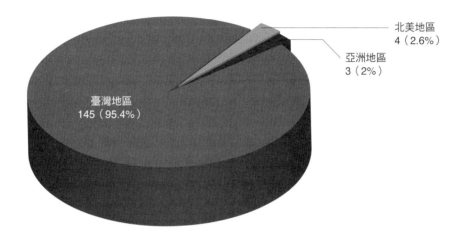

北美地區
4（2.6%）

亞洲地區
3（2%）

臺灣地區
145（95.4%）

◎ 臺灣

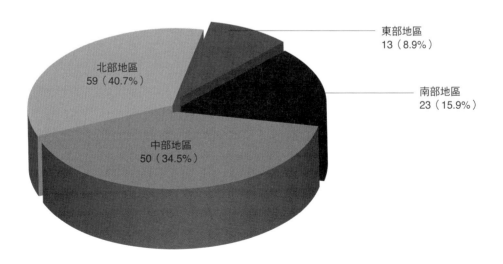

東部地區
13（8.9%）

南部地區
23（15.9%）

北部地區
59（40.7%）

中部地區
50（34.5%）

法鼓山2018年主要出版品一覽

◎ 法鼓文化

出版月份	書名
1月	《平安無事：止惡行善，心安平安；觀世自在，無事無礙。》（人間淨土系列，聖嚴法師著，法鼓文化編輯部選編）
	《聖嚴法師學思歷程（改版）》（寰遊自傳系列，聖嚴法師著）
	《楞嚴經新詮》（智慧人系列，李治華著）
2月	《拜佛50問》（學佛入門Q&A系列，法鼓文化編輯部編著）
	《唯識關鍵字》（般若方程式系列，許洋主著）
3月	《拈花微笑（改版）》（禪修指引系列，聖嚴法師著）
	《福慧自在 ── 金剛經生活（大字版）》（家中寶系列，聖嚴法師著）
	《法的療癒 ── 佛陀教我的十堂生死課》（般若方程式系列，杜正民著）
4月	《默照365》（琉璃文學系列，繼程法師著）
5月	《神通與人通 ── 宗教人生（改版）》（學佛入門系列，聖嚴法師著）
	《拜懺50問》（學佛入門Q&A系列，法鼓文化編輯部編著）
	《聖嚴研究第十輯》（聖嚴思想論叢系列，聖嚴教育基金會學術研究部編）
6月	《聖嚴法師教觀音法門（大字版）》（家中寶系列，聖嚴法師著）
	《如來寶藏 ── 聖嚴法師的如來藏思想研究》（智慧海系列，杜正民著）
	《禪味細道 ── 日本東北・北陸祕境佛寺之旅》（琉璃文學系列，秦就著）
7月	《禪的世界（改版）》（禪修指引系列，聖嚴法師著）
	《幸福告別 ── 聖嚴法師談生死關懷》（人間淨土系列，聖嚴法師著，法鼓文化編輯部選編）
8月	《梵唄50問》（學佛入門Q&A系列，法鼓文化編輯部編著）
9月	《抱疾遊高峰（改版）》（寰遊自傳系列，聖嚴法師著）
	《生死皆自在 ── 聖嚴法師談生命智慧（大字版）》（家中寶系列，聖嚴法師著）
	《無盡燈 ── 漢傳佛教青年學者論壇論文集》（佛學會議論文彙編，果鏡法師、廖肇亨主編）
10月	《禪悟之道》（智慧人系列，繼程法師著）
	2019法鼓山桌曆《大好年》
11月	《律制生活（改版）》（學佛入門系列，聖嚴法師著）
	《觀音菩薩50問》（學佛入門Q&A系列，法鼓文化編輯部編著）
	《聖嚴研究第十一輯》（聖嚴思想論叢系列，聖嚴教育基金會學術研究部編）
	《倒吹無孔笛 ── 明清佛教文化研究論集》（智慧海系列，廖肇亨著）
	《心的經典 ── 心經新釋（簡體版）》（現代經典系列，聖嚴法師著）
12月	《法鼓山的方向 ── 創建》（人間淨土系列，聖嚴法師著）
	《法鼓山的方向 ── 理念》（人間淨土系列，聖嚴法師著）
	《佛法綱要 ── 四聖諦、六波羅蜜、四弘誓願講記（大字版）》（家中寶系列，聖嚴法師著）
	《禮物》（漫畫系列，常燈法師著）

◎ 聖嚴教育基金會（結緣書籍）

出版月份	書名
1月	《知福惜福有幸福》
3月	英文書 *Encounters with Master Sheng Yen IX*【《今生與師父有約》（九）英文版】
6月	《今生與師父有約（十一）》
8月	《樂在工作好禪修》
11月	《今生與師父有約（十一）》（高鐵版）、2019 聖基會掛曆

法鼓山2018年參與暨舉辦之主要國際會議概況

時間	會議名稱	主辦單位	國家	地點	主要參加代表
1月13日	2018 人文關懷與社會實踐暨世界公益學論壇	法鼓文理學院 政治大學	臺灣	臺北市	惠敏法師
1月13至21日	2018 佛教與東亞文化國際寒期研修班暨禪學國際研討會	法鼓文理學院 加拿大英屬哥倫比亞大學 中國大陸廣州中山大學	臺灣	新北市	果暉法師 果鏡法師
2月7至11日	「氣候變遷的內在面向」會議	美國法鼓山佛教協會 全球女性和平促進會 地球憲章	泰國	曼谷	果禪法師 常濟法師
3月1至3日	國際佛教辭典工作坊	丹麥哥本哈根大學 印度普那大學	印度	普納州	鄧偉仁老師
3月31日	2018 佛教領袖高峰會	馬來西亞南傳佛教總會 那爛陀佛教會	馬來西亞	吉隆坡	常藻法師
6月20至22日	佛教與當代社會的對話	德國漢堡大學	德國	漢堡	惠敏法師
6月27日	「世界佛教村」座談會	《人生》雜誌 法鼓文化 普化中心	臺灣	臺北市	果暉法師 果賢法師
6月28至30日	第七屆漢傳佛教與聖嚴思想國際學術研討會	聖嚴教育基金會	臺灣	臺北市	果暉法師 果光法師 果鏡法師
10月4至6日	生物多樣性國際研討會	印度森林研究學院	印度	北阿坎德邦德拉敦	果祥法師
10月14至18日	天主教修女與佛教比丘尼對話國際研討會	梵諦岡聖座宗教對談理事會	臺灣	高雄市	果禪法師 常寂法師 演博法師
10月20至25日	「氣候變遷的內在面向」會議	美國法鼓山佛教協會 全球女性和平促進會 地球憲章	賽普勒斯	波利斯	常濟法師
10月27日	《阿含經》研究小組研討會	法鼓文理學院 阿根廷菩提乘基金會	阿根廷	布宜諾斯艾利斯	惠敏法師
10月29至30日	世界佛教論壇	中華宗教文化交流協會	中國大陸	福建莆田	果暉法師 果東法師 果幸法師 果慨法師
11月3至4日	「生死學與生命關懷」國際學術論壇	玉佛寺	中國大陸	江蘇上海	辜琮瑜老師
11月17至20日	宗教學術年會	美國宗教學術	美國	科羅拉多州丹佛市	果幸法師 常華法師 常諗法師
12月3至14日	第二十四次締約方會議	聯合國氣候變化綱要公約	波蘭	卡多維斯	常濟法師

2017-2018年聖嚴師父暨法鼓山相關學術研究論文一覽

◎期刊論文（與法鼓山相關）

論文題目	作者	論文發表處	發表年
Innovation and Continuity in the Pure Lands: Pure Land Discourses and Practices at the Taiwanese Buddhist Order Dharma Drum Mountain	黃穎思	中華佛學學報 30	2017
心靈環保融入組織學習之課程初探	梅瑤芳	臺灣教育評論月刊 7:6	2018

◎專書（與聖嚴師父相關）

書名	作者	出版社	出版年	備註
《聖嚴研究第十輯》	聖嚴教育基金會學術研究部編	法鼓文化	2018	收錄 2016 年「第六屆聖嚴思想國際學術研討會暨法鼓山信眾論壇」部分發表論文
《聖嚴研究第十一輯》	聖嚴教育基金會學術研究部編	法鼓文化	2018	收錄 2016 年「第六屆聖嚴思想國際學術研討會暨法鼓山信眾論壇」部分發表論文

◎專書論文（與聖嚴師父相關）

論文題目	作者	論文發表處	發表年	備註
聖嚴法師結合漸禪法門與頓禪法門之教法和宗風意義	越建東	《聖嚴研究第十輯》	2016	2018 法鼓文化出版
開山宗長與聖嚴法師「寰遊自傳」的角色意識	吳光正	《聖嚴研究第十輯》	2016	2018 法鼓文化出版
《楞伽經》與聖嚴禪學 —— 定慧之修的傳統與當代性	林佩瑩	《聖嚴研究第十輯》	2016	2018 法鼓文化出版
略論聖嚴法師對《維摩經》的闡釋 —— 從《維摩經》解經學傳統看	龔雋	《聖嚴研究第十輯》	2016	2018 法鼓文化出版
聖嚴法師的觀音思想與法門研究	黃國清	《聖嚴研究第十輯》	2016	2018 法鼓文化出版
聖嚴法師倡導的念佛方法及對「念佛禪」的詮釋	陳劍鍠	《聖嚴研究第十一輯》	2016	2018 法鼓文化出版
聖嚴法師禪學詮釋中的倫理向度	嚴瑋泓	《聖嚴研究第十一輯》	2016	2018 法鼓文化出版
聖嚴法師的觀音感應書寫與觀音法門教學 —— 由「神異巧遇」至「空性相應慈悲利他願行」之書寫義涵轉化	王晴薇	《聖嚴研究第十一輯》	2016	2018 法鼓文化出版
Master Sheng Yen's Pure Land Teachings: Synthesizing the Traditional and the Modern	查爾斯·瓊斯（Charles B. Jones）	《聖嚴研究第十一輯》	2016	2018 法鼓文化出版

◎專書論文（與法鼓山相關）

論文題目	作者	論文發表處	發表年	備註
法鼓山禪悅境教的教育功能及其理想之實現	胡健財	《聖嚴研究第十一輯》	2016	2018 法鼓文化出版
法鼓八式動禪在校園中實用活用之個案探討 —— 以一所中學的國三班級為例	江玥慧 陳武雄 常慧娟	《聖嚴研究第十一輯》	2016	2018 法鼓文化出版

◎博碩士論文（與聖嚴師父相關）

論文題目	作者	論文發表處	發表年
恆河大手印與默照禪比較 —— 以創古仁波切與聖嚴法師為例	陳世宏	輔仁大學宗教學系碩士論文	2017
法鼓山聖嚴法師微信公眾號至中國弘法模式之初探	高秀維	法鼓文理學院佛教學系碩士論文	2017
《聖嚴法師一〇八自在語》應用於國小三年級寫作教學之研究	鍾惠雯	臺北教育大學語文與創作學系語文教學碩士論文	2018

◎博碩士論文（與法鼓山相關）

論文題目	作者	論文發表處	發表年
整合行銷傳播對 NPO 社會行銷的助益與實施探討 —— 以法鼓山人文社會基金會為例	許薰瑩	法鼓文理學院社會企業與創新碩士論文	2018
紅塵不迷亦不離 —— 法鼓山佛教徒的慈悲意義建構歷程之初探	程馨慧	嘉義大學輔導與諮商學系碩士論文	2018
探討禪修對休閒體驗之啟發 —— 以法鼓山禪修為例	卜美貞	屏東大學休閒事業經營學系碩士論文	2018
「心靈環保」對「環境美學」影響之策略研究 —— 以法鼓山佛教教育園區為例	黃何文	逢甲大學經營管理學系碩士論文	2018

◎會議論文（與聖嚴師父相關）

論文題目	作者	論文發表處	發表時間	地點
渡臺僧侶的生命書寫 —— 以印順法師與聖嚴法師的自傳為探討	釋德晟	2018 漢傳佛教與聖嚴思想國際學術研討會	2018/6/28	臺灣
比較聖嚴法師和天台智者大師的念佛	釋修優	2018 漢傳佛教與聖嚴思想國際學術研討會	2018/6/28	臺灣
真心與妄心 —— 聖嚴法師（1930-2009）何以接受蕅益智旭（1599-1655）的天台學？	郭朝順	2018 漢傳佛教與聖嚴思想國際學術研討會	2018/6/28	臺灣
調適或批判？ —— 聖嚴法師天台學與佛教現代主義	鄧偉仁	2018 漢傳佛教與聖嚴思想國際學術研討會	2018/6/28	臺灣
聖嚴法師《大乘止觀法門研究》 —— 論其天台研究的基礎	林佩瑩	2018 漢傳佛教與聖嚴思想國際學術研討會	2018/6/28	臺灣
聖嚴法師《教觀綱宗貫註》對江戶註書的應用及其啟示	簡凱廷	2018 漢傳佛教與聖嚴思想國際學術研討會	2018/6/29	臺灣
聖嚴法師的晚明居士佛教研究	李瑄	2018 漢傳佛教與聖嚴思想國際學術研討會	2018/6/29	臺灣
聖嚴法師語境中的「佛教復興」及其意涵	徐鳴謙	2018 漢傳佛教與聖嚴思想國際學術研討會	2018/6/29	臺灣
禪病與當代社會 —— 探討聖嚴法師的見解	劉雅詩	2018 漢傳佛教與聖嚴思想國際學術研討會	2018/6/29	臺灣
聖嚴法師的殯葬革新社會運動	周柔含	2018 漢傳佛教與聖嚴思想國際學術研討會	2018/6/29	臺灣
聖嚴法師曹洞宗法脈傳承的幾個問題	釋果興 林其賢	2018 漢傳佛教與聖嚴思想國際學術研討會	2018/6/29	臺灣
《禪門修證指要》與明清禪學	廖肇亨	2018 漢傳佛教與聖嚴思想國際學術研討會	2018/6/30	臺灣
權威、歷史與方便 ——《禪門修證指要》編纂隱藏之觀念散論	張德偉	2018 漢傳佛教與聖嚴思想國際學術研討會	2018/6/30	臺灣
聖嚴法師的性別論述及其之於性別平等的省思	李明書	2018 漢傳佛教與聖嚴思想國際學術研討會	2018/6/30	臺灣

◎會議論文（與法鼓山及其理念相關）

論文題目	作者	論文發表處	發表時間	地點
四福與企業永續發展	謝俊魁 顏美惠	2018 漢傳佛教與聖嚴思想國際學術研討會	2018/6/28	臺灣
從「心靈環保」看漢傳佛教的現代敘事與傳播路徑	楊洋	2018 漢傳佛教與聖嚴思想國際學術研討會	2018/6/30	臺灣

法鼓山全球聯絡網

【全球各地主要分支道場】

【國內地區】

■北部

法鼓山世界佛教教育園區
電話：02-2498-7171
傳真：02-2498-9029
20842新北市金山區法鼓路555號

農禪寺
電話：02-2893-3161
傳真：02-2895-8969
11268臺北市北投區大業路65巷89號
11268臺北市北投區大度路一段112號

中華佛教文化館
電話：02-2891-2550；02-2892-6111
傳真：02-2893-0043
11246臺北市北投區光明路276號

雲來寺
（行政中心、普化中心、文化中心）
電話：02-2893-9966
　　　　（行政中心、普化中心）
電話：02-2893-4646（文化中心）
傳真：02-2893-9911
11244臺北市北投區公館路186號

法鼓德貴學苑
電話：02-8978-2081（青年發展院）
電話：02-2381-2345
　　　（法鼓山人文社會基金會）
電話：02-8978-2110
　　　（法鼓文理學院推廣教育中心）
電話：02-2311-4231
　　　（中正萬華辦事處）
10044臺北市中正區延平南路77號

安和分院（大安、信義、南港辦事處）
電話：02-2778-5007~9
傳真：02-2778-0807
10688臺北市大安區安和路一段29號10樓

天南寺
電話：02-8676-2556
傳真：02-8676-1060
23743新北市三峽區介壽路二段138
　　　巷168號

蘭陽分院（羅東辦事處）
電話：03-961-0296
傳真：03-961-0275
26563宜蘭縣羅東鎮北投街368號

齋明寺
電話：03-380-1426；03-390-8575
傳真：03-389-4262
33561桃園市大溪區齋明街153號

齋明別苑
電話：03-315-1581
傳真：03-315-0645
33050桃園市桃園區大業路一段361號

中山精舍（中山辦事處）
電話：02-2591-1008
傳真：02-2591-1078
10452臺北市中山區民權東路一段67
　　　號9樓

基隆精舍（基隆辦事處）
電話：02-2426-1677
傳真：02-2425-3854
20045基隆市仁愛區仁五路8號3樓

新竹精舍（新竹辦事處）
電話：03-525-8246
傳真：03-523-4561
30043新竹市東區民權路266號7樓

大同辦事處
電話：02-2599-2571
10367臺北市大同區酒泉街34-1號

松山辦事處
電話：0918-607-195
10572臺北市松山區民生東路五段28號
　　　7樓

石牌辦事處
電話：02-2832-3746
11158臺北市士林區福華路147巷28號
　　　1樓

士林辦事處
電話：02-2881-7898
11162臺北市士林區中正路335巷6弄
　　　5號B1

社子辦事處
電話：02-2816-9619
11165臺北市士林區延平北路五段29號
　　　1、2樓

北投辦事處
電話：02-2892-7138
傳真：02-2388-6572
11241臺北市北投區溫泉路68-8號1樓

內湖辦事處
電話：02-2793-8809
11490臺北市內湖區民權東路六段
　　　123巷20弄3號1樓

文山辦事處
電話：02-2236-4380
傳真：02-8935-1858
11641臺北市文山區和興路52巷9之3號
　　　1樓

金山萬里辦事處
電話：02-2408-1844
傳真：02-2408-2554
20841新北市金山區仁愛路61號

板橋辦事處
電話：02-8951-3341
傳真：02-8951-3341
22067新北市板橋區三民路一段
126號13樓

新店辦事處
電話：02-8911-3242
23149新北市新店區中華路9號3樓
之1

中永和辦事處
電話：02-2231-2654
傳真：02-2925-8599
23455新北市永和區中正路417號
10樓

海山辦事處
電話：02-2269-2578
23671新北市土城區中央路三段
87號5樓

三重蘆洲辦事處
電話：02-2986-0168
24161新北市三重區重新路四段
53號5樓之1

新莊辦事處
電話：02-2994-6176
傳真：02-2994-4102
24241新北市新莊區新莊路114號

林口辦事處
電話：02-2603-0390
　　　02-2601-8643
傳真：02-2602-1289
24446新北市林口區中山路91號
3樓

淡水辦事處
電話：02-2629-2458
25153新北市淡水區新民街120巷
3號1樓

三芝石門辦事處
電話：0978-207-781
傳真：0917-658-698
25241新北市三芝區公正街三段10號

宜蘭辦事處
電話：039-332-125
傳真：039-332-479
26052宜蘭縣宜蘭市泰山路112巷8弄
18號

中壢辦事處
電話：03-281-3127；03-281-3128
傳真：03-281-3739
32448桃園市平鎮區環南路184號
3樓之1

桃園辦事處
電話：03-302-4761；03-302-7741
傳真：03-301-9866
33046桃園市桃園區大興西路二段
105號12樓

苗栗辦事處
電話：037-362-881
傳真：037-362-131
36046苗栗縣苗栗市大埔街42號

三義DIY心靈環保教育中心
電話：04-2223-1055；037-870-995
傳真：037-872-222
36745苗栗縣三義鄉廣盛村八股路
21號

■中部

寶雲寺（臺中辦事處）
電話：04-2255-0665
傳真：04-2255-0763
40756臺中市西屯區市政路37號

寶雲別苑
電話：04-2465-6899
40764臺中市西屯區西屯路三段西
平南巷6-6號

德華寺
電話：049-242-3025
傳真：049-242-3032
54547南投縣埔里鎮清新里延年巷33號

豐原辦事處
電話：04-2524-5569
傳真：04-2515-3448
42048臺中市豐原區北陽路8號4樓

中部海線辦事處
電話：04-2622-9797
傳真：04-2686-6622
43655臺中市清水鎮南街53號2樓

彰化辦事處
電話：04-711-6052
傳真：04-711-5313
50049彰化縣彰化市中山路二段2號10樓

員林辦事處
電話：04-837-2601
傳真：04-838-2533
51042彰化縣員林市靜修東路33號8樓

南投辦事處
電話：049-231-5956
傳真：049-239-1414
54044南投縣南投市中興新村中學西路106號

■南部

臺南分院（臺南辦事處）
電話：06-220-6329；06-220-6339
傳真：06-226-4289
70444臺南市北區西門路三段159號14樓

雲集寺
電話：06-721-1295；06-721-1298
傳真：06-723-6208
72242臺南市佳里區六安街218號

紫雲寺（高雄北區／南區辦事處）
電話：07-732-1380
傳真：07-731-3402
83341高雄市鳥松區忠孝路52號

三民精舍
電話：07-225-6692
80760高雄市三民區建國一路433號2樓

嘉義辦事處
電話：05-276-0071；05-276-4403
傳真：05-276-0084
60072嘉義市東區林森東路343號3樓

屏東辦事處
電話：08-738-0001
傳真：08-738-0003
90055屏東縣屏東市建豐路2巷70號1樓

潮州辦事處
電話：08-789-8596
傳真：08-780-8729
92045屏東縣潮州鎮和平路26號1樓

■東部

信行寺（臺東辦事處）
電話：089-225-199、089-223-151
傳真：089-239-477
95059臺東縣臺東市更生北路132巷36或
　　　38號

花蓮辦事處
電話：03-834-2758
傳真：03-835-6610
97047花蓮縣花蓮市光復街87號7樓

【海外地區】

■美洲America

美國東初禪寺（紐約州）
（紐約州分會）
Chan Meditation Center（New York
Chapter, NY）
TEL：1-718-592-6593
FAX：1-718-592-0717
E-MAIL：ddmbaus@yahoo.com
WEBSITE：www.chancenter.org
ADDRESS：90-56 Corona Ave., Elmhurst,
NY 11373, U.S.A.

美國象岡道場（紐約州）
Dharma Drum Retreat Center
TEL：1-845-744-8114
FAX：1-845-744-8483
E-MAIL：ddrc@dharmadrumretreat.org
WEBSITE：www.dharmadrumretreat.org
ADDRESS：184 Quannacut Rd., Pine
Bush, NY 12566, U.S.A.

美國洛杉磯道場（加利福尼亞州）
（洛杉磯分會）
Dharma Drum Mountain Los Angeles
Center
（Los Angeles Chapter, CA）
TEL：1- 626-350-4388
E-MAIL：ddmbala@gmail.com
WEBSITE：www.ddmbala.org
ADDRESS：4530 N. Peck Rd, El Monte,
CA 91732, U.S.A.

美國舊金山道場（加利福尼亞州）
（舊金山分會）
Dharma Drum Mountain San Francisco Bay
Area Center
（San Francisco Bay Area Chapter, CA）
TEL：1-408-900-7125
E-MAIL：info@ddmbasf.org
WEBSITE：www.ddmbasf.org
ADDRESS：255 H. Street, Fremont, CA
94536, U.S.A.

加拿大溫哥華道場
（加拿大溫哥華分會）
Dharma Drum Mountain Vancouver Center
TEL：1-604-277-1357
FAX：1-604-277-1352
E-MAIL：info@ddmba.ca
WEBSITE：www.ddmba.ca
ADDRESS：8240 No.5 Rd. Richmond,
B.C. Canada ,V6Y 2V4

美國普賢講堂（麻薩諸塞州）
（波士頓聯絡處）
Dharma Drum Mountain Massachusetts
Buddhist Association
（Boston Branch, MA）
TEL：1-781- 863-1936
WEBSITE：www.ddmmba.org
ADDRESS：319 Lowell Street, Lexington,
MA 02420, U.S.A.

北美護法會
Dharma Drum Mountain Buddhist
Association（D.D.M.B.A.）
TEL：1-718-592-6593
ADDRESS：90-56 Corona Ave., Elmhurst,
NY 11373, U.S.A.

◎東北部轄區North East Region

新澤西州分會
New Jersey Chapter
TEL：1-732-249-1898
E-MAIL：enews@ddmbanj.org
WEBSITE：www.ddmbanj.org
ADDRESS：56 Vineyard Rd.,Edison, NJ
08817, U.S.A.

多倫多分會（加拿大安大略省）
Antario Chapter, Canada
TEL：1-416-855-0531
E-MAIL：ddmba.toronto@gmail.com
WEBSITE：www.ddmbaontario.org
ADDRESS：1025 McNicoll Avenue,
Toronto Canada, M1W 3W6

南部聯絡處（康乃狄克州）
Fairfield County Branch, CT
TEL：1-203-912-0734
E-MAIL：contekalice@aol.com

哈特福聯絡處（康乃狄克州）
Hartford Branch, CT
TEL：1-860-805-3588
E-MAIL：cmchartfordct@gmail.com

◎東南部轄區 South East Region

塔城分會（佛羅里達州）
Tallahassee Branch, FL
TEL：1- 850-888-2616
E-MAIL：tallahassee.chan@gmail.com
WEBSITE：www.tallahasseechan.org
ADDRESS：1310 North Paul Russell Rd,
Tallahassee, FL 32301, U.S.A.

首都華盛頓聯絡處
Washington Branch, DC
TEL：1-240-424-5486
E-MALL：chan@ddmbadc.org

亞特蘭大聯絡處（喬治亞州）
Atlanta Branch, GA
TEL：1- 678-809-5392
E-MAIL：Schen@eleganthf.net

◎中西部轄區 Mid-West Region

芝加哥分會（伊利諾州）
Chicago Chapter, IL
TEL：1-847- 255-5483
E-MAIL：ddmbachicago@gmail.com
WEBSITE：www.ddmbachicago.org
ADDRESS：1234 North River Rd., Mount
Prospect, IL 60056, U.S.A.

蘭辛聯絡處（密西根州）
Lansing Branch, MI
TEL：1-517-332-0003
FAX：1-517- 614-4363
E-MAIL：lkong2006@gmail.com
WEBSITE：michigan.ddmusa.org

聖路易聯絡處（密蘇里州）
St. Louise Branch, MO
TEL：1-636- 825-3889
E-MAIL：acren@aol.com

◎西北部轄區 North West Region

西雅圖分會（華盛頓州）
Seattle Chapter, WA
TEL：1-425-957-4597
E-MAIL：ddmba.seattle@gmail.com
WEBSITE：www.seattle.ddmusa.org
ADDRESS：14130 NE 21st., Bellevue,
WA 98007, U.S.A.

省會聯絡處（加利福尼亞州）
Sacramento Branch, CA
TEL：1-916-681-2416
E-MAIL：ddmbasacra@yahoo.com
WEBSITE：www.sacramento.ddmusa.org

橙縣聯絡處（加利福尼亞州）
Orange County Branch, CA
E-MAIL：ddmba.oc@gmail.com

◎西南部轄區 South West Region

達拉斯聯絡處（德克薩斯州）
Dallas Branch, TX
TEL：1-682-552-0519
E-MAIL：ddmba_patty@yahoo.com
WEBSITE：www.dallas.ddmusa.org

■歐洲Europe

盧森堡聯絡處
Luxembourg Liaison Office
TEL：352-400-080
FAX：352-290-311
E-MAIL：ddm@chan.lu
ADDRESS：15, Rue Jean Schaack L-2563,
Luxembourg

英國倫敦聯絡處
London Branch
E-mail：liew853@btinternet.com
WEBSITE：www.chanmeditationlondon.org
ADDRESS：28 the Avenue, London NW6
7YD, U.K.

■亞洲Asia

馬來西亞道場
（馬來西亞護法會）
Dharma Drum Mountain Malaysia Center
（Malaysia Branch）
TEL：60-3-7960-0841
FAX：60-3-7960-0842
E-MAIL： admin @ ddm.org.my
WEBSITE：www.ddm.org.my
ADDRESS： Block B-3-16, 8 Ave., Pusat
Perdagangan SEK.8, Jalan Sg. Jernih, 46050
Petaling Jaya, Selangor, Malaysia

香港道場—九龍會址
Dharma Drum Mountain Hong Kong Center
TEL：852-2865-3110；852-2295-6623
FAX：852-2591-4810
E-MAIL：info@ddmhk.org.hk
WEBSITE：www.ddmhk.org.hk
ADDRESS：Room 203 2/F., Block B,
Alexandra Industrial Building 23-27 Wing Hong
Street, Lai Chi Kok, Kowloon, Hong Kong
（香港九龍荔枝角永康街23-27號 安泰工業
大廈B座2樓203室）

香港道場——港島會址
Tel：852-3955-0077
Fax：852-3590-3640
ADDRESS：2/F., Andes Plaza, No. 323
Queen's Road West, Sai Ying Pun, Hong
Kong（香港西營盤皇后大道西323號安
達中心二樓）

新加坡護法會
Singapore Branch
TEL：65-6735-5900
FAX：65-6224-2655
E-MAIL：ddrumsingapore@gmail.com
WEBSITE：www.ddsingapore.org
ADDRESS：146B Paya Lebar Road#06-01
ACE Building, Singapore 409017

泰國護法會
Thailand Branch
TEL：66-2-013-5651~2
E-MAIL：ddmbkk2005@gmail.com
FB:/www.facebook.com/ddmbathai
ADDRESS：1471. Soi 31/1 Pattnakarn Rd.,
10250 Bangkok, Thailand

■大洋洲Oceania

澳洲雪梨分會
Sydney Chapter
TEL：61-2-8056-1773
FAX：61-2-9283-3168
E-MAIL：info@ddmf.org.au
WEBSITE：www.ddm.org.au
ADDRESS：Room 605, Level 6, 99 York
Street Sydney NSW 2000, Australia

墨爾本分會
Melbourne Chapter
TEL：61-4-7069-0911
E-MAIL：info@ddmmelbourne.org.au
WEBSITE：www.ddmmelbourne.org.au
ADDRESS：42 Bridge Street, Bullen, VIC
3150 Australia

【教育事業群】

法鼓山僧伽大學
電話：02-2498-7171
傳真：02-2408-2492
網址：www.ddsu.org
20842新北市金山區法鼓路555號

法鼓文理學院
電話：02-2498-0707轉2364～2365
傳真：02-2408-2472
網址：www.dila.edu.tw
20842新北市金山區法鼓路700號

法鼓文理學院‧推廣教育中心
電話：02-8978-2110轉8011
傳真：02-2311-1126
網址：www.dilatw.blogspot.tw
10044臺北市中正區延平南路77號9樓

中華佛學研究所
電話：02-2498-7171轉2362
傳真：02-2408-2492
網址：www.chibs.edu.tw
20842新北市金山區法鼓路555號

法鼓山社會大學服務中心
（金山法鼓山社會大學）
電話：02-2408-2593～4
傳真：02-2408-2554
網址：www.ddcep.org.tw
20841新北市金山區仁愛路61號

新莊法鼓山社會大學
電話：02-2994-3755；02-2408-2593～4
傳真：02-2994-4102
網址：www.ddcep.org.tw
24241新北市新莊區新莊路114號

北投法鼓山社會大學
電話：02-2893-9966轉6135、6141
傳真：02-2891-8081
網址：www.ddcep.org.tw
11244臺北市北投區公館路186號

聖嚴教育基金會
電話：02-2397-9300
傳真：02-2393-5610
網址：www.shengyen.org.tw
10056臺北市中正區仁愛路二段
48之6號2樓

【關懷事業群】

法鼓山社會福利慈善事業基金會
電話：02-2893-9966
傳真：02-2893-9911
網址：www.harity.ddm.org.tw
11244臺北市北投區公館路186號

法鼓山人文社會基金會
電話：02-2381-2345
傳真：02-2311-6350
網址：www.ddhisf.org
10044臺北市中正區延平南路77號5樓

國家圖書館出版品預行編目資料

法鼓山年鑑. 2018／法鼓山年鑑編輯組編輯企畫. --
初版. -- 臺北市：法鼓山文教基金會，2019.09
　　　面；　公分

ISBN 978-986-96684-7-7　（精裝）

1.法鼓山　　2.佛教團體　　3.年鑑

220.58　　　　　　　　　　　　　　　108010304

2018 法鼓山年鑑

創 辦 人	聖嚴法師
出 版 者	財團法人法鼓山文教基金會
地 　 址	臺北市北投區公館路186號
電 　 話	02-2893-9966
傳 　 真	02-2896-0731
編 輯 企 畫	法鼓山年鑑編輯組
召 集 人	釋果賢
主 　 編	陳重光
編 　 輯	李怡慧、游淑惠、楊仁惠
專 文 撰 述	胡麗桂、陳玫娟
文稿資料提供	法鼓山文化中心雜誌部、叢書部、史料部， 法鼓山各會團、海內外各分院及聯絡處等單位
攝 　 影	法鼓山攝影義工
美 編 完 稿	邱淑芳
網 　 址	http://www.ddm.org.tw/event/2008/ddm_history/ index.htm
初 　 版	2019年9月
發 心 助 印 價	800元
劃 撥 帳 號	16246478
劃 撥 戶 名	財團法人法鼓山文教基金會